本研究得到以下基金资助：
国家自然科学基金（71373054）

导游心理契约与行为影响关系研究

EFFECTS OF PSYCHOLOGICAL CONTRACT
ON EMPLOYEE BEHAVIOR OF TOUR GUIDE

李海军 ◎ 著

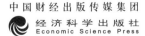

中国财经出版传媒集团
经济科学出版社
Economic Science Press

图书在版编目（CIP）数据

导游心理契约与行为影响关系研究/李海军著. ——
北京：经济科学出版社，2022.12
ISBN 978 - 7 - 5218 - 4342 - 2

Ⅰ. ①导…　Ⅱ. ①李…　Ⅲ. ①导游 - 行为分析　Ⅳ.
①F590.633

中国版本图书馆 CIP 数据核字（2022）第 221191 号

责任编辑：周国强
责任校对：刘　昕
责任印制：张佳裕

导游心理契约与行为影响关系研究

李海军　著

经济科学出版社出版、发行　新华书店经销

社址：北京市海淀区阜成路甲 28 号　邮编：100142

总编部电话：010 - 88191217　发行部电话：010 - 88191522

网址：www. esp. com. cn

电子邮箱：esp@ esp. com. cn

天猫网店：经济科学出版社旗舰店

网址：http://jjkxcbs. tmall. com

固安华明印业有限公司印装

710×1000　16 开　25 印张　430000 字

2022 年 12 月第 1 版　2022 年 12 月第 1 次印刷

ISBN 978 - 7 - 5218 - 4342 - 2　定价：118.00 元

（图书出现印装问题，本社负责调换。电话：010 - 88191581）

（版权所有　侵权必究　打击盗版　举报热线：010 - 88191661

QQ：2242791300　营销中心电话：010 - 88191537

电子邮箱：dbts@ esp. com. cn）

前　言

中国旅游业历经四十年发展已进入新阶段、新常态，旅游者与导游之间的矛盾已经转化为旅游者对高品质旅游体验需要和导游服务质量交付严重滞后之间的矛盾。国家积极推进旅游供给侧结构性改革以解决旅游供给结构与旅游客源市场需求结构不匹配的问题，但是，现有导游管理体制顶层设计主要回应了传统团队观光旅游需求特征、延续了自上而下的行政化管理思维与逻辑，未能充分回应导游对执业环境与管理制度的需要，已不能适应新阶段、新常态下的导游执业环境，旅游组织对导游行为的管理也未能掐住与顺应导游心理与行为驱动关系内核，导致导游服务质量难以适应客源市场需求变化。因此，有必要从导游认知的视角，探究导游管理心理对导游行为的影响关系，为构建与时俱进、行之有效的导游管理制度与法制、提高旅游组织对导游行为管理水平提供实证研究依据，缓解旅游组织与导游、旅游者与导游之间的高品质服务需求与导游服务质量不匹配的矛盾。

本书研究具有理论意义与实践意义。就理论意义而言，已有导游相关研究多从研究者的视角切入，多采纳规范性研究方法与归纳法进行描述性、解释性分析，而本书从导游主体视角切入，依据资源保存理论，构建旅游组织层面、导游自身层面的心理契约影响导游行为的理论模型，含主效应、中介效应、调节效应，揭示出导游行为发生的驱动机制与干扰机制，实证研究结果为理解导游管理心理与行为提供理论依据与解释。此外，将心理契约理论、资源保存理论用于解释导游管理心理与行为关系，拓展了理论的应用领域与对象适用范围。同时，本书所开发的导游心理契约量表对后续导游相关研究有借鉴意义。总体来看，在研究视角、研究范式、变量选取、关系模型、理论依据与理论应用方面都有理论意义。就实践意义而言，本书从导游主体视角切入，呈现出导游心理契约与行为的真实认知状态与直接影响关系，为改善导游与游客冲突关系提供新思路，而本书基于导游实证研究提出实践管理启示，可以作为旅游企业、政府旅游管理机构提升导游行为绩效的切入点，可为制定导游管理制度与法律法规、提升导游管理效果提供实践对策建议。

本书采纳实证主义研究范式，以导游为调研对象，通过调研问卷获取样本数据，采纳信度效度检验、同源方差检验、结构模型分析、Bootstrap 法抽样检验、回归分析、单因素方差分析等统计分析方法，检验理论模型与研究假设。围绕导游心理契约与导游行为（包括导游角色行为、情绪劳动、服务绩效、敬业度）影响关系及导游情感承诺的中介效应、导游公平敏感性与组织支持感的调节效应展开实证研究，具体内容与研究结论如下。

第一，依据心理契约理论，从导游认知的视角，将导游心理契约分解为两个层面，即导游心理契约组织责任、导游心理契约自身责任。其中，导游心理契约组织责任是指导游认知的旅游组织应履行的责任与义务，它是导游所期望的、旅游组织应向导游交付的利益；导游心理契约自身责任是指导游认知的、自身应向旅游组织履行的责任与义务，它是导游应主动向旅游组织交付的利益及其自发性承诺。本书还发展并完善了导游心理契约测量量表，实证研究发现，导游心理契约组织责任量表、自身责任量表各自呈现出单一维度的结构，其他研究中所出现的多维结构均未呈现在导游心理契约组织责任、自身责任结构与维度之中。

第二，本书依据资源保存理论而推演出导游心理契约影响导游行为的理论模型，包含主效应、中介效应、调节效应。然后，依据该理论的资源损失居首原则、资源投入原则、资源增益螺旋原则、资源损失螺旋原则，提出研究假设，具体为导游心理契约组织责任、自身责任分别影响导游角色行为、情绪劳动、服务绩效、敬业度。导游情感承诺在上述四个因变量相关的关系中具有中介作用。导游的组织支持感、公平敏感性在上述四个因变量相关的关系中具有调节作用。然后，通过实证研究检验理论模型与研究假设。

第三，实证研究发现，导游心理契约组织责任显著正向影响导游行为，具体而言，导游心理契约组织责任显著正向影响导游的角色行为、情绪劳动、服务绩效、敬业度。中介效应检验发现，导游的情感承诺在导游心理契约组织责任与导游行为的关系中具有中介作用，具体而言，情感承诺在导游心理契约组织责任与导游角色行为、情绪劳动的真实表达维度、服务绩效的关系中具有部分中介作用，在导游情绪劳动的表层扮演与深层扮演维度、敬业度的关系中具有完全中介作用。调节效应检验发现，导游公平敏感性在导游心理契约组织责任与导游行为所有因变量关系中具有显著负向调节作用，导游的组织支持感在导游心理契约组织责任与导游情绪劳动表层扮演、深层扮演关系中具有显著正向调节作用，在导游角色行为、情绪劳动真实表达、服务绩效、敬业度的关系中无调节作用。

第四，实证研究还发现，导游心理契约自身责任显著正向影响导游行为，具体而言，导游心理契约自身责任显著正向影响导游的角色行为、服务绩效、敬业度，部分影响导游情绪劳动，即导游心理契约自身责任显著正向影响深层扮演、真实表达，但对表层扮演无显著影响。中介效应检验发现，导游的情感承诺在导游心理契约自身责任与导游行为的关系中具有中介作用，具体而言，情感承诺在导游心理契约自身责任与导游角色行为、情绪劳动的深层扮演与真实表达、服务绩效、敬业度的关系中具有部分中介作用，在导游情绪劳动表层扮演的关系中具有完全中介作用。调节效应检验发现，导游公平敏感性在导游心理契约自身责任与导游角色行为、敬业度的关系中具有显著正向调节作用，而在导游情绪劳动（表层扮演、深层扮演、真实表达）、服务绩效的关系中无调节作用，导游的组织支持感在导游心理契约自身责任与导游角色行为、情绪劳动真实表达、敬业度的关系中具有显著负向调节作用，在导游情绪劳动表层扮演与深层扮演、服务绩效的关系中无调节作用。

本书的创新性体现在以下方面。首先，拓展了旅游业员工心理契约结构与影响关系的知识体系。很多研究忽视了员工个体层面的心理契约所产生的影响，本书将导游个体层面的心理契约纳入实证研究，研究结果拓展了员工个体层面心理契约对员工行为影响的知识体系。同时，本书探索了新型雇佣关系下心理契约与员工行为的影响关系，即导游与旅游组织没有稳定的人事隶属关系，但普遍存在以接待业务合作为核心的短期雇佣关系，这种新型雇佣关系与传统企业中员工与组织的关系完全不同，本书验证了心理契约理论在新型雇佣关系背景下的理论适用性。其次，本书从资源保存理论的视角阐释导游行为发生机制，在旅游组织对导游支持性资源投入不足情形下，处于弱势地位的导游依然能够表现出积极员工行为，其内在驱动机制与导游的资源保存动机与未来资源增益螺旋相关，深入比较研究发现，导游行为的核心驱动力来源于导游自身资源投入而非旅游组织资源投入，导游行为激励与管理应重点关注导游自身资源投入。最后，导游公平敏感性、组织支持感的调节作用并非总是发挥积极正面的效应。例如，导游自身公平偏好越强，越可能产生旅游组织资源投入不足的认知，并通过降低自身员工行为投入实现双方资源投入公平，导致旅游组织营造公平竞争环境反而成为抑制高公平偏好员工自身行为投入的阻力。此外，旅游组织支持可能抑制导游自身资源投入行为，当导游发现可以通过获取旅游组织资源实现员工行为绩效时，出于自身资源保存需要而降低自身资源投入，此时，旅游组织资源投入又可能抑制导游自身资源投入。

基于实证研究结果，本书提出相应的管理启示。第一，旅游组织对导游的管理思维，应从传统的导游人事隶属关系管理向业务关系管理与临时雇佣关系管理转变，首要提高导游自身资源投入意愿。第二，应促进导游的组织认同向导游职业价值认同转变，营造良好的导游执业环境，坚定导游对职业生涯发展的信心。第三，基于参与主体多元视角评价导游行为绩效，增加非薪酬方面的奖励、实施阶梯薪酬制度，降低导游对投入结果不公平认知。第四，深入实施产品质量等级或行业标准的鉴定与标识制度，借助网络平台树立旅游消费者监督中心地位。第五，树立导游社会形象、扩充导游职业发展空间，提高导游行业忠诚与业务能力。第六，全面推进导游管理制度落实常态化，增强全国导游公共服务监管平台融入旅游市场深度，公开导游评价信息，使真正潜心于对客接待业务的导游获得制度保护以及市场与业界肯定。

第七，构建旅行社、导游服务管理公司、线上导游预约的三方雇佣平台，促进导游平台间流动、利用平台间竞争推动导游雇佣规范性、促进导游自由执业转型成功。

李海军

2020 年 6 月于复旦大学

目　录

第一章

研究背景

第一节　研究背景

一、导游心理契约与行为影响关系研究的时代背景

首先，经济发展与品质型消费需求变迁。中国特色社会主义已进入新时代，我国社会主要矛盾已经转化为人民日益增长的美好生活需要和不平衡不充分的发展之间的矛盾。对于旅游服务业而言，表现为新时期我国居民对高品质旅游服务消费的需求与相对滞后的服务体验交付之间的矛盾。旅游服务人员改善相对滞后的服务质量已成为迎合品质型消费时代的现实需要。其次，全域旅游与新业态发展改革驱动。2019 年政府工作报告中再次提出"发展全域旅游，壮大旅游产业"的发展目标。全域旅游是推动旅游领域治理体系和治理能力现代化的有效抓手，也是完善文化和旅游融合发展体制机制的重要推动力（王红彦，

2019），全域旅游对旅游服务质量的挑战不仅是边界拓展，更是服务质量的深度推进。最后，大众旅游时代导游人员管理需要。导游是旅游服务和形象的重要窗口，是传承和弘扬中华优秀文化和社会主义核心价值观的重要力量，是提升旅游服务质量的关键因素（文化和旅游部，2019）。从导游的视角，探究导游与旅游行业组织的关系及其对导游行为的影响，揭示导游心理与行为的内涵是导游人员管理的必然要求。

一、导游心理契约与行为影响关系研究的体制背景

首先，经济发展新常态下导游管理需要。2019 年中国旅游业对 GDP 的综合贡献为 10.94 万亿元，占 GDP 总量的 11.05%（李志刚，2020）。预计未来中国旅游业对国民经济的综合贡献度将进一步提高（国家发改委，2019）。旅游业必将逐渐从数量积累、粗放经营的思维与模式向量增质优、提质增效的思维与模式转变。其中，导游管理问题成为业界、市场、社会期待改革的重点领域。其次，旅游服务供给侧结构性改革的热点领域。党的十九大报告指出，要加快发展现代服务业，"建设知识型、技能型、创新型劳动者大军，弘扬劳模精神和工匠精神，营造劳动光荣的社会风尚和精益求精的敬业风气"。为推进我国旅游高质量发展，必须要深化旅游供给侧结构性改革（沈啸，2019）。旅行社是旅游服务供给的核心部门，但是，依然存在旅行社的零负团费不正当经营竞争行为与导游购物回扣补贴成本等问题，加剧了旅行社与游客、导游与游客、旅行社与导游之间的矛盾（蒲晓磊，2019）。导游体制改革是否迎合导游心理预期、发挥积极引导导游服务行为还需要更多研究支撑。

三、导游心理契约与行为影响关系研究的行业背景

首先，旅游客源市场消费结构变迁驱动。2019 年，国内旅游人数 60.06 亿人次（李志刚，2020）。自助游已成为主要的旅游组织方式，具有团队化、个性化、主题化和高品质属性的新跟团游重获旅游者青睐（中国旅游研究院、携程旅游大数据联合实验室，2019）。导游将面临来自散客客源市

场需求变迁带来的压力，促使导游提升顾客服务水平。其次，旅游秩序规范与治理的重点领域。近年来国家已不止一次出台相关规章或组织专项行动整治导游问题，宏观治理难免忽视导游个体微观视角下的利益与管理诉求，如何有效发挥导游管理制度与法制效力、解决导游实际问题还需要剖析导游微观视角下的管理心理与行为发生的内在关联。最后，导游与旅游者服务关系改善需要。导游服务有效地解决了居民外出旅游的顾虑，满足了旅游者的需要（李润钊，2019），然而长期存续升级的"导客冲突"已经成为严重干扰与制约我国居民外出旅游的心理因素之一（任冬雪，2019），客观上造成居民外出旅游感知风险增加。因此，以导游为研究对象，探究导游管理心理与行为的关系，以此为切入点解析导游对客服务行为、解决导游与旅游者之间的利益矛盾，是旅游服务人员供给端治理的有效方式。

四、导游心理契约与行为影响关系研究的学术背景

首先，导游问题研究的视角与深度拓展。当前，学界对导游相关问题研究涉及导游生存与职业生涯发展改革、激励机制、管理制度、培训与职业道德建设、职业资格培训模式创新、导游风格与服务方式等方面（傅林放，2018；鲍艳利，2018；范妮娜，2019；史剑锋，2019）。缺乏从导游管理心理视角解析员工角色行为影响关系的研究。其次，导游心理契约影响效果机理阐释。导游心理契约对行为的影响效果研究是破解导游服务质量困境的突破口，为揭示导游角色行为发生提供新的学术研究依据。然而目前学界有关导游心理契约影响效果机理研究不多，定量实证研究偏少。最后，心理契约理论应用的检验与延伸。心理契约理论已被人力资源管理主题研究普遍接受，且被证实是预测员工行为的有力工具（张高旗，2019）。近年来，已有一些学者将心理契约理论引入旅游员工行为研究，针对导游研究对象，心理契约理论提供了全新的研究框架，它将导游心理契约与员工角色行为视为整体系统进行分析；其理论基础亦提供从社会学理论、心理学理论、管理学理论解释导游相关问题的新思路与方法，丰富旅游学理论丛林。

第二节 研究意义

一、导游心理契约与行为影响关系研究的理论意义

（一）心理契约理论在旅游学研究领域的拓展

心理契约已普遍被应用于管理学领域，用以解释企业与员工之间的内在隐含期望关系。在旅游学研究领域中，已有多项研究分析饭店行业员工心理契约对员工角色行为、组织公民行为的影响。相较而言，分析导游心理契约对导游行为影响的研究尚不多见。导游执业必然与旅游企业发生多种形式的雇佣关系，双方可能建立起差异化的心理契约，其结构与内涵甚至与生产性的企业员工不同，对导游行为的影响可能也具有特殊性。因此，将心理契约理论用于解释导游管理心理与行为关系，拓展了该理论的研究领域与适用范围。

（二）导游心理契约测量量表发展与统计验证

目前针对导游相关问题的调研与量表发展尚有拓展空间。由于心理契约理论应用于旅游学相关问题的研究成果不多，且已有量表多来源于生产性企业员工，尚未见到针对导游的心理契约测量量表。本研究所开发的导游心理契约量表以旅游服务性企业和当前我国旅游运营为背景，研究对象与旅游企业的松散隶属关系也与其他企业员工与组织的稳定隶属关系显著不同，因此，在广泛借鉴国内外心理契约测量量表、征求导游与专家反馈意见的基础上开发导游心理契约量表对后续导游理论研究与经验研究结合有积极意义。

（三）导游心理契约对导游行为影响机理研究

当前学界主要依据激励理论、动机相关理论、利益相关者理论、委托代理理论等理论解释导游相关问题，研究视角以第三方视角居多，研究内容集中于导游生存现状与外部保障体系构建的调研与分析，定性描述占据主导地

位。本研究不仅关注导游个体需要或期望，而且关注导游与旅游企业交互过程中旅游企业履行责任义务对导游行为产生的影响。在研究深度方面，将导游心理契约、导游行为以及两者关系中的调节变量均分解为旅游组织层面、导游自身层面，分析导游心理契约与导游行为的影响关系以及存在的中介效应、调节效应，揭示导游心理契约与导游行为的影响机理。

二、导游心理契约与行为影响关系研究的实践意义

（一）为理解导游心理契约与行为提供新证据

近年来，面对导游服务质量持续下降与导游社会形象污名化等问题，社会舆论对导游的负面报道与批评指责较多，而对事件背后导游管理心理与行为的理性分析较少。很多治理措施是否真正触及导游面临的职业压力或问题本质还是值得商榷的，如果导游管理措施没有找准导游职业压力的关键症结或问题本质，那么这些管理措施的效用也很难发挥效力。因此，转换以导游为客体的分析视角，从导游为主体的视角切入，采取导游自我报告的方式研究心理契约与行为影响，为解读导游心理与行为发生提供依据。

（二）为改善导游与游客冲突关系提供新思路

当前，我国旅游客源市场与旅游企业已将旅游价格压到最低，导游在此博弈关系中无奈承担起旅游企业经营利润再挖掘的责任。他们通过采取各种隐秘甚至违法违规手段完成旅游企业利润目标、获得应有劳动报酬，客观造成导游与游客隐形期望矛盾与利益冲突。透过导游与游客冲突表面现象，深入探究导游角色行为发生的前因是改善双方冲突关系的切入点。本研究认为导游与旅游企业的关系是影响导游与旅游者关系的源点，因此，分析导游心理契约与角色行为关系为改善导游与游客冲突关系提供新思路。

（三）为提升导游行为绩效和管理提供新依据

如何有效提高导游行为绩效、改善现有导游管理已经成为旅游企业提升服务质量、树立良好市场口碑与形象的瓶颈。从旅游者的角度，导游行为绩效也是旅游体验、服务质量的基本保障。本研究将导游行为分解为导游角色

行为、情绪劳动、服务绩效、敬业度四个方面，这四个方面代表旅游者、旅游企业对导游行为绩效的本质内容，将导游与旅游企业的关系，即心理契约作为导游行为绩效的影响因素。研究结果可以作为旅游企业、政府旅游管理机构提升导游行为绩效的切入点，也为制定导游管理政策制度、提升导游管理效果提供研究依据。

第三节 研 究 思 路

一、导游心理契约与行为影响关系研究的主要内容

（一）导游心理契约的结构及其内涵特征研究

从导游个体认知视角切入，将导游心理契约分解为旅游组织应向导游履行责任义务的维度（即组织责任）以及导游自身应向旅游组织履行责任义务的维度（即自身责任）。研究内容分解如下：理论方面，将心理契约理论引入并应用于导游心理特征研究领域，研究导游心理契约的内涵与维度，结合旅游行业背景与导游职业属性对其内容进行解释与分析，以此为据建构两个维度的导游心理契约结构，说明该模型与心理契约理论的契合性。统计检验方面，进行测量量表前测，收集样本数据，采用信效度检验、探索性因子分析、验证性因子分析等方法检验导游心理契约的维度、内涵特征。

（二）导游心理契约影响行为的路径机理研究

研究导游心理契约影响行为的主效应、中介效应与影响路径。主效应主要研究导游心理契约对导游行为的影响，中介效应则研究导游情感承诺在导游心理契约与导游行为关系中的桥梁作用。路径机理研究方面，依据心理契约理论、资源保存理论，构建导游心理契约影响行为的关系模型并提出研究假设。采纳数理统计分析方法检验影响路径的主效应与强度，检验研究假设显著性并得出结论。阐释导游心理契约影响行为的路径机理，与先前相关研究展开比较与印证，分析与总结心理契约理论、资源保存理论在导游心理与

行为关系中的适用性与发展性。

（三）导游心理契约影响行为的调节效应研究

研究导游心理契约影响行为关系的调节效应，分别进行导游个体层面的调节效应研究、旅游组织层面的调节效应研究。调节效应分别从导游个体、旅游组织两个层面选取调节变量，最终选择的调节变量为：第一，导游个体层面的调节变量为导游的公平敏感性；第二，旅游组织层面的调节变量是导游的组织支持感。关系模型建构与检验方面，分别构建导游个体层面的调节效应模型、组织层面的调节效应模型，对其关系提出研究假设并进行统计检验，判断调节效应强度并得到研究结论。结合当前导游职业特征与旅游组织背景，阐释导游公平敏感性、组织支持感的影响机理。

二、导游心理契约与行为影响关系研究的研究目标

（一）导游心理契约测量量表与概念可操作化

研究目标之一是形成信度与效度较高的导游心理契约、导游行为（含多个变量）两个核心概念测量量表，以使概念可操作化。为二者关系模型构建以及研究假设检验等奠定基础。

（二）导游心理契约影响行为的路径机理阐释

研究目标之二是实证研究导游心理契约影响行为的路径，以心理契约理论、资源保存理论为依据，从导游个体视角、旅游组织视角分别建构主效应模型与调节效应模型，实证检验该影响行为路径显著性并阐释路径机理。

（三）心理契约理论拓展与导游管理对策建议

研究目标之三是将心理契约理论及资源保存理论引入导游研究领域，验证理论对于解释导游行为的契合性及对理论自身的拓展性，丰富旅游学理论。依据实证研究结果与理论，提出导游服务行为矫正与服务质量管理的对策建议。

三、导游心理契约与行为影响关系研究的分析方法

本研究将采用文献综述的方法对国内外有关心理契约、角色行为、情绪劳动、服务绩效、敬业度、导游的文献进行梳理与归类，整理相关概念测量量表，并对心理契约理论、资源保存理论的主要内容进行论述。

采用演绎方法，以心理契约理论、资源保存理论为理论依据，建构关系模型并提出研究假设。其中，依据心理契约理论，演绎并建构导游心理契约的结构；依据资源保存理论，演绎并建构导游心理契约与导游员工行为关系模型，提出相应的研究假设。

采纳小样本数据前测与访谈相结合的方法修正测量量表。通过整理成熟量表并形成量表蓝本；再进行导游受访者访谈以保证信息饱和，对测量量表题项进行删减、添加与修改，形成适宜导游受访者的预试问卷；结合两轮小样本前测检验、成熟量表题项池、导游受访者问卷访谈与修正的方法修改与优化预试问卷，最终确立正式调研问卷。

采用"滚雪球"抽样与特定地点便利抽样方式获取导游受访者的样本数据。采用因子分析法对调研问卷样本数据进行分析，确定量表的测量题项，检验各分量表的信度与效度。

采用相关分析、回归分析、路径分析、结构方程模型检验等方法检验导游心理契约影响行为的路径显著性。采用归纳方法分析研究结果，采用比较研究方法实现本研究结论与先前研究结论的比较印证，阐释理论在导游研究中的拓展性。

四、导游心理契约与行为影响关系研究的技术路线

围绕本研究的研究目标与内容，绘制导游心理契约与导游行为驱动关系研究的技术路线图，见图 1-1。首先，确定本研究的选题，论述研究背景、研究意义，设计研究思路，具体分解本研究的主要内容；其次，对主要研究变量进行文献综述，包括心理契约综述、员工行为（角色行为、情绪劳动、服务绩效、敬业度）综述、导游相关研究综述以及本研究拟采纳的基础理论的研究综述，同时整理相关变量的测量量表；再次，依据理论构建理论模型并

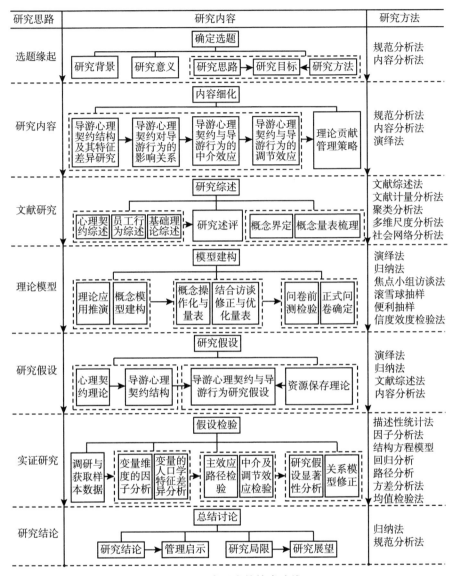

图1-1 本研究的技术路线

资料来源：本研究绘制而成。

提出研究假设，然后通过实证研究检验理论模型与研究假设，得到主要研究结果；最后，总结研究结论并归纳研究创新，基于实证研究结果提出管理启示以及未来研究展望。在章节分布方面，第一章为研究背景，包含研究背景、研究的理论意义与实践意义、研究思路。第二章和第三章为研究综述与理论综述。其中，第二章以本研究所涉及主要概念为关键词，检索国内外研究文献，并综述当前国内外学界研究现状；第三章主要是对本研究所采纳的心理契约理论、资源保存理论进行综述，重点论述这两个理论的基本内涵，同时对采纳此两个理论的研究文献进行综述。第四章、第五章和第六章为理论模型建构、研究假设提出以及实证研究检验。其中，第四章是基于心理契约理论、资源保存理论推演导游心理契约的结构，并构建导游心理契约与导游行为的理论模型，包含两者关系的主效应、中介效应、调节效应的理论模型，依据两个层面的心理契约（组织责任、自身责任）而逐步提出研究假设；第五章和第六章两章是对理论模型与研究假设的实证检验，包括导游受访者的市场调研、量表发展与完善、假设检验与分析、得出研究结果。第七章为研究结论与研究展望。

第二章

研究综述

第一节 员工心理契约研究综述

一、国外对员工心理契约的研究综述

（一）心理契约与员工行为关系研究综述

心理契约（psychological contract）是指在员工与组织的相互关系中存在的某种隐含的、非正式的、未公开说明的相互期望（Levinson et al.，1962）。心理契约是员工与组织之间存在的一种特殊交换关系，代表员工与组织对于相互责任义务的共同承诺（Rousseau，1990）。目前，多数研究以员工个体为调研对象，认为心理契约是员工对于个人与组织交换承诺内容的某种信念（Rousseau，1995）。

国外研究视角相对宽泛，研究内容涉及员工心理契约对其态度、行为绩效的影响，以及该影响关系中存在的中介效应、调节效应的研究。在

心理契约与员工态度研究方面，多数研究对心理契约与离职意愿、忠诚度、信任、情感承诺等进行实证研究；在心理契约与员工行为绩效研究方面，主要的结果变量包括员工的工作懈怠行为、责任履行行为、工作努力程度、角色内绩效行为、组织公民行为等。

1. 心理契约影响员工忠诚度、离职意愿

心理契约能够直接影响员工忠诚度或离职意愿，多数研究表明，员工心理契约得以履行，能够提高员工对组织的信任感与忠诚度，降低其离职意愿；而员工心理契约违背将降低其忠诚度且提高离职意愿。例如，罗宾逊和卢梭（Robinson and Rousseau，1994）对美国即将毕业工商管理专业硕士生研究显示，职场员工心理契约违背情况较为普遍；心理契约违背与员工离职意愿正相关；与信任、满意度、留职负相关；职业取向仅对心理契约违背与信任的关系产生调节效应。特恩利和费尔德曼（Turnley and Feldman，1999）指出心理契约违背增加员工离职、忠诚及抱怨，降低了员工对组织的忠诚；年龄在该关系中的调节效应也得到检验。在另一项研究中，他们还指出管理人员心理契约违背对员工破坏行为（离职意图、忽略工作职责、组织公民行为）产生影响，员工感知心理契约违背导致员工工作满意降低、组织承诺下降、离职意图升高、组织公民行为减少及增加隐退行为（Turnley and Feldman，2000）。莫奎因等（Moquin et al.，2019）认为领导支持、薪酬与情绪失调、工作耗竭是员工心理契约破裂的前因，而员工心理契约破裂将导致员工离职，员工自治能够降低心理契约破裂与离职意愿的关系。

2. 心理契约影响员工工作退缩或满意度

心理契约是否得以履行，将直接影响员工工作态度。很多研究将心理契约违背作为前因变量，研究它与员工工作满意度、工作退缩行为的关系。例如，有研究表明，员工预期和工作满意度在心理契约违背与员工破坏行为的关系中具有部分中介作用，员工感知心理契约违背导致员工工作满意降低、组织承诺下降、离职意图升高、组织公民行为减少及增加隐退行为（Feldman，2000）。心理契约违背会导致员工沉默，降低员工的工作满意度；组织伦理氛围作为组织环境的表现，对于员工心理契约违背感知后的消极行为具有缓冲作用（Wang and Hsieh，2015）。哈特曼和卢瑟福（Hartmann and Rutherford，2015）指出，心理契约违背感知在员工的自主性、投入性、绩效反馈性、组织目标清晰性等心理因素与员工的工作满意度、情感承诺、离职意愿的关系中具有中介作用。还有研究表明，心理契约履行能够提高员工组织生产行为，而心理契约破裂则引起员工组织失当行为，组织健康程度作为环境变量，能够降低心理契约破裂对员工组织失当行为的影响强度（AL-Abrrow et al.，2019）。

3. 心理契约影响员工的情感与组织承诺

心理契约能够直接影响员工个体情感、组织承诺。当员工心理契约违背或破裂时，员工对组织的情感体验与认同、组织承诺或情感承诺将受到抑制甚至显著降低，并可能引起反生产行为与消极工作情绪、态度。例如，心理契约破裂显著负向影响员工态度和个人情感，并且显著影响组织成员工作绩效；员工个人情感对心理契约破裂与后续行为具有调节作用（Zhao et al.，2007）。卡萨尔和布赖尔（Cassar and Briner，2011）研究指出心理契约破裂认知对员工情感认同产生消极影响，并通过心理契约违反行为的中介渠道对员工后续承诺产生影响；交换失衡负向调节心理契约违反行为与情感认同的关系。员工对组织支持感知与员工工作态度、工作环境融入均具有互惠影响关系，而员工心理契约破裂感将对该关系产生调节作用，但是实证研究未证实心理契约在组织支持感与员工组织承诺的关系中发挥调节作用（Paillé and Mejía-Morelos，2014）。特吕格韦等（Terglav et al.，2016）指出品牌导向型领导显著影响员工品牌承诺，员工品牌知识、品牌契合、心理契约在该关系中具有完全中介作用，使员工获得品牌知识、分享相同的品牌价值并履行员工心理契约有助于实现品牌承诺。科斯塔和尼夫斯（Costa and Neves，2017）对员工心理契约破裂与情绪耗竭的关系展开研究，员工宽恕认知负向调节心理契约破裂与情绪耗竭的关系，而复仇认知的调节作用不显著。布拉沃等（Bravo et al.，2019）研究指出，交易型心理契约显著正向影响工作满意度、负向影响情感承诺，心理契约违背在其中发挥调节作用；而关系契约对二者均都有积极影响；情感承诺在工作满意度与离职意愿关系中没有中介作用，但是心理契约违背调节了满意度与离职意愿的关系。

4. 心理契约影响工作态度及其行为绩效

心理契约履行或违背对员工的工作态度、行为绩效的影响是显著不同的，且心理契约的不同细分维度可能对员工角色内或角色外的工作态度与行为产生不同的影响。中国企业环境下管理者组织心理契约维度主要包括管理心理契约、关系心理契约、交易心理契约，组织员工心理契约违背与管理者忠诚、离职、建议、淡漠之间存在不完全影响关系（Si et al.，2008）。巴尔等（Bal et al.，2010）采用采纳经济型、社会关系型、发展型心理契约结构，研究退休后工人雇主心理契约履行与组织行为、工作绩效之间的关系，证实心理契约对退休雇员的适用性及其与工作绩效、组织公民行为影响关系的差异。凯齐亚等（Kiazad et al.，2014）基于资源保存理论，实证研究指出，员工心理契约破裂与工作创新行为负相关；而员工的组织参与感、员工-组织适应性、员工资源损失感在该关系中具有调节作用。还有研究指出，中国的相互依赖、关系网络文化背景中，员工心理契约违背与员工行为关系极大地受到情绪与感觉唤醒的影响（Peng et al.，2016）。常和巴瑟（Chang and Busser，2017）研究指出，酒店业培训指导具有促进员工职业发展与心理支持的功能，若培训指导满足员工期望，则能够提高员工对组织履行心理契约的感知以及情感承诺、促进员工融入组织环境与文化、提高其组织认同感以及员工促销组织的积极态度。索尔斯和莫斯克拉（Soares and Mosquera，2019）指出，心理契约不同维度对工作敬业度的研究不足，关系型、均衡型两个维度显著提高员工的工作敬业度，但是交易型、过渡型两个维度降低了工作敬业度。

5. 心理契约影响员工的组织公民行为

组织公民行为是在组织正式奖励体系之外的员工行为，心理契约也能够影响员工的组织公民行为，且心理契约的不同维度对组织公民行为的影响存在差异。例如，有研究以中国钢铁业员工为样本检验交易型、关系型、平衡型、过渡型的四维度心理契约结构的适用性，及其对员工组织公民行为的影响。研究结果表明，中国员工心理契约的三维结构得到验证；交易型心理契约显著正向影响组织公民行为；关系型、平衡型心理契约对组织公民行为没有显著影响，但是加入工具信念中介变量后上述影响关系达到显著（Hui et al.，2004）。珀西亚等（Bordia et al.，2010）研究表明，企业管理者心理契约破裂与他们对下属展现出来的组织公民行为呈现负相关关系；下属感知破裂与下属对顾客的服务行为呈现负相关，最终影响顾客满意度，由此说明，组织、管理者与员工的社会交换关系是相互连接的。还有研究分析了员工-管理者相互心理契约承诺对职业发展责任、工作安全与员工角色、组织公民行为绩效之间的影响，同时检验了管理与非管理岗位存在的差异（Ye et al.，2012）。格里普和万提尔堡（Griep and Vantilborgh，2018）改变多数研究所采纳的单向、静态研究视角，提出心理契约违背、员工反生产行为、员工的组织公民行为三者之间存在正向与反向的动态循环影响关系。

（二）员工心理契约差异及影响研究综述

1. 基于雇佣类型差异的心理契约及其影响

雇佣状态差异导致员工心理契约感知差异，入职周期、员工与组织双方主体责任认知、全职与兼职职业类型均可能影响员工心理契约认知。罗宾逊和卢梭（Robinson and Rousseau，1994）采用纵向探索性研究方法，研究了商业学校毕业生心理契约的变化。该研究分别于1987年、1989年进行调查，调查研究结果显示，毕业生在雇佣前两年，感知认为雇主亏欠他们很多，雇主契约履行失败与雇员义务不断减少高度关联；之后的趋势体现为雇员感知义务随时间而减少，雇员认为他们影响雇主的行为是有限的，因此通过调整自身感知义务来弥补雇主义务的缺失。肖尔和巴克斯代尔（Shore and Barksdale，1998）指出先前心理契约研究重点关注契约内容与类型，未能解决员工与组织交换承诺的平衡感知问题，提出以心理契约责任的交换承诺为核心标准、以员工、组织两个参与主体的履行程度为分类标准，构建四个交换承诺平衡类型；并提出心理契约交换承诺平衡的不同类型对组织支持感、情感承诺、离职意愿、职业发展产生影响的关系假设。研究表明，相互高水平、相互低水平交换承诺是最重要的心理契约平衡关系，而非平衡的交换承诺群体比例很小；交换承诺的不同类型对员工行为的影响关系符合社会交换理论的基本内涵。康韦和布林纳（Conway and Briner，2002）研究了美国企业全职与兼职员工心理契约承诺与履行、工作满意度、工作状态、组织公民行为之间的关系。该研究通过收集美国某银行部门与4家连锁超市的全职与兼职员工调查问卷数据并进行统计分析。研究显示，全职和兼职员工工作态度存在差异，组织心理契约履行是员工满意度差异的重要原因，但是对于员工关系承诺没有显著影响；心理契约履行与组织期望结果之间较少受到工作状态调节，说明全职与兼职员工在心理契约的行为调整方面没有显著差异。还有研究比较了国有员工、私有企业员工、永久雇员、临时雇员的心理契约感知差异，指出在组织层面责任与员工层面责任，不同雇佣类型员工所报告的心理契约履行水平存在差异；心理契约与员工公平感知和工作满意度正相关，与离职意向呈负相关；企业所有权或就业类型在该关系中无调节效应（Zhang et al.，2019）。

2. 基于代际特征差异的心理契约及其影响

代际员工心理契约认知存在差异，并对其工作态度与行为绩效产生影响。例如，默斯等（Meuse et al.，2001）研究了时间、代际、职业状况差异的员工对组织心理契约感知结构与变化。研究结果显示，员工心理契约感知随着年际时间的推移而发生变化；不同年代的员工心理契约感知水平有明显差异，基本呈现下降趋势；年轻一代比年老一代心理契约感知水平低，由此说明代际对心理契约状况的显著影响。卡卡里卡等（Kakarika et al.，2017）研究表明，与其他年龄相比较，欺凌行为更易使老年女性产生心理契约违背感；而对老年男性而言，即使工作场中的欺凌感知程度较高，其心理契约违背感知程度却很低。克拉克等（Kraak et al.，2017）以老年员工为例，研究表明，老年员工心理契约破裂对其心理契约违背与离职意愿产生显著正向影响；而老年员工自我认同在心理契约破裂（多个维度）影响心理契约违背关系中具有不同的调节作用。

3. 基于管理层级差异的心理契约认知变化

心理契约的内容与履行程度认知存在管理层次与等级差异，员工对组织应履行的心理契约认知（雇主心理契约）、组织对员工应履行的心理契约认知（雇员心理契约）存在差异，管理者与一线员工对组织应履行的心理契约认知也存在差异，并对其工作行为绩效产生影响。例如，赫里奥特等（Herriot et al.，1997）梳理了心理契约理论与定义的发展，采纳关键事件法和主题分析法对英国各行业员工与组织管理者的心理契约内容进行了调查与比较，研究发现，对于组织责任中的福利、工作安全性、薪资、工作稳定等内容，员工与组织管理者提到的频次存在明显差异，对于员工责任中的忠诚、保护企业财产、维护企业形象的内容，员工与组织提到的频次也存在显著差异，由此表明，员工与组织管理者的心理契约内容及重要性不尽相同。杰基（Jackie，2000）从雇主和雇员两个视角，研究了心理契约的结构，研究指出雇员都有心理契约破裂的经历，并通过减少责任履行重新平衡关系；人们在一个组织中工作的时间越长，相互期望和责任的隐含内容也就越多。达博和卢索（Dabos and Rousseau，2004）对拉丁美洲生物科学大学研究中心工作人员的研究表明，研究主管与研究员之间形成了交易型、关系型和平衡型心理契约；互惠互利显著正向影响研究生产力指标和职业发展，据此提出绩效提高的管理对策。翰等（Han et al.，2017）研究表明，与员工心理契约履行相比较，仅管理者心理契约履行对企业信息安全策略遵守意愿具有积极影响，在企业信息安全成本与企业信息安全策略遵守意愿的关系中，管理者心理契约履行感知的中介效应也比员工显著。

（三）旅游业员工心理契约应用研究综述

1. 心理契约的效果机制研究综述

很多研究以酒店员工为例，实证研究心理契约对员工个体行为与组织行为的影响，包括心理契约对员工的角色绩效、离职意愿、组织认同、情感承诺、对客服务不文明行为、组织公民行为等产生的影响，一些研究还注重分析这些关系中存在的调节变量及其效应。例如，布洛默等（Blommea et al.，2010）研究指出，酒店员工心理契约与离职意愿显著相关，员工情感承诺具有中介作用；促使男性员工与女性员工离职的心理契约因素也存在差异，其中男性员工更重视工作内容与工作描述清晰度，而女性员工对工作内容、晋升机会、工作家庭平衡更加关注。巴希尔和纳西尔（Bashir and Nasir，2013）将工会承诺与集体主义文化引入分析模型，研究表明，酒店员工心理契约违背显著影响了员工犬儒主义，促使员工工会承诺增加。但是，国家集体主义文化传统在员工犬儒主义与工会承诺的关系中没有调节作用。卢等（Lu et al.，2016）研究结果显示，交易型心理契约对员工角色绩效产生消极影响，而关系型心理契约对组织认同、员工角色绩效产生了积极影响。针对酒店员工研究表明，心理契约违背对员工的组织认同与情感承诺产生消极影响，进而降低了员工工作绩效（Li et al.，2016）。

2. 心理契约的前因机制研究综述

影响旅游业或酒店业员工心理契约的前因包括员工与组织交换关系、员工可雇佣水平、员工授权、职业培训与发展空间等。例如，柯林斯（Collins，2010）对有限服务酒店管理者的心理契约、领导 - 员工交换与离职意愿关系展开实证研究。该研究指出，由于组织是虚拟化的，领导作为组织的现实代表，他们与员工的交换关系成为员工心理契约感知的前因，因此提出领导 - 员工交换关系影响管理者、员工心理契约以及离职意愿的关系模型。研究结果表明，领导 - 员工交换、管理者履行心理契约、员工心理契约履行存在积极正向影响关系；且管理者心理契约履行消极影响员工离职意愿；而员工心理契约履行对离职意愿没有显著影响。索卡等（Soka et al.，2013）研究发现，酒店员工可雇佣性（组织内部调动意愿、员工自我发展、外部劳动力市场感知）影响员工心理契约，其中，在不同年龄与性别群体中都具有显著效应的员工心理契约因素包括组织内部调动、工作与家庭照顾灵活性、员工享有自主权。此外，酒店员工授权对员工心理契约履行产生积极影响，进而影响员工知识分享、提高员工服务绩效（Wu and Chen，2016）。酒店业培训指导具有促进员工职业发展与心理支持的功能，如果正式培训指导满足员工期望则能够增进员工对组织履行心理契约感知与情感承诺，对员工促销组织态度产生影响（Chang and Busser，2017）。

二、国内对员工心理契约的研究综述

（一）心理契约与员工行为关系研究综述

心理契约与员工态度、员工行为关系研究是学界研究热点。总体而言，心理契约履行对员工态度、员工行为产生积极正向影响。在心理契约与员工态度研究方面，员工的满意度、忠诚度、敬业度、离职意愿等是学界关注的主要结果，多数研究表明，心理契约履行对员工态度产生积极正向影响；在心理契约与员工行为研究方面，员工缄默呼吁行为、员工 EVLN 行为（exit-voice-loyalty-neglect，EVLN）等行为受到关注与检验。

1. 心理契约影响员工满意度、忠诚度

心理契约履行、心理契约违背对员工的工作满意度、忠诚度、敬业度产生直接影响；心理契约的不同维度也对员工的工作态度与行为产生不同的影响。彭川宇（2008）提出知识员工心理契约的包括交易型、关系型和发展型三个方面，研究表明，交易型和关系型心理契约履约程度对工作满意度、同事间利他行为产生正向影响。陈斌（2010）从组织、职业、主管三个层面界定忠诚；选取人际型、规范型、发展型的心理契约维度，实证研究表明，知识型员工组织忠诚低于职业忠诚和主管忠诚；员工忠诚依据不同社会人口统计学特征存在差异；三维度心理契约结构适合知识型员工；三维度心理契约与员工忠诚、离职意愿的关系也得到检验。李宗波和李巧灵（2012）研究显示，心理契约违背正向显著影响情绪耗竭，负向影响工作满意度；组织支持感、内部人身份认知在心理契约违背与工作满意度之间起部分中介作用。林昭文和张同建等（2013）研究表明，雇主互惠性理念和行为对员工心理契约改善和忠诚度、敬业度具有激励作用；互惠性动机、员工交易心理契约、企业绩效呈现出强相关路径。李洪英和于桂兰（2017）研究指出，组织积极履行心理契约、员工积极履行心理契约与员工离职意愿负相关，且组织积极履行心理契约对离职意愿的影响更大。严标宾等（2020）研究指出，组织推行积极缓解员工与家庭冲突关系的管理实践通过组织认同、员工心理契约的中介作用，积极影响员工的主观幸福感，该研究还分析了性别的调节作用。

2. 心理契约履行影响员工 EVLN 行为

从积极程度、消极程度两个层面，员工行为被分解为退出、建言、忠诚、忽略四个类别，即 EVLN 行为，心理契约履行水平对员工 EVLN 行为影响存在差异。魏峰（2004）以管理者为研究对象，实证研究组织心理契约违背对管理者 EVLN 行为、组织公正行为的影响。研究结果显示，管理型契约、工具型契约违背造成管理者破坏性行为增加、建设性行为降低，管理者工作满意度降低的传导路径是一个非常重要的途径。不同的程序公正、人际公正组织中管理者 EVNL 行为也具有差异。白艳莉（2010）采用狭义心理契约理论内涵与视角，从员工视角将其心理契约破裂划分为交易契约破裂、发展契约破裂的两个维度，分析心理契约破裂对员工 EVLN 行为的影响机制。朱朴义（2015）实证研究员工可雇佣性、心理契约、工作不安全感、员工 EVLN 行为的关系。该研究对员工可雇佣性、工作不安全感分别进行更细维度划分，将员工工作嵌入、个人传统性、互动公平作为调节变量引入可雇佣性影响员工 EVLN 行为的关系模型。研究表明，可雇佣性对员工 EVLN 行为具有不同影响，工作不安全感、心理契约履行在该关系存在不同的中介作用；而调节变量在各关系中的作用也有所不同。王战平等（2020）在虚拟学术社区的背景下，研究学术科研人员不同维度的心理契约对其 EVLN 行为的影响。

3. 心理契约违背影响员工反生产行为

心理契约影响员工反生产行为，当心理契约违背时，将增加员工缄默行为、工作倦怠、管理欺凌行为、辱虐管理行为与员工反生产行为。例如，蔡建群（2008）对国有企业管理者与员工之间的心理契约及其对员工缄默、呼吁行为的研究显示，管理者与员工之间存在交易型心理契约、关系型心理契约和伦理型心理契约；心理契约与员工缄默、呼吁行为存在类型差异化的相关关系。王驰（2011）研究了销售人员心理契约对工作倦怠的影响。研究表明，销售人员心理契约显著负向影响工作倦怠，且工作情境的调节效应得到部分验证；工作情境与工作倦怠负相关。该研究还检验了个体与组织特征在上述关系中的差异。张宏（2014）研究了雇主品牌的结构及其对员工工作产出的影响。研究结果显示，雇主品牌包含薪酬福利、工作安排、个人发展、企业实力、企业文化方面；雇主品牌影响员工工作产出。钟建安等（2014）研究表明，心理契约违背导致员工负面情绪增加，并对员工反生产行为产生显著影响。魏峰等（2015）分析了组织心理契约破裂、管理欺凌行为和员工反生产行为系统连环效应，证实三者显著正相关；而员工性格与劳动力市场机会对管理欺凌行为与员工反生产行为具有显著调节作用。唐贵瑶等（2016）指出管理者人格特质与心理契约违背都对辱虐管理产生显著影响，特别是管理者心理契约违背水平较高时，低亲和力和高神经质人格特质的管理者更易表现出辱虐管理。霍艳琳和畅红琴（2020）以山西矿工为例，实证研究结果表明，矿工心理契约破裂在公正感知与反生产行为的关系中具有部分中介作用。

4. 心理契约影响员工的工作行为绩效

心理契约直接影响员工工作行为绩效，当心理契约履行时，将增加员工知识共享行为、创新行为、建言行为、员工工作绩效。例如，徐进（2014）研究指出，人际维度和发展维度心理契约是提升企业隐性知识共享绩效的核心；企业隐性知识共享绩效的最优类型是关系契约型心理契约。王永跃和段锦云（2014）研究指出组织人力资源实践与员工创新行为正向相关，员工心理契约破裂感知在该关系中具有部分中介作用，而良好的上下级沟通水平具有调节作用。曹科岩和李宗波（2017）研究指出良好的领导与下属成员交换质量对于员工心理契约破坏与员工建言行为负相关关系具有显著的调节作用，说明高质量的领导与下属成员交换关系对员工心理契约破坏具有抑制作用。王晶晶和杜晶晶（2009）指出高管团队心理契约显著正向影响团队绩效；交易型心理契约对团队绩效的贡献度大于关系型心理契约。李杨和余嘉元（2014）、黄文平（2015）也对心理契约与组织绩效的关系展开实证研究。陶建宏和冯胭（2020）指出，新生代员工自我价值感与组织价值观难以匹配，强化了组织政治氛围对心理契约破裂、离职意向、职业发展的影响，建议组织管理者应增强沟通、建立公平公正组织竞争环境等策略。

5. 心理契约影响员工的组织公民行为

组织公民行为是超出员工角色内工作行为与组织正式奖励系统之外的行

为，心理契约影响员工的组织公民行为。例如，李枫和李成江（2009）研究表明，高校教师心理契约通过组织认同的中介作用对教师的组织公民行为产生积极正向影响，据此提出关注高校教师心理需求特征、达成积极的心理契约的建议。王文彬和李辉（2013）研究指出，员工感知企业声誉显著正向影响员工的组织公民行为、显著负向影响员工反生产行为；员工心理契约破裂在该关系中具有中介作用。朱学红等（2014）研究指出，理念型心理契约通过组织公民行为（面向个体、面向组织）的中介作用而对团队绩效产生显著正向影响。黄洁（2016）基于社会交换理论，提出企业积极推行对员工的社会责任，将有助于提高员工心理契约感知水平，并对员工组织公民行为产生积极影响，实证研究证实心理契约所具有的中介作用。刘远和周祖城（2017）研究表明，员工感知的企业社会责任显著负向影响交易型心理契约、显著正向影响关系型与理念型心理契约；心理契约在员工感知的企业社会责任和组织公民行为关系中具有中介作用。

（二）心理契约结构及影响机制研究综述

1. 心理契约的结构及其效果机制研究综述

一些研究采纳心理契约成熟量表，采纳交易型、关系型两个维度并实证检验其对中国企业员工的适用性，分析不同维度对员工态度与行为的影响；还有一些研究则发展了新的心理契约维度，指出由于研究对象、研究情境差异，不同行业背景下员工心理契约可能存在新的维度与内涵。研究表明，除交易型、关系型心理契约的基本维度，还存在发展型、人际型、理念型、规范型、团队建设型等新的维度，并且心理契约不同维度对员工态度与行为的影响不同。李成江（2007）分析了知识型员工心理契约责任感知及其影响。研究显示，知识型员工感知的组织责任包括规范性责任、职业发展责任和团队建设责任，而员工责任则是规范性责任和关系性责任；组织规范性责任与知识型员工的组织满意度正相关，而职业发展责任与团队建设责任则对员工工作满意度有较高影响。向秋华（2007）以企业中知识型员工为研究对象，研究表明企业知识型员工心理契约包括发展型、人际型，没有明显的交易型倾向；此外，对心理契约、工作满意度、离职倾向、激励机制的关系与机制进行研究。陈小锋（2012）研究表明，企业知识型员工体现出交易型、关系型与发展型心理契约结构；关系型与发展型心理契约显著正向影响显性知识共享意愿，而交易型心理契约负向影响显性与隐性知识共享意愿；组织信任、情感信任与认知信任具有部分中介作用。王玉梅（2008）提出员工心理契约的结构为基本责任、工作支持责任、发展责任三个维度，检验了员工心理契约、组织承诺、工作满意、员工离职意图之间的关系。王勃琳（2012）提出理念型心理契约的新维度，分析其形成及对员工行为影响机制。该研究证实员工心理契约包括交易型、关系型与理念型维度，理念型反映了员工对价值理念的认同；交易型影响员工角色内行为，而理念型与关系型影响员工组织公民行为。

2. 心理契约形成前因及影响机制研究综述

组织社会化、组织特征、员工个体价值观、社会环境、信息认知等前因因素影响心理契约形成，而心理契约又影响员工后续态度与行为。例如，王庆燕（2007）指出，新员工组织社会化过程是员工吸收组织信息并初步形成心理契约的过程，组织社会化的影响因素与员工信息寻找行为、员工心理契约的特征、形成过程尚有较大研究空间。研究表明，虽然组织社会化各维度与员工敬业度正相关，但员工的组织、任务、工作三个层面的社会化程度不同；新员工倾向于采取公开战术和观察战术获取企业信息；组织社会化战术、员工信息寻找行为与心理契约预期、执行和违背的相关性存在差异。张立迎（2010）实证研究高校教师心理契约形成及心理契约履行对教师行为与态度影响。该研究从学校责任、教师责任两个方面开发量表，并检验教师特征、学校特征对心理契约形成的影响。研究结果表明，教师观念对心理契约形成具有直接影响作用，教师心理契约在不同社会人口学特征方面存在差异；高校教师心理契约履行、破裂对教师行为、教师态度的影响分别进行检验。韩明等（2010）认为心理契约本土化的研究不足，而国内外针对高校教师的心理契约结构研究也非常少，该研究从教师责任、学校责任两个方面切入，开发教师心理契约量表并检验其结构。研究表明，高校教师心理契约的教师责任、学校责任两个层面均包括交易责任、发展责任、关系责任三个维度。而在林澜和伍晓奕（2011）的研究中，发现高校教师对学校应履行的心理契约内容包含生存保障、制度支持、资源支持、沟通参与、成长发展五个维度，而教师责任包含敬业守规、关心学生、科研投入、认同支持、活动参与五个维度。郭安元（2015）研究了引起心理契约违背的前因因素及其对员工行为的影响。研究表明，心理契约违背受社会环境不佳、企业制度缺失、雇佣双方行为失范、雇佣双方认知缺陷的影响；雇佣类型在心理契约违背与员工敬业度关系中的调节作用得到验证。

3. 心理契约认知差异与交互影响研究综述

具有业务联系的不同主体，如企业管理者与员工、教师与学生等，其心理契约认知受到对方履行水平的影响，且不同主体心理契约所产生的影响也不尽相同。例如，李原（2002）采纳国外心理契约量表，结合中国企业员工扎根理论研究，指出中国企业－员工心理契约包括规范型责任、人际型责任、发展型责任；组织和员工对于组织责任的总体认知存在显著差异，组织责任对员工责任的影响关系呈现交互影响作用；参加工作后新员工存在心理契约违背，且负向影响到员工的人际责任和发展责任；积极的组织－员工心理契约关系需要长期相互投资才能建设起来。曹威麟和段晓群（2007）开发了高校教师、学生群体的双向心理契约问卷，调查研究高校师生各自心理契约的内容以及双方责任履约现状与相关关系，结果表明，教师、学生各自对对方的期望仅有少部分与对方的自我期望内容一致，以此说明师生心理契约确定了双方的相互责任，但各自均未必都能充分履行。王海威（2009）研究了大学教师心理契约结构、动态变化特征、履行情况与管理对策。研究结果显示，大学教师心理契约存在平衡、调整和转变三种变动形式，无论是教师还是学校的管理者对自身责任的履行普遍存在高估问题；并提出对心理契约形成和维护监控，避免心理契约偏离的建议。储小平和汪林（2009）从我国家族企业中的组织代理人与员工双重视角，研究心理两者心理契约破裂产生的不同影响，研究表明，员工心理契约破裂显著负向影响其工作满意度、组织承诺，且提高员工的离职意愿；而组织代理人心理契约破裂显著负向影响其组织公民行为、工作绩效、领导－下属交换感。

4. 基于职业特征差异的心理契约及其影响

职业特征差异将导致员工心理契约认知差异。例如，张士菊（2008）对国有与民营企业员工心理契约进行比较研究。该研究分别从员工与组织两个视角开发心理契约问卷，并对样本数据进行统计分析。研究结果显示，国有与民营企业员工心理契约表现为关系型、交易型与发展型的结构；国有企业员工在组织责任方面显著高于民营企业，但两者的员工责任无显著差异；职业取向与互惠理念对两类员工心理契约的影响也存在差异；心理契约破裂对员工态度与行为的影响也存在差异。于珊（2008）比较了知识员工与一般员工的心理契约与留职意愿、组织公民行为的群体差异，检验了薪酬激励与非薪酬激励措施及其效应。研究结果显示，员工心理契约的组织责任与员工责任均包含三维结构，知识员工更重视交易责任和发展责任，高薪酬、能力薪酬、团队绩效薪酬以及组织内沟通、公平、人力资源管理方式都是有效的激励措施。马丽（2017）研究发现，高学历员工、具有南方文化背景的南方员工以及中西内陆员工的心理契约与离职倾向关系强度更强。

（三）旅游业员工心理契约应用研究综述

1. 心理契约与旅游者消费行为关系研究

国内研究主要涉及旅游消费者心理契约履行与小费的关系、旅游消费者心理契约认知等方面。例如，李军（2007）认为心理契约以相互期望和默契的形式约定了导游服务质量和游客要交纳的小费，小费的出现既维护了导游的利益，也尊重了游客的意愿和选择，而小费给付的不确定性取决于心理契约的不确定性及其履行程度。张明和陈谨（2011）研究指出旅游企业与旅游消费者交易型心理契约达成的关键是旅游企业能否提供优质的服务和产品，此外，旅游消费者也重视情感交互，旅游企业情感关怀有利于提高旅游者满意度和忠诚度。龚金红（2014）研究指出，旅行社服务不诚信行为导致顾客对旅游服务的期望未被满足，进而导致顾客心理契约违背感显著增强，顾客对企业的信任信念降低。在服务不诚信行为不严重情形下，企业声誉对企业具有一定的保护作用；而在服务不诚信行为严重情形下，高声誉所产生的心理契约违背感知更强烈。企业享受高声誉带来的顾客信任之时，也承担着顾客高期望所隐含的风险。

2. 心理契约对饭店员工态度行为的影响

心理契约违背对饭店员工的离职意愿、组织承诺、工作满意度等产生影响。例如，王玉梅等（2007）研究了饭店知识型员工心理契约与离职意愿的关系，研究结果显示，饭店知识型员工心理契约认知不仅直接影响其离职意愿，而且还通过组织承诺、工作满意、组织承诺而间接影响离职意愿，这说明饭店知识型员工心理契约在解释员工离职意图时具有的重要参考价值。一些研究还特别关注新时代背景下饭店知识型员工心理契约内涵及其对态度行为关系影响。王玉梅（2008）区别了狭义心理契约与广义心理契约的差异，分别从饭店知识型员工单向角度以及饭店与知识型员工双方的双向角度，探讨心理契约、组织承诺、工作满意、员工离职意图的关系。研究结果显示，狭义和广义心理契约都对知识型员工工作满意水平、组织承诺水平产生影响，并间接影响员工离职意愿。

3. 旅游企业员工心理契约及其影响研究

结合旅游行业背景，旅游企业员工心理契约的结构、维度及其影响受到关注。例如，张明（2010）研究了旅游企业中大学生员工心理契约结构，研究表明，大学生员工自身心理契约结构以及企业心理契约结构均包含规范遵循、人际关系、发展需要三个维度；旅游企业应履行的规范遵循责任、人际关系责任对于大学生员工自身责任的3个维度均有显著预测力。于岩平（2011）研究指出，在旅游企业与核心员工心理契约缔结中的一次性博弈中，双方均以利益最大化为导向，最终导致各方均不利的结局，而在双方无限重复博弈中，双方均有形成双向忠诚的内驱力和主观能动，利益参与人具有建立自身忠诚声誉的内在动力，也有惩罚对方机会主义行为的内在驱动力。

三、国内外员工心理契约的研究述评

（一）国内外研究的相似点

第一，研究视角的相似性。国内外研究多采纳心理契约狭义定义，从员工对组织应履行责任与义务的视角界定心理契约，员工视角下心理契约结构与内涵、影响关系的研究较多，重点研究它对角色内行为与态度、组织公民行为的影响；而对心理契约结构的研究，也多针对员工展开调研并获取样本以进行后续分析。狭义心理契约视角成为主流。

第二，调研对象的相似性。国内外研究的调研对象主要集中于组织基层员工，而以管理者、或雇主为调研对象的研究较少，此外，知识型员工、高校教师心理契约与影响也受到关注。服务或旅游行业中，多数研究以酒店员工为调研对象，而少数国内研究还关注旅游企业员工与旅行社员工心理契约结果与影响。

第三，研究内容的相似性。国内外研究主要分析员工心理契约结构与维度以及员工心理契约对其态度与行为产生的影响。很多研究还细致分析心理契约不同维度对员工态度与行为产生的影响差异，结果变量主要围绕员工角色内行为与组织公民行为两个层面。

第四，量表维度的相似性。国内外研究均以二维结构（交易型心理契约、关系型心理契约）为基础，开发设计测量量表并展开后续分析，交易型心理契约内容多集中在员工的基本保障方面，关系型心理契约多集中在契约实现方式或工作关怀方面，如公平、尊重与信任、工作支持、工作人际环境、家庭支持等。

（二）国内外研究的相异点

第一，范畴拓展的相异性。国外研究注重拓展心理契约的外延与内涵因素，关注组织认同、剩余时间感知、传统文化、道德认同、职业取向、员工授权等变量的中介或调节作用；国内研究拓展了员工心理契约对组织公民行为的影响、知识型员工心理契约感知、网络营销情境下消费者心理契约与品牌忠诚等方面。

第二，量表维度的相异性。国外研究多采纳心理契约简化的、单维度测量量表或二维度测量量表（交易型、关系型），量表维度与测量指标沿袭经典的代表性研究文献；在借鉴国外研究心理契约二维度量表基础上，国内研究还发展出新的维度，例如发展型、理念型、团队建设等新的维度，是结合中国实践的心理契约结构的发展。

第三，前因影响的相异性。国外研究多分析员工心理契约违背的前因影响因素，包含培训发展、薪酬、晋升、工作内涵与安全、反馈、改善、责任、同事等；国内研究更多关注员工心理契约构建的前因影响因素，包含员工感知价值、劳动力市场供需、竞争对手情况与行业生命周期等外界环境因素的影响。

第四，方法多样的相异性。国外研究采用定量研究方法居多，样本统计分析为主要定量方法；国内研究注重定性研究方法与定量研究方法结合，定性研究多用于心理契约结构维度的探索性研究，再通过定量研究进行描述性或解释性研究，分析变量之间的关系，以此促进心理契约研究本土化。

第二节 角色行为绩效研究综述

一、国外对角色行为绩效的研究综述

（一）角色行为概念与内涵研究综述

20 世纪 60 年代，员工角色行为的概念逐渐进入学术研究视野。卡茨（Katz，1964）被认为是较早对员工行为要求、员工角色与组织绩效展开论述的学者。卡茨（Katz，1964）指出，组织正常运行所必需的三种类型行为是：一是个体成员必须进入并留任于系统之中；二是个体成员必须以可靠的方式执行角色任务；三是在实现那些超越角色规格的组织目标方面，必须有创新和自发行为。前两种类型的行为是可靠的角色绩效行为（dependable role performance），它是工作职责明确要求的行为，受到组织薪酬系统承认与奖励，而第三种类型的行为是超越了工作职责的角色之外的行为，它能够为组织带来积极绩效，但并不是组织薪酬系统明确承认与鼓励的行为，具有随意性，通常也被称为组织公民行为。角色行为关系到有益的个体报酬，而超越该角色贡献关联着组织目标与价值的内化。在另一项研究中，卡茨和卡恩（Katz and Kahn，1978）对工作相关行为进行区别，提出角色内行为（in-role behaviors，IRB）与角色外行为（extra-role behaviors）的划分类型。两者的内涵大致沿袭先前研究结论。戴恩等（Dyne et al.，1994）对角色行为内涵的界定更清晰，他们将角色内行为定义为"执行指定的工作角色职责与责任所需要或被期望的行为"，而角色外行为是超越已存在的角色期望、且有益于组织的员工自由裁定的行为。

角色行为与组织公民行为存在差异。早期对角色行为的描述与研究并不清晰，反倒是从混杂的员工行为中发现并提取出某种超越正式工作职责要求的行为，即组织公民行为，它与角色行为存在区别。奥根和科诺夫斯基（Organ and Konovsky，1989）指出，虽然组织公民行为是对组织有益的个体行为，且在个体层面的某些细节上也存有差异，但在传统的绩效定义中却没有体现出来。组织公民行为代表了建设或合作的姿态，它们既不是强制性的角色行为，也不是正式奖励系统直接或契约补偿行为。由此可见，组织公民行为区别于角色行为，后者是组织认可的规则或个体工作绩效表现，受到组织激励，而前者无法用维持角色行为的激励机制进行解释。

角色行为是组织期望的工作规范行为，是受奖励系统支持的行为。威廉姆斯和安德森（Williams and Anderson, 1991）指出，角色行为是指组织明确期望的、工作说明书中规范且受到奖励系统评估与支持的行为。员工角色行为与对应组织、对应个体的组织公民行为是绩效行为的不同维度，且角色行为区别于组织公民行为；影响员工角色行为与组织公民行为的前因变量也不同，控制角色行为的影响后，工作满意度（情感满意、认知满意）与组织承诺对组织公民行为产生正向影响。

角色行为是能够实现任务绩效的行为。波曼和莫托维德（Borman and Motowidlo, 1993）将工作绩效分解为两个维度：一是任务绩效，它是对于技术核心过程有直接贡献的行为以及组织内的保持行为，也被称为角色内绩效行为；二是情境绩效，它是营造组织文化与氛围的行为，影响他者从事利于组织价值的工作，这些行为可能在员工角色要求规定之外，被称为角色外绩效行为。任务绩效与情境绩效存在差异，表现在三个方面。首先，任务绩效（角色内）依据工作、任务特征而呈现出差异性，情境绩效（角色外）在不同工作、任务中更多呈现出相似性；其次，与情境绩效相比较，任务绩效更有可能是角色规定的，例如任务绩效常出现在绩效考评表中；最后，任务绩效的前因更可能涉及个体认知能力，而情境绩效的前因更可能涉及个体人格因素。与之相反，情境绩效支持更广泛的组织、社会与心理环境，以使技术核心的功能正常运行，其他研究将其称为组织公民行为、亲社会性的组织行为、角色外行为等。

角色行为关联组织技术核心。莫托维德和斯考特（Motowidlo and Scotter, 1994）认为，任务绩效或角色行为是指组织所期望的直接服务于组织目标的结果与员工行为，包含两种典型的行为，一是直接将原材料转化为企业的产品或服务的员工行为；二是能够使技术核心有效且高效率运作的员工服务和维护行为。总之，任务绩效或角色行为直接关联组织技术核心，执行该技术过程或维护与服务该技术要求。该研究还提出，任务绩效对总体绩效的贡献高于情境绩效，其中员工经验与任务绩效关联性高于情境绩效，而员工个性特征与情境绩效的关联性高于任务绩效，由此说明，任务绩效与情境绩效相互区别，且员工绩效是多维度概念。

角色行为虽然受到组织奖励系统支持，但是其边界因个体职责认知差异而不同。莫里森（Morrison，1994）指出，角色内行为与角色外行为（组织公民行为）并非两个完全不同的概念，两者的概念边界并不清晰，有多元化的解释。莫里森认为，个体将某项活动定义为角色内行为还是角色外行为，需要理解员工如何定义自己的工作责任。首先，拥有同一份正式工作的员工在定义工作范围方面存在差异，他们对角色内行为和角色外行为界限划分存在差异，即对工作宽度的理解不同，员工对工作宽度的认知越宽泛，角色内行为的活动范畴也越大，然而，员工对工作宽度的认知是模糊的，角色内行为与角色外行为没有确定的边界；其次，与角色外行为比较，员工更可能执行角色内行为。两者的关键区别是：在某种角色行为未执行情境下，他者奖励与实施制裁的程度。角色内行为更可能受到组织正式的或非正式的奖励或惩罚，而角色外行为或组织公民行为在组织奖励之外。

角色行为的识别及评判应与组织是否直接参与相关联。角色内行为与组织公民行为（角色外行为）的区别在于员工对该行为的实际评判，评判依据是：工作描述的明确行为；由组织进行培训的行为；当展现该行为时，能够得到正式或明确的组织奖励，或者当隐藏该行为时，会受到惩罚（Podsakoff et al.，2000）。因此，组织公民行为一直被视为员工自由裁定、几乎不受组织正式或明确奖励的行为，而角色行为恰与其相反。

（二）角色行为前因机制的研究综述

1. 敬业度、内在动机影响角色行为

里奇等（Rich et al.，2010）指出敬业度受到员工价值观、组织支持感与员工自我评价（自信、责任）的影响，它也是员工个体工作资源与多层面激励因素，并且对员工角色内行为绩效、组织公民行为产生显著影响。克里斯蒂安等（Christian et al.，2011）指出敬业度与工作态度是不同的两个概念，且敬业度可能提升了员工工作态度；研究证实敬业度对员工工作绩效（任务绩效、情境绩效）有显著正向影响；此外，影响敬业度的前因变量包括工作属性（自治、任务多样性、任务重要性、反馈）、变革型领导以及员工个体状态特征（责任心、积极情感）。还有研究依据自我决定理论，构建员工内在动机、组织合作氛围促进工作激情与任务绩效的关系模型，巴西样本分析表明，内部动机与组织合作氛围对工作激情、任务绩效、人际帮助行为均有显著正向影响，而新加坡样本分析显示，虽然内部动机与组织合作氛围促进工作激情，但是工作激情对任务绩效与人际帮助行为并没有显著影响（Ho et al.，2018）。

2. 员工心理契约、心理资本、思维方式影响员工工作绩效

特恩利等（Turnley et al.，2003）研究表明，员工对整体雇佣关系的心理契约履行感知（公平、尊重、支持等）显著正向影响员工角色内行为绩效以及组织公民行为，其影响强度高于员工对薪酬心理契约履行感知，即整体雇佣关系对员工角色行为的影响更强烈。卢桑斯等（Luthans et al.，2010）研究表明，员工心理资本是一种心理状态而非心理特质或个性特质，它与自我评价相关但是二者却不是同一个概念，心理资本是员工积极情绪状态，具有发展性，包含个体希望、心理恢复、乐观主义、自我效能四个维度，是员工积极行为的前因，对员工工作绩效和满意度产生积极正向影响。还有研究基于自我管理理论，研究表明，自我效能感和销售人员绩效正相关，自我监控行为、自我效能感和员工自我领导战略正相关；自我效能感在员工自我领导战略与销售人员绩效之间具有中介作用（Panagopoulos and Ogilvie，2015）。格罗扎（Groza，2016）研究指出员工思维方式体现为司法型、执行型、立法型三种类型，研究结果表明，仅有司法型思维方式对创新性销售行为产生显著正向影响，而角色压力对创新性销售行为产生显著负向影响；员工主观知识的调节作用显示，在创新性销售行为与销售绩效的关系中，产业知识维度、组织知识维度分别具有正向、负向调节作用。

3. 员工积极性格、员工个性特征影响角色行为

汤普森（Thompson，2005）基于社会资本理论基本内涵，指出积极性格员工通过发展社会网络获取资源与影响力，以便实现自身设定的目标以及获取高水平的工作绩效，实证研究证实，员工积极性格有助于提升工作绩效，且社会网络建设与员工积极行为在该关系中具有中介作用。还有研究认为，具有积极性格的员工表现出更积极的任务绩效、职业成功潜力行为，同时也降低员工反生产行为（Wang et al.，2017）。员工嫉妒在领导－员工交换与工作投入的关系中具有中介作用，员工个性特征变量的调节作用检验显示，员工自尊增强了嫉妒与工作投入的关系，却减少了嫉妒与组织社会破坏之间的

关系，而神经质加剧了嫉妒与组织社会破坏之间的关系（Shu and Lazatkhan，2017）。

4. 工作满意度、职业倦怠影响角色行为

贾奇等（Judge et al.，2001）对工作满意度与工作绩效的关系进行综述与总结，指出学界对两者之间的影响关系存在不同的观点，明确二者关系的关键点是确定双边关系的量级，据此提出整体满意度与整体工作绩效的关系模型，并从员工个体水平（非群体）以及自然工作环境工作绩效对已有文献进行元分析，结果表明，工作满意度与工作绩效之间的平均相关系数在数量级上是中等相关（与零值明显区别），工作复杂性对该关系有较强正向调节作用，低水平情境约束与行为要求、信任、正确评价更可能提高工作绩效。德梅鲁蒂等（Demerouti et al.，2005）研究表明，服务业员工职业倦怠状况划分为三个类别：非消耗型、客户服务枯竭型和客户服务去个性化型，三个类别均有无差异的角色内行为绩效，但是角色外行为绩效体现出显著差异，其中客户服务去个性化型在利他主义、运动员精神维度的角色外行为绩效表现最低。以印度跨国制药企业销售代表人员为例，实证研究表明，员工与管理者的沟通满意度显著正向影响角色内行为与组织公民行为，且对组织公民行为的影响强度更大；而组织支持感、组织公平对角色内行为的影响不显著（Moideenkutty，2006）。

5. 情绪劳动、情绪失调情绪耗竭影响角色行为

格兰迪（Grandey，2003）研究了服务接触中一线员工的展示规则、工作满意度、情绪劳动对角色内行为绩效的影响。研究表明，员工情感表达受到表层扮演、深层扮演的影响，角色破坏行为受到情绪耗竭的影响；员工工作满意度影响表层与深层扮演，而表层扮演又对情绪耗竭有正向影响。巴克和赫文（Bakker and Heuven，2006）获取了荷兰某大型医院护士、警员的样本，实证研究表明，工作中的情绪要求是导致情绪失调的主要前因，而情绪失调引起员工情绪耗竭与犬儒主义，进而直接降低角色内行绩效。依据工作需求－资源模型，研究指出员工情绪耗竭、职业低效能对员工任务绩效、情境绩效、亲社会组织行为均产生负面影响；同时也增加员工对组织的犬儒主义感知上升，员工犬儒主义在该关系中的中介作用得到验证（Bang and Reio，2017）。

6. 工作需求与资源、高绩效工作系统影响角色行为

巴克等（Bakker et al.，2004）基于工作需求－资源模型内涵，实证研究

指出工作需求（工作压力、情感需求）对员工枯竭因素与角色内行为绩效产生影响，而工作资源（员工自治、社会支持）通过员工脱离因素影响角色外行为绩效，并且员工枯竭因素与员工脱离因素具有正向相关性。以西班牙大学科研教师为研究对象，研究指出，员工创新行为对组织效率与生存意义重大，组织人力资源管理实践中，高绩效工作系统提高员工探索性学习行为，进而对创新行为产生影响（Escribá-Carda et al.，2017）。

7. 职场排斥、员工冲突、职场负面谣言影响角色内行为

职场排斥是员工在组织环境中频繁经历的现象，它对同事间冲突、主管冲突与任务冲突产生显著的影响，而同事间冲突在职场排斥与角色内行为与组织公民行为关系中具有中介作用（Chung，2015）。中国职场负面谣言与员工主动行为的关系研究表明，职场负面谣言对员工主动行为产生消极影响，情绪耗竭对该关系具有中介作用；员工传统性（传统价值观）对负面谣言与情绪耗竭、员工主动行为关系具有调节作用，即对于高水平传统性员工而言，负面谣言更强烈地降低员工情绪耗竭与员工主动行为（Wu et al.，2018）。

8. 组织内部品牌化与品牌导向、内部品牌资产影响员工角色行为

非营利组织的品牌导向对员工角色内、角色外品牌建设行为的影响研究表明，非营利组织品牌导向激发组织内部品牌化机制，进而影响员工角色内与角色外品牌化行为；组织内部品牌化机制对角色外品牌化行为的影响呈现出倒 U 形的演进关系（Liu et al.，2017）。瓦坦哈和达维什（Vatankhah and Darvishi，2018）研究表明，内部品牌被认为是管理人员发展和培育一个组织环境的战略工具，员工将管理承诺感知为组织内部的社会影响，对内部品牌资产产生显著正向影响；内部品牌资产对角色内顾客服务行为、角色外顾客服务行为、员工合作行为产生积极影响；内部资产在上述关系中具有中介作用。

9. 组织支持感、服务型领导影响角色行为

艾森伯格等（Eisenberger et al.，2001）基于互惠准则，提出组织支持感增强员工的组织责任并积极帮助组织达成目标，据此提出组织支持感通过感知责任影响角色内行为绩效、情绪承诺、自发行为与退缩行为的关系模型，研究结果表明，组织支持感通过感知责任的中介渠道间接影响角色内行为绩效、情感承诺、组织自发行为与退缩行为，该研究结果说明员工已接受与组织交换的互惠准则。阿尔沙迪（Arshadi，2011）实证研究结果表明，员工组

织支持感对员工角色行为绩效、组织承诺有积极影响，对离职意愿有消极影响，且员工责任感具有中介作用。以中国北京电商销售团队为例，实证研究表明，服务型领导与团队适应性销售正相关，并对顾客导向、角色内行为绩效、服务补救产生显著正向影响，由此说明，服务型领导对建设高效顾客服务团队至关重要，利于强化顾客价值再设计、支持团队交付高质量顾客服务（Wong et al.，2015）。

（三）角色行为效果机制的研究综述

1. 角色行为影响销售绩效、项目绩效

巴克斯代尔和沃纳（Barksdale and Werner，2001）指出，角色内行为、组织公民行为（利他主义、责任心）是两个不同的概念，它们均能够影响整体绩效。实证研究表明，角色内行为、组织公民行为的利他主义维度显著正向影响整体绩效，且前者的影响强度高于后者；组织公民行为的员工责任心维度对整体绩效无显著影响。皮尔西等（Piercy et al.，2006）对英国销售员工角色内行为与组织公民行为前因影响因素的研究表明，销售人员组织公民行为（利他、团队建设、公民道德、运动员精神）正向影响角色内行为与销售结果，角色内行为具有中介作用；销售管理者行为、组织支持感知正向影响组织公民行为，而组织支持感具有中介作用。

2. 影响品牌资产、顾客－员工关系、顾客忠诚度

比登巴赫等（Biedenbach et al.，2011）从顾客感知的视角，研究专业服务情境中顾客感知的员工角色模糊、角色负荷、顾客－员工关系、品牌资产之间的关系。研究表明，角色模糊、角色负荷对于品牌资产（品牌关联、品牌质量、忠诚度）、顾客－员工关系均产生消极影响，而良好的顾客－员工关系对增强 B2B 品牌资产产生积极影响。有研究表明，顾客对员工忠诚度能够转化为顾客对组织忠诚度；销售人员角色内品牌建设行为与角色外品牌建设行为在上述关系中均具有调节作用，比较而言，角色内品牌建设行为的调节效应高于角色外品牌建设行为（Wang et al.，2015）。

3. 影响团队凝聚力、工作－家庭关系

以中国广东省信息技术员工为例，实证研究指出，信息技术员工人格特征中的经验开放型、责任型、随和型、神经质型均对角色内知识分享、角色外知识分享行为产生显著影响，仅外向型人格对其影响不显著；角色内与角

色外知识分享行为对团队凝聚力产生显著影响（Cui，2017）。对管理者的领导行为与员工的工作－家庭结果之间的关系进行分析，提出不同领导角色行为风格可能带来员工工作－家庭冲突或者增益，进而扩散并影响工作与家庭（Li et al.，2017）。

（四）旅游员工角色行为的研究综述

1. 前因机制研究综述

（1）授权领导行为、变革型领导、敬业度影响工作绩效

劳布和罗伯特（Raub and Robert，2010）以中东与亚太地区的某跨国酒店员工为例，实证研究表明，授权领导行为、员工心理授权感知均显著正向影响角色内行为与顺势角色外行为，而心理授权在该关系中并无中介作用；与该结果不同，心理授权在授权领导行为与挑战性角色外行为关系中具有完全中介作用。比伊等（Buil et al.，2018）以西班牙高星级酒店一线员工为例，研究表明，变革型领导通过认同与敬业度的完全中介作用显著正向影响组织公民行为，而变革型领导通过敬业度的部分中介作用显著正向影响工作绩效；主动型人格在变革型领导影响认同、敬业度的关系中具有正向调节作用。

（2）心理契约影响角色内行为绩效

酒店员工交易型心理契约显著负向影响角色内绩效（管理者报告）、服务导向型组织公民行为（同事报告）；关系型心理契约显著正向影响角色内绩效（管理者报告）、服务导向型组织公民行为（同事报告），且组织认同在该关系中具有中介作用（Lu et al.，2016）。

（3）职场公平、工作满意度影响角色行为绩效

贝当古和布朗（Bettencourt and Brown，1997）研究表明，职场公平感知、员工工作满意度显著正向影响角色内与角色外顾客服务绩效；与工作满意度比较，职场公平感知对角色内与角色外顾客服务绩效的影响程度更高。

（4）创新行为、管理培训影响员工角色绩效

对瑞士酒店行业管理者的研究表明，酒店顾客导向、企业家精神、创新显著正向影响员工绩效（利润目标、销售目标、员工投入）。据此指出，在激烈的市场竞争中，酒店业应该具有开放性特质以及非书面规则，才能提高员工角色绩效（Tajeddini，2010）。

2. 效果机制研究综述

（1）员工角色服务行为影响顾客满意度

与其他任何因素相比较，员工与顾客交互对顾客满意度有更大的影响，特别是员工人际行为技能（软技能）的影响还较少受到关注。该研究将员工服务行为划分为人际行为技能、服务功能行为技能，通过调研并分析约旦某城市具有餐饮经历的旅游者样本数据，结果表明，员工服务行为对顾客满意度产生显著正向影响，且人际行为技能影响高于服务功能行为技能影响（Alhelalat et al.，2017）。

（2）影响组织公民行为

以土耳其塞浦路斯某酒店员工为例，实证研究表明，酒店管理者对下属员工的有效教授与辅导行为有助于增强员工组织公民行为，特别是当组织程序公平氛围浓厚时，该影响关系更强烈（Özduran and Tanova，2017）。

二、国内对角色行为绩效的研究综述

（一）角色行为前因机制的研究综述

1. 员工角色认知与重构

邹晓玫（2014）研究指出法学教师具有教育教学、法学研究、参与法律实践、参与社会公共决策的角色要求；由于角色冲突导致当前法学教师群体面临社会认可度下降、公共影响力弱化和自我工匠化的角色困境，分析了教育场域、学术场域、法律实践场域、公共决策场域中角色冲突的主要表现，指出角色冲突具有社会结构性原因、制度性原因、个人选择原因；提出重构精英主义法学职业教育理念、强化教育教学角色、促进公共角色参与等法学教师职业角色重构路径。胡焕刚（2015）研究指出，法官职业角色定位于纠纷裁判者，该角色具有中立、有能力、依法裁判、公正的特征；从角色要素的社会地位、主体要求、价值理念、行为模式四个方面阐释法官职业角色要素；当代法官职业角色存在审判独立、职业保障、司法公信力以及法官能力等方面的现实障碍，基于此提出法官职业角色重构的措施。崔静等（2017）调研了上海二级、三级住院医院病人对医生角色行为认知，研究表明，病人对医生角色行为的认知总体是积极的，具体而言，病人对医生的职业素养、以病人为中心的诊疗体验具有一定认可度，其中，职业素养的角色认知得分最高，胜任力角色认知次之，而以病人为中心的诊疗的角色认知得分最低；医院等级、居住地、本次住院有无手术经历影响病人对医生角色行为的认知。李晓（2017）认为大学生的预期社会化是大学生的理想角色，从自我、学校、国家三个层面研究大学生理想角色内涵、障碍与对策。研究表明，大学生自我理想角色期待与国家、学校层面的社会期望基本保持一致；角色成长中自我妨碍是大学生角色偏差的主因，包括自我对自由的应对无能、自我同一性的碎片化、自我肯定不足、自我调节失序等障碍；大学生理想角色达成是通过自我调整、兼顾社会的方式而实现的，由此，教育目的社会本位论和个人本位论在大学生理想角色期望与实践中具有统一性。刘正宗和蒋宁（2019）从角色认知、角色学习、角色期待、角色实践的层面界定大学生干部的角色行为维度，研究显示，他们的角色行为评价总体是积极正面，同时指出影响学生干部角色行为的主要原因在于学校科层管理方面，据此提出管理建议。

2. 心理契约、员工正念、工作价值观、动机影响角色行为

于斌和王勃琳（2012）认为，理念型心理契约是员工对组织与雇员之间共同价值信仰的认知，与交易型、关系型的心理契约相比较，理念型心理契约的员工会主动履行角色内行为，承担更多组织公民行为。赵亚东和卢强（2018）认为，正念属于积极心理学的概念范畴，它是一种弹性心智状态，帮助个体专注于当下以及察觉新事物。在工作场中，员工正念能够提高员工幸福感与角色内绩效，而角色内绩效具有中介作用；员工对组织的认同度越高，员工正念对角色内绩效的影响强度越大。侯烜方和卢福财（2018）认为，新生代员工与老一代员工的价值观和动机存在差异，由此影响其工作绩效。实证研究表明，新生代员工的工作价值观显著正向影响角色内绩效与角色外绩效，内在动机在该关系中具有中介作用；组织文化的竞争导向型、人本主义型分别在工作价值观与角色内和角色外绩效的关系中具有正向调节作用。黄勇和余江龙（2019）研究了主动型人格对主动担责角色定义以及后续担责行为的影响，同时检验了领导－下属关系的调节作用。

3. 工作满意度、组织承诺影响角色行为

诸彦含和涛卿（2011）研究表明，员工社会交换关系感知显著正向影响员工角色内与角色外行为；增加工作满意度的中介变量后，仅有情感工作满

意度在社会交换关系感知与角色内、角色外行为的关系中扮演完全中介作用，而认知工作满意度在社会交换关系与任意角色行为的关系中均无中介作用。霍甜和李敏（2011）通过研究综述与规范分析、归纳分析方法提出，工作满意度与员工角色内行为、组织公民行为正相关，与员工离职行为负相关；员工满意度还与组织承诺正相关，进而影响员工的角色行为，组织承诺可能扮演中介作用。

4. 组织政治知觉、信任氛围、内部人身份认知影响角色行为

瞿皎姣等（2014）认为组织政治知觉是员工对周围同事和上司自利行为发生程度的主观评估，包含一般性政治行为、保持沉默静待好处、政治性薪酬和晋升政策三个维度，该研究以国有企业员工为例，实证研究指出一般性政治行为知觉、政治性薪酬和晋升政策知觉显著负向影响角色内绩效，而保持沉默静待好处知觉显著正向影响角色内绩效，工作自主性在组织政治知觉与角色内绩效的关系中具有显著正向调节作用。屠兴勇等（2017）研究表明，员工对组织的信任氛围感知能够积极影响员工角色内绩效，员工的内部人身份认知在该关系中具有中介作用；此外，员工心理安全感在信任氛围、内部人身份认知与角色内绩效的关系中具有正向调节作用。

5. 企业家精神、领导风格、领导组织化身认知影响角色行为

张琦（2015）指出，员工对企业家的精神感知包含经营开拓、管理变革、技术与产品创新三种行为，它可能直接影响员工心理与行为。该研究调研并收集陕西省多家企业员工样本，实证研究表明，员工感知的企业家精神对员工角色内行为产生显著正向影响；交易型心理契约在该关系中具有部分中介作用，而关系型心理契约不具中介作用；此外，该研究还分析了员工感知的企业家精神对员工的组织公民行为、员工留任行为的影响以及心理契约的中介作用。孔茗和钱小军（2015）指出，领导者内隐性追随反映出领导者对员工的要求与行为特质期望，对员工态度与行为产生影响。实证研究表明，领导者内隐追随显著正向影响员工角色内行为、组织公民行为，领导-成员交换在该关系中具有中介作用；而员工心理授权感知在领导者内隐追随、领导-成员交换与员工角色内行为关系中具有正向调节作用。陈志霞和汪洪艳（2015）指出，领导类型将直接影响员工角色绩效，同时，领导也常被员工视为组织的化身，员工对领导组织化身的认知程度越高，其心理与行为越会受到领导行为的影响。实证研究表明，变革型领导对组织承诺与员工角色行

为产生显著正向影响，而辱虐型领导对其产生显著负向影响；领导组织化身认知在变革型、辱虐型领导与组织承诺的关系中具有调节作用。周如意等（2020）研究指出，自我牺牲型领导通过员工组织公民行为角色内化的中介作用影响组织公民行为，该研究还检验了员工心理权利的调节作用。

6. 组织支持感、组织激励、企业伦理感、企业责任履行影响角色行为

刘枭（2011）研究了组织支持、组织激励对员工个体行为的影响，以及团队行为对团队创新绩效的影响，研究表明，在个体层次，组织支持、组织激励的来源与员工行为对象一致时，变量之间呈现显著的影响关系，具有互惠补偿的特征，该关系受到自己人感知的调节影响；在团队层次，研发团队内个别成员的循规行为、正面破规行为、额外奉献型帮助行为等提高团队创新绩效，而负面破规行为、顺水人情型帮助行为等对团队创新绩效产生阻碍作用。白少君（2012）认为，企业伦理是企业在经营中处理内外关系和从事各种活动所涉及的伦理观念和道德准则，包含交易伦理、环境伦理、社会伦理三个层次；实证研究发现，如果员工感知到所在组织遵守伦理规范和道德标准，员工更可能对组织产生信任与认同，提高其工作满意度与情感承诺，进而提高员工的组织公民行为、工作绩效，降低员工离职意愿。何奎（2017）研究了企业责任履行与员工角色行为的关系，该研究认为企业对员工的责任包括经济责任、法律责任、伦理责任、慈善责任，企业积极履行对员工的责任提高了员工对企业的情感承诺，并对员工角色内与角色外行为产生积极影响，且情感承诺在该关系中具有中介作用。

7. 职场欺负行为、职场排斥影响角色行为

付美云等（2014）指出，职场欺负行为影响旁观者身心健康、工作态度与行为，而旁观者对欺负行为所采取的态度和角色行为又对当事人双方权利均衡与互动产生影响。旁观者在欺负行为中可能采取的行为包括支持受欺负者、协助实施者、沉默保持者，旁观者的上述行为与角色在特定情形下相互转化，受到公正道德观念、对欺负的情绪体验、基于社会交换的评判与学习的影响。张冉（2015）研究表明，职场排斥显著负向影响员工角色内行为和角色外行为，组织支持感在该关系中具有中介作用；员工自我效能感在职场排斥与员工角色内行为和角色外行为关系中具有调节作用。王海波等（2019）研究了员工角色社会化对工作疏离感、职场排斥行为的影响，该研究还检验了发展反馈的调节作用。

8. 高绩效工作系统、仁慈导向人力资源实践影响角色行为

苗仁涛等（2013）研究表明，组织高绩效工作系统与员工角色内行为绩效、组织公民行为显著正相关，组织支持感、领导－成员交换分别在该关系中具有中介作用；程序公平仅在高绩效工作系统与组织公民行为关系中具有调节作用。颜爱民和陈丽（2016）研究表明，高绩效工作系统显著正向影响员工角色内行为和组织公民行为，心理授权在该关系中具有中介作用。吴坤津等（2017）基于类亲情交换关系视角，分析仁慈导向人力资源实践对员工角色行为的影响。该研究认为，仁慈导向人力资源实践根源于雇主的泛家族化倾向及兼济天下的情怀，它是基于伦理道德体系、以泛家族化的伦理规范实施对员工的关怀。实证研究表明，仁慈导向人力资源实践有助于企业与员工建立良好的共同体关系，进而积极影响员工角色内行为和角色外行为。

9. 社会因素影响角色认知与角色行为

张宇慧（2008）依据拟剧理论解读大学教师角色行为，认为大学教师的角色内涵为教育者、研究者、社会服务者，大学教师依据社会期待在不同场景的前台扮演社会角色，众多社会角色使得大学教师在各种角色中间建构属于自己的后台角色空间，根据自身的情况整合或者隔离各种角色。贾永堂（2012）研究指出大学教师承担着教育者、研究者与社会服务者的角色，当前影响教师角色行为的因素包括社会期待、考评与管理制度、自身意识、行动能力、客观环境；导致大学教师角色扮演偏离理想角色的主要原因是考评与管理制度异化，据此提出创新大学教师考评制度的建议。贺婷（2013）研究了患者对护士角色认知影响因素及其形成机制。研究表明，患者对护士角色认知外在影响因素包括护士服务连续性、社会背景、媒介、医院管理；其中，护士服务连续性是患者形成护士角色认知的首要影响因素；社会背景、医院管理、媒介因素是护士角色认知的社会系统因素，而患者自身健康状况、既往住院经历是形成护士角色认知的个体影响因素。

（二）角色行为效果机制的研究综述

1. 影响工作满意度、工作－家庭冲突、生活满意度

董磷茜（2012）对工作角色认同与大学工作转换促进的内在机理展开研究，该研究建构大学毕业生工作角色认同、自我职业生涯管理、工作转换的路径，证实工作角色认同对从学校向工作的转换中的就业满意度维度、

工作 - 教育匹配维度有显著影响，自我职业生涯管理在该关系中具有中介作用；学校职业生涯指导、工作单位的组织职业生涯管理、大学毕业生的人力资本、心理资本、社会资本通过大学毕业生的工作角色认同、自我职业生涯管理间接实现其从学校向工作的转换；此外，该研究还分析了各个变量的不同社会人口特征的差异。秦剑（2013）研究表明，创业者采用反应性角色行为以缓解工作 - 家庭冲突的效果不好，创业者必须寻找其他途径以缓解角色需求；创业干涉家庭对创业导向具有正向影响，而家庭干涉创业对创业导向具有负向影响，由此表明创业者需要平衡创业与家庭之间的关系，根据冲突类型及其程度进行有针对性的调节。高中华和晨赵（2015）研究表明，角色压力显著降低知识员工的生活满意度，家庭干涉生活在其影响关系中具有中介作用；社会支持处于低水平情况下，角色压力完全通过家庭干涉工作而降低生活满意度，社会支持处于高水平时，角色压力直接影响生活满意度，家庭干涉工作的中介作用不显著。

2. 影响员工角色外行为、创新行为、建言行为、越轨行为

董雅丽和赵丽红（2009）研究指出，员工角色内行为对角色外行为与服务质量产生显著正向影响；而角色冲突、角色模糊与角色负荷与员工角色行为正相关。杨晶照等（2012）基于角色理论，提出员工创新角色认同可能影响员工创新行为，而作为环境因素的组织结构反映出组织对资源的配置方式，它可能成为环境制约因素而对角色认同与创新行为关系具有负向调节作用。实证研究表明，员工创新角色认同与其创新行为正相关；组织结构的集权化维度在该关系中具有调节作用，而组织结构的正规化、复杂度两个维度的调节作用不显著。张若勇等（2016）指出员工建言是员工参与的重要方式，而建言者的自我身份认知是影响建言行为的重要前因。实证研究表明，领导与同事的建言期望能够增强员工建言的角色身份认知以及建言行为，其中建言角色身份的中介作用显著；员工传统性仅对领导建言期望与员工建言行为具有调节作用，但是对同事建言期望与建言行为的关系没有调节作用。姚亚男和韦福祥（2018）研究指出，服务接触型员工角色冲突是员工与组织内部人员或顾客互动中，与他人所期望与要求的角色不一致的状态，角色冲突直接影响组织内部与组织外部的员工越轨行为，引起员工情绪耗竭；团队社会资本作为员工的关系网络与潜在资源支持，能够缓解角色冲突与员工越轨行为。厉杰等（2019）分析了新员工的反馈寻求评价信息行为对其角色外行为的影

响，该研究还分析了自我效能感的调节作用。

3. 影响顾客情感、顾客参与、顾客行为

赵宇飞（2012）以银行业员工为研究对象，实证研究服务接触过程中员工行为对顾客参与的影响。研究表明，员工角色内行为与角色外的组织公民均对顾客参与产生显著影响，而顾客情感仅在角色内行为与顾客参与关系中具有中介作用。刘洪深（2012）对顾客角色内的参与行为、顾客角色外的公民行为的转化展开研究。研究表明，顾客角色内参与行为不能直接转化为顾客角色外公民行为；增加关系质量为中介变量后，最优模型检验结果显示，顾客角色内参与行为完全通过关系质量转化为顾客角色外公民行为。

4. 影响企业绩效、运营绩效

苏中兴（2010）指出，中国企业面临的最大问题不是缺乏员工角色外行为，而是如何规范角色内行为以便员工有效地完成职责内的工作，应重视角色内行为在企业人力资源管理与企业绩效关系中的中介作用，而非积极关注角色外行为对绩效的贡献。实证研究表明，高绩效人力资源管理包含规范的招聘、结果导向考核、基于绩效薪酬、人才竞争流动、劳动纪律管理的五个方面内容，它与企业绩效正相关，而员工角色内行为在高绩效人力资源管理与企业绩效关系中具有中介作用。樊耘等（2012）认为，企业中层管理者具有企业家、执行者、辅导者、协调者的多重角色，其中，企业家角色行为对企业财务绩效具有积极影响，其余三个角色行为对企业运营绩效具有积极影响。

（三）旅游员工角色行为的研究综述

1. 前因机制研究综述

（1）员工服务认知、情绪智力影响角色行为

高爱仙和孔旭红（2007）认为，饭店员工承担着多元化的角色，包括顾客服务的提供者、饭店组织成员、饭店对外宣传的媒介等，饭店员工角色认知偏差带来的不利影响有增加员工流动率、损害饭店的企业形象、降低饭店竞争力等，据此提出强化职业角色教育与培训、管理角色期望与实践、完善饭店保障机制的对策。李艳丽等（2012）基于行为识别理论，提出员工的服务认知－行为模式影响其角色服务绩效。该研究以旅行社和饭店的员工为例，实证研究表明，倾向于顾客理解型服务认知－行为模式的

员工表现出最高的角色外服务绩效以及较高的角色内服务绩效；而倾向于工作规范型服务认知－行为模式的员工表现出最低的角色外服务绩效与角色内服务绩效。屠兴勇等（2018）以服务业员工为例，实证研究表明，员工情绪智力通过关系型社会资本的中介作用而显著正向影响角色内绩效；作为情境因素的情绪氛围，在情绪智力与关系性社会资本的关系中具有正向调节作用。

（2）员工心理所有权感知、情感承诺、工作压力影响角色行为

张辉等（2012）认为，饭店员工跨边界行为包含角色内行为（服务提供行为）与角色外行为（内部影响行为、外部代表行为），同时兼顾顾客导向与员工导向的视角。实证研究表明，员工的组织心理所有权感知直接影响角色外行为，它还通过员工满意度、情感承诺的中介作用而对角色内的服务提供行为与角色外的内部影响、外部代表行为产生影响。郭淑梅（2012）研究表明，饭店员工工作压力表现在职业发展、工作超负荷、分配不公平三个方面，员工工作压力显著降低员工角色内绩效，领导的关怀未能缓解工作压力与角色内绩效关系，而领导的制定规则维度能够降低工作压力与角色内绩效的消极关系。

（3）支持型领导、授权氛围影响角色行为

林美珍（2011）以旅游企业员工为例，研究企业层次、部门层次的员工服务评估氛围、支持型领导氛围、授/受权氛围以及员工层次的角色超载、心理授权、员工满意度对员工服务质量的多层级影响关系。研究结果显示，员工层次的角色超载、满意度对其服务质量有显著影响；部门与员工层次心理受权氛围显著正向影响服务质量，而企业层次授权氛围的影响未达显著；部门层次心理受权氛围、支持型领导在员工角色超载影响服务质量的关系中均具有正向调节作用；员工工作满意度在企业层次支持型领导氛围与部门层次心理受权氛围影响员工服务质量的关系中具有中介作用。

2. 效果机制研究综述

（1）影响员工角色压力与应对、工作满意度

张辉和牛振邦（2014）认为，饭店员工承担着多种角色，给员工带来角色压力，学界较少关注人格特征在饭店员工角色压力管理中的影响，该研究选取乐观人格的积极心理视角，采纳特质乐观、状态乐观两个维度，研究表明，特质乐观显著负向影响角色压力，而状态乐观的影响不显著；未来取向

应对在该关系中具有中介作用。林美珍和凌茜（2016）以旅游企业员工为例，研究企业层次、部门层次的支持型领导氛围、授/受权以及员工层次的角色超载、心理授权、员工满意度的多重影响关系。研究结果显示，员工层次的角色模糊显著负向影响工作满意度，而角色负担过重和角色冲突对其无显著影响；企业层次的支持型领导氛围显著影响部门层次的支持型领导氛围，进而影响员工工作满意度；三个层次的授/受权氛围均对员工工作满意度产生显著正向影响，此外，企业层次的服务行为评估氛围、支持型领导氛围的调节作用也进行了检验。

（2）影响顾客导向行为、服务质量

于伟和张彦（2010）以星级饭店女性员工为例，实证研究表明，饭店女性员工感受到明显的工作家庭冲突，与家庭干扰工作的感受比较，她们对工作干扰家庭的感受更为强烈；工作与家庭之间的冲突增加女性员工工作倦怠感（情绪耗竭、情感疏远、降低成就感），降低女性员工顾客导向意识和行为。王显成（2016）以浙江某连锁餐饮集团员工为例，实证研究表明，主管支持感积极影响员工角色认同、主动服务行为，进而带来员工良好的服务表现。林美珍（2010）研究表明，旅游企业的员工服务行为评估氛围与员工服务质量正相关；作为组织环境因素，员工服务行为评估氛围在员工角色冲突与员工服务质量的关系中具有调节作用，它能够降低角色冲突对服务质量的消极影响。

三、国内外角色行为绩效的研究述评

（一）国内外研究的相似点

第一，前因机制的相似性。国内外主要对角色行为绩效的前因机制展开研究，影响角色行为绩效的前因变量包括员工个体特征变量与职业环境变量，包括心理契约、工作价值观、动机或情绪、工作满意度、个性特征以及工作系统状态、组织工作资源、组织支持感、领导风格等，它们是影响角色行为绩效的主要前因。

第二，效果机制的相似性。国内外多数研究表明，员工角色行为所产生的影响主要包括员工工作绩效、顾客态度与行为两个方面，例如，员工角色行为绩效影响员工满意度、个体工作行为表现、企业绩效、团队绩效以及顾客满意度或忠诚度、顾客行为等。

第三，结构维度的相似性。国内外研究主要依据角色理论，将员工角色行为分解为员工角色内行为、角色外行为两个维度。其中，角色内行为与任务绩效行为基本类似，它与员工岗位责任或组织任务描述一致；而角色外行为与组织公民行为、员工亲社会行为等基本等同。

第四，测量量表的相似性。国内外研究所采纳的角色测量量表具有相似性，多从角色内维度、角色外维度展开测量。具体而言，角色内行为绩效的测量量表主要与工作职责实现紧密关联，而角色外行为测量量表包括组织公民行为、员工主动行为或员工亲社会行为等量表，虽然表述不一，但是量表的内容基本一致。

（二）国内外研究的相异点

第一，分析视角的相异性。国外研究多基于微观层面的员工个体视角，调研对象主要是组织一线员工，研究其角色行为的前因与效果机制。国内研究则包含微观个体、中观社会、宏观国家层面，对个体角色定位或特定群体职业角色定位进行界定、角色引导与角色管理展开研究。

第二，调研对象的相异性。国外研究能够从主体、客体互动的视角，研究员工角色行为绩效影响机制，例如，收集员工－管理者配对样本或员工－顾客配对样本，用以检验员工角色行为产生的后果。国内研究多从他者视角，调研或分析员工角色定位与角色行为绩效的关系。

第三，范畴拓展的相异性。国外研究关注到人格特征、员工思维方式、组织内部品牌化等变量在员工态度与行为管理中所扮演的角色作用；国内研究多关注组织环境因素、角色职责要求对角色行为绩效的影响，拓展了组织政治知觉、内部人身份认知、企业伦理感或责任履行、社会因素对员工角色行为绩效的影响。

第四，研究方法的相异性。国外研究以实证研究为主导，以组织员工为调研对象，通过问卷获取样本，量化研究角色行为绩效机制；而国内研究更注重解读角色的多样性与原因，将比较研究法与归纳法结合，分析特定对象的角色行为内涵与边界，并提出管理策略。

第三节　员工情绪劳动研究综述

一、国外对员工情绪劳动的研究综述

（一）情绪劳动概念与内涵界定研究综述

情绪劳动概念提出与界定，源于服务交付中员工－顾客情绪互动与情绪体验现象以及服务员工情绪投入与产出现象，基于员工情绪被视为服务劳动之必然组成部分的基本观点而发展完善。学界普遍认为，情绪劳动概念由美国社会学家霍克希尔德（Hochschild，1979）提出，她在对航空公司空服人员的观察与研究中发现，空服人员不仅要满足乘客的各种需要，还要关注乘客的情绪变化问题并与其产生积极情绪互动，因此，空服人员不仅需要向乘客提供体力劳动、脑力劳动，还需要对自身情绪加以控制、管理以实现工作绩效，霍克希尔德将员工个体情绪投入部分命名为"情绪劳动"。她认为"情绪劳动是员工通过管理自身情感建立公众可见的表情或身体方面的展示，以此获取报酬的劳动方式"。霍克希尔德对情绪劳动概念的定义源于舞台戏剧的比拟，她将顾客视为观众，而员工是演员，工作场所与环境是舞台，绩效包含服务员工的印象产出与管理，服务员工通过表达以实现绩效目标，而情绪管理是员工实现绩效与组织目标的手段。

与霍克希尔德不同，阿什福斯和赫胥黎（Ashforth and Humphrey，1993）强调情绪劳动是可观察到的行为，而不仅仅是感受管理。他们将情绪劳动定义为"表达、呈现与组织规则一致的适宜情绪行为"，其目标是为组织成功而进行的印象管理方式，并对员工实现任务效能有积极影响。呈现规则是被社会广为承认的规范，组织则将其具体化，员工通过自我情绪管理以符合呈现规则，进而影响目标受众。由此可见，该定义强调行为属性而非感知何种情绪的心理状态。无论从组织视角还是员工视角，情绪劳动的外显部分都需要呈现出来，变得可察觉可操作，由此情绪劳动才能产生积极的任务绩效。

后来，社会环境的作用受到重视，成为情绪劳动定义强调的外部因素。

莫里斯和费尔德曼（Morris and Feldman，1996）在此方面作出积极贡献，他们指出特定社会环境是影响情绪劳动的因素，并将情绪劳动定义为在人际交互中，表达组织所期望情绪所需的努力、计划和控制。他们强调情绪劳动定义包含以下具体内容：第一，基于社会环境体验的情绪体验与表达；第二，个体通过努力使得情绪感受与组织期望情绪取得一致，个体努力程度可视为劳动，以呈现所要求的情绪；第三，情绪劳动已经具有商品属性；第四，通过组织规则、标准界定情绪表达的方式与时间。对于组织员工而言，情绪劳动是由工作特征引发、可观察到的、且与目标关联的员工情绪表达，即情绪劳动是为实现组织目标而对员工感受与表达进行管理的过程。

早期研究中，情绪表达规则、主动情绪管理也成为情绪劳动的典型特征，使情绪劳动与组织管理紧密关联。扎普夫等（Zapf et al.，1999）认为，情绪劳动是员工按照组织期望的情绪表达要求而做出的情绪管理，其中，情绪管理要求包含四项：要求表达正面情绪、要求调整负面情绪、要求对顾客情绪保持敏感性、要求表现出同情。在另一项研究中，扎普夫（Zapf，2002）强调了情绪管理的重要性并且重新定义情绪劳动，他认为，情绪劳动是指员工与顾客的交互质量，员工被要求对其情绪进行管理并作为工作组成部分，其特征包括：发生于与顾客交互过程中，影响他人情绪、态度与行为，以及依据特定规则的情绪表达。情绪管理通常使用三种方式，即自动情绪管理、表层扮演、深度扮演，若未对情绪进行管理将导致情绪失调，它也被视为后续问题的开始。马丁内斯－艾戈等（Martínez-Iñigo et al.，2007）认为，情绪管理是个体对改变情绪进行的主动或控制过程，个体情绪管理中的努力、计划与控制被定义为情绪劳动，多数研究对情绪管理的情绪控制战略展开研究，即对情绪劳动（表层扮演、深层扮演）的研究较多，而忽视对情绪管理的情绪主动管理研究。

近期，真实情绪呈现受到情绪劳动研究的关注。梅斯美尔－马格努斯等（Mesmer-Magnus et al.，2012）指出，情绪劳动是员工管理自身真实情绪的过程，通过情绪管理呈现组织期望的情绪。情绪劳动要求员工将自身真实情绪置于次要位置，组织通过情绪劳动战略对员工情绪加以约束，形成前置聚焦或反应聚焦的差异，其中，前置聚焦情绪劳动战略是指员工先前感受与后期工作中表达情绪是一致的，而反应聚焦情绪战略要求伪装真实情绪并表达组织期望的情绪，依据一致性/非一致性的分析视角差异，产生五种情绪行为，分别是对应于一致性情绪劳动状态的情绪和谐、深层扮演，对应于非一致性情绪劳动状态的表层扮演、情绪失调、情绪抑制。

（二）情绪劳动结构与测量量表研究综述

有研究对情绪劳动的细分维度及其对应的测量量表进行研究，被广为采纳的是二维度结构及其对应的量表，此外还发展出三维度、四维度结构与量表。情绪劳动的二维度结构由霍克希尔德（Hochschild，1983）提出，包含表层扮演（surface acting）、深层扮演（deep acting）两个维度，已得到学界认可并在研究中普遍采纳。表层扮演，聚焦于情绪表达管理，而深层管理是个体有意识地调整感情以表达所需要的情绪，这两种情绪管理途径都需要付出努力，特别是当服务员工需要保持微笑去应对各种顾客时，员工所付出的努力将会导致工作倦怠与压力。阿什福斯和赫胥黎（Ashforth and Humphrey，1993）研究指出，表层扮演包含假装的某种情绪，其实际感受可能与此不一致，它直接影响外在行为，深层扮演则是员工尝试去实际体验或感受所期望表现的情绪，其感受实际上是含有的、被压制的或者被塑造的，它对内在感受有直接影响，而对行为是间接影响。表层扮演、深层扮演都是努力或者尝试去表达适宜情绪的行为以影响目标受众，而非员工情绪的某种结果。此外，情绪劳动可能并非有意识努力为之的结果，员工表层扮演、深层扮演可能会变成例行公事且毫不费力，也不会是其压力的来源。格兰迪（Grandey，2003）指出，情绪劳动的表层扮演与深层扮演都是内在虚假且需付出努力的情绪调整，但是二者展现不同的意图，深层扮演是个体主动地将感受、信念、心理状态与所需要情绪表现进行匹配，是个体感受的心理创建或塑造，而表层扮演是脱离个体内在感受而对自身情绪进行调整以符合角色需要，通常会使个体体验到情绪失调、紧张，是个体对情绪外部呈现的塑造或调整。

还有一些研究提出情绪劳动三维度的结构。沃顿和埃里克森（Wharton and Erickson，1993）以员工情绪呈现是否积极为标准，提出情绪劳动的三维度结构，包含积极情绪表现、中性情绪表现、消极情绪表现。其中，积极情绪能够促进客户愉快心情和体验；而消极情绪表现使客户体验不好的情绪感受，并对绩效产生消极影响；中性情绪表现处于二者之间，员工情绪表现平稳，中心情绪表现具有较大的可引导性与可塑性。迪芬多夫和戈瑟兰（Dief-endorff and Gosserand，2003）在情绪劳动表层扮演、深层扮演的二维度基础上，增加了真实的情绪表达维度，从而构成情绪劳动的三维度结构，而真实情绪表达是指员工内在情绪体验和感受与组织要求一致，员工将自己的真实情绪自然地表现出来。马丁内斯－艾戈等（Martínez-Iñigo et al.，2007）也提出情绪劳动的表层扮演、深层扮演、情绪主动管理的三维度结构。

情绪劳动的四维度结构。莫里斯和费尔德曼（Morris and Feldman，1996）提出情绪劳动的四维度结构，包含"交互频率（服务人员与顾客之间的交往频率）、关注（情绪强度、交互时间、表层扮演、深层扮演）、被要求情绪的多样性（情绪表现规则要求个体在工作中呈现多种状态以及不同的工作角色要求也不尽相同）、情绪失调（指组织要求个体表现的情绪状态与个体的内心真实感受不符）"，他们还认为，情绪劳动的表层扮演、深层扮演是主要的情绪管理方式，表层扮演作为"聚焦于前台的情绪管理"符合组织期望的形象管理需要，但也使员工经受压力，可能对员工健康不利，深层扮演作为"聚焦于反应的情绪管理"，它对组织绩效的影响更显著，但多数研究指出二者与倦怠、退出、消极工作态度相关。扎普夫（Zapf，2002）提出情绪劳动的维度结构包括情绪表达的频率、符合规则的注意力、情绪多样性、情绪失调。扎普夫和霍尔茨（Zapf and Holz，2006）认为，情绪劳动是员工－顾客交互的重要方面，他们从组织所期望的，或员工工作角色需要的员工应呈现情绪的视角，提出情绪劳动的四个维度，即情绪劳动的正面情绪表达、负面情绪调整、顾客交互中的情绪敏感性、情绪失调。

情绪劳动概念可操作化，即情绪劳动量表开发备受关注。扎普夫等（Zapf et al.，1999）开发的情绪劳动量表包含三个子量表，分别为情绪管理要求、情绪管理可能性（情绪劳动控制、员工－顾客间交互情绪控制）、情绪管理问题（情绪失调）。通过残疾儿童照护机构、饭店、呼叫中心服务工作员工的三个样本实证研究表明，情绪管理要求、情绪管理可能性、情绪管理问题三个因子具有良好的区别效度，即情绪劳动各维度具有显著区别。格兰迪（Grandey，2003）开发的情绪劳动量表包含表层扮演、深层扮演两个子量表，实证研究以美国宾夕法尼亚州中西部某大学行政助理为调研对象，结果表明，两个自量表具有良好的信度与效度，且情绪劳动对工作满意度、情绪耗竭、服务角色破坏产生影响。鲍斯瑞德等（Brotheridge et al.，2003）检验了情绪劳动量表的结构、内部因子间的区别以及情绪劳动的影响。该研究所开发的情绪劳动量表包含情绪表现的频率、强度、多样性、交互时间、表层扮演、深层扮演六个方面，通过对加拿大某高校商务课程学生样本的因子分析，结果表明，情绪劳动量表的六个方面具有良好的内部信度与区别效度。迪芬多夫等（Diefendorff et al.，2005）开发的情绪劳动测量量表包含表层扮演行为、深层扮演行为、真实情绪表达三个子量表。获取美国东南部某大学中具有参加服务性工作经历的大学生样本与服务员工样本，研究表明该量表与理论契合；真实情绪表达与表层扮演、深层扮演具有区别，应被纳入情绪劳动之中。

（三）情绪劳动功能机制与拓展研究综述

1. 影响情绪劳动的前因机制研究综述

情绪劳动功能机制与拓展研究主要包含情绪劳动的前因机制、产生的效果机制。前因机制研究方面，涉及组织层面、员工层面、交互环境的多个前因变量对情绪劳动的影响研究。

（1）组织期望的情绪呈现规则影响情绪劳动

扎普夫（Zapf，2002）基于行为理论分析情绪劳动的员工影响机制，指出在情绪劳动与管理中，情绪呈现要求（积极情绪、消极情绪、情绪失调）通过情绪劳动的战略控制（自动情绪管理、表层扮演、深度扮演、情绪异常、感知情绪）以实现降低倦怠的后果（个体成功、情绪耗竭、去人性化）。戈德堡和格兰迪（Goldberg and Grandey，2007）认为，服务接触中的呈现规则是组织设定的目标，要求员工向顾客生产、提供一种情感状态，需要员工与组织付出成本，呈现规则需要员工投入更多，消耗员工认知资源、增加工作倦怠、降低任务绩效，而员工情绪管理（表层扮演、深层扮演）作为员工感受、体验的自我调整过程，会受到呈现规则的影响并对员工资源消耗产生影响。

（2）角色需要/个体－角色冲突影响情绪劳动

阿什福斯和赫胥黎（Ashforth and Humphrey，1993）认为情绪劳动对服务员工健康的影响与员工的角色认同关联，员工对自身所肩负的服务角色认同程度越高，越可能与角色期望、呈现规则保持一致并越容易感受到自身与服务角色融合一体与真实性，对员工健康越有益；反之，当认同威胁时，将导致情绪失调、真实性丧失，对员工健康无益。与表层扮演相比，深层扮演更快、更强烈地导致角色认同。例如，有研究表明，表层扮演、情绪－规则冲突是引起员工健康（情绪耗竭、去人性化、成就感、心理压力、心理抱怨）、职业健康状态（工作满意度、组织承诺）、倦怠的前因变量，个体 – 角色冲突可以解释情绪 – 规则冲突与员工健康、职业健康之间的关系，即自我耗竭、不真实体验、持续的负面情绪以及社会互动损害可能是推动表层扮演与员工健康、职业健康之间关系的传导机制（Hülsheger and Schewe，2011）。

（3）满意度、情绪耗竭、员工疲惫影响情绪劳动

格兰迪（Grandey，2003）指出，情绪劳动的表层扮演与深层扮演都是内在虚假且需付出努力的情绪调整，与工作所需要的情绪表现、角色需要紧密相关，是个体对情绪外部呈现的塑造或调整，因此，工作满意度、工作压力、情绪耗竭、情绪呈现规则反映出个体 – 工作适应程度，对情绪劳动与员工服务绩效产生影响。格伦德恩等（Gelderen et al.，2017）以荷兰警察为例，研究表明，工作开始前疲惫显著正向影响表层扮演，进而负向影响服务绩效、正向影响情绪失调；工作开始前疲惫还通过每日表层扮演间接影响工作结束后疲惫；每日深层扮演显著正向影响每日服务绩效。该研究支持资源保存理论基本内涵，即在工作开始前，拥有较少资源或能量的员工将倾向于展现更多表层扮演的情绪劳动（借此保存有限的资源），并降低服务绩效以及加剧工作结束后员工疲惫（失去更多资源的机会增大）。

（4）情绪资源、情绪倾向影响情绪劳动

对于个体而言，情绪资源是典型的、有价值的个体资源，可累积并置换其他资源，而情绪资源缺失或降低将会导致人际交互失败，实证研究表明，情绪资源与情绪劳动显著相关，即高水平情绪资源显著正向影响深层扮演，低水平情绪资源显著正向影响表层扮演（Liu et al.，2008）。卡迈尔 – 米勒等（Kammeyer-Mueller et al.，2013）采用元分析方法对已发表文献进行统计分析，检验情感倾向、呈现规则、情绪劳动、工作结果之间的关系。研究表明，员工情绪倾向（积极倾向、消极倾向）影响员工对呈现规则的感知，进而对情绪劳动（表层扮演、深层扮演）与工作结果（工作满意度、压力/耗竭、工作绩效）产生影响；其中，呈现规则、情绪劳动分别在员工情绪倾向与工作结果的关系中具有中介作用。

（5）个体因素、工作特征影响情绪劳动

莫里斯和费尔德曼（Morris and Feldman，1996）认为，情绪劳动的前因包括组织特征、工作特征、个体差异，其结果主要是组织绩效、员工健康。

依据已有文献提出情绪劳动的前因、结果的研究假设，并展望未来研究。梅瑟－曼格斯等（Mesmer-Magnus et al.，2012）指出，对情绪劳动产生影响的因素包括员工因素（人格特征、自我监督、情商、自我效能、情感）与工作因素（主管支持、任务程序化或多样性、交互类型、工作自主性）；情绪劳动的结果主要体现在健康（主要有倦怠，例如去人性化、成绩感、情绪耗竭，身心健康）、态度（主要有工作满意度、工作退出、离职意愿等）、绩效（任务效率、工作绩效等）。

（6）社会支持、氛围真实性、组织公平影响情绪劳动

鲍斯瑞德等（Brotheridge et al.，2002）认为，同事间社会支持是鼓励工作角色内化的社会影响方式，员工也可能从中获取资源、降低并弥补与顾客之间的不满意关系，因此，社会支持与展示规则认同、角色认同、情绪劳动、互动能力相关。有研究获取澳门赌场一线员工样本，研究表明，个体意向显著负向影响表层扮演，进而影响员工情绪耗竭，表层扮演的中介作用得到验证；氛围真实性在表层扮演与情绪耗竭关系中具有调节作用，由此说明，鼓励员工表达真实个人情绪的组织氛围能够降低员工情绪耗竭（Li et al.，2017）。沙波瓦尔（Shapoval，2019）以美国佛罗里达州中部某酒店小时工资员工为例，首次对组织公平（程度、分配、人际、信息）与情绪劳动的关系展开研究，结果表明，分配不公平对情绪劳动有显著影响，而程序公平、信息公平对情绪劳动无显著影响；相较于女性员工，男性员工程序公平与情绪努力关系、信息公平与情绪失调关系更强烈，即性别在程序公平与情绪努力、信息公平与情绪失调关系中均具有调节作用。

（7）交互事件、交互情绪、交互方式影响情绪劳动

格兰迪（Grandey，2000）提出情景线索—情绪管理过程—长期后果的线性关系框架，其中，情景线索包括组织期望的员工与顾客交互期望、具体情绪事件；情绪管理过程体现为情绪劳动的表层扮演（调整情绪表达）与深层扮演（调整个体感受）；长期后果包括个体健康、组织健康。此外，个体差异（例如性别、情商、情绪表达能力、自控能力、心情等）、组织因素（例如工作自主性、组织支持等）也对情绪劳动产生影响。托特德尔和霍尔曼（Totterdell and Holman，2003）以英国谢菲尔德市某财务银行 18 名呼叫中心顾客服务员工为例，结果表明，源自顾客的负面事件或情绪与表层扮演正相关，其正面事件或情绪与深层扮演（即认知改变）正相关，而来源于顾客与

同事的正面事件或积极情绪与深层扮演正相关（即注意力部署）；表层扮演比深度扮演更显著地导致员工情绪耗竭，而与表层扮演相比较，深层扮演更显著地提高了服务绩效。石井和马尔克曼（Ishii and Markman, 2016）认为，线上顾客服务亦需要员工投入情绪劳动，并可能对职业倦怠与顾客满意度产生影响，具体来说，电子邮件沟通频率与临场情绪正相关；电话沟通方式的临场情绪将消极影响表层扮演；此外，电话、聊天、电子邮件沟通方式的临场情绪与深层扮演的关系均不显著；对于聊天、电子邮件方式沟通的员工，表层扮演对工作满意度产生消极影响，引起职业倦怠，深层扮演的影响则不显著，由此说明，与面对面服务一致，线上顾客服务的员工也会经历情绪耗竭与倦怠。

（8）人格特征在情绪劳动影响关系中的调节作用

贾奇等（Judge et al., 2009）以美国服务型员工为例，与外向型人格相比，内向型人格员工的表层扮演更容易、更显著地导致情绪耗竭、负面情感状态，而与内向型人格员工相比，外向型人格员工的深层扮演则更强烈地增加正面情感状态以及降低负面情感状态，总体而言，外向型人格员工的深层扮演对正面与负面情感状态的影响更敏感。还有研究指出，情绪劳动与员工人格特征交汇作用能够影响服务绩效，深层扮演超出顾客期望且提高顾客体验，并使员工获得经济奖励（小费）；而表层扮演消耗员工资源，对顾客服务期望与员工获得经济奖励都带来负面影响；此外，与内向型人格比较，外向型人格的员工在自我展示技能、工作外部角色动机方面存在差异，因此，表层扮演的情感绩效、小费奖励受员工外向型人格特征的调节影响（Chi et al., 2011）。

（9）性别、情商在情绪劳动影响关系中的调节作用

约翰逊和斯佩克特（Johnson and Spector, 2007）指出，服务企业使用情绪劳动战略以延续组织呈现规则，虽然已有研究对情绪劳动影响组织与个体产出关系展开研究，但是较少关注该关系的调节因素，实证研究表明，性别、工作自主在情绪劳动与员工绩效（情绪耗竭、情绪健康、工作满意度）的关系中具有调节作用，其中，女性员工采纳表层扮演将导致更低水平的员工绩效；工作自主能够缓和情绪劳动与消极员工绩效的关系；情商在情绪劳动的关系中没有调节作用，具有高情商的员工未展现出高水平情绪调节，并非因为他们不需要调节情绪，而是因为情商发挥了自动调节作用。

2. 情绪劳动产生的效果机制研究综述

情绪劳动产生的效果机制研究，涉及情绪劳动影响个体态度与行为、组织健康与绩效的关系研究。

（1）影响员工健康、角色认同

情绪劳动影响服务员工健康，员工对自身所肩负的服务角色认同程度越高，越可能感受到自身与服务角色融合一体与真实性，对员工健康越有益；反之，当认同威胁时，将导致情绪失调、真实性丧失，对员工健康无益（Ashforth and Humphrey，1993）。菲利普和舒佩巴赫（Philipp and Schüpbach，2010）以德国西南部某初级中学教师为例，研究表明，深层扮演能够降低情绪耗竭、增加工作奉献；情绪耗竭增加教师使用表层扮演，总体而言，表层扮演对教师健康影响高于深层扮演，深层扮演能够降低情绪失调，在长周期内对员工健康有益。

（2）影响工作－生活平衡、工作满意度与承诺

有研究以德国和奥地利酒店业酒店员工为例，实证研究表明，情绪劳动（积极情绪表达、情绪失调）显著负向影响工作－生活平衡，其中，积极情绪表达会负向影响工作－生活平衡，情绪失调消极影响工作满意度与工作－生活平衡；工作－生活平衡、工作满意度均对规范承诺产生显著正向影响；工作－生活平衡在积极情绪表达与情感承诺的关系中、情绪劳动与规范承诺的关系中、工作满意度在情绪失调与规范承诺的关系中具有中介作用（Hofmann and Sauer，2017）。沙波瓦尔（Shapoval，2019）以美国佛罗里达州中部某酒店小时工资员工为例，结果表明，情绪失调（与表层扮演关联）、情绪努力（与深层扮演关联）均显著负向影响工作满意度。

（3）影响员工职业倦怠

鲍斯瑞德等（Brotheridge et al.，2002）认为员工需要表现工作角色所需的情绪，当角色情绪需求、员工情绪努力与情绪可用资源、奖励关系不平衡时，就会产生情绪紧张、倦怠，导致员工降低对未来社会关系投入、个人真实性抵触、去人性化等。另一项研究中，鲍斯瑞德和格兰迪（Brotheridge and Grandey，2002）认为，服务员被要求更多地表层扮演，将更显著地引起情绪耗竭、去人性化，表层扮演可被视为工作中的离群路径，深层扮演有利于提升工作满意度、个体效能和服务质量。扎普夫（Zapf，2002）指出，员工通过情绪劳动的战略控制（自动情绪管理、表层扮演、深度扮演、情绪异常、

感知情绪）以实现降低倦怠的后果（个体成功、情绪耗竭、去人性化）。在情绪劳动与倦怠、工作满意度的关系再设计中，作为压力过程资源的社会支持和控制是需要考虑的重要调节因素。此外，情绪劳动对员工心理健康的负面影响不应被忽视。以韩国首尔某护理医院护士为例，实证研究表明，情绪劳动的情绪调整维度与职业倦怠显著负相关，而情绪抑制维度与职业倦怠正相关，通过表层扮演以表达耐心的情绪，但增加护士职业倦怠；情绪伪装与职业倦怠无相关；主管－下属交换在情绪劳动（情绪调整、情绪抑制）与职业倦怠的关系中具有调节作用（Lee and Ji, 2018）。

（4）影响情绪失调、情绪耗竭

扎普夫和霍尔茨（Zapf and Holz, 2006）获取德国西南部饭店、呼叫中心、银行、幼儿园等从事服务工作员工以及销售代表的两个样本，样本检验与比较后得到实证研究结果，正面情绪表达显著正向影响个体成就感、负向影响情绪失调；负面情绪调整对个人成就感、情绪失调均没有显著影响，对情绪耗竭有显著正向影响；情绪敏感性对个体成就感、情绪耗竭产生显著影响，但对情绪失调、去人性化无显著影响；研究结果说明情绪劳动具有积极与消极两个方面影响，而情绪失调、表层扮演不利于员工健康。戈尔德和格兰迪（Goldberg and Grandey, 2007）设计了大学生参与呼叫中心服务工作的模拟实验并收集样本数据，研究表明，呈现规则提高员工情绪耗竭、降低任务绩效；表层扮演在呈现规则影响情绪耗竭的关系中具有中介作用。以西班牙某大型社区医院健康保健医员工为例，研究表明，情绪劳动的情绪主动管理与表层扮演维度对情绪耗竭分别具有负相关、正相关关系，其中，员工－患者人际满意度、员工心理努力在表层扮演关系中均具有完全中介作用，而在情绪主动管理关系中均不具中介作用（Martínez-Iñigo et al., 2007）。

（5）影响组织健康、绩效与奉献

情绪劳动的长期后果包括个体健康、组织健康（Grandey, 2000）。赫尔舍格等（Hülsheger et al., 2010）以德国某中小学实习教师为例，研究表明，情绪劳动对个人与组织健康均有必然的影响，其中，表层扮演不利于员工健康，而深层扮演有利于组织绩效与组织健康，此外，情绪劳动的后果取决于员工所采纳的情绪调整战略。另一研究中，赫尔舍格和莎维（Hülsheger and Schewe, 2011）采用元分析方法对已有文献进行统计分析，研究表明，深层扮演与员工健康、职业健康的不具相关关系；此外，深层扮演积极影响情绪绩效、顾客满意度、员工个体成就感，而对任务绩效无积极影响，说明员工采纳表层扮演输出工作需要的情绪资源，更容易引起情绪耗竭，而采纳深层扮演补充工作资源，有益于员工获得成就感。米勒等（Mueller et al.，2013）研究表明，情绪劳动（表层扮演、深层扮演）对工作结果（工作满意度、压力/耗竭、工作绩效）产生影响。

（6）情绪劳动的年龄差异及其对敬业度的影响

约翰逊等（Johnson et al.，2017）对德国服务业老年员工样本的分析表明，年龄与情绪劳动深层扮演正相关、与表层扮演负相关，与敬业度正相关；表层扮演对倦怠（情绪耗竭、犬儒主义），深层扮演对倦怠（职业效能）均具有显著正向影响；年龄通过预期的深层扮演对职业效能与敬业度产生显著正向影响。由此说明，与年轻员工相比，德国老年员工在工作中更多采纳深层扮演的情绪管理战略，且具有更高水平的敬业度与职业效能感、职业倦怠（情绪耗竭、犬儒主义）水平也较低，在工作方面，老年员工与青年员工没有差异，而且他们在情绪管理方面做得更好；与先前研究一致，表层扮演导致情绪耗竭与犬儒主义，深层扮演产生了积极结果。

（7）情绪劳动的性别差异及其对员工压抑心情、压力水平的影响

对韩国服务与零售业员工的实证研究表明，对于女性员工而言，高水平情绪劳动对压抑心情有显著正向影响，压力水平在该关系中具有中介作用；对于男性员工，高水平情绪劳动与低水平工作自主性导致压抑心情，且工作自主性在高水平情绪劳动与压抑心情的关系中具有调节作用。总体而言，工作相关的高水平情绪劳动通过压力水平影响女性员工压抑心情，而工作自主性在男性员工高水平情绪劳动与压抑心情的关系中具有调节作用（Han et al.，2018）。

二、国内对员工情绪劳动的研究综述

（一）情绪劳动内涵诠释与维度研究综述

情绪劳动概念最早于 1979 年提出，2000 年以后渐有国内学者将相关研究成果介绍到国内。通过中国知网检索，目前能够检索到的、时间最早的研究成果为文书生（2004）的《西方情绪劳动研究综述》，发表于《外国经济

与管理》，文中介绍了西方情绪劳动的概念、特征策略与结果。此后，国内研究者对情绪劳动展开研究，且多沿用国外研究中情绪劳动概念的内涵与基本结构。

情绪劳动被视为情绪调节的结果。表层扮演、深层扮演、自然情绪呈现是情绪劳动的三个维度。程红玲和陈维政（2009）认为，情绪劳动的概念已形成情绪表达行为论、情绪感受管理论、情绪表达的工作要求论的三种观点，虽然不同观点之间存在矛盾与争议，但却助推情绪劳动内涵趋于统一，具体表现为：基于工作角色要求的情绪表达规则是进行情绪调节的前因，情绪表达行为是情绪调节的结果；情绪状态是情绪表达规则与情绪调节的中介变量，个体是否进行有意识的情绪调节，取决于内心情绪状态与情绪表达规则之间的和谐关系或冲突关系，由此产生表层表演、深层表演、自然表演（真实情绪）的情绪调节结果。

情绪劳动作为员工情绪的表达行为。情绪劳动的细分维度，是由于员工个体真实情绪与组织期望表达情绪的一致性与否而引起。任庆颖和张文勤（2014）认为，员工可以在工作过程中管理他们的情绪表达，情绪劳动实质是员工在工作中表现出符合组织要求的情绪，情绪劳动策略是员工为满足组织的情绪表达规则而使用的情绪调节与表达的方法，它包含三个维度，分别为表层扮演、深层扮演、主动调节。杨琛和李建标（2017）将情绪劳动定义为个体按照职业要求和组织所期望的方式调节和表达情绪。采纳内心情绪状态的观点，依据个体内部情绪与外部表达的一致性程度，从情绪和谐、情绪失调两个维度的界定情绪劳动。实证研究领导者情绪劳动对员工绩效的影响，并将领导者情绪劳动归纳为两个维度：情绪和谐、情绪失调，具体包括积极情绪的和谐与失调以及消极情绪的和谐与失调。吴宇驹和刘毅（2011）研究表明，中小学教师情绪劳动包括四个维度，分别为情绪知觉、深层行为、表层行为、自然行为，其中，情绪要求知觉、深层行为维度的受访者评分高，而表层行为评分最低。

基于个体情绪状态、内部情绪调节、外部情绪表达的系统观点界定情绪劳动。陈永愉（2010）对国内外情绪劳动概念进行梳理，从心理层次、劳动层次、接触层次建构情绪劳动模型，并将情绪劳动分解为基本情绪表达、表层伪装、深层伪装、情绪表达多样性四个维度。郑久华（2013）指出，已有情绪劳动研究关注三个问题：内部情绪状态（情绪失调）、内部情绪处理

（表层扮演策略、深层扮演策略）和外部情绪表达（情绪表达、实际行为）。

（二）影响情绪劳动的前因机制研究综述

1. 工作满意度、工作不安全感影响情绪劳动

杨林锋和胡君辰（2010）以国有企业服务员工为例，研究表明，工作满意对情绪劳动存在显著的影响。其中，工作满意显著负向影响表层扮演，显著正向影响深层扮演与中性调节两个维度；表层扮演显著正向影响情绪耗竭，深层扮演、中性调节对情绪耗竭存在显著负向影响。占小军（2013）研究表明，员工工作满意度、员工感知的组织承诺均对员工使用表层扮演策略产生显著负向影响，同时，员工感知的组织承诺显著正向影响深层扮演策略与顾客满意，深层扮演策略在组织承诺与顾客满意的关系中具有中介作用。张莉等（2013）认为，工作不安全感是组织变革过程中的重要压力源，导致员工诸多心理健康问题。该研究以资源保存理论为依据，实证研究表明，认知性工作不安全感、情感性工作不安全感显著影响情绪劳动与情绪耗竭，由此说明，情绪耗竭是由工作不安全感引起的典型压力反应，需要投入更多情绪劳动以便满足工作角色需求。

2. 组织支持、组织公平、组织情绪规则影响情绪劳动

颜麒等（2012）研究表明，组织支持对情绪劳动的深层扮演维度、自动调节维度有积极影响，对表层扮演维度有消极影响。杨勇等（2013）研究组织公平（程序公平、分配公平、领导公平、信息公平）对情绪劳动的影响。研究表明，程序公平显著负向影响表层表演，显著正向影响深层表演、真实表达；分配公平促进真实表达，但对表层表演无显著影响；领导公平显著影响深层表演，但对表层扮演无显著影响。唐秀丽和辜应康（2016）以酒店一线员工为例，研究表明，组织认同、基于组织的自尊均显著正向影响情绪劳动的深层表演维度；基于组织的自尊在组织认同与表层表演关系中起完全中介作用，在组织认同与深层表演作用关系中起部分中介作用。关涛等（2020）依据资源保存理论、认知失调理论、自我损耗理论，提出组织对员工的情绪表达潜规则影响员工个体情绪劳动选择策略，进而影响员工情绪耗竭的模型，实证研究证实该关系模型成立。

3. 组织服务氛围、服务导向影响情绪劳动

杨勇（2014）认为员工–顾客人际交互是实现高质量接待服务的驱动因

素，从组织与个体服务导向两个层次，分析组织服务导向、个体服务导向对情绪劳动、顾客共创行为的影响。研究表明，组织服务导向显著正向影响个体服务导向，进而影响深层表演；组织服务导向和通过个体服务导向对深层表演产生显著影响；情绪价值在深层表演与顾客参与行为、公民行为之间起完全中介作用。曹颖（2013）以服务行业为研究情境，提出组织支持员工服务的环境因素，即组织情境（整体便利程度、部门间支持），对于形成员工服务顾客的共识认知，即服务氛围，具有积极影响，而服务氛围又对员工情绪劳动产生影响。获取沈阳多个服务行业一线员工样本，研究表明，整体便利程度显著正向影响服务氛围，而服务氛围引起员工更多深层扮演与自主调节策略；服务氛围在组织情境与员工情绪劳动关系中具有部分中介作用；年龄、文化程度、工作年限在服务氛围与情绪劳动的关系中具有调节作用。王元等（2020）研究表明，辽宁省部分城市幼儿园教师情绪劳动整体感知水平不高，开放型、封闭型的组织氛围下幼儿教师情绪劳动存在显著差异，据此提出相关管理建议。

4. 员工的旅游影响感知影响情绪劳动

员工的旅游影响感知是指员工自身参与旅游活动时所感知的积极影响，旅游活动使员工获得心理与生理积极调整，使员工表现出积极工作绩效。蒋海萍等（2016）指出，具有积极旅游影响感知的员工会表现出对本职工作的理解和认同，其任务绩效、关系绩效也会提高。以安徽省4A及以上景区员工为例，实证研究表明，旅游影响感知对员工的任务绩效、关系绩效均具有显著正向影响，情绪劳动策略在该关系中具有部分中介作用。

5. 职业价值观、员工动机、潜意识影响情绪劳动

罗昱（2011）以大型国有医疗机构护理人员为例，分析职业价值观、情绪劳动与工作产出在人口统计学特征水平方面所表现出的差异；并分析职业价值观的不同维度、情绪劳动的不同维度对工作产出（离职倾向、工作绩效、工作满意度、组织公民行为）的影响。杨勇（2014）获取辽宁多家接待服务企业员工样本，研究表明，员工自主动机、内摄动机、组织服务导向分别显著正向影响个体服务导向，进而影响深层表演；组织服务导向和外在动机通过个体服务导向对深层表演产生显著影响；情绪价值在深层表演与顾客参与行为、公民行为之间起完全中介作用。陈永愉（2010）以航空服务业员工为例，分析潜意识对情绪劳动的影响及其对顾客服务质量的影响。实证研

究表明，潜意识与基本情绪表达与互动、深层情绪伪装负相关，后者与服务质量正相关；潜意识与表层情绪伪装、情绪多样性程度正相关，后者与服务质量不具相关性。杨勇等（2020）研究了接待服务业员工个体自我决定动机与个体服务导向、主动服务行为、情绪劳动之间的关系，该研究还将组织层面的服务导向作为调节变量，实证研究证实了员工自我决定动机与组织服务导向的积极作用。

6. 自我效能感、情绪智力影响情绪劳动

张文勤等（2016）以南京餐饮服务员工为例，研究表明，自我效能感显著正向影响深层情绪劳动、显著负向影响表层情绪劳动，且对深层情绪劳动的影响程度强于对表层情绪劳动的影响程度；服务员感知组织支持对情绪劳动策略具有直接影响，还通过自我效能感的中介作用而产生其影响；职业承诺正向调节感知组织支持、自我效能感、深层情绪劳动策略的关系，但在表层情绪劳动的关系中无调节作用。吕勤等（2016）指出，我国饭店业一直面临人才短缺、员工流失等现实问题，实证研究表明，表层扮演、深层扮演在情绪智力显著正向影响离职倾向的关系中具有中介作用；主观幸福感在表层扮演、深层扮演与离职倾向的关系中具有调节作用。韦家华（2016）获取广西桂林旅游与餐饮行业一线服务员工与顾客配对样本，研究表明，情绪智力显著正向影响情绪劳动、服务员工心理授权；三者均对补救质量、顾客满意度产生显著正向影响。

7. 职业级别、组织公正、组织服务导向在影响情绪劳动关系中的调节作用

吕晓俊（2012）以上海市基层公务员为例，实证研究情绪劳动策略、组织公正、工作压力的关系，结果表明，年龄长者较少采用表层扮演策略，而科员比其他现任职级更多采用表层扮演策略；情绪劳动的表层扮演策略与工作压力显著正相关；而深层扮演策略、自主调节策略与工作压力显著负相关；组织公正在表层扮演策略、深层扮演策略和工作压力的关系中具有显著调节作用。杨勇等（2020）研究表明，组织层面的组织服务导向在员工自主动机与个体服务导向、情绪劳动的关系中具有调节作用。

8. 个体与工作特征在影响情绪劳动关系中的调节作用

邵建平等（2011）对管理人员情绪劳动（表面表现、深层表现、自然表现）的人口统计学差异展开研究。结果显示，男性比女性表现出更多的表面表现和更少的自然表现；年龄越大的管理人员越多采纳深层表现和自然表现

策略，而年龄较小的管理人员较多采用表面表现策略；未婚管理人员的表层表现显著高于已婚管理人员，自然表现显著低于已婚管理人员；高学历管理人员较多采纳表层表现和深层表现以控制情绪，而低学历者更多地采用自然表现以表达情绪。曹颖（2013）以服务行业为研究情境，实证研究组织情境（整体便利程度、部门间支持）、员工服务氛围感知对员工情绪劳动的影响。研究表明，员工服务氛围感知在组织情境与员工情绪劳动之间具有部分中介作用；年龄、文化程度、工作年限在服务氛围与情绪劳动的关系中具有调节作用。邹维（2019）对北京市多所小学教师情绪劳动状态进行调研，研究指出，小学教师充分认知到情绪劳动的重要性，不同年龄、学历、教龄、职称的小学教师，对于情绪劳动的认知存在差异。

（三）情绪劳动产生的效果机制研究综述

1. 影响情绪耗竭、情绪状态

颜麒等（2012）对我国华东地区导游的情绪劳动、工作倦怠、工作满意度之间的影响关系展开研究，结果表明，导游情绪劳动引起其情绪耗竭，后者又降低了导游的工作满意度，情绪耗竭的中介作用显著；情绪劳动各维度对情绪耗竭的影响存在差异，表层扮演维度增强情绪耗竭，而深层扮演维度、主动调节维度降低情绪耗竭。赵慧军和席燕平（2016）以服务业员工为例，研究表明，情绪劳动策略的表层扮演维度显著正向影响情绪耗竭，深层扮演维度显著负向影响情绪耗竭；员工内部人身份感知在深层扮演维度与情绪耗竭的关系中起完全中介作用；员工自我效能感在表层扮演维度与情绪耗竭的关系中具有调节作用。刘朝等（2013）以长沙商业银行员工为例，实证研究表明，员工情绪劳动对工作情绪状态、工作退缩行为的影响存在差异，其中，浅层扮演加深消极情绪状态，但是与工作退缩行为的关系不显著，而深层扮演加深积极情绪状态，降低工作退缩行为；积极情绪状态与工作退缩行为负相关，而消极情绪状态与之正相关，性别作为调节变量在情绪劳动与退缩行为的关系中、在积极情绪状态和退缩行为的关系中均发挥调节作用。关涛等（2020）研究显示，员工感知到组织积极情绪潜规则能够提高员工采纳深层扮演策略，进而降低员工情绪耗竭，而员工感知到组织的消极情绪潜规则将助长员工表层扮演策略，加重员工情绪耗竭。

2. 影响职业倦怠、组织承诺、主动破坏行为

李相玉等（2014）研究了情绪劳动对组织承诺三个维度（情感承诺、继续承诺、规范承诺）的影响。研究表明，情绪劳动对工作倦怠产生负向影响，进而负向影响组织承诺；工作倦怠在情绪劳动与组织承诺关系中具有中介作用。廖化化和颜爱民（2016）指出，虽然情绪劳动是预测工作倦怠的重要变量，但是两个变量各维度之间的影响关系尚存不一致的结果，很多研究还忽视情绪劳动对工作倦怠的个人成就感降低维度、去个性化维度的影响研究，据此，该研究获取广州、上海、长沙五星级酒店一线员工的连续 7 个工作日体验样本实时数据，研究两个变量各维度的影响关系。结果显示，工作日员工表层扮演显著正向影响工作结束时的工作倦怠（情绪耗竭、去个性化、个人成就感降低），工作日员工深层扮演显著负向影响工作结束时的去个性化体验、个人成就感。莫申江和施俊琦（2017）以呼叫中心员工为例，实证研究表明，情绪劳动的表层扮演维度显著正向影响员工主动破坏行为，政策强度感知对该关系具有调节作用；情绪劳动的深层扮演维度对员工主动破坏行为无显著影响。尹坚勤等（2019）研究表明，幼儿教师较多采纳深层扮演、真实表达的情绪劳动策略，它们对幼儿教师的职业倦怠具有抑制作用。

3. 影响员工工作行为与绩效、组织公民行为

刘朝（2013）认为，员工的情绪劳动策略（表层行为、深层行为）将影响员工情绪状态，进而对员工积极/消极工作行为产生不同的影响。该研究以多省市商业银行员工为例，实证研究表明，浅层行为增加员工消极情绪状态，但对消极工作行为无显著影响；深层行为增加员工积极情绪状态，并能够降低员工消极工作行为；积极情绪状态在情绪劳动与消极工作行为的关系中具有调节作用。郑久华（2013）实证研究信用卡催收案例中的情绪劳动策略对业绩的影响。研究表明，信用卡催收的人际交互工作中，情绪劳动是影响业绩的直接因素；面对不同客户采纳不同的情绪扮演，表层扮演策略对最终业绩提升无益，而深层扮演的作用更显著。杨琛和李建标（2017）提出领导者情绪劳动影响员工绩效的关系模型。对两所大学的学生进行实验研究，结果表明，领导者情绪和谐更有利于员工提高绩效；对于高效率、低效率的两组员工而言，其情感反应、绩效推断分别在领导情绪劳动与员工绩效的关系中具有部分中介作用；差序式领导在领导情绪劳动与员工情感反应、绩效推断

的关系中具有调节作用。邹振栋等（2017）以餐饮企业员工为例，实证研究情绪劳动、服务氛围对组织公民行为（个人指向、群体指向、组织指向、社会指向）的影响，结果表明，情绪劳动的表层扮演、深层扮演对组织公民行为分别具有显著负向、显著正向影响；服务氛围仅在表层扮演与群体指向、社会指向组织公民行为关系中具有正向调节作用。

4. 影响员工工作满意度、幸福感

李永鑫和谭亚梅（2009）以医护人员为例，研究表明，情绪劳动的深层扮演、表达积极情绪维度与工作满意度正相关，而表层扮演、隐藏消极情绪维度与工作满意度不相关；情绪耗竭在表层扮演和工作满意度关系中具有完全中介作用；个体成就感在表达积极情绪、深层扮演和工作满意度之间具有中介作用，因此，积极情绪劳动能够降低工作倦怠，提高工作满意度。丁先存和郑飞鸿（2016）研究表明，深层扮演维度、真实情感表达维度能够降低员工离职意愿，而表层扮演维度提高员工离职意愿；工作满意度在情绪劳动与离职意愿的关系中具有中介作用。张岗英和董倩（2016）以西安服务行业员工为例，研究表明，员工情绪智力、情绪劳动策略均对员工主观幸福感（积极情绪、生活满意度）产生显著正向影响，情绪劳动策略在该关系中具有中介作用。

5. 影响员工心理健康

胡艳华和曹雪梅（2013）以石家庄市某小学教师为例，研究表明，情绪劳动对心理健康有显著影响，即教师越采纳表层扮演策略，教师的生理紧张感、心理紧张感、情绪衰竭、心理不真实感越高，而教师深层扮演策略却能降低心理紧张感，自动调节策略显著降低生理紧张感、心理紧张感、情绪衰竭、心理不真实感。胡青和孙宏伟（2016）以山东省某医院护士为例，研究表明，情绪劳动的表层扮演维度不利于护士心理健康，而深层扮演维度、自然表现维度积极影响护士心理健康；工作倦怠在该关系中具有中介作用。

6. 影响服务质量、顾客满意度、顾客忠诚度

陈永愉（2010）实证研究表明，情绪劳动的基本情绪表达、深层情绪伪装维度与服务质量正相关；而表层情绪伪装、情绪多样性程度维度与服务质量不具相关性；已婚和年长空服人员的服务质量更高。汤超颖和赵丽丽（2011）以北京手机卖场服务员工为例，研究表明，服务员工情绪劳动的浅层行为维度对顾客满意度产生显著负向影响，而深层行为维度具有显著正

向影响，员工与顾客融洽性在该关系中具有中介作用。杨勇等（2015）研究表明，员工情绪劳动的深层扮演维度、真实表达维度显著正向影响顾客忠诚，顾客认同、情绪价值在该关系中均具有中介作用；表层扮演维度对顾客忠诚无显著影响。韦家华（2016）提出服务员工情绪智力、情绪劳动、心理授权对服务补救效果（补救质量、补救后满意度、忠诚度）产生影响。研究表明，情绪智力、情绪劳动、服务员工心理授权均对补救质量、顾客满意度产生显著正向影响，进而显著正向影响忠诚度。

三、国内外员工情绪劳动的研究述评

（一）国内外研究的相似点

第一，内涵与维度相似性。国内外研究均认同情绪资源是劳动投入资源必然组成部分，情绪劳动概念被广泛认同，其内涵要素均含有员工个体情绪状态、个体情绪管理策略与呈现、组织情绪表达规则要求、个体与组织及工作环境三者情绪关系。表层扮演、深层扮演的二维度结构成为情绪劳动最基础结构。

第二，研究对象的相似性。国内外的研究对象主要涉及四个层面因素：员工个体层面因素，如价值观、人格特征、情商等；工作特征属性层面因素，如情绪呈现规则、工作满意度、情绪耗竭等；组织条件层面因素，如组织公平、组织支持、组织服务氛围等；交互情境层面因素，如交互情绪、交互方式、顾客行为等。

第三，研究方法的相似性。国内外研究较多采纳实证主义方法论，定量研究占据主导地位。调研对象以服务业、旅游业、酒店业员工居多，也涉及直接面向受众的一线员工，如警察、护士、银行员工、教师等；多数研究建构情绪劳动影响机制的结构模型，采纳调研问卷收集数据，通过定量分析方法得到研究结论。

第四，影响机理的相似性。国内外研究均对情绪劳动的前因机制、效果机制展开研究，虽然前因变量、结果变量有所差异，但研究结果大致表明：员工个体价值观、态度或情绪状态和组织氛围影响情绪劳动，进而影响员工个体的身心健康、职业态度与组织行为，人格特征、情商、性别通常具有调节作用。

（二）国内外研究的相异点

第一，概念界定的相异性。情绪劳动概念由美国学者提出，概念界定围绕员工个体的情绪感受、情绪行为、情绪管理、环境影响而逐步完善。国内学者于 21 世纪初将此概念介绍到国内，概念内涵沿袭国外研究成果，重点研究情绪状态、情绪行为策略，而表层扮演、深层扮演、真实表达的维度被广泛采纳。

第二，量表发展的相异性。国外研究较早发展出情绪劳动量表，表层扮演、深层扮演两个子量表被广泛采纳与验证，有研究基于此量表而拓展出新维度及其新测量题项，如真实表达维度、频率、强度、多样性、交互时间等。国内研究多基于调研对象差异而修改或增设新测量题项，而二维度量表结构得到广泛验证。

第三，前因变量的相异性。国外研究多从工作关联因素、员工个体特征因素中选取情绪劳动的前因变量，而组织环境因素的前因变量偏少。国内研究则更多地关注了组织环境因素的前因变量对情绪劳动的影响，如组织支持、组织公平、组织认同、组织服务氛围、组织服务导向等前因变量。

第四，调节变量的相异性。国外研究所涉及的调节变量包括：性别、人格、情商、工作自主性、组织氛围真实性、员工－顾客关系、主管员工交换、国家文化等。国内研究所涉及的调节变量包括：社会人口学特征、工作年限、职业级别、幸福感、自我效能感、情绪状态、职业承诺、领导风格、政策强度感知、组织公正、服务氛围、服务绩效奖励、客户知识等。

第四节　员工服务绩效研究综述

一、国外对员工服务绩效的研究综述

（一）员工服务绩效概念与内涵研究综述

20 世纪 80 年代初，员工服务绩效的概念逐渐受到学界关注，并从顾客

感知的视角界定其内涵。员工服务绩效被视为顾客感知到的服务属性的结果，例如，奥利弗（Oliver，1981）从顾客感知的角度，将服务绩效定义为顾客收获的服务属性结果的总量，它直接影响顾客满意度。后来有研究沿袭该内涵并将员工服务绩效分解为核心服务绩效、服务接触绩效两个维度（Han et al.，2011），其中，核心服务绩效包含舒适与干净的客房或餐饮、高效的手续办理与可靠的预约系统；服务接触绩效包含高效的服务，额外的关注，满足客户的需求。

与先前基于顾客视角的概念内涵有所不同，20世纪90年代，员工对顾客的服务被视为一种产品，有研究基于服务产品核心层次分解的观点，将员工服务绩效界定为顾客服务产品的交付与质量水平。克莱默（Clemmer，1990）认为，顾客服务包含三个核心层面，由内而外分别为核心产品、顾客支持、附加服务，其中，核心产品可以是某种实体产品、服务、技术系统等，它的吸引力体现为满足顾客需求的程度，若核心产品无法正常提供或运行，将会失去市场；顾客还期望获得服务支持，它是核心产品使用时可能延伸出来的附加需求，且顾客支持可能是系统化的服务；附加服务是超出顾客预期、使其获得惊喜与强烈感知价值的部分，它依赖于服务者直觉或某种超出规范的不合理行为，可被视为个性化服务。此外，在服务交付方面，克莱默认为，顾客通常是从最外层开始，由附加服务逐渐接触到核心产品，而组织或管理者通常是由内而外，然而，若组织没有附加服务或其影响很小，顾客绝不会关注该产品；员工是附加服务的提供者，员工工作满意度、控制、生活状况决定着顾客接触的真实瞬间与服务体验，大量资金投入于核心产品而在一线员工投资方面十分节省，由此产出较低的附加服务绩效，这样的投资是极大的浪费；组织管理的角色是营造提供高质量服务产品的氛围，最简单高效的方法是建设一种鼓励、滋养、奖励志愿主义的管理环境。

20世纪90年代末，基于员工行为视角界定服务绩效的观点流行起来，区别于顾客感知视角、服务产品核心层次分解的观点，员工服务绩效被界定为完成组织核心服务、实现组织绩效的员工行为。例如，莫托维德等（Motowildo et al.，1997）提出，员工工作绩效是在标准工作时间内，有助于提升组织综合价值的员工个体行为集合，包含任务绩效、情境绩效：任务绩效即可表现为服务与产品生产，也可表现为服务或维持核心技术，任务绩效对企业核心技术与价值产生直接贡献；情境绩效维持组织核心技术运行的社会化环境与心理环境，例如人际关系维持、帮助与合作行为、志愿行为、组织规则与目标设定等。索尔等（Tsaur et al.，2004）提出，员工的顾客服务行为包含员工服务顾客的动机、声音与态度，可划分为角色内服务行为、角色外服务行为：角色内服务行为是指预期的员工行为，此类行为源于工作场的隐性规范或者源于组织文件规定的明确责任义务；角色外服务行为是指员工自由决定的行为，此类行为是员工在接触顾客、提供服务过程中，超出组织正式角色要求的自由裁量行为。员工服务行为代表服务传递过程，而服务质量则是顾客对该过程的评价。劳布等（Raub et al.，2012）提出，顾客服务绩效是指遵循组织正式的工作说明和服务脚本的服务行为，包括使用标准服务过程完成核心服务任务。员工服务绩效反映出服务员工通过认真执行服务标准以便完成其服务角色核心内容的熟练程度。员工服务绩效是影响顾客满意度的重要因素。

近年来，员工服务绩效概念内涵又有新拓展，基于员工－顾客交互视角对其进行界定，员工服务绩效是员工服务与帮助顾客的行为。员工服务绩效是员工绩效的延伸与拓展，而员工绩效是指与组织目标相关的、员工个体可控制的行为，在服务行业情境下，顾客成为衡量员工绩效的考察因素，顾客体验显得尤为重要，而顾客与员工交互质量成为决定顾客满意度的重要方面，员工行为具有更加显著的作用；将员工绩效标准建立在顾客期望之上，可以鼓励员工参与有助于实现顾客期望结果的行为，基于顾客驱动员工绩效的路径并与之保持一致，将员工服务绩效定义为员工服务与帮助顾客的行为（Liao and Chuang，2004）。员工服务绩效与服务效果不同，服务效果是服务绩效的结果，诸如顾客满意度、顾客忠诚等。勃朗宁（Browning，2006）提出，员工服务绩效是指服务提供者与顾客之间的人际交互的性质与内容，它包含服务提供者的服务动机、声音与态度等。兰克等（Rank et al.，2007）提出，主动性员工对顾客服务绩效是指一种特殊形式的自启动、长期导向性的、持久的服务行为，主动顾客服务绩效的员工所表现出的自启动的、长期导向性的服务行为，是通过主动预测客户需求或问题、与其他服务员工建立伙伴关系以便促进未来顾客服务接触、并主动征求客户反馈得以实现。他们还注重长期而持久地向顾客交付所承诺的额外服务，以便满足客户的期望。

（二）员工服务绩效的前因机制研究综述

1. 员工能力、人格特征影响服务绩效

莫托维德等（Motowildo et al.，1997）认为，员工个性与认知对工作绩效产生影响。其中，员工认知能力是任务绩效的主要前因变量，而员工人格特征是情境绩效的主要前因变量，此外，员工认知能力与人格特征还可能对两种绩效产生交叉影响，员工知识经验、技术能力、工作习惯在员工个性与认知影响工作绩效的关系中发挥中介效应。兰克等（Rank et al.，2007）研究了个体因素、情境因素与主动性顾客服务绩效之间的关系，该研究通过对美国北部某财务服务企业员工与主管配对样本分析，研究指出主动性服务绩效与工作职责绩效明显区别，它与员工的个性主动特征、组织情感承诺、任务复杂性以及员工参与管理相关。

2. 顾客导向行为、员工即兴行为、服务创新行为影响服务绩效

叶波阿等（Yeboah et al.，2016）将销售人员即兴行为定义为销售情境中"未预先编写"，且是临时构思和实现的服务行为，实证研究表明，当员工感知高水平资源可用性时，即兴行为对销售业绩产生正向影响；资源可用性感知和客户需求匹配度能够增加销售人员即兴行为；同时，资源可用性与客户需求匹配度具有调节作用，当资源利用率更高，客户需求匹配度更低时，销售人员即兴行为与销售绩效关系得以加强。哈姆扎等（Hamzah et al.，2016）认为银行业关系管理者市场导向行为（市场信息获取、传播、协调）是主动顾客服务绩效的前因变量，而顾客导向体现出员工对顾客满意的关注，包含以亲和力与情感为内涵的态度、以提高满意度为导向的行为两个方面，当员工具有较高水平的顾客导向倾向时，其市场导向行为将更加积极并带来更高的主动顾客服务绩效，因此，在个体市场导向行为与主动顾客服务绩效关系中具有调节效应。桑托斯等（Santos et al.，2016）对新服务发展过程中一线员工协作对服务创新绩效的影响展开研究，研究表明：一线员工协作对新服务创新成功与发展速度产生积极影响，由此形成组织资源路径，对服务质量产生积极影响；新服务创新发展速度与新服务质量联合形成操作路径，对新服务市场绩效产生显著影响。

3. 员工参与旅游活动、工作满意度影响服务绩效

苏哈托等（Suhartanto et al.，2018）以马来西亚万隆机场零售服务人员

为调研对象，实证研究指出，员工参与旅游活动对员工服务绩效有积极影响，工作投入、工作满意度在该关系中具有中介作用，据此提出员工招聘、鼓励员工参与旅游、维持工作生活平衡、鼓励员工参与旅游政策等管理措施。贝当古和布朗（Bettencourt and Brown，1997）研究表明，职场公平（管理、薪酬系统、工作标准）分别显著正向影响服务员工的合作意愿、员工工作满意度、角色内与角色外员工服务绩效；当职场公平的前因效应存在时，工作满意度对合作意愿、角色内与角色外员工服务绩效产生显著影响；当排除职场公平的前因效应时，工作满意度对合作意愿、角色内与角色外员工服务绩效的影响程度降低，由此说明，工作满意度对员工服务绩效的影响程度低于职场公平感知。

4. 仆人型领导、组织具体化感知影响服务绩效

仆人型领导注重发展员工在工作效率、人际交往、自我激励等方面的潜能，以支持员工、服务员工为导向，在员工目标实现与新技能获取的时候提供及时支持，既塑造了员工自我认同与群体认同，又增加了员工对客服务的自我效能，进而提高员工的顾客服务绩效，服务竞争氛围作为外部情境激励因素，向员工传递出实现高水平员工服务绩效的态度与行为标准以及超越同事的氛围，在仆人型领导与员工服务绩效关系中具有调节作用（Chen et al.，2015）。还有研究指出，不同层级仆人型领导均影响一线员工服务绩效，下属通过见证与重复管理者价值观而潜移默化地学习组织规范，并呈现出与管理者相似的服务行为，因此，组织中具有较高身份、权利的管理者仆人型领导对下属管理者以及一线员工的服务导向价值观与行为具有塑造作用，同时，该作用的强度与下属所认知的管理者代表组织的程度相关，若管理者越能够代表组织，下属越会学习并重复其服务价值观与行为，即管理者的组织具体化作为环境边界发挥调节作用（Wang et al.，2018）。

5. 组织服务环境、高绩效工作系统、职场谣言影响服务绩效

劳等（Lau et al.，2017）指出，组织伦理工作氛围包含关心他人、规则意识、职业守则、员工道德独立性、兴趣与利益工具主义的内容，而组织政策的核心体现为薪酬与奖励系统，它们对于员工的顾客服务绩效产生影响。该研究对马来西亚大型购物商店员工的实证研究表明，伦理工作氛围对员工主动顾客服务绩效、组织承诺均有显著正向影响，员工感知组织政策在该关系中具有中介作用。还有研究从管理、员工两个视角区别高绩效工作系统，

实证研究其对员工服务绩效的影响,员工视角层面研究表明,高绩效工作系统通过员工人力资本与组织支持正向影响员工综合绩效,并通过人力资本、心理授权影响员工知识服务绩效;管理视角层面研究表明,高绩效工作系统对员工人力资本与服务绩效均产生积极影响(Liao et al.,2009)。此外,职场谣言是工作系统不可避免的现象,对他者的情感、认知与行为产生消极影响,在服务行业中,职场谣言对于员工的顾客服务绩效的影响尚不清晰。以中国某银行业员工为例,实证研究表明,职场谣言分别对员工的和谐激情、主动服务绩效产生显著负向影响,和谐激情在该关系中具有中介作用,而社会支持感知在职场谣言与和谐激情的关系中具有调节作用(Tian et al.,2019)。

6. 人力资源管理、领导 – 下属(中国式)交互影响服务绩效

勃朗宁(Browning,2006)研究表明,一线员工的组织人力资源管理实践感知对其服务绩效有显著影响,组织承诺在该关系中具有中介作用。鲁贝尔等(Rubel et al.,2018)研究指出,高水平的组织承诺人力资源管理积极正向影响员工角色内与角色外服务绩效,信任管理在角色内服务绩效的关系中具有中介作用,但是在角色外服务绩效的关系中没有中介作用。以中国某医院员工为例,研究表明,员工闲散倾向在领导 – 下属(中国式)关系、领导 – 下属交换影响员工服务绩效的关系中扮演中介角色;同时,服务导向的组织公民行为对领导 – 下属(中国式)关系与员工闲散倾向的积极影响关系具有正向调节作用(Wu et al.,2018)。

(三)员工服务绩效的效果机制研究综述

1. 影响消费者满意度和忠诚度

萨拉诺娃等(Salanova et al.,2005)研究指出,顾客感知的员工服务绩效显著提高顾客忠诚度,而从员工视角研究发现,服务氛围是提高员工服务绩效的前提,服务氛围的塑造与组织资源与员工敬业度正相关。泰特和瓦尔克(Tate and Valk,2008)实证研究表明,客户联系服务供应商的有效性管理而非效率管理有利于提高供应商的整体服务绩效,而员工服务绩效显著影响顾客满意度;此外,改善服务传递质量能够降低成本,增强顾客满意度并提升组织销售绩效。霍姆堡(Homburg,2011)研究指出,销售接触情境中的员工顾客导向与销售绩效的关系表现为倒 U 形曲线,说明顾客导向与销售绩效并非传统的线性关系,在销售绩效方面存在一个最佳的客户导向水平;

此外，员工的顾客导向正向影响顾客态度，进而对顾客满意度产生影响，同时，顾客满意度又影响销售绩效。史蒂文（Steven，2012）以美国航空公司为例，研究表明，在竞争激烈的航线上运行的航空公司更有动力促使顾客满意，而在竞争激烈程度偏低的客源市场运营的航空公司，在增加其盈利能力之时，顾客满意度并未同步提高，即服务绩效与利润相关，但与满意度不相关；员工服务绩效与顾客满意度之间存在非线性关系，受到航空公司市场集中战略的影响。卢西尔和哈特曼（Lussier and Hartmann，2017）指出心理智谋是心理能力的表现之一，其结构性要素包括乐观主义与心理复原能力，实证研究表明，销售人员心理智谋正向影响员工的顾客导向行为，且顾客导向行为对目标销售绩效、顾客满意度产生正向影响，顾客导向行为的中介作用也得到验证。

2. 影响重购与推荐意愿

内特迈耶和马克沙姆（Netemeyer and Maxham，2007）研究表明，员工的顾客服务绩效和主管的顾客服务绩效与顾客满意度、顾客口碑正相关；与员工顾客服务绩效相比，主管顾客服务绩效对顾客满意度、顾客口碑的影响更强烈；此外，员工角色外顾客服务绩效带来更多的高水平顾客绩效回报（口碑、未来销售等），而员工角色内顾客服务绩效在高水平顾客绩效回报中表现出下降趋势。布拉什（Brush，2018）研究了跨文化消费者的服务绩效、满意度和行为结果。该研究获取国际航线消费者样本数据，将服务绩效具体化为航班时间跨度、人际交互、便利性、舒适度、安全与保险、餐饮、价格等因素，实证研究表明，航班时间跨度、人际交互、便利性、餐饮、安全与保险对整体服务质量有影响，影响程度在西方与亚洲消费者之间存在差异；整体服务质量、价格对满意度有影响，进而对重购、推荐意愿产生影响。

3. 影响组织销售绩效

博鲁茨基和伯克（Borucki and Burke，1999）以美国某大型零售企业员工为例，实证研究表明，服务管理有助于营造积极服务环境，进而对销售人员服务绩效、销售财务绩效产生积极影响。该结果说明，组织支持的价值观向员工暗示出顾客服务的重要性，而强化该价值观的组织管理实践会形成员工对服务氛围的共同观念，激发员工以服务为导向的销售行为，最终提高销售绩效。还有研究表明，供应端电子集成有助于降低企业顾客服务的成本、实现与顾客之间的交叉销售、促进企业服务行为向顾客定制化转变以及提高顾客满意度，整体而言，企业供应端电子集成帮助企业降低成本并促使盈利多元化，提升企业的顾客服务绩效，同时促进员工的销售绩效（Xue et al.，2013）。泰尔霍等（Terho et al.，2015）研究指出，销售战略与市场绩效正相关，且对员工销售绩效产生间接影响，其中，销售战略的顾客细分维度直接影响销售绩效，而销售战略（顾客优先、销售模式）通过员工层面的客户导向、基于价值销售行为间接影响销售绩效。

（四）旅游行业员工服务绩效的研究综述

1. 旅游行业员工服务绩效的前因机制研究

（1）人格、情商影响服务绩效

以美国中西部家庭连锁酒店员工为例，从员工个体、组织两个层面研究员工性格特征与组织人力资源实践、组织服务氛围对服务绩效、顾客服务质量的影响，研究表明，员工个体层面的性格特征（责任型、外向型）与组织层面的人力资源实践（员工参与程度）、组织服务氛围均能够提高服务绩效（Liao and Chuang，2004）。普伦蒂斯和克恩（Prentice and King，2013）认为，赌场代表内在特征（大五人格特征、情商）通过外在特征（适应性）影响服务绩效，该研究以澳大利亚某赌场代表为例，实证研究表明，大五人格、情商、适应性对服务绩效有显著影响，且存在层次关系，其中，外向型人格员工的赌场工作适应性与服务绩效更高，责任型人格对赌场员工服务绩效、经验开放型人格对赌场工作适应性均产生显著正向影响；情商对适应性、服务绩效也具有显著的影响。

（2）个人－工作/组织适应、情绪劳动影响员工服务绩效

拉姆等（Lam et al.，2018）认为，个人－工作/组织适应能够提升员工工作满意度、降低工作压力、提高整体工作绩效，但是对于服务业员工而言，个人－工作/组织适应的结果与机制尚缺乏研究。该研究以中国杭州五星级酒店员工为例，研究表明，个人－工作/组织适应显著正向影响顾客服务绩效（服务交互质量、顾客满意度），情绪劳动在该关系中具有中介作用；此外，个人－组织适应也是情境因素，并在个人－工作适应与情绪劳动的关系中具有调节作用，即个人越适应组织环境，个体－工作适应对情绪劳动的深层扮演的正向影响强度越大，而个人越不适应组织环境，个体－工作适应对情绪劳动的表层扮演的负向影响强度越大，此时，员工更可能离职。

（3）仆人型领导、组织服务环境影响服务绩效

利努埃萨－兰格雷奥等（Linuesa-Langreo et al.，2017）认为，在顾客关注－社会价值重构的市场营销新战略背景下，仆人型领导通过优先满足员工需要进而支持员工在更宽泛的范围内服务社会或顾客，它有助于提高员工服务绩效。实证研究以西班牙酒店一线员工为例，研究表明，仆人型领导显著正向影响员工服务绩效；同时，仆人型领导维持服务员工与顾客的态度与导向，由此形成服务环境并成为员工榜样，研究表明服务环境在仆人型领导与员工服务绩效关系中具有中介作用。劳布等（Raub et al.，2012）通过收集某全球连锁酒店旗下的多国品牌酒店员工调研数据，分别从组织与员工层面分析主动服务绩效的影响因素，研究表明，组织服务氛围、员工自我效能对主动性顾客服务绩效产生影响，进而影响顾客的服务满意度；并且组织服务氛围在员工自我效能与员工服务绩效的关系中具有调节作用。

（4）工作场排斥、性骚扰影响员工服务绩效

以中国四星级酒店员工为例，研究指出，职场排斥使员工感受到工作紧张，出于资源保存的需要，服务员工将降低顾客导向的投入，进而降低员工主动性顾客服务绩效；员工对资源损失的应对方式存在差异，而作为边界条件的员工接纳需要，在职场排斥影响工作紧张的关系中发挥显著调节作用（Zhu et al.，2017）。还有研究依据资源守恒理论，对中国上海酒店一线员工遭受性骚扰与其主动性顾客服务绩效的关系进行研究，结果表明，性骚扰降低了员工主动性顾客服务绩效，而工作投入在该关系中具有中介作用，同时工作投入的调节作用也得到验证（Li et al.，2016）。

2. 旅游行业员工服务绩效的效果机制研究

（1）影响顾客服务质量

索尔等（Tsaur et al.，2004）以我国台湾地区旅游酒店一线员工为例，研究表明，向员工授权提高了员工服务行为绩效、顾客感知的服务质量；员工服务行为绩效显著正向影响顾客服务质量感知；而员工服务行为绩效在员工授权与顾客服务质量感知关系中具有部分中介作用。侯赛尼等（Hosseini et al.，2015）以伊朗5个城市高星级酒店顾客为例，研究指出，酒店员工服务绩效对顾客体验质量、顾客品牌忠诚有显著影响，顾客体验质量在该关系中具有中介作用。索尔和林（Tsaur and Lin，2004）认为，改善酒店员工服务绩效以提高服务质量是提升酒店竞争力的有效途径，针对我国台湾地

区旅游酒店员工的实证研究表明，酒店人力资源管理实践对顾客感知的服务质量有部分正向影响；角色服务行为在人力资源管理实践与服务质量的关系中具有部分中介作用。

（2）影响消费者满意度和忠诚度

以美国中西部家庭连锁酒店员工为例，研究表明，员工服务绩效、酒店组织服务绩效均显著影响顾客服务质量感知（顾客满意度、顾客忠诚度），酒店组织服务绩效与本地服务竞争水平也有助于提升顾客服务质量（Liao and Chuang，2004）。酒店行业的核心服务与服务接触绩效对消费者满意度有积极影响，满意度在服务绩效与消费者转换意愿的关系中具有完全中介作用，而转换壁垒（转换成本、旧有关系投入、备选者吸引力）对转换意愿的关系具有调节作用（Han et al.，2011）。

二、国内对员工服务绩效的研究综述

（一）员工服务绩效的前因机制研究综述

1. 员工生命节律、乐观特质、胜任力、员工情绪影响服务绩效

秦晓蕾等（2007）将生命节律（体力、智力、情绪）作为影响服务型企业员工绩效的前因，以南京某销售服务员工为调研对象，研究表明，体力节律、情绪节律均显著正向影响员工服务绩效，而智力节律对其影响不显著。张辉和牛振邦（2013）研究指出，特质乐观与状态乐观是个体的一种内在状态，对员工服务绩效均有积极影响，相比较之下，状态乐观的影响更大；角色压力和倦怠在特质乐观影响员工服务绩效的关系中具有中介作用，但是对状态乐观的影响关系没有中介作用。朋震（2017）研究指出，员工胜任力中的任务达成能力、人际能力两个因素能够提高对客服务绩效，且受到组织支持的正向调节；员工胜任力中的个人基本能力因素表现的影响关系不显著。王婷婷（2015）认为元情绪是员工对自我情绪的注意思考、表达评价、情绪调控的能力，结合服务行业背景，将服务员工的元情绪分解为情绪关注、清晰度、情绪调控三个维度，实证研究证实，不同学历和服务业门类服务员工的元情绪及其各维度存在显著差异，员工元情绪对员工服务绩效、组织承诺均有积极正向影响。

2. 员工角色模糊、角色冲突影响服务绩效

周杰（2017）从角色模糊与角色冲突视角分析角色特征对会展志愿者服务绩效的影响，研究表明，角色模糊导致志愿者对服务目标实现路径认知水平下降，并降低服务绩效，而明确的非功利性动机将服务目标内化，缓解角色模糊的负面效应；角色冲突对服务绩效的负向影响不显著，非功利性动机对该关系的调节效应不显著。

3. 顾客参与、顾客角色压力影响服务绩效

范秀成和张彤宇（2004）指出顾客具有消费与参与生产双重身份，顾客参与是智力投入、实体投入、情感投入的组合与过程，顾客参与既对服务企业绩效产生直接影响，也对顾客感知服务质量产生间接影响，其核心是影响顾客感知价值，据此提出服务企业应重视顾客参与管理，促进顾客的组织社会化。侯学东（2011）指出，服务接触中顾客参与具有人际互动性、跨部门接触、任务互倚性的互动特征，顾客参与互动特征对顾客感知角色压力（角色模糊、角色冲突）产生不同影响，而感知角色压力又影响员工服务绩效感知；顾客作为市场行家的水平、顾客所采取的压力应对策略在上述关系中具有调节作用；由此可见，顾客参与具有两面性，顾客以暂时员工身份参与服务过程也可能面临角色压力，并对最终的服务绩效感知产生影响。杨强等（2020）研究指出，顾客积极参与服务失误以及员工及时采取服务补救措施相互结合时，提高了顾客对服务补救绩效的满意度。

4. 顾客欺凌行为、顾客不公正对待、顾客性骚扰影响服务绩效

占小军（2015）研究指出，服务业员工消极情绪在顾客欺凌行为与员工服务绩效、服务破坏行为的关系中具有中介作用，顾客欺凌行为与员工消极情绪的关系受到员工尽责性人格、主管支持的调节，缓解顾客欺凌行为对员工消极情绪的影响。王笑天和李爱梅（2017）研究指出，客户不公正对待负向影响降低员工工作绩效，情绪衰竭的中介作用显著；认知重评降低了客户不公正对待与情绪衰竭的正向影响关系，而表达抑制加剧该影响关系，研究揭示客户不公正对待通过情绪衰竭影响工作绩效的作用机制，认知重评与表达抑制的双向调节效应也得到研究。刘小禹等（2012）研究指出，服务员工所感受到的顾客性骚扰使员工难以遵守情绪表达规则，并降低员工服务绩效；而员工传统性、团队积极情绪氛围降低了顾客性骚扰与员工情绪守则难度之间的正向联系。

5. 变革型领导、服务型领导、魅力型领导影响服务绩效

苏方国等（2016）分别从员工个体、组织层面研究变革型领导在服务绩效中的多层中介作用，研究表明，个体与组织两个层面的变革型领导均能够提升服务绩效；个体层面的心理授权、组织层面的授权氛围在上述关系中具有部分中介作用。许灏颖和王震（2016）以银行业员工为例，研究指出服务型领导对下属服务绩效有正向影响；下属的顾客导向与领导认同在二者关系中分别具有部分中介作用和调节作用。杨贤传和张磊（2017）以银行业员工为研究对象，研究表明，顾客导向的企业文化、魅力型领导均能够提高员工服务绩效；员工的组织认同感在该关系中具有中介作用，且组织规模调节了顾客导向的企业文化、魅力型领导感知与服务绩效之间的关系。林文静和锦云（2015）以服务行业员工为例，研究表明，服务型领导显著正向影响员工服务绩效，而员工自身义务职责感知在该关系中具有中介作用；而员工的互惠倾向在服务型领导与员工服务绩效关系中具有调节作用。刘鑫等（2019）研究指出，不同层级的服务型领导风格员工服务绩效有潜移默化的积极影响，实证研究证实高层领导的服务型风格影响中层领导的服务型风格，并有助于提高一线员工服务绩效。

6. 服务氛围、服务战略、顾客导向型服务文化影响服务绩效

张若勇等（2009）以银行业一线员工为例，研究表明，服务氛围感对服务绩效有积极正向影响，工作压力感负向调节服务氛围与角色外服务绩效之间的关系，而组织认同感在该关系中具有正向调节作用。康遥等（2016）指出服务化战略是制造企业服务绩效提升的重要前因变量，而价值共创是关键的促进因素，该研究对制造企业的实证研究表明，制造企业实施服务化战略能够提高服务绩效，而价值共创在该关系中起到调节效应。周昀（2016）以高校行政人员为例，实证研究表明，组织层面的部门服务文化显著正向影响员工服务绩效，顾客导向在该关系中具有中介作用；个体层面的员工主动性人格特征显著正向影响员工服务绩效，顾客导向也具有中介作用。王显成和陆相林（2017）研究指出，企业服务氛围促进了员工服务绩效，服务氛围越强的企业，员工表现出越高的服务绩效；高水平的自我效能完全中介服务氛围和员工服务绩效的关系，而低水平的自我效能不能起到有效的中介作用。刘玉伟等（2017）指出，制造企业服务导向型的员工管理对服务拓展实践（支持产品的服务、支持客户的服务）、运作绩效（成本绩效、服务绩效）产

生影响，研究表明，支持产品的服务维度对成本绩效的影响较大，而支持客户的服务维度对服务绩效的影响较大；与支持产品的服务维度比较，支持客户的服务维度对运作绩效的影响程度更大。王琦和方至诚（2019）以重庆公共部门服务员工为例，研究指出，服务型领导风格能够显著提高一线服务员工的服务绩效，且公共服务动机在该关系中具有完全中介作用。

7. 组织资源投入、组织服务效率与质量、服务流程设计影响服务绩效

陆剑清和汪竞（2009）指出多数商业银行过于注重企业硬件因素，对员工素质、办事效率等影响消费者认知评估金融服务绩效的心理因素缺乏关注，该研究从消费者认知的视角，研究商业企业的金融服务绩效的评估影响因素，研究表明，响应性、可靠性、有形性、移情性对于消费者认知评估金融服务绩效会产生显著影响。陈茫和唐家玉（2017）从利益相关者需求、贡献、战略、流程、能力五个维度建立数字图书馆服务绩效三棱镜评价模式，提出数字图书馆利益相关者界定、服务绩效评价内容确定、评价方法选择的措施。研究表明，移动知识服务的消费需求、服务资源、运行保障机制、专业人员素质、移动平台体验是影响图书馆服务绩效的主要因素。姜玉梅等（2018）研究指出，图书馆服务绩效评价包括建设投入、运行状态、服务产出三项一级指标与多项二级、三级评价指标；服务绩效评价研究结果表明，理工类高校图书馆服务绩效普遍高于综合类高校；高校图书馆服务绩效影响的主要因素是办公费用、高级职称员工比例和电子资源购置费比例，而可借阅期限、可借阅册数、每周开馆小时数、博士员工比例和纸质资源购置比例等因素的影响偏小。张英华和张金娟（2012）指出，服务流程是服务企业将自身能力转化为顾客价值、并传递给顾客的过程，是顾客价值的来源，它包含服务流程学习、创新、运行能力，实证研究表明，服务流程能够提升服务绩效，其中创新能力的影响最大。

8. 高绩效工作系统、高绩效人力资源实践影响服务绩效

张传庆（2013）研究表明，知识密集型服务企业组织层次的高绩效工作系统、组织服务氛围对员工个体层次的服务绩效均有显著正向影响，组织服务氛围是员工对组织期望优质服务及其奖励系统等行为的认知，在上述关系中具有中介作用。李辉等（2013）研究指出高绩效人力资源实践包含人员甄选、广泛培训、内部流动、结果导向评估、激励薪酬的维度，分析其对员工满意度、组织认同、服务绩效之间的关系，研究表明，高绩效人力资源能够

提高员工服务绩效，员工满意和组织认同的中介作用显著。

9. 基于顾客满意度、顾客服务评价的服务绩效内容与评价体系研究

唐晓英（2011）认为，地方政府公共服务绩效评估是衡量政府绩效、提高政府公共服务水平的途径，当前，我国地方政府公共服务绩效评估未形成标准化、规范化制度，服务绩效评估随意性大、主观性强，据此提出地方政府公共服务绩效评估的内容应包括职能导向、价值、效益、公平、公众满意度的多个标准。王薇（2013）认为，农村公共服务绩效评估具有复杂性，评估方法多样、标准选择多样，为保证该绩效评估公正合理，需要建立以农民满意度为导向的农村公共服务绩效评估体系，注重农户需求意愿和资源优化配置，以市场化价值标准为创新的新评价方式。白桦（2014）认为，现行售后服务绩效考核未能充分考虑顾客需求，造成考核指标不能有效促进服务绩效提升，该研究提出应构建基于顾客期望的售后服务绩效评价指标体系，该体系基于卡诺模型中的必备需求、单向需求、吸引需求以构建一级指标，包括服务接待响应时间、客服费用合理性、跟踪调查等二级指标的评价体系。吴铱达和曾伟（2019）对湖北省武汉市某区行政审批服务绩效的公众满意度展开调查研究，结果表明，公众的服务满意度整体较高，而且其服务质量感知对公众满意度与政府信任具有显著的作用。

（二）员工服务绩效的效果机制研究综述

1. 影响顾客满意度

李红侠（2009）认为，知识服务企业生产活动更加依赖员工服务行为，将员工服务行为分解为知识生产、顾客沟通、售后服务的三个维度，研究表明：知识服务企业员工服务绩效（知识生产率、顾客沟通效率、售后服务效率）对于顾客满意度产生显著影响；知识服务企业的人力资源投入对知识生产率的影响大，而资金投入、固定资产投入对知识生产率的影响较低。喻志娟（2011）认为，读者满意度是图书馆服务绩效的终极目标，该研究以长沙理工大学图书馆读者为例，调研并分析影响读者满意度的服务绩效因子，提出管理建议。魏国辰和徐建国（2011）将物流企业内部服务质量管理的制度因素具体化为服务标准、服务战略、管理章程、应急服务、服务理念、服务规程六个维度，实证研究表明，该制度因素对物流企业服务绩效（顾客满意度、货损率）具有显著影响。其中，服务标准维度对顾客满意度影响程度最

大，而服务规程的影响程度最小，此外，管理章程对货损率影响程度最高，而应急服务的影响程度最低。杨丹等（2016）对农民合作社服务绩效感知与农业服务满意度的现状与影响关系展开实证研究，结果表明：合作社治理结构、服务要素投入是影响合作社农业服务绩效的主要因素；农户对合作社的服务满意度整体偏低；合作社治理结构、服务要素投入、利益分配方式、服务设施设备投入对合作社服务满意度具有显著影响；政府监督能够使合作社服务更加规范，提高农户对合作社农业服务的满意度。杨强等（2020）采纳情景实验的方法研究了经历服务失误后，顾客参与服务失误的程度与员工的补救时机的不同组合对顾客的服务补救满意度的影响。

2. 影响员工行为与满意度

曹花蕊等（2012）研究指出，管理者服务质量承诺能够影响员工工作满意度和员工行为，并对顾客感知服务质量产生直接影响。唐建生等（2016）指出，组织服务失败会引起顾客负面情绪、降低其满意度，进而激发并导致顾客对员工的负面评价。该研究基于顾客视角，研究表明：顾客感知的组织服务失败严重程度正向影响顾客损失感知与负面情绪，进而影响顾客对组织与员工的满意度；顾客对组织的满意度直接影响顾客对员工的满意度，进而影响顾客对员工的正面评价。

（三）旅游行业员工服务绩效的研究综述

1. 旅游行业员工服务绩效的前因机制研究

（1）员工服务认知 - 行为模式、员工服务能力影响服务绩效

李艳丽等（2012）指出员工对服务认知 - 行为模式的认知差异能够影响员工服务绩效，该研究将员工服务认知 - 行为模式分解为顾客理解型、工作规范型与手段型，对旅游业员工的实证研究表明，顾客理解型员工具有最高的服务绩效；工作规范型员工具有最低服务绩效。谢朝武（2014）指出，酒店员工安全服务知识、态度、技能等服务能力要素对员工安全服务绩效产生影响，并且员工安全服务态度、技能在上述关系中存在多重中介作用，即安全态度能影响员工服务操作的技能表现，态度因素通过技能因素影响员工安全服务绩效。

（2）工作满意度、敬业度、员工旅游感知影响服务绩效

朱敏（2010）对酒店一线员工的研究表明，员工工作满意度（团队合

作、工作的兴趣与成就感、企业管理制度与绩效公平、上级支持）对服务行为产生正向影响，员工敬业度在该关系中具有中介作用。蒋海萍等（2016）采纳任务绩效、关系绩效的双元绩效模型，实证研究指出，景区员工旅游感知提高了双元服务绩效，情绪劳动在该关系中具有部分中介作用，即自然表现情绪劳动显著提高双元服务绩效，而表面表现情绪劳动对双元服务绩效没有正面影响。

（3）顾客感知因素、顾客服务接触影响服务绩效

张世琪（2012）认为探究饭店组织与外籍顾客之间的文化差异与顾客感知冲突，有助于饭店提高对客服务绩效、有效实施饭店顾客管理。研究证实，服务接触中顾客感知冲突体现为服务过程冲突、服务结果冲突两个维度；顾客感知文化距离导致感知冲突，并对顾客抱怨、认同、感知价值产生影响，文化认知、跨文化适应的调节作用也得到验证。杨韫和颜麒（2011）认为，度假酒店服务绩效的评价模型与传统酒店不同，构建酒店服务接触环节（前台、客房、餐饮、康乐、室外公共区域）与服务接触三要素（服务人员接触、产品接触、环境接触）相互结合的评价模型，通过员工访谈的定性资料分析，识别并得到评价模型的绩效因子，与传统酒店比较，顾客对度假酒店的服务绩效需求与评价有新改变，顾客对不同服务部门绩效评价以及不同消费阶段服务绩效评价均有差异，最终形成总体服务绩效感知。

（4）服务型领导、员工工作投入影响服务绩效

董霞等（2018）对酒店业员工与管理者的实证研究表明：服务型领导对员工主动性顾客服务绩效有显著正向影响，员工工作投入在该关系中具有部分中介作用；高水平的人际友好敏感性能够增强服务型领导与工作投入间的直接关系以及服务型领导与主动性顾客服务绩效的间接关系。

（5）组织界面管理、内部服务质量影响服务绩效

谢朝武和郑向敏（2012）以酒店员工为调研对象，实证研究指出：酒店界面管理对企业服务绩效影响力高于对员工服务绩效的影响力；员工服务能力在界面管理与服务绩效间具有中介效应，据此提出界面管理是化解服务系统交互矛盾的重要途径。伍晓奕等（2016）研究指出，酒店内部服务质量包括流程型和后台型两个方面，显著影响员工服务导向与外部服务质量；从代际角度来看，员工的回报谨慎性格特征和代际年龄均对流程型内部服务质量与服务导向的关系起到调节作用，即年轻员工的后台型内部服务质量和服务

导向意识均较低，在工作中更多表现出斤斤计较的"回报谨慎"个性特征。

2. 旅游行业员工服务绩效的效果机制研究

（1）影响顾客体验与满意度

杨韫和田芙蓉（2015）以我国度假酒店的顾客为例，实证研究顾客对度假酒店不同部门服务绩效的评价及其对顾客体验感知、总体满意度的影响。研究表明，前厅、客房、室外公共区域服务绩效显著正向影响顾客体验感知，进而影响顾客总体满意度；然而，餐饮、康乐服务绩效对顾客体验感知无显著影响。

（2）酒店的部门服务绩效差异研究

刘红等（2012）以云南省高星级度假酒店服务为例，采纳服务绩效评价模型对度假酒店不同部门服务接触中的员工服务绩效进行调研，结果表明，度假酒店不同部门服务绩效均表现良好，总体而言，度假酒店服务绩效表现最佳的依次是室外休闲环境的营造、前厅、客房、康乐、餐饮，而不同部门服务细节还有改善空间。

三、国内外对员工服务绩效研究述评

（一）国内外研究的相似点

第一，分析框架的相似性。国内外研究从外部情境变量、员工个体反应变量的分析视角，对影响员工服务绩效的前因及三者关系展开研究，员工个体反应变量多扮演中介角色，而外部情境变量多兼具调节角色。

第二，变量设定的相似性。国内外研究多将员工服务绩效作为结果变量，构建前因变量与其关系模型。国内外研究中，仅有少数研究将员工服务绩效作为前因变量，研究其产生的影响，例如，少数研究关注员工服务绩效对顾客满意度、顾客重购行为与推荐意愿的影响。

第三，内容范畴的相似性。对于影响员工服务绩效的前因因素，国内外研究均涉及员工因素、顾客因素、领导风格因素、工作系统与人力资源因素方面，例如，员工人格特征、顾客行为、服务型领导风格、高绩效人力资源管理等直接影响员工服务绩效。

第四，调研对象的相似性。国内外研究所针对的调研对象宽泛，涉及服务行业员工、企业一线服务或销售员工等，虽然调研对象的隶属组织类型各异，但是其工作内容均以对客服务为核心。

（二）国内外研究的相异点

第一，概念内涵的相异性。国外研究最早对员工服务绩效的概念内涵进行界定，伴随时代进步，员工服务绩效的概念内涵得以拓展与深化；相较于国外研究，国内对员工服务绩效的概念内涵研究相对匮乏与滞后，多沿袭国外研究成果，未能创新员工服务绩效概念内涵。

第二，测量量表的相异性。国外研究主要从员工与顾客服务接触或顾客服务体验的视角测量员工服务绩效，量表主要涉及员工服务测量指标；而国内研究中的测量量表呈现出多样化特征，量表维度与测量指标不尽相同，涉及角色内外服务绩效维度、任务绩效与顾客服务交付质量、领导评价与员工评价的服务绩效等。

第三，样本来源的相异性。国外研究所收集的样本多来源于服务行业，其中，酒店业、零售业是样本采集的主要行业背景；国内研究中样本来源的行业背景比国外宽泛，以酒店业、旅游业为主，但又拓展到政府、高校、知识型企业、制造业的样本。

第四，模型建构的相异性。国外研究多依据相关理论，建构变量关系模型，既以理论解释研究结果，又以研究结果印证理论或发展理论；国内研究较多地依据逻辑分析或实践观察与推理，建构变量关系模型，研究结果具有较强的行业或样本针对性。

第五节　员工敬业度的研究综述

一、国外对员工敬业度的研究综述

（一）敬业度的概念与内涵界定研究综述

敬业度是个体在角色与绩效表现中的积极面，被用于描述自我融入角色的程度。早期，敬业度概念的提出与组织绩效、员工角色紧密关联，是个体真实喜好的自我雇佣与自我表达，促使个体在生理、认知、情感方面主动投入与付出。敬业度概念由卡恩（Kahn，1990）正式提出并引入管理学研究领域。卡恩认为"敬业度是角色中的自我"，与员工角色表达、工作绩效紧密相关，即指在任务行为中，个体自我偏好的自我雇佣与自我表达，这些行为促进员工与工作、他人、个体成就与活动、角色绩效之间的联系。自我雇佣通常与努力、参与、留职、内部动机等关联，反映出个体身份、思想与感受的真实喜好，而自我表达常与创新行为、意见表达、情感表达、可靠性、无障碍沟通、道德行为等关联。敬业度促使自我偏好与行为、个体与角色积极连接，驱使个体在生理、认知、情感方面投入更多精力或劳动。由此可见，卡恩关于敬业度的定义是基于组织中员工角色行为表现状态的背景，包含自我喜好融入角色、心理感受促进个体投入的基本内涵。

与卡恩不同，肖费勒等（Schaufeli et al.，2002）强调敬业度是个体积极而持久的心理状态。该研究认为，敬业度是指一种积极的、充实而愉悦的、与工作相关的精神状态，其特征为活力、奉献、专注，与瞬间的、特殊的状态不同，敬业度是更加持久的、普遍的情感 – 认知状态，不聚焦于任何特定的目标、事件、个体或行为。克里斯蒂安等（Christian et al.，2011）也认为，敬业度是个体将自身精力同时投入工作体验与工作绩效中的一种持续心理状态。与先前研究基本一致，韦法尔等（Wefald et al.，2012）将敬业度定义为一种测量员工心理关注与投入的新型工作态度。

从个体责任与绩效关系的视角定义敬业度。布里特（Britt，1999）认为，敬业度是员工对绩效的个体责任且致力于达成绩效，并认为绩效对个体有很高的重要性。他认为，在绩效准则明确、个体对其工作表现拥有良好控制、工作与个体技能训练或身份相关的情况下，个体的敬业度水平较高。在另一项研究中，布里特（Britt，2003）将敬业度聚焦于工作承诺与绩效责任的个体感知，将其视为由个体责任与信念所引起的动机状态。对美国士兵进行的实证研究表明，敬业度可缓冲环境带来的压力及其负面影响，其解释是：敬业度较高的个体专注于工作，他们把自身的认知、动机、情感能量均投入工作中，对自我关注以及对外部环境压力评价关切得以减低。因此，他认为活力、体力、专注、努力等并非敬业度的结构维度，而是敬业度的结果。

性格特征的作用受到关注且作为敬业度的属性。梅西和施耐德（Macey and Schneider, 2008）认为，敬业度是态度、行为的综合概念，它是具有性格特征、心理状态、行为绩效产出的综合特征的概念，据此提出：第一，敬业度的性格特征。对敬业度有积极影响的性格特征包含积极情感、责任心、积极主动个性、自发性目的个性；性格特征与情境因素交互并进而影响敬业度的心理状态与行为特征。第二，敬业度的心理状态是由性格特征形成的积极心理状态，激发个体自发努力，是角色内、角色外行为的前因。第三，敬业度的行为特征。当个体目标与角色一致的时候，愿意贡献时间并将自身投入角色绩效行为中，敬业度的行为特征是超越典型的或期望的角色内绩效行为，包含组织公民行为、角色扩展与员工主动行为。

从员工耗竭的逆向视角定义敬业度。例如，马斯拉赫等（Maslach et al., 1997）认为，敬业度是员工耗竭的相反概念，是员工耗竭三个维度倒置，且偏向积极端的概念，员工耗竭三个维度为精力耗尽、犬儒主义、无效能感，而敬业度是此三个维度倒置的积极一面，即是活力、参与、自我效能感，高敬业度的员工是精力充沛、与工作紧密结合、能够处理工作要求的员工。敬业度是否为员工耗竭的反向概念尚存争议。肖费勒等（Schaufeli et al., 2002）指出，学界对敬业度的概念提出与测量通常是从倦怠延伸发展出来的，将其视为倦怠的平行对立概念或者测量的反向赋值，虽然敬业度与倦怠有相似交叉之处，但是两者依然存在差异，敬业度与倦怠也不是简单的平行或对立的两个概念。

虽然敬业度概念内涵的表述不一，分析视角各异，但也达成基本共识。敬业度是与个体角色绩效联系的认知、情感与行为因素的整体概念（Saks, 2006），多数研究采纳肖费勒等（Schaufeli et al., 2002）对敬业度的定义及其量表。

（二）敬业度的维度与量表发展研究综述

1. 敬业度的三维度结构及量表

卡恩（Kahn, 1990）指出，敬业度因员工心理状态感知而呈现差异，包含意义、安全、可行三个方面。其中，意义感知与工作因素是否能够激励个体努力相关，包括任务特征、角色特征、合作互动；安全感知与社会系统的可预测性、社会环境一致性相关，包括人际关系、工作组间与组内活力、管理风格与过程、组织规范；可行感知与角色绩效中获得资源或组织支持相关，包括心理能量、情感能量、状态非安全性、外部生活。虽然卡恩提出敬业度三维度结构，但是在概念操作化方面，并未提出对应的测量量表，在研究中该维度较少被采纳。马斯拉赫等（Maslach et al.，1997）基于员工耗竭三个消极维度反向倒置的思路提出敬业度的概念，据此提出敬业度的三个维度，分别为活力、参与、自我效能感，对其测量的方法是员工耗竭量表的反向计分。虽然该研究提出敬业度三维度结构，但仅是基于文献的定性分析，并未进行实证检验。此外，肖费勒等（Schaufeli et al.，2002）通过对 10 个不同国家样本数据进行统计检验，结果表明简化后的包含 9 个题项的敬业度量表具有良好的内部信度与效度，由此验证得出，敬业度包含活力、奉献、专注三个维度。

2. 敬业度的四维度结构及量表

敬业度被视为倦怠概念的反向概念，它们各自的维度既有相关性，也有差异性。有研究提出敬业度包含四个维度，分别为活力、奉献、专注、职业效能。肖费勒等（Schaufeli et al.，2002）认为，敬业度包含活力、奉献、专注三个维度，而倦怠包含耗竭、犬儒主义、职业效能减少三个维度，其中，活力、奉献是从耗竭、犬儒主义两个维度平行对立而提出，分别可被视为员工活性（由耗竭到活力）、认同（由犬儒主义到奉献）的两端，但是专注与职业效能减少并非两个反向对立的维度，专注维度是由深度访谈而得到的新维度。实证研究表明，敬业度与倦怠负相关；耗竭、犬儒主义两个维度是倦怠的核心，与数据拟合良好，而敬业度的三个维度外，又增加了职业效能的新维度，即原有倦怠的职业效能维度成为敬业度的第四个维度，且与调研数据拟合良好。与肖费勒等（Schaufeli et al.，2002）的研究相似，金等（Kim et al.，2009）也认为，敬业度与倦怠是平行对立的概念，但两者之间还存在显著差异，敬业度包含职业效能或个体成功，而倦怠并不包含此维度；总之，敬业度包含活力、奉献、专注、职业效能四个维度，而倦怠仅包含耗竭、犬儒主义两个维度。

目前，学界普遍认可敬业度三维度观点，包含活力、奉献、专注，普遍采纳肖费勒等（Schaufeli et al.，2006）与之对应的敬业度测量量表也被学界广为采纳。本研究即采纳该量表测量导游敬业度。

（三）敬业度的前因与效果机制研究综述

1. 影响敬业度的前因机制研究综述

（1）工作体验、工作设计影响敬业度

科尤恩库等（Koyuncu et al.，2006）对土耳其银行女性员工的研究表明：女性员工的人口学特征与工作情境特征、敬业度不相关，工作体验与敬业度高度相关，如管控、奖励、价值观的体验；工作敬业度影响积极工作行为与员工健康；组织环境因素，如组织支持有助于强化工作敬业度的影响关系。德梅特里奥等（Demerouti et al.，2015）认为员工通过自发工作设计寻求或扩大可利用的工作资源，促进健康心态与工作资源投入，对角色外行为产生积极影响。研究结果表明，工作敬业度在工作设计（寻求资源、降低工作需求）影响角色外行为（员工创新、情境绩效）的关系中具有中介作用。依据工作需求－资源模型内涵对工作设计与敬业度关系进行研究表明，工作设计与工作敬业度有紧密联系，工作敬业度是工作设计策略组合的综合产出，二者存在相互影响关系，工作敬业度影响员工利用工作资源和应对工作需求的能力，而主动塑造工作环境以便寻求新的工作资源、更好适应工作需求的员工，展示出更高的工作敬业度（Mäkikangas，2018）。

（2）工作情境/工作特征、员工人格特征影响敬业度

梅西和施耐德（Macey and Schneider，2008）认为，敬业度的心理状态与行为特征受到工作情境的影响，工作情境包含任务特征（例如，工作挑战性、多样性、员工自治）、管理方式（例如，组织期望、公平、上级管理者行为－领导支持）；信任是连接工作情境与敬业度的核心变量，即员工相信投入与奖励具有互惠规范，由此更可能增加与员工敬业度相关的角色行为。克里斯蒂安等（Christian et al.，2011）认为，敬业度的前因变量包含工作特征、领导支持、员工个性特征。其中，工作特征是与工作设计关联的激励因素，表现为员工动机激发（自治、任务多样性、任务影响显著、反馈、问题解决、工作复杂性）、情境特征（工作的体力需要、工作物理环境）；领导支持表现为变革型领导、领导－下属关系，作为工作情境因素而影响员工工作积极性；员工个性特征是控制个体思想与情感如何与环境交互的一种能力，可能导致敬业度的差异，责任型、主动型、外向型是三种对敬业度有积极影响的员工个性特征。通过对敬业度相关的 200 余篇定量研究文献中的变量进

行编码与元模型路径分析，结果表明：敬业度受到工作特征的激励作用显著；变革型领导未对敬业度产生显著影响；此外，员工个性特征的责任型、主动型对敬业度产生显著影响。

（3）工作场恐吓行为、冲突管理氛围影响敬业度

埃纳森等（Einarsen et al.，2016）以挪威某大型货运公司员工为例，实证研究指出：工作场中的恐吓行为对敬业度产生显著负向影响；而冲突管理氛围对敬业度具有正向影响，且恐吓行为具有部分中介作用；此外，冲突管理氛围具有调节作用，即冲突管理氛围处于较低水平时，此时组织内的恐吓行为已经较少发生，导致任何恐吓行为与敬业度降低之间不再有关联。

（4）组织公平、组织支持、组织文化影响敬业度

萨克斯（Saks，2006）研究表明，组织敬业度与工作业务敬业度的前因不尽相同，从敬业度的前因来看，工作特征影响工作业务敬业度、过程公平影响组织敬业度，而组织支持对二者均产生影响。总体而言，员工若能够获得组织支持与公平、工作特征符合自身价值观，那么将在工作与组织中产出更高水平的敬业度。金和帕克（Kim and Park，2017）研究表明，组织程序公平反映出组织与员工之间交换关系，它对员工敬业度产生积极影响，进而提高员工知识分享意愿以及促进创新行为。帕克等（Park et al.，2014）以韩国商业企业员工为研究对象，研究表明，学习型组织文化通过敬业度的完全中介作用对员工创新性行为产生显著正向影响，由此说明，作为组织资源与环境因素的学习型文化，仅对具有高水平敬业度员工的创新行为产生影响。古普塔等（Gupta et al.，2016）以印度护士为研究对象，认为护士对工作环境的感知将影响其工作态度与行为，研究证实组织支持感对敬业度与组织公民行为产生积极影响，情感承诺与心理契约破裂在该关系中分别具有中介与负向调节的作用。

（5）人格、气质特征影响敬业度

兰格拉等（Langelaan et al.，2006）以情感体验（愉悦性）、行为活性（积极性）为参考值并建构直角坐标，并将大五人格、倦怠、敬业度分别与直角坐标对应，提出情感（积极情感——对应于大五人格的外向型，消极情感——对应于大五人格的神经质型）、气质（激励强度、抑制强度、焦虑转换）会对倦怠与敬业度产生影响的研究假设。实证结果表明，与非敬业的员工相比较，敬业的员工表现出低值神经质以及高值外向型的人格特征，气质

的焦虑转换维度在敬业与非敬业员工区分中具有积极作用，而激励强度维度与抑制强度维度未发挥作用。由此可见，神经质人格是倦怠的最重要前预测因子，而外向型人格与气质的焦虑转换维度是敬业度的前预测因子。安戈尔（Ongore，2014）对土耳其安卡拉某大学职员的研究表明，人格特征与敬业度显著相关。其中，外向型、随和型、责任型、体验开放型的人格特征与敬业度正相关，而神经质型人格特征与敬业度负相关；体验开放型对敬业度具有显著预测作用，随和型对敬业度的情感、认知维度有显著预测作用。

2. 敬业度产生的效果机制研究综述

（1）缓解心理压力，提高个体健康水平

布里特和布莱斯（Britt and Bliese，2003）以美国士兵为例，研究发现，士兵自我敬业度对于缓解压力具有缓冲作用，当压力源处于低水平时，无论士兵是否在任务中表现出良好的敬业度，其心理压力与病症都处于低水平，而压力源处于高水平时，在任务中具有良好敬业度的士兵自我报告的心理压力与症状的水平均低于非敬业度的士兵。由此可见，在特定的情境中，敬业度可缓冲环境带来的压力及其负面影响。英斯特郎等（Innstrand et al.，2012）对挪威多行业员工为期两年的研究表明，工作敬业度是员工抑郁、焦虑的前因而非结果，即敬业度显著负向影响抑郁与焦虑，但是反向影响关系不显著。时间点 T1 时的敬业度活力维度能够显著降低时间点 T2 时的抑郁与焦虑，而 T1 时的奉献维度与 T2 时的抑郁和焦虑存在显著正向影响关系，说明过度工作奉献导致员工焦虑。

（2）影响员工倦怠、职业健康

依据工作需求－资源模型与资源保存理论的内涵，提出员工敬业度与员工倦怠、情绪抑郁与生活满意度之间存在交叉影响关系以及溢出效应，而职业健康是上述变量产生的结果。研究表明，员工敬业度、员工倦怠、情绪抑郁、生活满意度存在交叉影响与溢出效应，其中，工作需求与工作资源对上述四个变量产生显著影响，而上述四个变量又对职业健康产生显著影响（Upadyaya et al.，2016）。马里库尤等（Maricuţoiu et al.，2017）采纳纵向分析、元分析方法对敬业度与倦怠的关系展开研究，结果表明，当纳入所有的文献与时间节点时，敬业度与倦怠不存在显著的影响关系；而聚焦于一个特定时间框架（12 个月间隔）时，敬业度与倦怠存在相互的、负向影响关系，且倦怠对敬业度的负向影响更为强烈，敬业度对倦怠的影响偏弱。总之，敬业度与倦怠存在负向影响关系，但只有在一年时间间隔时，才能观察到对健康影响。

（3）影响工作满意度、组织承诺、离职意愿

萨克斯（Saks，2006）研究表明，组织敬业度与工作业务敬业度的前因、结果不尽相同。从敬业度的结果来看，工作业务敬业度、组织敬业度均显著影响工作满意度、组织承诺、离职意愿以及组织公民行为；相比较而言，组织敬业度对于各项结果的影响比工作业务敬业度更强。肖费勒和巴克（Schaufeli and Bakker，2004）研究显示，敬业度与员工倦怠负相关；工作需求与工作资源匮乏引起员工倦怠，进而影响员工健康与离职意愿；可利用的工作资源影响敬业度，进而对离职意愿产生影响；员工倦怠、敬业度各自在上述关系中扮演中介作用。

（4）影响角色内行为绩效、组织公民行为

梅西和施耐德（Macey and Schneider，2008）认为，敬业度的行为特征是超越典型的或期望的角色内绩效行为，这些超越行为包含组织公民行为（例如亲社会行为、情境绩效、组织自发行为）、角色扩展与员工主动行为、个体的主动性与自发性。里奇等（Rich et al.，2010）将个体－组织价值感知一致性、感知组织支持、核心自我评价作为影响员工行为绩效（任务绩效、组织公民行为）的前因变量，同时纳入工作敬业度、工作参与度、工作满意度、内部动机四个中介变量，研究表明，工作敬业度的中介效应高于其他三个中介变量。克里斯蒂安等（Christian et al.，2011）认为，敬业度的结果变量包含角色内绩效（即任务绩效）、角色外绩效（即情境绩效），该研究通过元分析后指出，受工作特征的激励作用，员工敬业度水平显著提高，且产生更高水平的角色内与角色外绩效，在敬业度为中介变量的整体关系模型中，它与所有前因、结果变量都具有相关性。巴克等（Bakker et al.，2012）研究指出，工作敬业度与任务绩效、情境绩效、主动学习具有正相关关系，员工个性特征中的责任心（坚持、自律）对于该关系具有正向调节作用。

（四）旅游行业员工敬业度机制研究综述

1. 影响旅游员工敬业度的前因

影响旅游员工敬业度的前因主要包含个体因素、组织因素。个体因素研究方面，有研究指出人格、气质特征与敬业度相关。例如，金等（Kim et al.，2009）以快捷酒店员工为例，比较研究人格特征（外向型、随和型、责任型、神经质）与敬业度、倦怠的关系。研究表明，外向型、随和型对倦怠均无显著影响，而神经质显著正向影响倦怠；外向型、责任型人格对敬业度无显著影响，而神经质显著负向影响敬业度。

还有研究指出，在工作之外，员工参与旅游活动有助于员工恢复，进而提高敬业度与绩效。叶赫（Yeh，2013）认为，员工参与旅游活动有助于员工从工作中得到恢复，并将其作为工作资源促进工作场中工作绩效与敬业度，该研究以我国台湾地区酒店一线员工为例，研究指出员工参与旅游活动提高了敬业度、工作满意度，敬业度在三者关系中具有部分中介作用。

组织因素研究方面，组织人力资源管理实践、组织环境是影响敬业度的主要因素。例如，卡拉泰佩（Karatepe，2013）结合酒店员工服务现实需求，提出员工培训、授权、奖励是实现一线员工对客服务、提高酒店绩效与组织成功的人力资源管理实践，高绩效的人力资源管理实践能够促进员工敬业度，进而对工作绩效、角色外顾客服务产生影响。以工作需求－资源模型、心理状态理论、资源保存理论为依据，研究表明，员工自我评价与组织环境感知（管理者的顾客导向、服务支持、内部服务、信息分享与交流）显著正向影响员工敬业度（Lee and Michael，2015）。

2. 旅游员工敬业度产生的效果

与其他行业员工敬业度产生的效果基本一致，旅游员工高水平的敬业度能够提高员工角色行为绩效、员工服务绩效等，并有助于促进家庭－工作良性互动。在敬业度对旅游员工角色行为的影响研究方面，以芬兰酒店员工为例，研究表明，员工敬业度在当前工作资源影响员工主动性的关系中具有中介作用；同时，敬业度也在员工主动性影响未来工作资源的关系中具有中介作用，员工主动行为又显著正向影响工作创新行为，该结论说明敬业度与员工主动性、工作资源获取是积极的互惠影响关系（Hakanen et al.，2008）。酒店行业中的冲突无所不在，良好的冲突管理氛围能够引导员工敬业行为，并提升创新行为绩效，对韩国酒店行业一线员工调研研究表明，高水平敬业度的员工表现出更积极的创新行为，敬业度在冲突管理氛围与创新行为关系中具有完全中介作用（Jung and Yoon，2018）。

在敬业度对旅游员工绩效与顾客服务的影响研究方面，以中国广东豪华酒店员工为调研对象，研究显示，工作敬业度在领导－下属交换影响工作绩效的关系中具有中介作用，而组织人力资源管理一致性作为联系员工行为反应与组织目标的环境因素，对于领导－下属交换与工作敬业度的关系具有调节作用（Li et al.，2012）。卡拉泰佩（Karatepe，2013）研究表明，酒店员工敬业度对工作绩效、角色外顾客服务产生显著影响。

敬业度还有助于促进旅游员工家庭－工作互动。例如，蒂尔（Teare，1990）以酒店员工为例，研究表明敬业度在员工自我评价与工作－家庭促进的关系中具有中介作用。在工作中敬业的员工，能够利用工作中习得的知识与技能、或利用工作中的资源，以实现在家庭生活中的责任与角色，反之如是。

二、国内对员工敬业度的研究综述

（一）影响敬业度的前因与机制研究综述

1. 人格特征、心理资源影响敬业度

刘金培等（2017）认为，知识型员工工作绩效不仅受其人格特征的影响，也与其敬业度相关，同时，人格特征与敬业度的关系尚不清晰。该研究采纳大二人格特征（稳定性因素、弹性因素），研究其对敬业度、工作绩效（任务绩效、关系绩效）的影响。研究表明，大二人格特征显著正向影响敬业度与工作绩效，敬业度在大二人格特征与工作绩效关系中具有中介作用。周箴和杨柳青（2017）对新生代员工的实证研究表明，工作回报、工作特征、组织氛围、心理资源显著正向影响新生代员工敬业度；心理资源在各影响要素与敬业度关系中具有中介作用。景梦雅等（2019）以天津市护士为例，研究指出，护士敬业度水平处于中等水平，护士心理安全感在组织支持感与敬业度的关系中具有中介作用。

2. 个人－组织匹配、个人与工作契合影响敬业度

赵慧娟（2013）以华中地区企业新生代员工为例，实证研究个人－组织匹配、职业延迟满足与新生代员工敬业度的关系。研究表明，个人－组织匹配、职业延迟满足对新生代员工的敬业度有显著正向影响，职业延迟满足具有部分中介作用。王玮和房国忠（2015）以中小企业新入职员工为例，研究表明，个人与工作的一致性契合（个体技能与工作要求契合）、薪酬福利、

成长机会、内部公平均显著正向影响员工敬业度，但个人与工作的互补性契合（个体需求与工作性质契合）对敬业度的影响不显著；高水平敬业度能够显著提高员工忠诚度。施丹等（2019）研究表明，领导成员交换关系感知提高了员工内部身份认知程度，并有助于提高员工敬业度。马跃（2020）对多个省市高校教师的研究表明，个人与组织之间的价值观契合、供需契合、要求与能力契合对教师敬业度有积极影响，组织认同感的中介作用显著。

3. 工作特征、工作安全感、工作资源影响敬业度

郭涛（2012）以高校教师为例，实证研究表明，工作特征、组织氛围显著正向影响敬业度；薪酬福利对敬业度的主动参与维度、培训发展对敬业度的认同维度分别产生显著正向影响；研究还发现，高校教师敬业度与工作绩效存在中等程度的相关关系。冯卫东（2014）研究表明，工作预期不安全感与敬业度正相关，而工作现状不安全感与之负相关；同时，工作不安全感与工作绩效负相关，而敬业度与工作绩效正相关。工作不安全感是高校教师工作的压力源，会导致敬业度降低，进而影响工作绩效。周篁和杨柳青（2017）认为，代际差异导致新生代员工敬业度的前因与上一代员工存在差别，采纳扎根理论的方法，归纳出5个前因变量，分别为组织氛围、工作回报、工作特征的直接前因变量，以及心理资源的中介变量、家庭资源的调节变量。为检验影响敬业度的关系模型，获取多省市多行业新生代员工样本，实证研究表明，工作回报、工作特征、组织氛围、心理资源显著正向影响新生代员工敬业度。康超群等（2019）以湖南多所高校图书馆工作人员为例，研究指出，图书馆工作人员的工作资源感知对其心理资本、组织承诺具有积极影响，通过他们的中介作用对敬业度产生积极影响。

4. 职业使命、企业社会责任影响敬业度影响员工敬业度

于春杰（2014）依据刺激－认知－反应理论模型、人境互动理论和积极心理学的基本观点，将职业使命视为刺激因素，受其影响促使员工产生组织认同感知和自我效能感知，并根据自身认知结果作出最有利的行为反应，选择留职或离职、更高或更低的敬业度，进而产生留职或离职、更高或者更低的敬业度的行为，实证研究表明，职业使命正向影响自我效能和员工敬业度；组织认同在职业使命与离职倾向关系中具有部分中介作用；自我效能在职业使命和员工敬业度关系中具有部分中介作用；个人－组织价值观匹配对自我效能和员工敬业度有调节作用。徐芳和王静（2016）基于社会交换理论，提

出员工对组织的承诺取决于他们从组织中的获益程度，既包括物质利益，也包括非物质性收益，作为非物质性收益的企业社会责任能够促进员工对企业认同感与归属，从而提升员工敬业度，该研究以北京多家企业员工为例，实证研究表明，企业社会责任履行提高了员工敬业度，雇主形象在该关系中具有中介作用。

5. 员工认同、主观幸福感、资质感影响敬业度

倪文斌和何霖艳（2016）指出，已有研究普遍存在员工敬业度与流动性负相关关系的结论，而在组织认同与专业认同双重作用下，员工流动性与敬业度之间关系需要重新审视。朱永跃等（2016）以新生代员工为例，研究表明，组织认同感在上下级代际冲突与敬业度的关系中具有部分中介作用。董临萍和於悠（2017）研究表明，知识员工主观幸福感在服务型领导风格与知识员工敬业度的关系中具有中介作用，程序公平在知识员工主观幸福感与敬业度的关系中具有显著正向的调节作用。黄泽群等（2019）研究指出，员工自我认知的资质过高感对其组织自尊、敬业度均产生消极影响，而组织的高绩效工作系统在资质过高感的关系均具有负向调节作用。

6. 体面劳动、工作自主性影响敬业度

王婷（2014）认为，员工体面劳动的内容包括劳动者能够对职业自由选择、享有基本权利和人格尊严、自身价值被认可、劳动过程快乐、工作信心，据此开发体面劳动量表并得到尊重认同、共存包容、骄傲自信三个维度；体面劳动（共存包容、尊重认同）显著正向影响内在动机、敬业度，内在动机的中介作用显著；心理需求在体面劳动感知与敬业度关系中具有调节作用。卿涛等（2016）研究指出，体面劳动对员工内在动机、敬业度均有促进作用，内在动机具有中介作用；心理需求对体面劳动与内在动机的关系具有调节作用。刘鑫和杨东涛（2017）研究表明，员工感知的工作自主性对其敬业度有积极影响，该关系受到个体自我监控的负向调节影响和组织分配公平的正向调节影响，当员工感知的分配公平越强时，员工自我监控在工作自主性影响敬业度关系中的负向调节作用越弱。

7. 全面报酬影响敬业度

黄志坚（2010）以动漫技能人才为例，提出全面报酬影响绩效的三种途径，分别为直接影响、通过敬业度的中介效应的间接影响、通过人口特征与组织特征的调节效应的影响；获取全国十余城市动漫企业技术人才样本，实

证研究表明，全面报酬、敬业度不同维度对绩效不同维度的影响显著性存在差异；敬业度在全面报酬与绩效关系中具有部分中介作用；性别、工作岗位与企业规模在全面报酬与绩效关系中具有调节作用。周文斌等（2013）以新生代员工为例，实证研究敬业度（活力、奉献、专注）与薪酬满意（水平满意度、提升满意度、福利满意度、结构/管理满意度）的关系。研究表明，新生代员工敬业度的活力维度增大，但专注、奉献两个维度水平较低；人口统计变量对员工敬业度和薪酬满意度的影响也存在差异；二者关系研究表明，薪酬满意与员工总体敬业度均具有显著的正相关关系，但是二者细分维度的影响关系存在差异，例如，薪酬满意的福利满意度、管理/结构满意度对敬业度的奉献维度有显著正向影响，福利满意度显著正向影响敬业度的专注维度等。王红芳（2015）研究了非国有企业员工总体报酬感知、工作满意度、敬业度与工作绩效的关系。研究表明，总体报酬感知对敬业度、工作绩效有显著正向影响；敬业度在总体报酬感知与工作绩效的关系中、在工作满意度与工作绩效的关系中分别具有完全中介作用；个人－工作特征匹配在总体报酬感知与敬业度的关系中具有一定的调节作用。

8. 领导信任、上下级代际冲突、服务型领导影响敬业度

陈明淑和申海鹏（2015）研究指出，组织内部的员工信任呈现为多个层面，包含员工的组织信任、领导信任、同事信任，各层面信任存在逻辑递进关系，并且对员工的工作敬业度、组织敬业度产生积极影响，进而提升员工任务绩效与关系绩效。朱永跃等（2016）认为，新生代员工与上级之间的代际冲突影响上下级关系，削弱员工组织认同感，并降低敬业度，据此构建三个变量的影响关系，实证研究表明，新生代员工的上下级代际冲突体现在任务冲突、关系冲突、程序冲突三个维度；其中，任务冲突与活力维度、关系冲突与奉献维度、程度冲突与敬业度三个维度均显著负相关；组织认同感在上下级代际冲突与敬业度的关系中具有部分中介作用。董临萍和於悠（2017）认为，服务型领导是一种人际和社会关系工作资源，它为员工提供有效支持并满足员工心理需求，有助于提升员工的主观幸福感与敬业度。研究表明，服务型领导风格有助于提升知识员工的敬业度，知识员工主观幸福感在该关系中具有部分中介作用；程序公平在知识员工主观幸福感与敬业度的关系中具有显著正向的调节作用。马苓等（2020）研究指出组织领导真实型领导风格对雇佣关系氛围、员工敬业度（组织敬业度、工作敬业度）产生积极影

响，而组织文化强化了真实型领导风格与雇佣关系氛围的关系。

9. 组织氛围、人力资源管理强度、职业生涯管理影响敬业度

张立峰（2016）认为，人力资源管理强度是员工对企业要传达的价值观、目标等信息进行感知、理解与接受，较强的人力资源管理强度使员工感受到组织支持感并产生较高的员工敬业度，研究表明，人力资源管理强度影响组织支持感、敬业度，且组织支持感具有部分中介作用。梁青青（2017）以高新技术企业知识员工为例，研究表明，组织职业生涯管理、员工的组织承诺均能够提高员工敬业度；组织承诺对敬业度的影响更加显著，且在三者关系中具有中介作用。刘金培等（2018）以高校教师为例，实证研究表明，组织氛围对知识型员工敬业度各维度具有显著正向影响；工作倦怠在组织氛围的组织支持维度、工作意义维度与敬业度的关系中具有部分中介作用。

（二）敬业度产生的效果与机制研究综述

1. 影响离职意愿、员工流动性、忠诚度

芦慧等（2012）认为，敬业度是人力资源管理的重要内容，对企业员工的调查研究表明，敬业度与满意度的不存在相关关系，即满意度高的员工不一定敬业度也高，敬业度和工作满意度展现出不同组合状态；员工行为绩效、离职率受满意度和敬业度的共同作用。倪文斌和何霖艳（2016）以知识型员工为调研对象，研究表明，员工处于低水平组织认同、专业认同情景下，才会导致敬业度低、流动性高的现象，在此两种认同度其他组合下，流动性与敬业度并不存在负相关关系，出现了高敬业度与高流动性并存，低敬业度不一定导致高流动性的现象。王玮和房国忠（2015）研究表明，敬业度显著正向影响员工态度忠诚度、行为忠诚度，且敬业度在个人－工作契合、薪酬福利与忠诚度的关系中具有中介作用。

2. 敬业度影响智力成长

郭梅等（2015）研究表明，组织分配公平对研发员工智力成长（分析型、创造型）存在显著正向影响；敬业度对研发员工智力成长（分析型、创造型、实践型）存在显著正向影响。

3. 影响员工任务绩效和关系绩效

黄志坚（2010）以动漫技能人才为例，提出敬业度的三个维度分别为工作投入、组织认同、工作价值感。实证研究表明，敬业度显著正向影响工作

表现绩效，影响强度依次为工作投入、组织认同、工作价值感；敬业度也显著正向影响人际关系绩效，影响强度次序无变化。在另一项研究中，黄志坚（2010）实证研究表明，敬业度显著正向影响绩效（任务绩效、关系绩效）；敬业度还在内部报酬、晋升机会影响绩效的关系中具有中介作用。刘金培等（2017）研究表明，知识员工的大二人格特征（稳定性因素、弹性因素）显著正向影响敬业度与工作绩效，敬业度的中介作用显著。郭涛（2012）、王红芳（2015）针对不同调研对象的实证研究也支持敬业度积极影响员工绩效的结论。于桂兰和徐泽磊（2019）研究表明，科技人员的敬业度对其工作绩效产生积极影响，组织承诺、劳动关系氛围在该关系中分别具有中介作用、调节作用。

（三）旅游行业员工敬业度机制研究综述

1. 影响旅游员工敬业度的前因机制研究综述

以旅游员工为调研对象，分析敬业度的前因机制的文献数量有限。已有研究显示，敬业度具有社会人口学特征差异，工作生活质量、组织激励与约束措施影响敬业度。曾晖和赵黎明（2009）以酒店员工为例，调查研究表明，酒店员工敬业度具有特定的职业特点，它随教育程度、职位、服务年限、经济收入增加而提高；总体而言，与年龄因素有关的敬业度变化最大，而与薪资因素有关的敬业度变化最小，表明收入并不是驱动敬业度的主要因素，此外，工作生活质量也对敬业度有影响。田雅琳（2016）基于北京旅游企业一线员工调研，分析员工工作生活质量对敬业度、员工绩效的影响机制，结果表明，工作生活质量对敬业度、工作绩效具有显著正向影响，敬业度在工作生活质量与顾客导向的组织公民行为的关系中具有中介作用；学习目标定向显著正向调节工作生活质量与敬业度的关系。组织措施也会影响敬业度，陈方英（2007）基于委托－代理理论基本内涵，提出通过薪酬、工作特征、职业发展有效激励员工提高敬业度，并通过完善管理制度、人员督导制度、现代化设备使用的约束措施积极影响员工敬业度。获取的广东省东莞市星级酒店员工样本，实证研究表明，除薪酬、管理制度外，其他措施均能够有效提升员工敬业度。该研究结论说明，以员工利益为核心的激励机制能够诱使代理人选择有利于自身利益最大化、且有利于委托人的行动，提高员工敬业度，而约束机制则有利于规避员工的工作消极行为，降低代理成本并提高敬业度。陈佩等（2019）研究指出，餐饮业员工感知的个人与组织匹配对其敬业度与组织公民行为产生显著影响，该关系还受到主管支持感、员工主动性人格的调节作用影响。

2. 旅游员工敬业度产生的效果机制研究综述

旅游员工敬业度产生的效果主要是提高员工绩效。曾晖和赵黎明（2009）依据酒店内部员工综合绩效考核等级与员工敬业度调研结果，比较研究敬业度与绩效的关系。研究表明，酒店员工敬业度与绩效具有一定程度的相关性，高绩效组和中绩效组、高绩效组和低绩效组的敬业度均存在显著差异，而中绩效组和低绩效组的敬业度不存在显著差异，由此说明，敬业度与绩效密切相关。陈方英和于伟（2011）研究表明，饭店员工敬业度显著正向影响工作绩效；酒店领导支持能够降低员工的工作－家庭冲突，并提高敬业度。温碧燕等（2017）以酒店、旅行社等服务型企业员工为例，研究员工正面心理资本、敬业度与工作绩效的关系，结果表明，员工正面心理资本、敬业度均显著影响员工的工作绩效，敬业度的中介作用显著。

敬业度促进顾客导向的组织公民行为。田雅琳（2016）以北京旅游企业员工为例，实证研究表明，敬业度显著影响顾客导向的组织公民行为，但敬业度对员工任务绩效无显著影响；敬业度仅在工作生活质量和顾客导向的组织公民行为关系中具有中介作用。

敬业度与员工满意度不相关，但对饭店服务质量、顾客满意度有直接的影响。例如，马明等（2005）以饭店员工为例，研究表明，满意度与敬业度并不存在必然关联，即满意度高的员工不一定敬业度也高，反之如是；能够影响饭店服务质量、顾客满意度、企业利润的直接因素是敬业度而非满意度。

三、国内外对员工敬业度研究述评

（一）国内外研究的相似点

第一，量表采纳的相似性。敬业度测量量表最早由国外学者提出，目前已经提出三维度量表、基于职业倦怠反向测量的四维度量表，而国内研究多采纳国外研究中的成熟测量量表。从国内外发表文献来看，多数研究均采纳敬业度三维度结构量表，包含活力、奉献、专注三个子量表。

第二，前因变量的相似性。国内外研究均对影响敬业度的前因进行实证研究，某些前因变量得到国内外研究验证，包括：工作特征相关变量，例如，工作体验、工作设计、体面劳动、工作自主性、工作场氛围等；组织环境特征变量，例如，组织公平、组织支持、组织文化、冲突管理氛围等；员工人格特征变量，例如，员工人格特征、气质特征等。

第三，结果变量的相似性。国内外研究均对敬业度所产生的结果进行实证研究，某些结果变量得到国内外研究验证，包括：影响个体身心健康，例如，敬业度影响员工心理压力、健康水平、情绪抑郁、智力成长等；影响工作满意度与组织忠诚，例如，职业倦怠、工作满意度、组织承诺、离职意愿；影响绩效行为，例如，角色内行为绩效、组织公民行为等。

第四，理论依据的相似性。国内外对敬业度的实证研究中，依据并采纳较多的理论包括：工作需求 – 资源模型、资源保存理论、社会交换理论、自我决定理论、工作特性理论、认同理论、激励双因素理论。很多研究依据这些理论构建敬业度的前因关系模型或结果关系模型，多数研究结果与理论内涵吻合。

（二）国内外研究的相异点

第一，概念内涵的相异性。敬业度概念由国外研究者率先提出并提出不同的定义或内涵，包含自我偏好、角色自我雇佣、行为自我表达；与工作相关的精神与心理状态；员工耗竭的逆向视角界定其内涵等定义。不同的敬业度定义中均包含个体认知、情感投入、角色行为表现因素的基本内涵。

第二，量表发展的相异性。国外研究提出敬业度的三维度结构、四维度结构及其相对应的测量量表。其中，三维度量表有意义、安全、可行的量表；活力、参与、自我效能感的量表；活力、奉献、专注的量表。而四维度量表为活力、奉献、专注、职业效能的量表。国内研究多直接采纳国外研究成熟量表。

第三，关系预设的相异性。国外研究多将敬业度视为员工个体积极的、与工作相关的精神状态或心理状态，实证研究中倾向于将其视为影响工作结果的前因变量。而国内研究则倾向于将敬业度视为员工投入程度，实证研究中多将敬业度作为员工输出结果，研究敬业度的前因变量与关系。

第四，敬业度细分相异性。国外研究关注到敬业度的层次差异，敬业度被细分为工作敬业度、组织敬业度，两者相关却也具有差异，它们的前因、结果也不尽相同，例如工作特征与工作敬业度相关，组织公平或支持与组织敬业度相关，两者均影响工作满意度、组织承诺、组织公民行为。国内研究较少将敬业度细分为不同层次，但从量表内容来看，多倾向于工作业务敬业度的层次。

第六节　导游执业现状研究综述

一、国外对导游执业现状研究综述

（一）导游在旅游中的角色作用研究综述

1. 导游在旅游市场营销中的角色作用

导游在旅游市场营销中发挥信息传递与形象建构的作用，在旅游宣传广告、旅游手册中，适度使用导游相关因素有助于提升宣传效果，例如，有研究指出，领队会降低旅游者对旅游风险的感知，旅游宣传册中增加领队照片、个人信息的作用比传统宣传册更加具有积极作用，对旅游者态度和行为改变作用显著（Wang et al.，2002）。索尔等（Tsaur et al.，2014）研究结果显示，领队个人角色魅力对于博客信息传递与关系营销结果的关系具有调节作用；领队个人魅力有助于提高博客功效与关系营销效果。导游性别对营销效果产生不同的影响。一项实验研究表明，受众对于使用了女性导游照片的旅游手册的品牌、广告更可能提高购买意愿，但是，无论增加了男性或女性导游照片或者领队导游简历的旅游手册的品牌与广告均未能引起受众的积极态度与购买意愿，由此可见，使用女性导游照片的旅游手册的广告效果更佳（Lin et al.，2008）。

宏观层面而言，导游也是国家旅游营销的推动者，科克马兹等（KorKmaz et al.，2011）研究指出，导游是国家旅游营销的代表，土耳其职业导游对于所属国家或者旅游目的地具有深厚而多元的知识，在旅游营销的各个阶段中扮演着教师、领队、旅游成员等多样化角色，并对旅游者体验产生影响，建议所有导游每年至少参与一次旅游营销研讨会服务培训。在一些欠发达国家中，民间导游不仅成为地方旅游接待的先行者，更成为国际旅游者了解本地风土人情的窗口，吉伦等（Gillen et al.，2015）研究指出，越南达腊地区当地人利用越战中的技能与经历，担任摩托车旅游产品的导游，不仅向旅游者提供讲解与向导服务，自身还成为摩托车旅游产品的象征符号与意义，他们向旅游者展示越南的真实面，虽然只是简化面，但是却反映了越南社会的新变革。

2. 导游在跨文化旅游活动中的角色作用

在跨文化旅游活动中，本地导游扮演着领导、中介、代表、掮客等多重角色。例如，霍华德等（Howard et al.，2001）研究指出，遗产旅游中的本地导游角色是多元的，他们扮演着领导角色、中介角色、资源管理角色，探究本地导游角色对于导游培训、服务质量保证、提高对导游工作理解都很重要。讲解是导游最重要的职能，有研究分析了导游讲解与地方真实性表达的关系，达尔斯（Dahles，2002）研究指出，在印度尼西亚南部的日惹旅游区（Yogyakarta），官方要求导游讲解标准化与精心编排过的讲解词，讲故事的艺术被系统性地局限，经由官方正式培训的导游在旅游场域与当地社区之间发挥着缓冲作用，维护两者之间精心划定的界限，降低了旅游者与当地居民互动机会。导游在跨文化旅游与全球地方化中的角色作用也受到关注，萨拉查（Salazar，2005）研究发现，全球流行文化与旅游业正在将印度尼西亚日惹市的原真性与独特性割裂并碎片化，原有社会文化环境正在经历一种标准的全球化，导游则呈现了一个商品化和神秘版本的本土性向全球出口，他们在全球地方化中扮演地方演员的角色，将萦绕自身的本地独特生活向游客展示出来，以迎合不同口味的国际游客，推动全球地方化进程。

3. 导游在旅游体验活动中的角色作用

导游是旅游活动的组织者与引导者，深刻影响旅游者的旅游体验与满意度，韦勒和沃克（Weiler and Walker，2014）研究指出21世纪的旅游者对导游知识面广度及深度的要求越来越高，在对导游媒介角色、翻译角色以及旅游者对导游期望的文献综述基础上，强调导游作为"掮客"沟通角色的重要性。索尔等（Tsaur et al.，2017）对我国台湾地区领队导游角色及其风格实证研究显示，领队导游角色及其风格包括工具性角色（持续提醒、业务准备）、社会角色（幽默、同情）、人际互动角色（服务优先、文化大使）、交流角色（宣传说明、详细讲解）、紧急事件处理角色（机智机敏、责任）、关怀角色（关怀旅游者、顾客导向），领队导游角色及其风格对提升旅游者满意、后续导游研究以及旅行社安排导游具有参考价值。"黑色旅游"（dark tourism）活动中，不同导游风格对旅游体验可能产生不同的影响，弗格森等（Ferguson et al.，2016）对加拿大刑法历史博物馆的导游讲解与类型的研究指出，博物馆导游多为当地志愿者或兼职者，未受过旅游专业的相关培训，导游风格包括以叙述当地历史的官方型风格、业余历史叙述的变通型风格、经济盈利为主要目的娱乐型风格、监狱内部人的关系型风格，考察导游风格有助于研讨导游培训、专业精神和刑法博物馆的目标与导向设定。在美国南部种植园博物馆导游为研究对象的研究中，莫德林等（Modlin et al.，2011）研究表明，该博物馆忽视与边缘化奴隶制度内容，奴隶主阶级的成功与财富以及他们的生活成为种植园旅游讲解重点与标志，这种对历史事件的不平等不仅存在于导游谈论种植园主阶级而不是奴隶阶层，也存在于鼓励旅游者与奴隶历史群体联系方式割裂的情感不平衡，未来应把重点放在导游如何成功地帮助游客认知和同情奴隶群体，创造旅游者的情感共鸣并使其深刻理解曾经为奴隶制度而斗争的种植园空间，同时，寻找适合的导游讲解员以及评价游客需求与情感联系也很重要。

4. 导游在生态环境保护中的角色作用

导游教育与监督能够直接影响旅游者生态旅游环境保护意识与行为，很多研究肯定了导游所具有的不可替代的作用，兰德尔和罗林斯（Randall and Rollins，2009）研究指出海洋生态旅游快速发展引起对海洋生态环境负面影响的关注，降低该影响的途径之一是通过导游教育促进旅游者亲环境行为，而当前在导游责任的重要性与绩效性均较好的方面包括保持舒适步调、讨论危险、处理紧张局势、促进社会团体环境、减少与营地内其他人的冲突、团队组织、讨论不留下痕迹的露营、帮助认知该地区、增加对自然环境了解；旅游者也反映出导游的负责任行为激励者的角色很重要但是实际履行绩效较差，而且很多导游个体在履行一些重要角色方面与旅游者期望差距较大。山田（Yamada，2011）研究指出，日本生态旅游促进政策明确肯定导游实现生态旅游目标的重要性，导游引导质量对生态旅游成功至关重要，但也是当前存在的主要问题，通过培训能够提升引导质量，其内容应包含导游在实现生态与环境教育中的作用、讲解技术、资源与产品信息、旅游者相关知识；在政策方面需要实施职业资质认证、执照、行为守则的机制以促进导游引导质量提高，而第三方非营利组织也应参与导游资质认证与行为守则的制定，官方机构应充分支持导游执照发放与第三方机构运营。柯廷（Curtin，2014）研究发现旅游的社会利益和领队的角色对整个野生动植物旅游的成功与否及团队的行为责任非常关键，旅游者在旅游体验过程中愿意将旅游经历分享给身边重要的人而且愿意结识新朋友；在环境感知方面，旅游者进行野外旅游具有避免打扰倾向，提出旅游者与领队户外旅游的管理建议。

（二）导游执业现状与能力评价研究综述

1. 导游职业发展与生存生活现状研究

主要针对导游的职业危机感、职业压力、导游执业外部环境与挑战、导游生活质量现状展开研究，不同国家、不同地区社会发展水平与旅游营商环境存在差异，导游职业发展与生存现状横向比较受到局限，但是多数研究显示，导游工作环境与工作压力较大，导游职业发展与生存生活现状并不乐观。对印度导游职业发展现状的研究中，普拉卡什等（Prakash et al.，2011）指出，印度导游面临自身职业技能挑战与经营环境外部的挑战，这些挑战包括工作缺乏吸引力、技能缺陷、职业挑战、工作认同质量、旅游设施、外部环境威胁；建议推进印度国家分区域导游培训项目，解决导游面临的挑战以促进潜在导游入职。

一些研究对导游生存现状展开研究。例如，索尔等（Tsaur et al.，2014）研究显示，我国台湾地区领队导游生活工作困扰包括导游服务过程困扰（如旅游者的愤怒、供应商员工制造的麻烦、承担错误等）；对于旅游公司的烦恼包括企业不合理制度、未实现公司责任、领队风格冲突等；个人生活烦恼包括工作家庭冲突、职业病、不稳定收入、休闲时间不合理等。基于此提出合理化管理对策。有研究通过半结构式访谈，从导游人口特征、教育与培训、职业发展与工作现状、导游抱怨方面论述了津巴布韦国导游生存现状，指出导游存在工作缺乏稳定性、薪水报酬偏低、培训课程有限且价格昂贵、职业发展机会较少以及旅游发展环境等问题与挑战（Nyahunzvi and Njerekai，2013）。

2. 旅游疾病预防与导游职业健康研究

由于旅游活动与导游工作强移动性，与外部环境接触过程具有较多的卫生与安全风险，对导游职业健康造成影响。导游对艾滋病的认识与宣传教育方面，对土耳其导游的实证研究表明，半数以上的导游对艾滋病有一定程度的认识，但是对艾滋病的传播途径与预防的认识不足；男性导游具有更多的艾滋病的知识，而女性导游对艾滋病调研问卷中的陈述犹豫不决；青年导游并未受到足够的艾滋病教育培训，艾滋病知识主要来自个人，学校教育严重缺失，导游对艾滋病患者保有友好或中立的态度；大众媒体是获取艾滋病知识的主要途径，包括电视、报纸、网络与杂志，建议加强媒体宣传与学校课程教育，增加导游疾病培训与书籍出版等（Avcikurt et al.，2011）。导游更可能感染一些常规旅游疾病，对斯诺文尼亚导游实证研究结果表明，导游和旅游经理对某些旅行者疾病很熟悉，但对症状了解相对较少；在大多数情况下，导游和旅游经理知道这些疾病的预防措施，例如预防黄热病、狂犬病、甲型肝炎、乙型肝炎、腹泻等疾病措施；建议对导游和旅行经理进行旅行疾病症状与预防措施的教育（Gorenak et al.，2017）。

3. 导游职业教育与服务技能培训研究

导游职业教育与技能培训研究内容涉及导游培训的问题与缺陷、培训目标与内容设计、培训方式方法、导游职业培训案例分析与介绍。有研究从导游评价的视角分析现有职业培训的问题、缺陷与诉求，巴兰坦和休斯（Balla-ntyne and Hughes，2001）研究指出，生态旅游活动中导游认为自身最主要角色为提供信息与娱乐体验，其次为交流、确保游客安全以及激发游客兴趣，而生态环境保护责任的提及比例较低；虽然绝大多数导游认为在使用生态解释技术方面存在缺陷，但多数导游培训需求却集中在获得并改善产品知识以及公开演讲交流技术等方面，建议在培训中特别强化解释技术并鼓励环境责任行为。生态旅游导游培训目标与内容设计研究方面，克里斯蒂和梅森（Christie and Mason，2003）指出现有生态旅游导游培训更多地强调知识转移与技术获得为能力导向，忽略了旅游者对于目的地社会与文化方面的渴望与需要，良好的导游培训还应该包含导游对目的地理解态度与行为转变，应涉及价值观教育、培养文化敏感性、批判性自我评估技能以及给游客提供改变价值观机会的方法。在导游职业培训的方式方法研究方面，卢戈西和布雷（Lugosi and Bray，2008）指出，让导游参与并分享工作经验，是创造学习型文化的核心；在培训中，富有经验导游的指导，有助于更好地分享实践经验，也是更有效的组织培训与导游学习方式。

还有一些研究分析与介绍了获得良好成效的导游职业培训案例与经验，例如，卡莫迪（Carmody，2013）介绍了澳大利亚萨凡纳导游有限公司的导游职业教育现状，指出由公司学校推动的导游持续学习、实践培训、辅导、认证和导游职业化标准实施为澳大利亚北部地区导游组织可持续运营作出了贡献，该公司具有典型的三个层次文化，包括可见的属性（学员着装、学校徽章等）、组织文化（有经验的导游担任导师、自学、自我提升、职业化引导、可持续性意识与行为）、潜在假设（自然与文化可持续性管理、个人发展与职业发展与成就、培训后再挑选优秀个体），该经验可以推广到其他地区。

4. 导游情绪劳动与情感压力影响研究

导游情绪劳动与情感压力研究内容包括导游情绪劳动或情绪智力内涵、导游情绪情感压力来源及其消极影响、导游情绪智力或情感承诺的积极影响、导游情商评价。一些研究通过导游调研、导游访谈方式揭示导游情绪劳动、情绪智力、导游依恋的内涵，例如，夏普（Sharpe，2005）研究指出，户外冒险旅游活动项目中，导游情绪劳动的责任包括确保安全、创造乐趣、激发社区意识；导游情绪劳动是由旅游组织设定、期望实现一系列情感目标的行为。领队导游情绪劳动是旅游者期望的工作内容，主要体现在团队服务的娱乐氛围情绪劳动展示、处理问题与投诉的情绪劳动展示、影响旅游者与工作人员态度与行为的情绪劳动展示（Wong and Wang，2009）。导游依恋存在于导游与旅游者之间，并以承诺为导向的长期联系纽带，领队导游依恋积极正向影响旅游者行为意向（Yen et al.，2015）。

导游情绪情感压力来源及其消极影响研究方面，多数研究显示导游情绪情感压力偏大且对生活与工作产生消极影响，例如，侯格和克尔（Houge and Kerr，2013）研究指出，美国南部地区探险旅游活动中，导游压力与紧张情绪来源包括：由于语言与文化差异导致的人际交流障碍、缺乏足够的工作信息、在薪酬与导游期望方面不平等、不合适的设备与不适宜的顾客群、缺乏对导游的信任、双向责任增加了对义务的感知、对文化与语言的误解，这些压力与情感促使导游产生诸多消极情绪反应，导游情绪劳动带来了消极情绪与行为。安德科维奇等（Anđelković et al.，2017）研究指出，乡村旅游活动中导游情绪耗竭与导游工作满意度负相关，当导游拥有良好的工作环境时，他们做任何工作都更可能感到成功，情绪耗竭也由此降低。

导游情绪智力或情感承诺的积极影响研究方面，索尔等（Tsaur et al.，

2017）实证研究表明，导游情绪智力对旅游者的积极情感、双方友好融洽均对导游满意度具有显著正向影响；而旅游者积极情感对双方友好融洽、导游满意度具有积极正向影响，该研究说明导游个体积极情感能够诱发旅游者积极情感，并促进导游与旅游者建立积极社会交互与亲密关系。

（三）导游服务技巧与服务质量研究综述

1. 导游交际技巧与对客服务行为研究

知识文化水平与人际交流是展示导游服务能力、保障导游服务质量的重要内容，特别是国际旅游活动中，旅游者对导游跨文化交流有更高期待。例如，在跨文化旅游情境中，导游需要具备多元文化竞争力，在旅游者与当地社区与社会之间起到缓冲与中介者的作用以提高旅游者体验，导游跨文化行为竞争力体现在认知、情感、行为三个方面，影响导游跨文化竞争力的因素包括导游个体特征与旅游经营因素，例如导游的教育背景、培训、个人经历、经营者因素等（Yu et al.，2002）。有研究对跨文化导游交际能力进行研究，肯定了导游语言交际与非语言交际的价值，例如，勒克莱尔和马丁（Leclerc and Martin，2004）认为跨文化导游交际能力包含四项非语言交际维度（可接近、位置距离、关注、触摸）、三项语言交际维度（适宜性语言、人际包容语言、自信语言）和一项性格特征维度，对法国、德国与美国旅游者对导游交际能力期望差异的调研发现，除了导游的自信语言之外，三个国家旅游者对导游的交际能力的感知均存在显著差异；整体而言，美国旅游者对导游各个维度交际能力感知均值高于欧洲旅游者，美国旅游者更重视导游交际能力。非语言交流在导游与游客交流过程中扮演重要角色，对旅游者服务质量产生影响；实证研究表明，导游非语言交流对服务质量有显著影响，其中，副语言的影响强度高于神态语言，说明服务提供方式比信息提供对服务质量评价的影响更大（Jin-Young and See-Won，2016）。

还有研究分析了导游幽默在导游交际中的作用，例如，帕贝尔和皮尔斯（Pabel and Pearce，2018）指出，导游幽默促使旅游者产生积极、难忘的旅游体验，有利于旅游业成功，该研究提出幽默应用需要首先理解旅游吸引物的环境、旅游者特征，以及使用者的幽默能力，然后需要通过合适的幽默技巧实施，最后还应该评价幽默实施效果。此外，从旅游者认知视角出发，探究中外旅游者对导游服务与行为的需求或认知差异也有助于识别提升导游服务能力的关键因素，例如，导游行为直接影响旅游者对导游服务满意度，间接影响旅游服务与整体旅游体验满意度；在导游行为的维度方面，识别出中国导游行为的两个主要维度，自身服务能力（导游自身技能、知识、健康等）、人际服务能力（人际交流与表达），外国旅游者样本则得到导游行为的维度为职业竞争力、同情心、人际技术、解决问题能力，说明外国旅游者更加注重导游的多重职能，看重导游知识讲解、相应旅游者需求以及较强的问题解决能力，而中国旅游者更加倾向于导游在态度、知识以及导游技术方面的表现（Huang et al.，2010）。

2. 导游服务影响因素与服务重塑研究

研究内容包括导游服务质量的影响因素、导游服务质量的评价指标、导游工作重塑。导游服务质量的影响因素研究方面，一些研究从旅游者的视角分析影响导游服务水平的因素，例如，莫斯伯格（Mossberg，1995）指出影响旅游者满意度的领队导游交互服务质量因素包括可靠性、能够处理投诉、任何时间都愿意参与、容易接近、能够了解风俗习惯、能够处理困难状况、景点知识、愉悦与帮助；领队导游处理投诉是游客最为看重的能力，但是在景点知识、可靠性、愉悦与帮助的游客评价比预期水平低。中国内地旅游者对香港地区导游服务重要性与绩效性感知研究结果显示，与导游职业技术、信任、语言能力相关的服务质量得到认可，而与问题解决相关的服务质量属性感知较差（Zhang and Chow，2004）。此外，旅游者给付小费的时机对导游服务的影响也受到学者关注，该研究表明，服务小费给付的时机通常在服务结束之后，由于服务已经完成，因此已经失去对服务提供者的服务努力的激励作用，较早给付小费能够促使领队导游感受到游客对优质服务的期望，为了再次获得小费，领队导游在服务过程中将会更加努力，而在服务过程中支付小费，领队导游将其视为对服务不满意的行为体现，不会激发服务人员的服务努力程度，而且对激励后续服务努力程度产生一种消极影响（Hsieh and Wu，2007）。还有一些研究认为导游自身因素（导游风格、服务方式、导游年龄）也会影响旅游者对导游服务的感知，例如，领队具有不同的风格与服务方式，归类为工作任务关注型、旅游者关怀型、团队气氛调节型三种典型类型；领队导游的不同风格影响冲突处理方式，也会影响旅游者体验与旅行社竞争（Wong and Lee，2012）。洛索和索尔（Luoh and Tsaur，2013）从旅游者感知的视角，研究了旅行距离与领队导游年龄对于旅游者感知领队导游类型与风格的影响，研究结果显示，年龄能够影响旅游者对导游关怀与内部交流的感知，中年领队导游在短途与长途旅行中均获得旅游者良好评价。

导游工作重塑研究方面，工作重塑是员工对工作边界与认知的再设计，包含个体层面工作重塑、集体层面工作重塑，领队导游能够通过工作设计与资源拓展而提升工作结果（Cheng et al.，2016）。导游工作重塑对服务质量以及整个旅游活动顺利完成都有积极影响，导游工作重塑包括增加结构性工作资源、增加社会工作资源、增加工作需求挑战、降低工作需求阻碍四个方面（Yen et al.，2018）。

3. 导游服务对旅游者态度行为的影响

多数研究显示导游服务影响旅游者满意度，例如，莫斯伯格（Mossberg，1995）指出领队对于整个旅游团中的旅游体验感知具有重要作用，领队的经验会影响旅游服务质量进而影响旅游者的满意度。通过对赴澳大利亚疏芬山世界遗产地的中国旅游者的实证研究表明，与旅游者情感相比较，旅游者认知对满意度与行为意向的影响更加强烈，由此说明导游讲解能够影响旅游者满意度；世界遗产地旅游者的满意度与认知学习过程密切相关，取决于导游讲解是否能够提供更多遗产地的知识信息（Huang et al.，2014）。切廷卡亚和奥特（Çetinnkaya and Öter，2016）对伊斯坦布尔旅游者感知的实证研究表明，旅行社服务满意度、导游服务满意度在旅游者整体满意度的比例分别高达80%以上和60%以上，其中，导游知识、技术等成为旅游者高度认可的因素，同时，45.3%的旅游者认为导游扮演了重要角色。卡伯等（Caber et al.，2018）指出导游对旅游者是否选择目的地新食物发挥着重要作用，导游行为对旅游者新食物恐惧症、旅游者的新食物恐惧症对食物消费意愿的影响关系均不显著，旅游者对目的地食物参与降低了新食物恐惧症，而导游行为对于旅游者食物消费意愿也有显著影响。

二、国内对导游执业现状研究综述

（一）导游角色职能与职业归属研究综述

1. 旅游活动中的导游职能发挥

导游是旅游服务的直接提供者，在旅游活动中发挥重要职能。旅游活动的本质是审美活动，而导游是审美信息的传递者，是审美的指导者，在审美活动中扮演着积极作用（牟维珍，2007）。在旅游活动的过程中，导游的引导与讲解能够保证游览安全、促进环保，导游也是旅游服务内容的直接提供者（孙大英，2004）。在与旅游者关系方面，导游与旅游者面对面互动，对旅游者满意度、体验、行为的影响最为直接。谢礼珊和李健仪（2007）通过广州游客样本数据研究表明，游客对导游的信任感是影响游客行为意向的主要因素，而导游服务质量、游客对导游的满意感也对游客行为意向有积极影响。卢丽宁和林元辉（2008）对广西游客的旅行社服务满意度研究表明，导游服务对游客满意度的影响最大。李松志和张春杰（2010）研究表明，游客满意的因素为导游人员服务态度、亲和力、形象及精神面貌、应变能力、组织能力；而游客不满意的因素为导游购物讲解、职业道德。提出提高导游整体素质、建立小费制度、提高讲解水平的建议。

生态旅游活动特别强调导游在生态保护、生态解说方面的职能，对导游的素质也有较高要求。例如，肖光明（2004）认为导游能够在生态旅游中发挥积极作用，包括倡导绿色消费观念、生态解说、促进旅游者向生态旅游者转变等方面；因此，生态旅游中的导游需要具备基本职业素养、生态知识、生态道德修养的素质；通过扩展导游培训内容、实行生态导游资格认证的方式有助于培养与管理生态旅游的导游。

在民族旅游场域中，导游发挥着不可替代的作用。本土导游通常具有民族地区文化掮客的身份特质，在文化资本与经济资本转化过程中扮演着重要角色，他们习得、重塑、传播民族文化，又建构旅游目的地的舞台真实，对民族文化变迁产生重要影响（段超和帅黎，2017）。

2. 导游服务质量的现状与原因

导游服务质量是业界、学界、政界关注的焦点。导游服务质量既是我国旅游业发展阶段、发展水平的缩影，又是当前旅游运营模式不健康的典型表征。研究者对导游服务质量问题产生的原因、提高对策进行较多探讨。从导游服务质量问题产生的原因角度，主要有以下观点。

（1）导游素质与违规行为的原因

该观点认为，由于导游准入门槛与机制、导游培训等方面的缺陷，使得导游整体素质不高，从业过程中又受到各方面的压力而出现违规行为，降低导游服务质量。例如，陈睿智（2005）认为导游整体素质、收入机制降低了导游服务质量，并从导游行业进入、培训、改变团队价格阶梯的方面提出提高导游服务质量的对策。许丽君和江可申（2008）认为导游违规是影响旅行社服务质量的重要原因，并将导游违规因素划分为系统性因素、管理性因素、信息性因素。

（2）旅行社运营模式与管理的原因

在当前我国旅行社与导游相关的法律中，导游不能作为独立法人进行服务业务承揽与对客提供导览服务，他们必须通过旅行社委派从事导游业务，导游实际受雇于旅行社，因此，导游与旅行社的关系是影响导游服务质量的根源。例如，黄雪丽（2006）认为导游与旅行社关系失衡、与旅游者信息不对称是导游服务质量评价不高的主要原因，建议加强导游日常培训考核、强化接待管理以及接待后管理。张文敏和张朝枝（2007）对旅行社服务质量的期望与感知研究指出，游客总体感知不理想，导游导购服务、产品种类多样化、价格、导游讲解水平是旅行社服务质量改进的关键因素。黄怡和朱元英（2008）指出旅行社管理水平低、导游人员管理机制不健全是导致游客对导游服务质量感知偏低的原因，提出引进先进管理模式、加强全方位服务质量管理、加强导游管理等建议。

（3）旅游市场发展不成熟的原因

旅游消费市场对低价旅游产品的认知有限，在信息不对称以及机会主义心理作用下，更容易受到旅行社的鼓动与诱惑而购买低价旅游产品。在旅游过程中，为了弥补低价旅游团的成本与获取盈利，导游不得不采取极端手段迫使旅游者高额消费，最终导致旅游者对导游服务质量的感受降低。例如，王镜和马耀峰（2007）指出我国的导游服务水平未随着旅游经济发展而同步提升，相反却一直在下降，导游服务质量是我国旅游服务质量体系中的短板，而以往注重从管理部门的角度进行导游管理没有抓住导游服务质量提高的根源，建议从游客体验的新视角研究导游服务质量问题。刘晖（2009）研究指出导游服务质量的根源是导游与利益相关者的利益失衡，其根本原因是旅游市场不成熟及制度缺位，解决途径是改革管理体制、完善制度保障，具体包括完善导游准入制度、年审考核制度、监管制度、职业制度，以及营造良好的经营环境、培养成熟的游客市场。吕宛青等（2017）对云南省2014～2017年旅游投诉研究发现，最主要的投诉内容集中在导游素质低、虚假购物、更改行程、乱收费，购物是投诉的重灾区；提出完善市场监管、改革导游管理制度、控制旅游购物经营审批、教育引导游客等管理对策。

3. 导游的职业认同与职业道德

职业认同是员工对职业的积极认知、角色内化与行为倾向。职业认同通常与职业行为紧密关联。职业认同作为一种内在的激励因素，不仅影响导游的情感体验，还与导游人员的职业倦怠、忠诚度、离职倾向相关（方芳和王朝辉，2014）。导游职业认同研究主要集中在两个方面：一是导游职业认同的结构维度；二是导游职业认同影响研究。

导游职业认同维度研究是了解导游职业现状与走向、进行导游管理的切入点。杜娟（2009）研究表明，导游职业认同包含自我认同、关系认同、组织认同、参照群体认同四个维度，不同人口特征导游的职业认同存在差异。王晨光和张爱萍（2012）研究表明，导游职业认同包含职业特征、个体因素、外部支持、工作认可、组织环境五个维度。方芳和王朝辉（2014）指出，导游职业认同包含职业情感、行为意向、外部支持、工作条件四个维度，其中，外部支持、工作条件两个维度的综合评价最低，说明导游职业较少得到他人认可，且薪酬待遇不好；行为意向、职业情感两个维度的综合评价较高，说明导游自身对职业有积极的投入与认同。

在导游职业认同影响研究方面，导游职业现状、工作满意度与忠诚度是影响导游职业认同、导致导游离职率偏高的前因，很多研究表明，当前我国导游职业环境恶化，拉低了导游职业认同与忠诚。田喜洲和蒲勇健（2006）研究指出导游满意度包含工作回报、工作内容与环境、发展前景、导游期望、企业形象几个方面，实证研究证实导游满意度偏低，降低了导游职业忠诚度、增加导游离职。孔海燕（2008）通过导游职业现状调研，指出当前我国导游社会地位低、工作不稳定，导游对工作满意度和忠诚度普遍偏低，增加了导游离职率，而有限的职业发展空间和培训机会造成导游员职业生涯发展迷茫，未来发展前景堪忧。李强（2011）认为当前社会导游已是导游队伍主体力量，然而社会导游弱势地位没有改变，未能取得应有的话语权，其原因是社会导游管理组织缺位、法制保障不健全、导游主体意识不强。除了导游执业环境影响，来源于社会媒体与旅游者的压力也是影响导游职业认同的原因。李平等（2011）指出媒介报道所形成的导游负面形象表现为强制购物、服务态度恶劣、讲解无吸引力方面，实际增加导游职业心理压力与职业自卑感、加剧导游职业的恶性循环。但是该形象与实际情况存在差距，存在以偏概全、有失公允的问题。魏琦和黄平芳（2015）结合导游自我认同视角、感知他者认同视角，实证研究导游职业认同现状，形成四种导游职业认同类型，分别是乐观型、焦虑型、厌倦型、失落型；导游自我认同普遍积极，而感知他者的职业认同消极，两者矛盾对导游造成职业困扰。

另一个与导游职业认同有紧密关系、并直接影响导游角色认知与角色行为的观念是导游职业道德。导游职业道德可视为导游职业认同的结果，即导游对自身职业认同水平越高，越可能展现出良好的职业道德与行为。职业道德是基于社会规范与共识、并与员工工作相关的伦理准则，有助于规范员工的职业行为，也有助于维护组织与社会运作的秩序（Hoivik，2002）。导游职业道德是导游从业人员在职业活动中应遵守的基本行为准则，是社会道德在导游职业活动中的具体表现，有助于提高游客满意度和幸福体验（李银芳，2016）。旅游行业通常把导游人员的职业道德准则归纳为"爱国敬业、忠于职守；诚实守信、宾客至上；文明礼貌、优质服务；一视同仁、不卑不亢；遵纪守法、顾全大局；钻研业务、提高技能"，进一步研究表明，导游在职业中体现出的职业道德行为主要包括四个方面，分别是职业形象维护、合理导购、服务质量保障、守法行为（伍晓奕，2010）。

一些研究对导游职业道德的影响因素及导游职业道德建设展开研究，例如，孙玉（2009）认为良好的职业道德是导游员职业素质的核心，也是旅游业发展的生命线。我国导游员职业道德存在诚信观念、责任心、收取回扣、传播不良文化等问题，提出提升道德修养、院校教育、激励机制、监督机制方面的对策。伍晓奕（2010）指出组织伦理氛围对导游职业道德行为具有显著正向影响，在伦理准则较高的旅行社中，导游更可能表现出符合道德标准的职业行为。何爱平等（2010）认为信息不对称、导游自身利益最大化是导游道德风险产生的基础，导游不道德收入、政府监管和惩罚力度、导游职业归属感是影响导游道德风险的主要因素，建议实行公对公佣金制度、完善导游职业化与准入制度、加强导游服务标准与监管，以便控制导游职业道德风险。于杰（2012）指出少数导游在旅游活动中存在诱导游客消费、缺乏诚信、服务意识淡薄、传播不良文化的违反职业道德行为，其原因包括市场经济负面影响、道德教育缺失、薪酬与激励制度不健全、监督管理不到位、导游素质不高，据此提出相应的导游职业道德建设对策。史飚（2013）指出我国导游职业道德缺失的内部原因包括导游工作特点的限制、导游素质、过度追求利益最大化、薪酬制度不合理，外部原因为历史遗留体制问题、监管无实效、旅游市场秩序混乱、游客心理不成熟；并提出内在途径、外在保障的导游职业道德建设的对策，其中，内在途径主要聚焦于导游对职业的认识、情感、理想等方面，外在保障途径包括职业培训、完善薪酬制度、加强监管、维护市场秩序等。孙玉（2015）认为可以通过导游职业道德修养与教育、激励体制与规范管理、落实监督等手段提高导游职业道德建设。

（二）导游人力资源与教育教学研究综述

1. 导游人力资源开发现状研究

导游人力资源现状存在结构不合理、流失率高的问题。陈乾康（2004）对四川省旅行社人力资源调研后指出，存在人力资源结构不合理、导游向中心城市流入明显、学历与专业化程度低、外语人才缺乏的问题。王亚峰（2006）指出导游职业化、制度环境、薪酬与职业生涯规划、人才供需矛盾是导致内蒙古旅行社导游流动问题的主要原因。还有研究分析了导游成长的促进与制约因素，指出促进导游成长的因素有：学习思考习惯、职业道德、外部认可及适度压力；制约导游成长的因素主要有：学校培养模式与行业实际要求矛盾、职业培训欠缺、薪酬问题、级别评定与激励脱节、舆论与导游社会形象的负面影响，建议从学校、旅游企业、政府、旅游者方面着手改进（董红艳，2014）。在一些少数民族地区，导游人力资源现状以及导游基本素质都尚待改进。近年来，由于少数民族地区游客数量逐年增多，需要培养更多少数民族本地导游，少数民族本土导游的归属感、责任感、文化认知都高于外来导游，且游客对他们的认可度也较高，培养少数民族本土导游可采取高校培养、短期培训的方式，语言、文化、技巧、政策等是主要的培训内容（马桦，2012）。

导游职业培训存在的问题与管理措施研究。崔莹（2009）通过对中国与英国、澳大利亚、新加坡三个国家的导游职业资格培训的方式、特点的比较，指出国外导游职业资格培训的特点是课程围绕导游职业需求设置、培训强调职业道德、注重交流与沟通，而中国的培训具有课程内容涵盖面广、理论教学比例大、应试教育体现明显的特点，导致中国导游培训在课程设置、教学方法、教材建设、师资力量、实践环节等方面的问题，据此提出以政府主导、院校与旅游企业参与为主体，课程内容包含理论、技能、实践、实习等方面，采纳多种培训手段以及重视培训管理的相关对策。柯林（2009）对导游职业培训调研后指出，导游职业培训存在参与动力不足、培训形式单一与培训内容缺乏针对性的问题，提出加强导游职业认识、完善职业资格等级评定、满足职业转换需求以及多元化职业培训形式与内容的策略，同时，需要制定导游职业培训相关法规、培养职业培训师资以及建立培训质量评价制度的保障措施。刘佑华（2013）提出湖南省导游员培训体系的优化路径，包括产学研一体化、导游资格认证制度优化、岗位培训强化、培训内容与方法设计、等级制度完善。最后从法治建设、规划、政府支持、激励制度建设等方面提出体系优化的保障措施。

2. 导游职业技能拓展及其培养

导游职业技能与旅游市场、旅游活动类型、旅游发展水平息息相关。国际旅游市场是我国主要的客源市场。中国英语导游具有宣传国家文化、促进交流的意义，但是中国英语导游讲解在一定程度上存在讲解效果不佳的问题，其原因在于英语表达、跨文化交流障碍、缺乏本国文化知识学习（吴颖，2007）。此外，中国国际旅游市场规模壮大对涉外导游的数量、语种、知识与素养、服务质量等提出新的要求，但是由于涉外导游人才培养的专业化程度、师资与经费、导游学课程等因素制约涉外导游人才培养（陈乾康和袁静，2005）。由此可见，涉外导游的职业技能与素质、英语导游人才培养等还有很多不足。英语导游词的撰写与表达也是涉外导游的重要职业技能。英语导游词的词汇使用，注重简单词、形容词、最高级形容词、褒义词、数字修饰词的结合，能够实现导游语言功能，使游客更好地了解接待国的历史和文化（陈凌燕和傅广生，2008）。英语导游讲解的具体方法，如类比法、联想法、换算法、引用法，能够提高中国英语导游的讲解效果（吴颖，2007）。景点导游词的翻译也对海外游客的了解中国文化有影响。李良辰（2013）认为，景点现场导游词翻译不仅要忠于原文，更重要的是让海外游客能够接受译文、不引起误解，调研结果表明，基于目的论的景点现场导游词翻译基本上得到海外游客认同和接受，对专有术语、历史文化知识的减译、类比等均达到了在短暂游览中向海外游客有效传达旅游展示物文化内涵的目的。

导游职业技能还体现在知识、语言、美学、人格特质、特殊专业素养等方面，并且伴随旅游发展与旅游消费升级，对导游职业技能也不断有新的要求。导游人员的综合素质培养包括综合知识积累、创新能力培养、语言能力培养、人格魅力培养（孟前莉，2008）。也有研究认为，导游人才素质培养包括基本素质培养、专业技能培养、关键能力培养（黄葵，2014）。除了导游基本职业技能培养，导游美学劳动也是旅游者消费体验的重要内容，有助于提升服务业绩与企业竞争力，对杭州市导游与旅游者调研显示，导游美学劳动包含外貌形象、化妆修饰、服饰穿着、声音（音准、音色、音量）、仪态礼仪、语言表达、措辞肢体语言、热情友好、微笑服务几个方面；但是各方对导游美学劳动的认知还存在差异，总体评价还停留感性认知、表层评价（徐慧慧，2013）。还有学者分析导游的胜任力，其本质与导游职业技能重叠，例如，鲍艳利（2018）认为，在"一带一路"背景下，我国导游人才的胜任力包括职业形象、文化知识、职业技能、个人特质四个维度。某些特种旅游项目对导游胜任力或职业技能也提出新要求。例如，郑赤建和朱少双（2013）认为生态旅游导游胜任力包括特殊的专业素质、以环境保护为核心的职业道德以及适应生态旅游的观念。

3. 高职导游教育教学改革研究

高职导游教育教学研究成果较多，也有少数研究关注本科院校导游教育教学。研究主题包括导游课程与教学改革与设计、导游人才培养。在课程与教学改革与设计的研究方面，一些研究对高职导游课程的内容展开研究，导游职业道德教育方面，内容包含职业品德、职业法制、职业技能三个方面，采纳案例教学、情景模拟、系统讲授、现场感受等职业道德教育方法实现导游职业道德教育（邵玲，2009）。导游专业课程内容方面，应包含讲解、生活服务、事件处理、旅行社经营管理四个方面，应注重教学管理体制创新、转变教学观念、增强实践结合、处理知识与能力关系等措施应用（沈雪梅，2015）。也有学者研究指出高职导游课程中存在的诸多问题，例如，高职高专导游业务实际教学与旅游市场人才需求脱节、课程设置不完善、强调应试而脱离实践、实践教学与教师经验缺乏等（陈保霞，2010）。高职导游模拟课程存在课程定位不明确、设置欠合理、实施缺保障、体系少统筹等问题，应以就业为导向进行课程开发与动态实施，包括准确定位课程目标、注重职业能力素养、合理设计课程体系、突出实践能力培养、构建"四步递进式"的实践体系建设（彭蝶飞，2010）。

还有研究主要针对导游教学改革与设计展开研究，例如，张素梅（2010）基于工作情境理论构建导游实训教学模式，论述了导游实训内容的设置、教学活动的安排、教学组织与实施及实训效果四个环节的具体实践。李政（2014）概括了微课的特点以及图式理论在微课程中应用的策略，以此为理论依据提出高职导游专业微课程设计的建议，包括构建微课程体系、发挥认知作用、非身体练习策略下的微课程内容编排。王煜琴和杨秀冬（2015）介绍了微课堂、翻转课堂教学模式的优势，并认为这两种模式为高职院校专业核心课程改革提供了新思路和新方向，以高职课程《模拟导游》为例建构基于微课程的翻转课堂教学模式。该模式的实际效果适应时代需要、提高学生学习效果。少数研究还关注了本科院校导游课程的内容与教学问题，例如，王京平（2008）分析了导游资格考试、高校导游相关课程的导游文化知识体系，提出导游文化知识体系建立应以法律法规为依据、以中国传统文化为核心、以现代旅游发展需求为补充。丁雨莲和陆林（2012）指出本科院校导游业务课程教学存在专业培养目标误区、教师实践素质不足、课程体系未形成、实践教学不足的问题，提出改革与创新的对策。

在导游人才培养的研究方面，学界首先对存在的问题进行梳理。高职导游人才培养在理念、职业意识、创造性思维、师资与教学方式方面存在不足，应创新专业设置、培养职业意识、加强实践教学（刘韵琴，2006）。李海云和李正拴（2008）研究指出，河北省外语导游数量、语种结构、专职导游比例都存在缺陷，目前外语导游培养存在院校专业建设、培训、供需错位的问题。很多研究从不同角度提出导游人才培养的措施，例如，杨彦锋和刘丽敏（2011）认为应重视导游道德教育、调整职业课程结构和方式、职业教育与导游员晋级结合。崔志英（2012）认为高校导游人才培养需要注重实践教学、培养双师型师资。徐春燕（2014）认为《旅游法》实施对导游服务质量提出新要求，由价格竞争转向服务竞争。中职导游人才培养应适时调整人才培养目标、推进课程改革、加强校企合作，推动中职导游人才培养与旅游法相适应。王振林（2014）高职院校培养导游人才应加强导游人才选拔、强化高职院校教育和培养、实施继续教育与素质提升。潘俊（2014）对江苏省导游人才培养提出相关对策，包括改革人才培养方案、加强师资建设、优化教学内容、建设实训基地等。高丽敏（2016）探索校企深度合作培养高职导游人才的路径，提出校企深度合作、培养优秀导游人才的建议。祝晔和殷红卫（2017）认为在当前互联网、智慧旅游发展的背景下，需要培养复合型导游专业人才、建构递进式课程体系、加强师资队伍建设。

（三）导游管理制度与企业管理研究综述

1. 导游管理制度完善发展研究

我国导游管理实行二级管理，即行政管理与企业管理，主要的管理机构为政府旅游管理机构、旅行社。目前，所出台的导游管理的相关制度、法制与导游执业现状以及旅行社运营模式脱节，对市场力量的引导与经营环境规范不到位，未能起到规范旅游经营、营造良好导游执业环境的作用，导游管理制度未能达到应有效果。而政府旅游管理机构的行政管理未能充分发挥作用，不能持续地进行监管，导游管理的相关制度落实不到位。因此，导游管理制度与法制建设还有很大的改革、完善空间。从当前研究现状来看，主要有三个方面：一是导游管理制度的比较研究；二是导游管理制度存在的问题与对策研究；三是导游管理制度中导游权益保障研究。

导游管理制度的比较研究方面，邓德智（2016）指出我国导游管理制度存在结构性缺陷与失灵的问题，我国导游制度变迁属于需求推动型，由实践催动制度出台而缺乏理论论证与指导，导致当前导游制度存在供给结构性失衡和制度失灵的现实问题；因此，在制度设计上应避免导游制度供给不足、过剩与时滞，还应考虑制度嵌入的横向、纵向关系，制度设计应从旅游局单一参与主体向多利益相关者共同参与的方向转变；同时导游管理制度实施要融合正式与非正式制度，在执法方面，应创新执法体制，从对导游的专项管理向综合治理转变，从旅游行政管理部门单一执法向综合执法转变。

导游管理制度存在的问题与对策研究方面。我国旅游业发展很快，旅游新业态层出不穷，导游管理制度的发展演变应该与时俱进，然而，由于导游管理制度建设落后与实际需要之间的矛盾，导致导游管理制度存在一些缺陷。在当前我国旅游新业态的背景下，导游许可制度存在制度合法性与实践合理性冲突（傅林放，2018）。具体到各个省区市，导游管理制度也存在一些问题。例如，王莉娜（2013）分析了吉林省导游管理现状，指出政府管理存在管理机构、质监管理、职能管理等问题，企业管理存在过分强调导游经验和形象、薪酬福利体系、培训与职业发展等问题，同时分析了该管理模式下吉林省导游生存现状。据此提出改进导游管理模式的方案，包括完善政府管理模式以及企业管理模式的方案设计。

一些特种旅游项目对导游提出新的要求，包括服务技能、资质认证等，还有一些服务机构虽然不具有旅行社经营资质，但实际业务中却需要派遣导游完成相关业务，而在现有的旅游法制体系中，对此类导游以及派遣关系都无法可依，不得已情况之下，导游以及服务机构便游走在法律灰色地带，面临极大的风险。有学者建议，实行许可与认证结合的导游执业制度，许可制度针对导游基础服务内容，由政府依法实施，而认证制度针对专项导游服务内容，由行业组织依据市场需要实施（傅林放，2018）。但是，该建议可能也面临一项制度缺陷，即导游行业组织缺位与认证权限的制度不健全，而旅游新业态不断出现、扩张，导游认证制度的内容、方法等实施的边界与外延也是一个不容忽视的方面，否则将加重旅游市场经营与导游的负担。

导游管理制度中导游权益保障研究方面，主要分析了如何保障导游权益的问题。陈天啸（2006）指出导游人员职业权益缺位是我国导游员队伍建设出现的矛盾和问题的根源，据此提出落实导游职业权益的具体措施与健全导游职业权益机制建设的建议。汪传才（2008）指出导游与旅行社、与导游服务公司之间是劳务派遣关系，导游行为实际上是旅行社、导游服务公司的经营行为延伸，实现导游自我雇佣者回归、允许导游自由执业方式有利于保护导游权益。庄晓平（2010）对广东省在职导游调研发现，导游的劳动权、劳动报酬权、社会保障权、受尊重权均未能得到有效保障，建议完善立法，落实保护导游基本权利。刘爱服（2011）认为导游人员准入制度偏低和管理制度缺陷是导致导游社会形象负面化的原因，提高资格考试学历要求与执业准入要求、保护劳动权益、健全退出制度、完善激励机制的管理建议。

2. 旅游企业管理中的导游问题

导游与旅游企业是利益共同体，旅行社与导游之间的关系是导游执业危机管理的关键。旅行社与核心利益相关者之间利益失衡加剧了导游与旅游者、旅行社的利益失衡，而政府转型不到位、主体角色定位不准、制度不完善是利益失衡的根源（郭鲁芳，2006）。从旅游企业盈利的角度分析，盈利能力源于顾客和导游的忠诚度，解决导游服务与管理问题不能只强调导游的职业道德和服务技能，更要从导游管理公司、旅行社、导游协会、行政管理机构、游客等利益主体向导游让渡价值和利益，创造良好的导游就业和发展环境，才能解决导游管理难题（朱金林，2011）。目前，兼职导游是目前导游队伍中的主体，规模和数量庞大，兼职导游存在着流动性高，受利益驱使明显等特点，因此兼职导游管理的机制更加复杂。而旅行社在兼职导游的人员招聘、员工培训、绩效考核、薪酬福利、劳动关系管理中都存在一些问题（梁菽玲，2012）。

导游管理是一个系统问题，需要各方共同参与，但是在旅游经营中，导游已沦为弱势群体，利润主导着规则。旅游市场服务产品供大于求的局面使得旅行社转向价格竞争、微利与增加代理收入、促销奖励收入的盈利模式，促使导游职业定位由服务提供者转向销售代理者，导游职业生涯发展局限（刘云，2008）。从经营成本方面来看，导游诱骗游客所承担的成本、旅行社和导游群体不正当获取利益方式，成为维系旅游购物和导游雇佣市场稳定均衡的重要原因，通过加重对导游及旅行社违法侵权行为的惩处力度、优化企业经营环境并建立市场长期利益机制、加大旅行社及导游非诚信行为的成本约束与维护市场公开、公平、公正的诚信环境等措施以促进旅游市场机制良性回归（胡亚光等，2016）。也有研究将目光投向导游服务管理公司。导游是社会化的自由职业者，很多国家是通过导游行业协会进行管理，但鉴于我国当前国情，通过导游服务管理公司进行过渡是必要的，然而，由于国家法律法规以及国家政策影响、公司内部管理能力与管理手段局限、社会导游人力资源状况等因素制约了导游服务管理公司职能，建议积极探索导游管理体系、提高导游管理公司服务水平、落实导游合法收入、公司服务多元化发展、重建导游声誉、协助导游进入社会保险（代征兰，2010）。

改善信息不对称状况是降低旅游市场低价旅游产品消费、改善导游与旅游者关系的切入点。游客与旅行社信息不对称、旅行社准入失灵使得旅游市场出现恶性循环，进而促使导游人员脱离服务驱动而走向利益驱动（李秀娜和王兵，2009）。通过引入网上测评、加大信息公开、更好地实施退出机制，是提高导游诚信管理的有效手段（吴书锋，2009）。从旅游者的角度而言，导游服务信息公开能够有效降低旅游者消费风险、促进品质型旅游消费。基于旅游者风险规避心理，通过导游服务信息公开以降低消费觉察风险、扭转旅游消费一味追求低价、降低预期水平的循环，向品质型消费、品牌忠诚转变，进而促使旅行社从片面追求成本降低向注重产品质量、提升顾客满意度、保持和提高利润方面转变（方世敏和陈攀，2008）。

激励设计是旅游企业进行导游管理的常规手段，一些研究者针对导游薪酬制度不健全、导游需求调研的现实，提出导游激励策略。例如，赵丹（2007）认为导游存在的薪酬、个人成长、工作成就、社会需要的激励需要，并从内部与外部激励两个层面，提出导游激励创新体系，内部激励包括薪酬、工作、福利激励设计，外部激励包括事业、培训、荣誉、文化激励体系。崔进（2009）对合肥市导游激励研究表明，导游最需要的激励因素依次为工资收入、福利待遇、能力发挥、工作认可度、同事人际关系、退休保障；其中，对外在性激励的重视程度稍大于对内在性激励的重视程度；对内在性激励的满足程度要稍大于对外在性激励的满足程度；旅行社与导游在激励与被激励之间存在较大偏差。据此提出薪酬激励、组织沟通激励、企业文化激励、职业发展激励、导游激励措施。

3. 导游态度行为关系实证研究

导游态度行为关系研究是一个薄弱点，此类研究以导游为研究对象，重点分析导游工作满意度、职业倦怠、情绪劳动、工作绩效、离职意愿等之间的影响关系。在导游职业倦怠研究方面，徐芳（2009）分析了导游人员社会支持与工作倦怠的相关关系，指出客观支持、支持利用度两个维度与导游工作倦怠存在显著负相关关系，应建设导游社会支持系统，包括政府、旅行社、行业、个人社会网络的支持系统。郑赤建等（2009）从导游职业特征、个体因素、社会组织三个方面分析导游职业倦怠的根源，提出个体、组织、社会干预的对策。颜麒等（2012）实证研究指出，当前华东线导游的情绪劳动对其心理健康已造成了的消极影响，导致导游情绪枯竭，并降低工作满意度；情绪劳动的表层加工维度具有被动性、受迫性，对情绪枯竭有着显著的正向影响，而深层加工维度与自动调节维度则具有主动性，它们需要与旅游企业的工作职责与要求保持一致，但是有助于降低情绪枯竭水平；组织支持能够缓冲导游情绪劳动的消极作用。

在导游满意度及其工作绩效、离职意愿等关系研究方面，郭燕（2006）分析了导游满意度的具体内容，开发相应的测量量表，具体包括工作内容与环境、薪酬、个人与社会认知、企业形象、个人职业发展、稳定性与安全性的测量指标，该研究还收集江西省导游调研问卷数据，并分析了不同社会人口学特征的导游满意度差异。王文杰（2010）研究表明，不同社会人口学特征导游的满意度与离职意愿存在不同的差异；导游工作满意度和离职倾向之间呈现出显著的负相关关系。据此提出提高导游满意度，降低其离职率的对策。姜长海（2012）研究表明，不同社会人口学特征的导游在工作满意度、工作投入、工作绩效方面存在差异；工作满意度、工作投入、工作绩效三者之间具有显著的相关关系；工作投入在工作满意度和工作绩效之间具有中介作用。彭雯娟（2014）研究显示，导游的情绪智力由自我情绪评估、他人情绪评估、情绪控制与情绪运用的维度构成；导游的性别、工作年限、导游证等级对其情绪智力、离职倾向、工作满意度有显著影响；导游工作满意度在情绪运用与离职倾向之间具有完全中介作用。

在导游服务质量研究方面，陈永昶等（2012）研究了导游与游客交互质量对游客感知价值与满意度的影响。研究表明，导游的交互质量（行为、专业技能、问题解决能力）能够显著降低游客个人风险感知、提高游客感知价值和满意度。

（四）导游薪酬现状与薪酬机制研究综述

1. 导游薪酬问题及其原因分析

导游薪酬与保障体系研究一直是学界的研究热点。业界、学界普遍认为，导游薪酬与保障体系是导游管理需要解决的主要问题。导游薪酬存在结构不合理、收入不稳定、保障机制缺乏以及非经济薪酬缺乏的现实问题（李鹏学，2011；查旺斯基，2012）。实际上，导游执业危机与导游薪酬结构、保障体系不健全紧密关联。导游灰色收入问题对于旅游地和导游形象、旅游者利益造成了影响，导游职业、薪酬体系、导游个人利益最大化是造成此现象的主要原因（李平，2004；林龙飞，2006；卢玲，2011）。导游薪酬对忠诚度也有一定的影响。提高导游忠诚度的前提是建立导游与旅行社之间的长期稳定的合作关系，以薪酬为核心的激励体制是关键，旅行社需要通过给导游可观的初始工资、利润分成、在行业内外实现导游信息对称的策略实现导游忠诚度提升（高燕和郑焱，2008）。此外，导游薪酬还可能直接影响导游服务质量。现行导游薪酬制度不合理，影响并挫伤导游服务质量，不利于旅游业健康发展（翟向坤，2012）。然而，导游薪酬制度不规范、不合理的原因是多元的，制度建设落后、旅行社恶性竞争、游客不成熟、旅游购物市场不完善等都是造成现行导游薪酬体系不合理的原因（梅小敏，2006）。

导游回扣是导游薪酬的主要来源，很多学者对导游回扣的原因进行了深入研究。樊飞（2009）研究指出导游回扣问题已成为社会关注的焦点之一，由于不合理的导游薪酬机制引起导游回扣问题，导游薪酬来源缺乏保障，导游迫于生存压力而不得不拿回扣。张晶晶（2011）以莆田市生态导游为例，研究指出导游回扣与导游薪金制度、绩效考评机制、激励机制、社会保障体系等不完善有关。廖志敏（2012）认为导游回扣与跟团旅游模式盛行有关，旅行社和导游通过控制游客消费渠道而有机会得到购物回扣，而回扣又加剧了竞争、降低地接社的成本，并促使"零负地接"模式盛行，但是由于回扣收入波动大，旅行社与导游为节约谈判费用而选择按回扣比例分享利润，形成导游零工资现象。

从游客的角度而言，导游回扣也带来了一定的利好。游客也因导游回扣获得超低旅游团价格，加之很多游客寄希望于他人购物而自己不购物的搭便车心理，多方利好情况下导致负地接模式在业内长期盛行。然而，禁止负地接和要求签订劳动合同的措施并不能从根本上解决导游诱导游客购物及回扣问题。也有研究认为，旅行社成本转嫁型盈利模式是重要原因。刘涛和徐福英（2017）指出价值增值型盈利模式未能成为我国旅行社的主导模式，旅行社成本转嫁型盈利模式盛行，直接导致购物回扣成为我国导游薪酬的主要来源，但是随着我国旅游业向内涵式转型，基于成本转嫁的导游薪酬体制带来了诸多负面影响，例如导游职业社会形象与职业积极性、旅游者满意度等，由此可见，旅行社业的主导盈利模式是导游薪酬体制演化的决定力量，并且该模式成为制约我国导游职业发展与旅游业内涵式发展的主要瓶颈。

2. 导游薪酬体系完善建议对策

为完善导游薪酬与保障体系，有研究提出多元化导游薪酬体系设计的对策。孟海玲（2004）指出在中国旅游业快速发展的同时，导致导游服务质量下降的原因是不健全的导游激励机制。提出导游薪酬机制应采取职位薪资制、技能薪资制、绩效薪酬制度相结合的制度，而薪酬构成包括基本工资、导游带团费、佣金、福利。李鹏学（2011）认为应建立包含直接经济薪酬、间接经济薪酬和非经济薪酬的导游激励薪酬体系。查旺斯基（2012）研究发现，阿坝州导游薪酬包括基本工资、回扣、小费、带团补贴部分，导游的薪酬结构不合理，对导游、游客、旅行社及旅游目的地均产生了不利的影响，据此提出包含基本工资、绩效工资、佣金、福利、小费的薪酬结构体系。

实行导游资质等级制度与差异化薪酬的对策。例如，李平（2004）建议通过完善导游分级管理、导游管理法制化、整顿旅游市场环境、导游资格等级制度的途径，促进导游自由职业与社会化管理。许丽君（2006）建构导游薪酬构成指标体系，包括底薪、绩效津贴、出团补贴三大类，提出导游薪酬具有季节性特点，鼓励导游薪酬差异化。西方服务行业的小费文化是否可以作为我国导游薪酬的补充，也引起学界关注。导游小费是游客对于导游履行心理契约后的报酬，当前，我国尚不具备给付小费的文化环境与商业习惯，但是自愿性小费可以成为我国导游小费的主要形式（李军，2007）。

也有研究认为，导游薪酬论并不能解决导游执业危机。李秀娜和王兵（2009）指出，导游薪酬制度论的基本途径包括实行固定收入、佣金合法化、回扣转佣金、小费给付规范化，但是完善薪酬制度却存在着制度困境和实践难题，因此，导游人员薪酬制度改革并不能解决导游执业危机。他们提出导游人员总量控制、改革导游职业准入制度、平衡导游数量与服务质量之间关系的策略以解决国内游导游人员执业危机。田喜洲和田敏（2009）指出现实中导游报酬模式和风险分担机制使导游与旅行社之间达到均衡状态，导游与旅行社都无动机去改变这种最优激励模式，而改变这种均衡状态也没有经济效率。当前的导游报酬机制设计中应促使导游收入规范化、导游信用和等级信息公开化、监督行政化。

三、国内外导游执业现状研究述评

（一）国内外研究的相似点

第一，研究内容的相似性。国内外研究都肯定导游在旅游过程中的价值与角色作用，普遍认同导游在旅游体验与满意度、旅游服务质量、环境保护、国际旅游形象建设、文化掮客角色中的作用；导游生存及职业发展现状、导游服务质量、导游管理对策、导游职业教育与服务技能培训也是国内外研究共同关注的内容；基于问题与原因分析，国内外很多研究还提出管理对策。

第二，研究方法的相似性。国内外研究中均使用人文主义方法论，很多研究采纳定性研究，描述导游生存现状与执业现状，分析该现状的原因，并提出管理对策。特别是欠发达国家或地区，导游工作缺乏稳定性、薪水报酬偏低、职业发展空间小、执业外部环境不佳、导游生活质量差的现状在很多研究中均有所反映，据此从企业、国家、导游自身层面提出管理对策。

第三，关系建构的相似性。国内外研究均对导游服务质量的影响关系展开研究，从不同层面探究影响导游服务质量的前因变量，构建二者关系模型并展开实证研究。例如导游与游客交互质量对游客感知价值与满意度的影响、导游情绪智力或情感承诺对旅游者积极评价的影响、旅游者对导游服务重要性与绩效性感知的影响、导游风格或服务方式对旅游者体验感知的影响等。

第四，调研对象的相似性。国内外研究中均采纳了实证主义方法论，调研对象包括导游、旅游者。以导游为调研对象的研究主题主要包括导游服务质量、行为绩效、职业认同与满意度、导游激励的前因；导游情绪因素的影响、导游职业风险感知等。以旅游者为调研对象的研究主题主要包括导游服务质量的评价指标、导游交际能力或服务需求感知、导游对旅游者体验的影响等。

（二）国内外研究的相异点

第一，内容范畴的相异性。国外研究的内容范畴更加广泛，部分研究内容具有创新性，例如，旅游宣传册中的导游信息作用、导游对旅游疾病预防与职业健康、非语言交流与服务提供方式对服务质量的影响、导游风格对旅游体验的影响、导游幽默的作用、导游行为对旅游者新食物恐惧症的影响等。国内研究内容范畴对导游职业道德、导游回扣问题与机制进行了创新性研究。

第二，研究视角的相异性。国外研究多从旅游者感知的视角研究导游服务与管理问题，体现出鲜明的需求导向视角，例如旅游者对领队导游风格与服务方式感知、导游交际能力感知、服务接触质量评价等。国内研究多从研究者视角或导游视角研究导游生存与职业发展问题，例如，分析概括导游生存与职业困境、薪酬制度、导游服务质量制约因素并提出管理建议等。

第三，研究方法的相异性。国外研究中的定量方法比重更高，通过调研问卷收集数据，调研对象以旅游者居多，也有少数研究通过对领队导游的访谈收集资料并展开研究。国内研究中的定性方法比重更高，很多研究基于文献综述与分析，采用归纳与演绎相结合的方式，逻辑推导与定性描述、解释相互结合方法，提出相关论据或论点，进而提出管理建议。

第四，管理途径的相异性。国外研究多以导游服务技术与水平、个体职业能力、风格类型等因素作为改善或者影响旅游者服务质量感知的前因，关注领队导游对旅游服务质量的影响，例如领队导游年龄与风格、情感劳动投入、博客信息沟通等对旅游者的影响研究。国内研究多以外部经济激励、管理制度、职业培训、职业道德建设作为导游服务质量提升与管理的重要途径等。

第三章

理论基础

第一节　心理契约理论

一、心理契约的基本内涵及其典型特征

心理契约（psychological contract）最早由莱文森和普赖斯（Levinson and Price，1962）提出，他们认为"在员工与组织的相互关系中，除了正式的经济契约规定之外，还存在某种隐含的、非正式的、未公开说明的相互期望，其中一些期望（如薪资、福利、工作、安全）比较明确，而另一些期望（如：晋升机会、员工帮助、工作满意、组织关系）则比较模糊，这些期望总和构成了心理契约内容"。心理契约是员工与组织之间存在的一种特殊交换关系，是双方对相互责任与义务的共同期望和承诺（Rousseau，1990）。

（一）心理契约概念内涵

对于心理契约概念的理解，一直存在两种不

同的观点，一种观点以赫里奥特和彭伯顿（Herriot and Pemberton，1997）为
代表，他们认为应该遵循心理契约的原意，应该从雇佣双方对彼此关系以及
相互价值主观理解来界定心理契约，也就是从个体水平、组织水平对自身以
及对方应履行责任视角理解心理契约，个体水平的心理契约是个体对相互责
任的期望与认知，而组织水平心理契约是组织管理者对相互责任的期望与认
知。另一种观点以卢梭（Rousseau，1989）、莫里森和罗滨逊（Morrison and
Robinson，1997）等为代表，他们将心理契约的关注点放在员工个体层面，
认为心理契约是员工个体对于组织责任与义务、自身责任与义务的知觉和信
念系统，之所以忽视组织层面的心理契约，是因为组织是抽象的，不具有主
体性，不会有一致的期望和认知。白艳莉（2010）将上述两种观点归结为狭
义心理契约和广义心理契约（见图3－1），其中狭义心理契约与卢梭的观点
一致，而广义心理契约与赫里奥特、彭伯顿的观点一致。

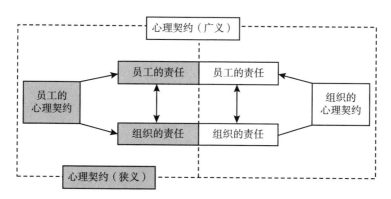

图3－1　心理契约的范畴

注：灰色方框表示员工认知的心理契约结构与内容，即为狭义心理契约；白色方框表示组织认知
的心理契约结构与内容；广义心理契约包含灰色方框与白色方框两部分内容。
资料来源：白艳莉（2010）。

目前，就国内外研究对象选择而言，以员工个体为研究对象的实证研究
占主流，此类研究多沿袭卢梭（Rousseau，1995）的观点，将心理契约视为
员工对个体层面、组织层面利益交换承诺的某种认知与信念。狭义心理契约
的观点使概念可操作化与调研可行性增强，极大地推动心理契约相关研究的
发展。本项目采纳狭义心理契约观点，从导游认知的视角，将导游心理契约

分解为旅游组织责任、导游自身责任两个维度，前者导游心理契约组织责任界定为导游对旅游组织应履行的责任、义务的内隐性期望，后者导游心理契约自身责任界定为导游对自身应履行责任、义务的内隐性期望。

（二）心理契约典型特征

卢梭（Rousseau，2004）指出，心理契约的特征主要体现在以下方面：自愿性（员工自愿形成心理契约）、对双方承诺的信念（双方均以雇佣协议理解为基础，但各方的理解可能不同）、不完整性（心理契约的具体细节不是由初始谈判决定的，随时间推移会发生变化）、影响心理契约的主体是多元的（对心理契约认知产生影响的信息来源是多元的，不仅仅局限于高层管理、人力资源经理等）、心理契约失效将对员工管理产生消极影响、雇佣关系的模型（心理契约是一种心理模型，引导雇佣双方行为与未来交换走向）。柯林斯（Collins，2010）认为，心理契约具有三个典型特征：主观构建、伴随时间而发展演变、影响心理契约认知的信息渠道具有多元性。焦燕莉（2008）、朱朴义（2015）均认为心理契约具有主观性、内隐性、动态性、双向交互性的特征。

二、心理契约的结构及其建构影响因素

（一）心理契约结构维度与拓展

目前，心理契约结构研究已形成了二维结构、三维结构的基本结论，也有研究提出心理契约多维结构的观点。二维结构是心理契约经典的、被广泛接受且被很多研究证实的结构，包括交易型心理契约、关系型心理契约。交易型心理契约更多指向具体而明确的、以经济交换为目标的关系（Raja et al.，2004）。而关系型心理契约指向广泛的、长期的社会情感交换关系，不局限于经济交换，员工还期望通过对组织展现忠诚以获得雇佣安全与组织内部成长（Morrison and Robinson，1997）。国内外大量研究结论均支撑了二维结构的划分。罗滨逊等（Robinson et al.，1994）对 MBA 毕业生实证研究显示，员工对于组织应履行责任体现为交易因子和关系因子。交易因子包含：绩效工资、高薪、晋升；关系因子包括：培训、职业发展、对个人问题的支

持。崔等（Tsui et al.，1997）研究表明，员工认知的于雇主应履行责任包括两类，一类是物质成分，如提供薪水、福利、基本的工作条件等，另一类是精神成分，如公平、尊重、提供个人发展空间等。麦凯布和桑布鲁克（McCabe and Sambrook，2013）采用话语分析方法对健康护理行业护理人员半结构访谈资料的分析显示，护理人员心理契约结构包含交易管理价值、职业关系价值两个维度。米尔沃德和霍普金斯（Millward and Hopkins，1998）、奇库等（Kickul et al.，2001）、拉娅等（Raja et al.，2004）、罗森（Rosen，2009）、沃克（Walker，2013）在他们的研究中，均得到心理契约二维结构结论。国内研究中，陈加洲等（2003）以企业员工为研究对象，通过两个不同样本统计检验，证实员工对于组织责任和自身责任均由现实责任和发展责任两个维度构成。严进等（2010）对浙江省多地企业新入职员工心理契约结构研究表明，员工对于组织义务与自身义务均由交易义务、关系义务构成。虽然众多研究表明员工心理契约结构有交易型、关系型两个维度，但是向秋华（2007）研究发现，我国企业知识型员工的心理契约包括发展型、人际型，未体现出明显的交易型倾向。

一些研究以消费者为研究对象，分析消费者对供应商的心理契约结构，认为消费者对供应商的心理契约也存在交易型、关系型两个维度。例如，罗海成（2005）、阳林（2010）研究均表明，顾客对服务企业应履行责任与义务的心理契约包括关系型、交易型两个维度，关系型是指追求社会情感方面的需求满足和长期合作关系的建设和维护，而交易型侧重于追求经济的、物质的、短期利益回报和满足。同时，有研究拓展了消费者心理契约结构的视角，认为顾客与服务供应商存在双向心理契约，即顾客对服务供应商应履行责任义务感知以及自身应履行责任义务感知；反之，服务供应商也存在对于顾客应履行责任与义务感知。例如，张明和陈谨（2011）、马妍等（2013）研究指出，服务供应商与消费者心理契约均包括交易型契约和关系型契约两个维度；顾客对服务供应商的责任受到企业是否履行对顾客的责任的影响，顾客履行责任的行为动机体现为利益驱使和对企业的认同。

三维结构是以心理契约二维结构为基础，针对不同行业、不同文化背景下员工个体心理契约分析，发现交易型、关系型心理契约结构之外的第三个维度。该维度尚未形成统一结论，国内外研究结果也呈现出差异性，例如，以中国香港地区员工和美国员工为研究对象，实证研究发现员工对于组织应履行责任与员工自身应履行责任中，均包含了交易因素、关系因素和团队成员因素，其中，团队成员因素指员工与组织团队其他成员之间彼此建立密切的人际交往、社会联系、相互支持和信赖（Lee and Tinsley，2000）。科伊尔–夏皮罗和凯斯勒（Coyle-Shapiro and Kessler，2000）发现英国企业员工对组织责任的认知包括交易责任、关系责任和培训责任，其中，培训责任指工作培训、新知识培训、新技能培训、组织支持等有助于增进员工知识和能力的责任。对上海、南京MBA学员心理契约的研究发现，员工对组织的心理契约包括交易维度、关系维度、平衡维度，平衡维度主要指员工与组织之间对于承诺、互惠交换均负有责任（Hui et al.，2004）。国内研究中，魏峰（2004）研究表明，组织与管理者双方的心理契约结构均包含工具型心理契约、关系型心理契约、管理型心理契约。李原（2006）研究指出，中国员工心理契约三维结构比二维结构和单维结构更为适用，员工对于组织责任与员工自身责任中均包括：规范型责任、人际型责任和发展型责任三个维度。规范型责任主要体现为员工与组织双方对于工作安排、工作绩效达成的相互责任，人际型责任则体现为双方对员工合作与帮助、组织关系氛围等方面的相互责任，而发展型责任体现为双方对知识技能更新、组织内晋升机会等方面的相互责任。李成江（2007）对知识型员工心理契约责任感知的结构研究，得出规范性责任、职业发展责任和团队建设责任三个维度。对知识员工（彭川宇，2008；于珊，2008）、旅游企业大学生员工（张明，2010）心理契约的研究结论均包括交易型、关系型和发展型三个方面。王明辉和彭翠（2010）、于斌等（2011）、王勃琳（2012）提出了交易型、关系型、理念型心理契约的结构。他们认为心理契约是基于社会交换理论提出的，经济货币与社会情感货币是两种基本交换，此外，员工与组织之间还存在理念货币交换，它是指双方对追求共同价值信仰、价值原则的可信承诺。郝喜玲和陈忠卫（2012）认为传统终身雇佣制瓦解后，员工可雇佣性成为企业塑造新型心理契约的基础，据此开发可雇佣型心理契约量表并实证检验，得出基于知识补充、基于能力提高、基于职业成长三个方面的员工可雇佣性心理契约结构与内容。此外，多位学者（张明，2010；何明芮和李永建，2011；李劲松和安建超，2013）在其研究中验证了心理契约的三维结构。

心理契约二维、三维结构之外，也有研究提出多维度心理契约结构的观点，但在实证研究中所见较少。最具代表性的是卢梭（Rousseau，1995）依据心理契约的两个基本特征"时间框架"和"绩效表达"，提出心理契约的四维结构（见表 3-1）。该心理契约框架中的时间指的是雇佣关系延续的时间，绩效表述是指员工与组织之间对绩效回报的权变认知，依据此两个特征将心理契约划分为交易型、过渡型、平衡型、关系型四个维度。以中国钢铁业员工为样本检验交易型、关系型、平衡型、过渡型的四维度心理契约结构的适用性，研究表明，中国员工心理契约包含交易型、关系型、平衡型三维结构，并未出现过渡型的维度（Hui et al.，2004）。

表 3-1 心理契约四维结构

时间框架	绩效表达	
	具体明确	非具体明确
短期	**交易型** （例如：零售业圣诞节销售高峰期雇佣的店员） ● 低工作模糊性 ● 轻易离职/高离职率 ● 低员工承诺 ● 自由进入新的契约关系 ● 少学习 ● 弱身份识别	**过渡型** （例如：组织裁员或收购并购期间员工的经历体验） ● 工作模糊/不确定 ● 高离职率 ● 不稳定
长期	**平衡型** （例如：融合程度深的团队） ● 高成员承诺 ● 高身份认同 ● 持续性发展 ● 相互支持 ● 动态性	**关系型** （例如：家族企业成员） ● 高成员承诺 ● 高情感承诺 ● 高身份认同 ● 稳定性

资料来源：Rousseau（1995）。

肖尔和巴克斯代尔（Shore and Barksdale，1998）指出先前心理契约研究重点关注契约内容与类型，未能解决员工与组织交换承诺的平衡感知问题，他提出以心理契约责任的交换承诺为核心标准、以员工、组织两个参与主体的履行程度为分类标准，构建四个交换承诺平衡类型，由此发展出心理契约的四维度结构（见表 3-2）。

表 3 - 2 基于员工与组织交换承诺平衡的心理契约类型

员工责任	组织责任	
	高水平	调低
高水平	相互高水平责任	员工过度责任
调低	员工降低责任	相互低水平责任

资料来源：Shore 和 Barksdale（1998）。

（二）心理契约建构与影响因素

国内外对影响心理契约建构因素展开研究，目前已形成三种不同的观点：一是心理契约建构伴随时间演进而逐步变换与更替的观点，即时间阶段观点；二是基于内外部信息加工的心理再平衡的观点，即信息加工观点；三是综合认知阶段与信息加工的综合观点，即多元综合观点。作为一种心理认知活动，员工个体心理契约建构、认知不是一成不变的，而是与组织或外部环境互动过程中不断调整更新的，具有典型的纵向时间演进特性。同时，也受到员工个体内部与组织环境外部信息因素的干扰，经过信息综合判断与心理再平衡后，形成的一种心理期望。此外，也有研究者综合上述两种观点，指出员工心理契约受到纵向时间阶段以及横向内外部信息的共同影响，但是此类研究多为定性论述，缺乏实证定量分析。

1. 心理契约建构的时间阶段观点

国外研究方面，杜纳希和旺勒（Dunahee and Wangler，1974）依据影响心理契约建构和维持的时间阶段，指出雇佣前的谈判、工作过程中的沟通、公平的动态平衡对员工心理契约建构会产生影响。雇佣前谈判是员工对雇佣协议内容的理解；工作过程中沟通是员工与主管的工作沟通，将促使员工心理契约清晰化；而公平的动态平衡是一方感知到对方违背某些心理契约责任义务后的一种调整反映，以保持自我受到公平对待的感知。罗滨逊和卢梭（Robinson and Rousseau，1994）研究了商业学校毕业生心理契约的变化。结果显示，雇佣前两年，雇主契约履行失败与雇员义务不断减少高度关联；之后的趋势体现为雇员感知义务随时间而减少，并通过调整自身感知义务来弥补雇主义务的缺失。默斯等（Meuse et al.，2001）指出在一个较长的时间跨度内，心理契约会随时间的推移而发生变化；不同年代，员工的心理契约水平有明显差异，且基本呈现下降趋势。万茜和米克（Wangithi and Muceke，2012）也指出员工心理契约伴随雇佣关系的时间演变而发生连续性发展与变化。

国内研究方面，杨杰等（2003）认为心理契约是不断形成、不断修正的循环；并从雇佣前、雇佣期间、早期社会化和晚期经验四个时间演进的认知阶段论述了其形成过程，此外，个人对雇佣关系的知识经验也对心理契约的形成产生影响。白艳莉（2011）将职业生涯理论引入员工心理契约发展与作用机制分析模型中，指出探索期、立业期、维持期和衰退期不同职业生涯阶段员工心理契约建构特征、发展任务均存在差异。

2. 心理契约建构的信息加工观点

国外研究方面，肖尔和蒂特里克（Shore and Tetrick，1994）重点关注了横向内外部信息的影响。他们认为心理契约是在员工与组织互动过程中形成的，员工个体因素与组织因素均产生影响。个体因素以目标设定为导向，信息搜集、认知以及正式契约均会对个体心理契约形成产生影响；组织因素涉及同事间信息传递、社会化与组织内实践活动、组织目标、组织战略因素。由于卢梭（Rousseau，1995）认为心理契约建立在员工对组织责任与义务感知的基础上，提出环境与社会信息心理加工过程是心理契约形成核心的理论模型（见图3-2）。她认为心理契约形成的因素来源于两个方面：一是外部因素，来自组织与社会环境，包含社会环境、组织提供的信息、社会线索（来自组织其他成员的参考信息）；二是内部因素，来自个体，包含心理编码（个体对于组织信息的解读、认知过程）、个人因素和个性特点。在另外一项研究中，卢梭（Rousseau，2001）围绕心理契约建构前因与信息源的关系展开研究。指出心理契约是动态过程，心理契约建构、形成因素研究对于促进互惠、许诺与未来承诺履行都有积极作用，而信息与员工心理契约建构与变化密切相关，图式、承诺、互惠同意是心理契约形成与变化的三种主要信息来源与前因。其中，图式是对事物的认知结构或心理模型，包含信念、赋意、高度抽象三个层次，对认知信息有引导作用；承诺透过口头语言、行为而传递某种信息与信号，创造员工责任、信任、行为、竞争等；互惠同意则是基于共享信息认知、承诺格局、双方力量的结果。心理契约正是基于图式、承诺、互惠同意三个阶段信息认知而建构与变化。

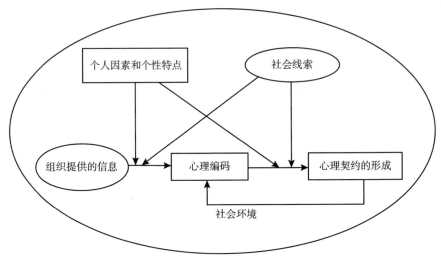

图 3 - 2 心理契约建构过程

资料来源：Rousseau（1995）。

汤姆斯和安德森（Thomas and Anderson，1998）、特恩利和费尔德曼（Turnley and Feldman，1999）均指出外部信息对心理契约有直接影响。阿塞拉格和艾森伯格（Aselage and Eisenberger，2003）、科伊尔和康韦（Coyleshapiro and Conway，2005）研究发现，组织内部对员工心理契约履行感知产生影响的主要因素包括参与决策、组织支持感。还有研究发现授权型领导（培训指导、信息、与员工交互、关怀、领导表率）对酒店员工心理契约履行感知至关重要，授权型领导提高了员工对组织支持感，进而改善员工心理契约履行感知（Wu and Chen，2015）。万提尔堡等（Vantilborgh et al.，2016）将组织因素与员工情感因素联系起来，分析这些因素对员工心理契约破裂的影响。研究表明，具有低水平工作需求（工作量、情绪需求）与高水平工作资源需求（组织支持、授权）的员工，更可能产生高水平的组织情感，并改善员工对组织履行责任义务的感知，从而降低员工的心理契约破裂感知。此外，拉娅等（Raja et al.，2004）、哈特曼和卢瑟福（Hartmann and Rutherford，2015）、彭等（Peng et al.，2016）也对影响员工心理契约的内外部因素进行了分析。

国内研究方面，余琛（2003）研究指出员工心理契约具有动态变化的特性，与企业义务履行变化趋势保持时滞同向。王庆燕（2007）研究了我国企业组织新员工组织社会化过程与心理契约变化关系。研究表明，我国企业组织社会化程度较高，但是员工的组织、任务、工作三个层面的社会化程度不相同，员工信息寻找行为对心理契约预期各维度有不同影响。焦燕莉（2008）将员工感知价值分解为待遇、工作价值、组织支持、情感与组织形象，并将其视为交易型与关系型心理契约认知的基础。研究指出，员工感知价值对心理契约认知有积极影响；外界环境因素（劳动力市场供需、竞争对手情况与行业生命周期）、组织给付行为对员工心理契约认知均具有显著的影响。张淑敏（2011）指出组织责任履行对行政人员心理契约产生影响，而组织责任包括行政文化、物质与精神、组织信息、组织信任、组织公平等因素。关涛等（2015）研究显示，企业裁员降低了幸存员工的工作满意度、提高了他们的离职倾向（获得因素）。幸存员工基于社会交换的公平感知，通过信息获得因素与付出因素的比较与均衡，形成了高水平交易型、低水平关系型心理契约。孙雪梅（2016）研究指出，员工帮助计划能够弥补员工与组织之间的心理期望差异，增进员工对组织履行心理契约、组织支持感的认知水平，而组织支持感与变革型领导分别具有中介与调节作用。李秀凤等（2017）研究发现，组织实施的高绩效系统以及员工所体验的组织高绩效系统均显著降低员工心理契约破裂感知水平。

3. 心理契约建构的多元综合观点

也有学者指出心理契约建构、认知与影响因素同时受到纵向时间阶段以及横向内外部信息的共同影响。例如，卢梭（Rousseau，2001）指出心理契约架构形成受到水平方向抽象化认知信念因素、垂直方向的抽象化程度的影响（见表3-3）。该研究具体划分了水平方向心理契约架构形成的五个阶段及其抽象化认知信念：雇佣前阶段（职业规范、社会信念）、招募阶段（积极的承诺交换、员工与组织双方的信息评价）、早期社会化阶段（持续承诺交换、双方的主动信息搜寻、多元的组织信息资源）、后期感知阶段（间歇性的承诺交换、双方非主动信息搜寻、组织降低社会化努力、现存心理契约改变）、心理契约评价阶段（对信息不一致的评价、消极影响改变的激励与成本）。

表 3 -3 心理契约建构的阶段与认知影响因素

雇佣前阶段	招募阶段	早期社会化阶段	后期感知阶段	心理契约评价阶段
职业规范 社会信念	• 积极的承诺交换 • 员工与组织双方的信息评价	• 持续承诺交换 • 双方的主动信息搜寻 • 多元的组织信息资源	• 间歇性的承诺交换 • 双方非主动信息搜寻 • 组织降低社会化努力 • 现存心理契约改变	• 对信息不一致的评价 • 消极影响改变的激励与成本

资料来源：根据 Rousseau（2001）整理。

佩尔松和瓦西耶夫斯基（Persson and Wasieleski，2015）也指出信息解读过程、时间演进对于员工和管理者之间的心理契约形成与变化具有影响。然而，在不同时间演进阶段，心理契约如何变化尚不清楚。王盛等（2014）指出心理契约在动态变化中形成，外部因素、内部个体因素均对员工心理契约形成产生影响。徐岩等（2014）研究表明，当组织氛围、个体人格在分歧集合内时，心理契约因外界随机干扰而发生扰动性突跳，当组织氛围与个体人格超出分歧集合边界时，心理契约由于自组织的作用发生结构性突变。

三、心理契约理论在本研究的发展应用

本研究中应用心理契约理论，旨在解决以下关键问题：一是依据心理契约基本结构确立导游心理契约的基本结构；二是在旅游服务业的新雇佣特征背景下确定导游心理契约的适用性。

（一）确定导游心理契约基本结构与内容

依据心理契约理论的基本内涵，导游心理契约亦可被视为一种隐含的、未明确写入雇佣合同的、导游与旅游组织之间的特殊交换内容，代表导游与旅游组织对于相互责任与义务的共同期望和承诺。导游是旅游行业直接对客服务接待员工，虽然他们与旅游组织的关系较为松散，甚至没有明确的旅游组织隶属关系，但是并不影响导游对整体旅游组织建立某种普适的双方交易责任与义务的认知。从导游心理契约形成过程来看，导游必然要经历雇佣前

谈判、执业过程了解与沟通、公平而动态的交换条件均衡的过程，由此逐步促成导游确立与完善双方某些潜在的公平交易条件，伴随导游雇佣时间推移而发生变化、逐步调整，其内容经由双方约定俗成，体现出某种动态变化的特征。从导游心理契约的依托载体与内容来看，绝大多数导游心理契约的依托载体与内容是在自身与众多旅游组织之间基于业务接待与交互过程而建立起来的，是在特定地域与旅游行业背景下，导游在长期执业过程中与众多受雇旅游组织关于双方应履行责任与义务进行谈判的潜在共识，包含旅游组织应履行、导游自身应履行的责任与义务内容，这些心理契约内容甚至已经多次被不同旅游组织确认，有的时候双方甚至免于重新谈判，当导游转换受雇旅游组织时，导游心理契约的内容并不发生变化，因为它们已是双方默认条款且相互遵照执行，各自履行责任与义务以维护公平交换。因此，本研究采纳心理契约理论的基本内涵，将导游心理契约分解为导游所认知的旅游组织责任、导游自身责任的两个层面，前者反映出导游对旅游组织应提供的责任与义务的普适性认知，后者反映出导游自身应向旅游组织提供的责任与义务的普适性认知。

（二）新雇佣特征下导游心理契约适用性

本研究将心理契约理论应用于导游与旅游组织之间新雇佣特征背景中，发展与优化导游心理契约测量量表，确定测量指标以及导游心理契约的具体内容。从心理契约理论的适用背景来看，导游与非旅游业的企业员工在雇佣特征方面存在很大差异，由此带来的问题是心理契约理论是否也适用于导游。心理契约理论通常被应用于传统雇佣特征背景下，而导游与旅游组织之间的雇佣关系却发生了显著变化，例如，当前我国绝大多数导游与旅行社之间没有固定人事隶属关系，行业俗称"吃百家饭"，导游管理、薪酬、工作职责义务等诸多方面与非旅游业的企业员工完全不同。在新雇佣特征背景下，导游心理契约就演变为导游与众多旅游组织之间存在的隐含交换条件，它已进化为导游与旅游行业之间形成的双方责任与义务的潜在共识，当导游转换不同旅游组织承揽接待业务时，导游心理契约的基本内容并不发生明显变化，双方均默认行业内已有的公平交易条件而展开业务合作与达成，因免去重新谈判过程而使交易成本下降，由此逐步促成导游心理契约在新雇佣特征背景下逐步建立并稳定下来。此外，在新雇佣特征背景下，导游心理契约的具体结构或维度、内容会发生变化，例如，非旅游业的企业员工通常具有交易型、关系型、发展型的心理契约维度，这三个维度及其具体内容是针对具体受雇企业而建立起来，但是对导游而言，由于缺失了具体的受雇旅游组织，此三个维度是否依然存在或者其具体内容是否有新的变化？本研究认为导游心理契约的维度与具体内容将发生明显变化，因此，将结合已有国内外员工心理契约测量量表与导游受访者调研的样本数据前测、访谈修正，发展与优化适宜导游的心理契约测量量表。该测量量表的维度与内容，体现了导游对旅游行业的普适性交易条件的期待内容。

第二节 资源保存理论

一、资源保存理论内涵及个体视角解读

20 世纪 80 年代末，资源保存理论由美国学者霍布福尔（Hobfoll，1989）正式提出，资源保存理论的基本内涵是：人们努力保有、保护、发展资源，避免威胁到这些有价值资源的潜在或者实际损失。而资源保存又与个体原始需要紧密关联，主动创造使自身愉悦、获得成功的环境是个体长期的心理需要，保护与强化自身是个体固有的努力目标，为此，个体通常采纳避免资源损失与环境损失的行动，即资源保存行为（Hobfoll，2001）。该理论揭示出事件与个体压力应对、个体资源损失与保存倾向、个体需要满足与安全的关系及资源保存机制。总体而言，最初的资源保存理论是基于个体视角的、且与个体压力与心理健康、个体资源获取等内容相关联的理论。

（一）资源保存理论的早期内涵

霍布福尔（Hobfoll，1989）认为，资源保存理论与压力紧密关联。压力是影响个体生存的重要因素，关系到个体精神健康、身体健康；压力是由事件与个体差异共同导致的，如果某事件发生对个体产生客观威胁或带来环境威胁，不同人格特征的个体将采取不同的应对方式或威胁事件评价，

事件与个体交互即产生压力，包括：资源净损失威胁、资源净损失、资源投入后缺乏资源增益，资源实际损失且个体感知到损失发生即产生客观压力或心理压力，进而诱发以避免资源损失为典型特征的应对行为。压力应对需要个体投入资源，对于个体而言，资源是指有价值的物质、个人特征、条件、能量或其获取方式，例如所有权、自尊、技术精通、社会经济身份与地位、情感、信念、雇佣关系等，其价值体现为工具价值、符号价值（Hobfoll，2001）。

个体未面对压力时，也会采取资源保存行为。当面对压力时，个体投入资源以努力降低资源净损失，然而，当未面对压力时，个体也努力拓展资源盈余以便抵御未来资源损失可能性的压力；如果无法获得资源，将会导致个体脆弱性，而资源损失也会激发损失保护行为或自我保护行为（Hobfoll and Lilly，1993）。投入其他资源以获取更多资源是惯常的资源获取方式，通常，个体投入最重要的时间与精力资源，尝试换取其他奖励资源，如权利与金钱。

个体资源的类型是多样的。个体资源包含主观、客观成分，其类型包括四类，物质资源、状态资源、个体特征、能量。首先，是物质资源，因其稀缺性而价值昂贵，最典型的是社会经济资源；其次，是状态资源，是对未来资源增益或者未来工作的保证，例如婚姻、任期、占有权、资历、社会关系；再次，是个体特征，被视为普遍的抵抗性资源或人格倾向，如人格、技术；最后，是能量，其价值在于帮助获得其他资源，如时间、金钱、知识等（Hobfoll and Lilly，2001）。

依据利益最大化原则采取应对行为，并通过多种途径以获取资源、弥补净亏损。个体会判断潜在的资源损失，通过扩大替代资源以决定放弃或损失何种资源，个体依据利益最大化的原则，分析采取某种应对行为后，获得成功的可能性或者弥补资源损失的可能性（Hobfoll，1989）。通过获取其他资源弥补净亏损，主要的方式包括资源替换、资源类型替代、投入其他资源以换取资源。这些方式隐含着一个重要难题，即资源分配具有不均衡性，拥有较少初始资源或者已经失去资源的个体，缺乏弥补已有损失的资源，因此将更容易失去更多资源，与此同时，资源增益存在风险，即便投入资源也可能无法弥补资源净损失，由此导致资源损失螺旋的现象（Holahan et al.，1999）。此外，如果个体失去获得更多资源的可能性，他们将倾向于采纳损失控制的应对行为，此方式虽然具有高成本与低成功机会，风险也很高，但是个体没有更多的选择，只能采取可能导致失败、但能获得短期利益的应对行为（Benight et al.，1999）。

未遭受资源损失时，个体期望拓展资源盈余以便抵御未来资源损失或强化现有资源库存。个体具有资源保存的固有动机，即便未遭受资源损失，也会通过资源投入以拓展资源盈余，以此避免未来资源损失以及强化身份、地位、财产、自尊、爱等（Hobfoll，2001）。资源投入的目的是期望获得长期资源回报，例如婚姻、财产、爱、尊重、情感、安全等资源投入以期望获得相应的、长期资源回报，个体资源投入也期望获得等量或增值的资源回报，内部与外部资源投入可理解为成本，如果资源投入无法获得回报，意味着资源损失或成本损失，由此引发一些消极后果，个体预感到压力并采取应对行为，例如，当资源投入未能解决矛盾时，个体可能变得很失落（Halbesleben，2014）。

资源评价在资源保存理论中的角色。资源保存的一种途径是将威胁解释为机遇，称为注意力转移，在某损失事件中，个体关注能够获得哪些资源而非损失什么资源，实际上很多损失或压力并没有挽回的价值；另一种个体资源保存的途径是资源再评价，即个体对损失重新评价、或对获得资源价值再度评价，以此决定是否损失某种资源或者争取获得何种资源（Hobfoll，2001）。

资源评价与个体发展历程、价值观相关。发展经历使个体能够识别对自身有价值的资源；资源重新评价虽然能够缓冲压力，然而，如果重新评价与个体价值观存在巨大矛盾，则有可能产生反作用，导致不安全感和绝望，而不是产生压力缓和效应，例如，如果个体的行为、经历与其基本观念相矛盾，将可能带来巨大的心理压力；此外，资源评价还与情境改变有关，例如，社会化、角色、社会发展在个体资源评价中的作用也不可忽视（Hobfoll，2011）。

（二）资源保存理论的补充阐释

在后期的研究中，资源保存理论的主要内容进行了补充阐释。主要体现在以下三项研究中：一是资源类别划分及其发展；二是资源保存对个体的影响；三是明确提出资源保存理论的原理与基本推论。

关于第一个议题，资源类别划分及其发展。早期研究中，个体资源包括物质资源、状态资源、个体特征、能量四种类型（Hobfoll，1989）。后来，霍布福尔（Hobfoll，2001）指出：首先，资源保存的基本动力是出于生存需要，物质资源因其稀缺性而价值昂贵，最典型的是社会经济资源；其次，是状态资源，是对未来资源增益或者未来工作的保证，如婚姻、任期、占有权、资历、社会关系；再次，是个体特征，被视为普遍的抵抗性资源或人格倾向，如人格、技术；最后，是能量，其价值在于帮助获得其他资源，如时间、金钱、知识等。表3-4列出了西方文化背景下个体认知的关键资源，资源重要性排序受到文化影响，而资源的本质在于维持部落中嵌套于家庭中的个体嵌套。以上两项研究是对资源类型划分完全一致。

表3-4 个体认知的关键资源

项目	关键资源
个体认知	个人交通工具（汽车、卡车等）；充足的食物；充足的金融信贷；感觉到我成功；家比我需要的大；独立感觉；充足的睡眠的时间；幽默感；陪伴；良好的婚姻；就业稳定；金融资产（股票、财产等）；充足的衣服；与配偶或合作伙伴的亲密关系；知道我的生活将走向何方；对他人有价值；足够的家居用品；来源于他人的感情；家庭稳定；对生活有控制力；金融稳定；空闲时间；领导者的角色；感觉我的生活有意义/目的；比我所需要的更多的衣服；沟通能力强；关于自己的积极感觉；我对自己的骄傲感；有能力提供儿童用品；我可以学习的人；与一个或多个家庭成员的亲密；生活和平的感觉；运输或交通费；工作时间；承认自我成就；工作任务帮助；感受到实现目标；组织任务的能力；医疗保险；与孩子建立良好的关系；儿童额外费用；参与教堂、犹太教堂等；与所爱的人相处；承诺感；退休保障（财务）；工作的必要工具；与至少一个朋友的亲密关系；帮助处理家中的任务；希望；额外费用；朋友忠诚；孩子们健康；自律；自我提高的资金（教育、创业）；体力、耐力、毅力；得到雇主/老板的理解；帮助或照顾儿童；必要的家用电器；储蓄或应急资金；与志同道合者共同参与组织；感觉到我未来的成功取决于我；完成工作的动机；必要时的财务帮助；具有积极挑战的日常工作；配偶/伴侣健康；家庭/亲密朋友的健康；个人健康；同事的支持；适合我的需要住房；足够的收入；乐观的状态；知道自己是谁的感觉；工作中的资历与地位；教育或职业培训方面的优势

资料来源：Hobfoll（2001）。

近期研究中，依据资源的阶层属性划分资源等级。资源保存理论的基础假设是：个体出于生存需要而天然具有获取、保存资源的动机（Hobfoll et al.，2016）。个体过往的经历是其认知自身需要的依据，影响个体获取、保存在特定文化中对于成功、生存具有直接、间接或符号化作用的资源。资源通常包括外部资源（例如，食物、庇护、社会关系、归属等）和内部资源（例如，乐观、自尊、能量、希望等），其范畴具有拓展性（Halbesleben, 2014）。资源具有阶层属性，从最基础的初级资源到最抽象、高等资源，初级资源直接满足健康与生存需要；二级资源是对生存有间接影响的、且对初级资源获取有益的资源，例如社会支持、婚姻、乐观等；高级资源是社会与文化建构的、对初级资源与二级资源具有符号化影响的资源，例如社会地位、金钱、信用等，资源与基础生存的距离越远，其重要性越依赖于社会文化（Hobfoll et al. , 2015）。

第二个议题是资源保存对个体的影响。对于个体而言，时间跨度也影响资源获取与保存的取向，年龄变化是影响生理、心理健康的关键因素，由此影响个体资源保存（Rotem et al. , 2009）。霍布福尔（Hobfoll, 2002）分析了资源状况与适应行为、个体健康的关系，他认为在认知层面，资源损失认知与老年人身体功能健康、心理健康高度相关，在分配已有资源以抵御伴随老年时光而来的大量资源流失，成为老年人不断增加的需要，资源流失已经不可避免，占有其他资源、成功地将资源将转移到生命最后几年变得格外重要。资源保存理论不仅提出资源交互机制，还将该机制置于时间跨度发展与文化背景的情境之下。资源保存理论也描绘出一种动态过程，选择、优化、补偿发挥重要作用，该过程可被理解为个体选择目标、尝试获得资源与优化资源以实现这些目标的过程，也可以被理解为当资源损失发生时或环境不再与其初始资源匹配时，个体努力操控资源以持续性地维持目标的过程（Holahan et al. , 1999）。

一种资源会不会带来更多更好的收益。在高压力环境中具有丰富的资源是有益的，与更好的功能、更积极目标导向行为、更好的心理结果相关，过度拥有某一种资源可能带来消极结果，或者某一种资源累积所带来的额外利益有限，例如，亲人去世后，对控制的过度需要对于个体接受死亡、接续生活都是一种障碍；金钱、声誉、社会吸引力与幸福负相关。在低压力期间，资源的积极影响将是有限的，而获取资源的过程产生消极结果的另一种解释是，个体集聚资源需要花费其他资源，错失获取其他领域资源的机会，另外，在大量获得某一种资源后，虽然该资源将不再有利，但是依旧需要花费精力与努力（Hobfoll, 2002）。

资源如何维护幸福与健康。有一些共同特征架起联系状态资源、物质资源、社会资源与个人资源的桥梁。第一，人们努力获取、保留、保护和培育生态的、认知的、社会领域的资源，以帮助自身获取资源和定位自己，使自身不容易经受未来资源损失。第二，拥有资源的个体，遭遇影响其心理与生理健康的压力环境的可能性偏小。第三，拥有资源的个体更有能力解决压力环境所固有的问题。第四，面对压力环境时，拥有更多资源的个体受到资源流失、资源损失的负面影响较小。第五，资源相互关联。拥有坚实资源将带来更丰富资源的趋势，该现象普遍存在。第六，资源的影响是长期存在的，而压力的影响是短暂的。第七，资源因其自身属性而具有价值，占有资源的个体将被他者与自身视为更温和与易亲近的人（Hobfoll et al.，2016）。人们应该避免指责受害者，更重要的是，不要高估个体能力对自身成功的贡献，因为如果来自社会偏好的群体，社会偏好也可能对他们成功有利（Hobfoll，2002）。

第三个议题是明确提出资源保存理论的原理与基本推论。对于资源保存理论的基本原理，首先，资源损失比资源增益的影响更强烈。很多研究证实该结论，当前资源增益以及过去某年资源增益均未对心理压力产生影响；相反，当资源损失时，个体心理受到显著的负面影响（Kim et al.，2015）。其原因是：资源损失越严重，需要个体投入更多资源进行应对，加剧心理压力，因此，与个体特征、积极应对行为相比较，资源损失是预测心理压力更加显著、单一的因子，并且对个体免疫力带来消极影响（Hobfoll et al.，2016）。其次，个体必须投入资源以便抵御资源损失、损失恢复、获得资源。资源投入包含某种资源的总体投入、无总体投入下的资源风险分担，即资源投入可以是直接投入或是通过资源替换，例如，自尊、社会支持、财政资源投入到某地以弥补巨大压力，资源必须是有价值的且足以抵消损失，而个体在巨大的压力面前缺乏经验（信息不对称），可能不知道在此特殊的环境中如何使用自己的资源，由此导致资源投资成本加剧，因为人们首先会滥用资源，限制资源使用以维护资源的完整性，而且在某些情况下需要允许资源迅速枯竭（Hobfoll et al.，2016）。

资源保存理论产生的推论。推论1，较少资源将引起未来更大危机与长期资源需求，即初始资源匮乏，将限制资源投入，进而影响未来获得新资源，形成资源损失螺旋。由此可见，创伤、压力恢复应提供足够的初始资源、保证资源通道（Hobfoll et al.，2015）。推论2，初始损失引起未来损失。个体使用资源以抵御损失，然而，每次损失都会减少资源，使资源投入不足并导致未来资源增益无望。无法从资源损失走向资源增益，不断经历新的资源损失与压力，损失螺旋由此产生，个体也将更加脆弱、更易失去资源，资源损失的势头、速度、影响将急剧加快（Hobfoll et al.，2016）。推论3，丰富的初始资源或者资源增益将更可能带来未来资源增益。初始资源增益实现，额外资源投入变得可行，导致资源损失系统、损失螺旋趋向脆弱。此外，拥有丰富资源的个体不一定通过增加这些资源维持日常生存，他们通过资源投入实现未来资源增益，获取资源长期收益，增益循环由此产生，与损失循环相比较，它的势头、速度、影响更小（Hobfoll et al.，2015）。推论4，资源缺乏者采纳防御方式保护资源。由于资源系统过载，难以通过资源投入以获得资源增益，而采纳防御性方式保存资源最大化，是最可行的、避免未来资源损失的方式。资源损失将导致拒绝应对现象明显增加，从已耗竭的资源系统中拓展资源可能具有很大的风险，因此，关闭应对之门、保存好当前有限的资源是最好的应对方式（Hobfoll et al.，2016）。

二、资源保存理论适用组织的核心原则

2011年，霍布福尔（Hobfoll，2011）将资源保存理论引入组织环境，论述集体主义背景下组织创造资源与资源参与生态的议题，将组织资源通道与员工生产绩效关联起来。他指出，资源保存理论关注引起威胁与损失的客观因素及其评价，这些客观因素与评价是基于共享生态与文化、或共享职场工作与组织所产生，该理论也关注压力与挑战共生的外部环境。在组织与职场环境中，资源投入取决于组织资源参与生态系统内可供利用的资源，以及个体和群体资源获取能力。成功的组织向其成员提供资源，并以资源感染组织部门、管理者、员工，促进内部资源交易以达成组织任务；而当组织不能提供资源通道时，将促使员工无生产能力甚至产生反生产行为。资源丰富的组织资源参与生态能够提供充足的资源，产生良好的员工－上级关系，进而延伸到同事间、员工与顾客之间的良好关系。由此可见，资源保存理论强调创造资源集合、维护资源通道的组织生态是重要的（Halbesleben et al.，2014）。

结合先前个体、社会系统中资源保存理论的基本内涵，整理资源保存理

论的基本原则。霍布福尔（Hobfoll，2011）提出组织环境中的资源保存理论的核心原则。原则1：资源损失居首。与资源增益相比，资源损失更加显著。资源损失不仅在损失程度上不成比例，而且在损失速度上也不成比例。在组织生态中，个体和系统的损失若取得支配地位，将意味着资源增益循环难以创造或维持。原则2：资源投入。必须通过资源投入以保护和抵御资源损失、从损失中恢复、获取新资源（Hobfoll，2011；Halbesleben，2014）。原则3与原则4：资源增益螺旋与资源损失螺旋。具有丰富资源的个体更不易遭受资源损失，且具有更多资源增益能力与机会，即便遭受资源损失风险与压力，他们也能投入资源进行抵御，走出资源损失困境并获取更多资源，即资源增益螺旋（Hobfoll，2011；Hakanen et al.，2011）。与此相反，拥有较少初始资源的个体更容易遭受资源损失，缺乏资源增益能力与机会，匮乏的初始资源将难以获得更多资源，如果遭受资源损失风险与压力，可能面临没有可投入资源以抵御风险的情境，或者由于不足以抵御已有损失而导致更大的损失，即资源损失螺旋（Hobfoll et al.，2016）。

三、资源保存理论在本研究的发展应用

本研究中应用资源保存理论，旨在解决以下关键问题：一是从资源保存理论的视角，将导游心理企业契约、导游行为的本质解读为一种个体资源；二是依据资源保存理论构建导游心理契约与导游行为的影响关系与理论模型。

（一）将导游心理契约与行为解读为资源

本研究从资源保存理论的视角，将导游心理契约、导游行为视为一种员工个体资源。对于导游心理契约而言，它是导游个体内在心理资源，其内容包含组织责任、自身责任两个层面，前者是导游对旅游组织应当履行责任与义务的期望，本质是导游期望的旅游组织应提供的均等交换资源，是支撑导游生存、促进导游职业发展的必要资源，虽然没有明确写入雇佣合同，却维持着导游与旅游组织的交换关系。而导游心理契约自身责任的本质为导游自身应向旅游组织提供的均等交换资源，是导游为了获取旅游组织资源所必须向旅游组织交付的资源，导游个体拥有更丰富、更高质量的自身责任资源，

其交换旅游组织更优质资源的可能性越大。资源保存理论提出资源类型包括物质资源、状态资源、个体特征、能量，导游心理契约组织责任更多对应旅游组织提供的物质资源（如对等的薪酬）、状态资源（如合作机会），而导游心理契约自身责任更多对应导游自身提供的个体特征资源（如技术能力）、能量（如工作信息共享）。

导游行为本质是一种员工个体资源投入行为。从资源保存理论的视角来看，导游行为是导游完成接待业务、实现旅游组织绩效的资源投入，包括导游的工作时间、情绪、体力、态度等个体资源投入。导游行为需要导游投入的资源类型主要是状态资源、个体特征、能量，导游状态资源包含导游资历、社会关系、雇佣关系状态等，导游个体特征资源包括导游的性格、技术等，导游能量资源包括工作时间、知识、情绪等。此外，导游行为给导游带来资源损失威胁，是一种资源净损失，为应对这种资源损失压力，导游通常对自身导游行为进行调整，或者通过获取其他资源弥补导游行为带来的资源损失。

（二）建构导游心理契约与行为关系模型

本研究依据资源保存理论的基本内涵，将导游心理契约与导游行为联系起来，构建了导游心理契约影响导游行为的影响关系与理论模型，包含主效应、中介效应、调节效应的关系模型。资源保存理论提出资源保存是个体原始需要以及资源损失居首、资源投入、资源损失螺旋、资源增益螺旋等核心原则，在本研究中，导游心理契约可被视为初始资源，而导游行为是后续资源投入行为，当导游心理契约充分履行时，意味着导游拥有丰富的初始资源，出于抵御未来资源损失或者实现未来资源增益螺旋需要，导游将可能强化自身资源投入行为，此时，导游会产生积极的员工行为或资源投入行为；反之，当导游认知到心理契约难以充分履行时，意味着潜在资源受损失，出于保存现有资源或者抵御未来资源损失、避免资源损失螺旋发生，导游将可能降低自身资源投入行为，此时，导游会自发降低资源投入行为，随之产生消极员工行为。综上所述，作为初始资源状态的导游心理契约将影响导游后续员工行为投入。

在中介效应关系模型方面，本研究将导游情感承诺作为导游心理契约与导游行为关系的中介变量。依据资源保存理论，导游情感承诺可被视为留职旅游行业意愿与归属感的状态资源，当导游心理契约得以履行时，将促进导游积极情感资源状态，高情感承诺将有利于导游自身从旅游行业获取更多资源，实现资源增益螺旋；同时，导游情感承诺又具有初始状态资源的属性，影响导游后续资源投入与行为。在调节效应关系模型方面，本研究将导游公平敏感性、组织支持感作为调节变量，前者反映导游个体内在特征，后者反映旅游组织环境特征。对于导游而言，它们本身也代表着某种资源类型，对未来导游资源投入行为产生影响，同时，它们还可能干扰导游对资源投入与资源增益关系的判断，强化或弱化导游心理契约与导游行为的关系。

第四章

理论模型与研究假设

第一节　理　论　模　型

一、理论应用与概念模型建构推演

（一）心理契约理论与导游心理契约

心理契约代表员工与组织对潜在的相互责任义务期望与承诺。对于心理契约的理解，一直存在广义与狭义两种观点，前者认为心理契约是雇佣双方对彼此关系以及相互价值的主观理解，其中，个体水平是员工对相互责任的期望与认知，组织水平是组织管理者对相互责任的期望与认知；后者认为心理契约是员工个体对于组织责任与义务、自身责任与义务的知觉和信念系统，而组织是抽象的，不具有主体性，不会有一致的期望和认知。目前，国内外研究多采纳心理契约的狭义观点，使得概念可操作化与调研可行性增强，极大地推动心理契约相关研究的发展。

　　本研究采纳心理契约狭义观点，从导游认知的视角，将其分类为导游心理契约组织责任、导游心理契约自身责任，见图4－1。其中，导游心理契约组织责任是指导游认知的旅游组织应履行的责任与义务，它是导游对旅游组织的期望，其内容既包含旅游组织应向导游作出的承诺，又包含更多的旅游组织未向导游作出的承诺；导游心理契约自身责任是指导游认知的自身应向旅游组织履行的责任与义务，它是导游向旅游组织做出的自发性承诺，其内容包含导游已认知到、旅游组织对导游的明确期望，还包含超出旅游组织期望、导游拟主动向旅游组织履行的自身责任。

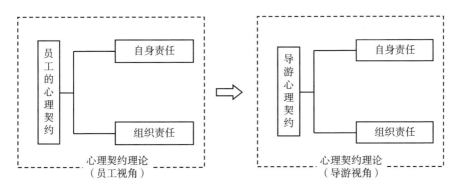

图4－1　心理契约理论的应用与导游心理契约类别推演

资料来源：本研究绘制而成。

（二）资源保存理论与导游行为倾向

　　导游行为是典型的资源投入行为，需要投入财力、物力、时间、精力、体力等物质资源与能量资源，还需要投入符合工作要求的情绪、专注力等状态资源，此类资源投入行为符合资源保存理论的内涵。首先，导游必须通过投入导游职业角色匹配的员工行为以便抵御资源损失、损失恢复、获得资源。导游行为是个体为交换旅游组织资源或交换其他自我关切资源而产生的资源投入行为，导游通过自身的员工行为，完成旅游组织所规定的接待任务、实现旅游组织要求的服务绩效，以此获得旅游组织薪酬、稳定的雇佣关系、管理者与团队的认同与归属等。由此可见，导游行为的目的是抵御资源损失或获得更多资源，本质具有资源保存的内在需要属性。其次，导游行为关联资源增益螺旋、资源损失螺旋。导游行为是资源评价的结果,当导游具有丰富的初始资源,且预期资源投入能够带来资源增益螺旋时,导游更可能产生积极的员工行为;当初始资源匮乏,且预期资源投入难以带来资源增益螺旋,甚至会导致已有资源损失扩大时,导游更可能采纳资源防御行为,限制导游的员工行为投入。

二、导游心理契约与行为理论模型

依据心理契约理论、资源保存理论,关联导游心理契约与导游行为并建构二者影响关系模型。导游心理契约是导游对旅游组织与自身应履行责任与义务的双向认知或承诺,代表导游个体心理状态资源,可被视为导游的初始资源状态。而导游行为是导游资源投入行为,需要导游投入时间、精力、情绪、体力、智力、财力等能量资源与物质资源,该投入行为可能导致资源增益螺旋,也可能扩大已有资源损失并带来资源损失螺旋,两种不同的结果取决于导游初始资源状态。依据资源保存理论,个体必须投入资源以便抵御资源损失、损失恢复、获得资源;初始资源状态影响资源投入行为,丰富的初始资源足以抵御资源损失压力,而资源投入将更可能获得更多资源;反之,匮乏的初始资源或资源损失将扩大未来资源损失,限制个体资源投入行为,见图4-2(A理论模型)。据此推论,作为初始资源状态的导游心理契约是具有资源投入属性的导游行为的前因,见图4-2(B主效应),高导游心理契约更可能产生积极导游行为,以此维持现有资源状态或实现未来资源增益,而低导游心理契约更可能抑制导游行为,以此降低资源损失或避免未来资源损失。

情感承诺在导游心理契约与导游行为关系中具有中介作用,见图4-2(C中介效应)。情感承诺是导游主观愿意依附、认同旅游组织或行业的情感表达与态度倾向,是导游心理契约感知的结果,又是促进导游行为的情感资源。当导游心理契约实现时,导游工作投入得到组织尊重直接影响员工与组织情感联系,增强员工对组织未来期望与情感承诺(Dabos and Rousseau,2000;Lapointe et al.,2013;蔡文著和杨慧,2013)。情感承诺又影响导游行为。高情感承诺意味着导游主观愿意依附、认同旅游组织,对旅游组织具有积极情感与态度，依据资源保存理论，情感承诺代表导游丰富的初始能量资源，更可能促使导游投入积极员工行为，以维护当前互惠交换关系、实现未来资源增益。

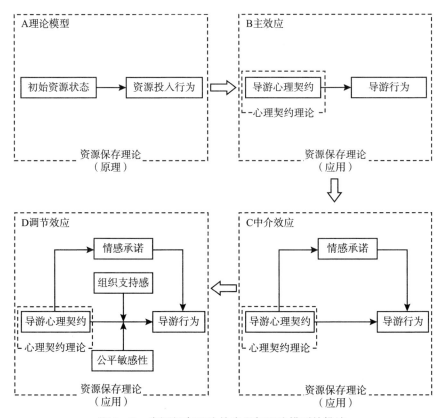

图4-2 资源保存理论的应用与理论模型的推演

资料来源：本研究绘制而成。

公平敏感性、组织支持感在导游心理契约与导游行为关系中具有调节作用，见图4-2（D调节效应）。公平敏感性反映导游个体内在特征，组织支持感反映旅游组织环境特征，二者是影响导游心理契约与导游行为关系强度的干扰变量。首先，公平敏感性是个体对结果公平性的容忍程度（Huseman et al., 1987）。高公平敏感性的导游难以接受产出/投入比低于比较对象，而低公平敏感性的导游更容易接受产出/投入比低于比较对象。而导游所认知的产出/投入比是心理契约水平与导游行为投入水平之间的比较,当两者比较结果为不公平时,高公平敏感性导游更可能降低工作投入行为,而低公平敏感性导游更可能保持工作投入行为;当两者比较结果为公平时,高公平敏感性导游更可能提高工作投入行为,而低公平敏感性导游更可能保持甚至强化工作投入行为。据此推论,导游公平敏感性会干扰导游心理契约与导游行为的关系,发挥调节作用。其次,组织支持感是指员工对于组织重视其贡献、关心其福利健康程度的整体信念认知(Eisenberger et al.,1986)。作为源于旅游组织的支持性因素,组织支持感能够调节导游心理契约与导游行为的关系。若旅游组织能够为导游提供额外支持性资源、重视导游工作价值、提高导游对旅游组织的认同,导游将扩大组织资源获取能力以实现未来资源增益,相对降低自身内部资源主动性投入意愿与行为,此时,导游心理契约组织责任履行水平与导游行为绩效的关系强度增加,而导游自身内部资源投入意愿,即导游心理契约自身责任与导游行为绩效的关系强度减弱;在低组织支持感情境下,导游无法获得旅游组织提供的额外资源,导游将转向自身资源主动投入行为以实现未来资源增益,相对降低对组织资源依赖程度,此时,导游心理契约组织责任履行水平与导游行为绩效的关系强度减弱,但是导游心理契约自身责任认知水平与导游行为绩效的关系强度可能增强。由此可见,作为外部环境特征变量的组织支持感能够转换导游资源获取渠道,为实现未来资源增益,导游心理契约组织责任、自身责任履行水平将因旅游组织资源支持与否而发生变化,并影响导游绩效,据此推论,组织支持感在导游心理契约与导游行为关系中具有调节作用。

综上所述,基于心理契约理论、资源保存理论推演,导游心理契约是影响导游行为的前因,情感承诺在该关系中具有中介作用,而公平敏感性、组织支持感具有调节作用。其中,依据心理契约基本内涵,从导游认知的视角将导游心理契约分类为组织责任、自身责任两个维度;导游行为是导游承担普通员工角色、与其服务绩效关联的行为,本研究从组织、个体两个层面界定导游行为,具体为组织层面的导游角色行为、导游情绪劳动,个体层面的导游服务绩效、导游敬业度;情感承诺、公平敏感性、组织支持感分别作为单维度变量。本研究各概念的关系模型见图4-3,并据此提出研究假设。

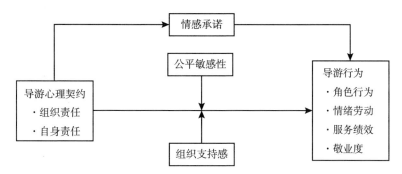

图4-3　导游心理契约与导游行为主效应、中介效应与调节效应的理论模型
资料来源：本研究绘制而成。

第二节　研究假设

一、导游心理契约组织责任与行为

（一）导游心理契约组织责任与导游行为的关系

1. 导游心理契约组织责任与角色行为

已有针对企业员工的实证研究表明，当组织提供经济报酬和员工职业发展等回报时，员工凭着利己主义动机而与组织提供的诱因平衡，员工通常会以角色内行为来回馈组织，因此，心理契约更能促进员工完成角色内行为以获得经济报酬（于斌和王勃琳，2012）。员工对整体雇佣关系的心理契约履行感知与员工角色内行为绩效相关（Turnley et al.，2003；Wu and Chen，2015；Lu et al.，2016）。本研究以导游为调研对象，由于导游职业特征及组织隶属关系具有特殊性，与已有研究中的企业员工完全不同，因此，导游心理契约与角色行为的关系还需实证检验。

依据资源保存理论，导游心理契约组织责任感知可被视为导游对旅游组织资源回报的认知，当旅游组织积极履行心理契约时，导游实际获得旅游组织资源，产生资源获得认知与资源增益感；而导游感知到旅游组织违背心理契约时，导游实际损失某些本该获得的组织资源，产生资源损失认知与损失压力。其次，导游资源获得认知与资源增益感将激发未来资源投入行为，通过积极角色行为投入以期保持或增益未来旅游组织资源回报；同理，导游资源损失认知与损失压力将引起损失控制的应对行为，降低角色行为投入以保存现有资源。

基于上述分析，提出以下假设：

H1 导游心理契约组织责任对角色行为有显著正向影响。

2. 导游心理契约组织责任与情绪劳动

情绪劳动是员工呈现与组织规则一致、适宜情绪的行为，其目标是为组织成功而进行的印象管理，对员工实现任务效能有积极影响（Hochschild，1979；Ashforth and Humphrey，1993）。情绪劳动需要员工对其情绪进行管理，包括表达正面情绪、调整负面情绪、对顾客情绪保持敏感性、表现出同情，而自动情绪管理、表层扮演、深度扮演是情绪管理通常使用三种方式（Zapf et al.，1999；Zapf，2002），真实情绪管理与表达也是情绪劳动的组成要素（Mesmer-Magnus et al.，2012）。已有针对企业或组织员工的实证研究表明，心理契约与情绪劳动具有相关性，例如，周林红与谢微微（2014）、黄素莲（2015）研究表明，护士心理契约中的医院责任履行能够影响护士情绪劳动。哈里斯（Harris，2010）、奇赫等（Chih et al.，2016）研究指出，心理契约破裂引起员工情绪耗竭，使员工难以在工作中投入更多情绪资源，进而降低员工情绪劳动、提升员工离职意愿。

本研究中，依据资源保存理论可推演出以下结论，导游心理契约组织责任影响情绪劳动。首先，导游心理契约组织责任是导游期望从组织获得的、且组织应该为其提供的资源，若心理契约得以实现，导游产生资源获得认知与资源增益螺旋认知；若未得以实现，导游感知到资源实际损失，产生资源损失认知与损失压力，并可能将其视为资源损失螺旋。其次，资源增益螺旋、资源损失螺旋对导游未来资源投入产生影响。情绪是个体的状态资源，情绪劳动是顾客服务过程中旅游组织要求的导游个体资源投入行为，受心理契约组织责任资源增益、损失螺旋的影响。由此可见，导游心理契约组织责任履行是影响情绪劳动的前因，积极的旅游组织责任履行将促进导游情绪劳动，而消极的旅游组织责任履行将降低导游情绪劳动。

基于上述分析，提出以下假设：

H2 导游心理契约组织责任对情绪劳动有显著正向影响。

H2a 导游心理契约组织责任对表层扮演有显著正向影响。

H2b 导游心理契约组织责任对深层扮演有显著正向影响。

H2c 导游心理契约组织责任对真实表达有显著正向影响。

3. 导游心理契约组织责任与导游服务绩效

员工服务绩效是完成组织核心服务、实现组织绩效的员工行为。需要员工遵循组织正式的工作说明和服务脚本，认真执行服务标准以便完成其服务角色核心内容（Raub and Liao，2012）。员工的顾客服务行为包含员工服务顾客的动机、声音与态度等（Tsaur et al.，2004），是员工服务与帮助顾客多种行为以及员工绩效的延伸与拓展（Liao and Chuang，2004）。已有针对企业员工的实证研究表明，心理契约能够积极影响员工服务绩效（Yeh，2012；Wu and Chen，2016）。对于服务员工而言，参与决策、组织支持感、培训指导、员工领导交互、关怀等因素是员工心理契约履行感知的重要因素，组织积极履行员工心理契约对于维持雇佣关系非常重要，并显著正向影响服务绩效（Wu and Chen，2015；Lu et al.，2016）。而员工心理契约破裂对员工的组织认同与情感承诺产生消极影响（Li et al.，2016），降低工作满意度、服务导向型组织公民行为与角色内顾客服务绩效（Suazo，2009）。

本研究依据资源保存理论推演出以下结论，导游心理契约组织责任影响导游服务绩效。首先，心理契约组织责任是导游所认知的自身能够获得旅游组织资源的心理认知，旅游组织积极履行该心理契约，则使导游感受到资源增益发生，而旅游组织违背该心理契约，则使导游感受到资源损失发生。其次，资源增益、资源损失将引起不同的导游资源投入行为。就导游服务绩效而言，它需要导游投入时间、情绪、体力、态度等多种导游个体资源，是典型的导游个体资源投入行为，因此，资源增益发生时，导游可能扩大资源投入行为，通过提高导游服务绩效以期获得更多旅游组织资源回报，维护现有或提高未来心理契约组织责任水平，而资源损失发生时，将使导游降低服务绩效以抵御资源损失风险。

基于上述分析，提出以下假设：

H3 导游心理契约组织责任对导游服务绩效有显著正向影响。

4. 导游心理契约组织责任与敬业度

敬业度是任务行为中个体真实喜好的自我雇佣与自我表达，促使个体在生理、认知、情感方面主动投入与付出，促进员工与工作、他人、个体成就与活动、角色绩效的联系（Kahn，1990）。由此可见，敬业度是与个体角色绩效紧密关联的认知、情感与行为因素整体概念（Saks，2006），高敬业度的员工致力于达成绩效，并认为自身应当承担更多责任（Britt，1999）。已有研究对心理契约与敬业度的关系展开研究，例如，帕齐法尔和哈肯（Parzefall and Hakanen，2010）以芬兰公共机构员工为例，研究表明，员工感知的心理契约履行积极影响员工敬业度，进而对员工情感承诺、精神健康产生影响。针对印度企业管理岗员工的研究表明，员工心理契约破裂显著负向影响敬业度，教育水平在该关系中具有调节作用（Agarwal and Bhargava，2013）。比斯瓦斯和瓦尔马（Biswas and Varma，2013）以印度企业员工为例，研究表明，员工感知的组织责任心理契约影响员工敬业度，且心理契约与员工组织支持感在程序公平与敬业度关系中具有中介作用。

在本研究中，依据资源保存理论可推演出以下结论，导游心理契约组织责任影响敬业度。首先，旅游组织是否履行导游所期望的组织责任，决定导游心理契约组织责任实现程度，它的实现程度越高，意味着导游能够从旅游组织获得更多资源，更可能带来资源增益螺旋现象，而导游心理契约组织责任实现程度越低，意味着导游损失了本该获得的旅游组织资源，更可能导致资源损失螺旋现象。其次，导游敬业度需要导游投入个体资源，包括物质资源、状态资源、个体特征、能量等资源类型，当导游感受到资源损失发生时，将降低敬业度相关资源投入以抵御资源损失风险，而资源增益发生时，导游可能扩大资源投入行为，通过敬业度相关资源投入以拓展资源盈余，以此期望能够获得更多旅游组织资源回报，维护现有或提高未来心理契约组织责任实现程度。

基于上述分析，提出以下假设：

H4 导游心理契约组织责任对敬业度有显著正向影响。

综合导游心理契约组织责任影响导游行为多个因变量的研究假设，绘制研究假设关系模型，见图 4 - 4。

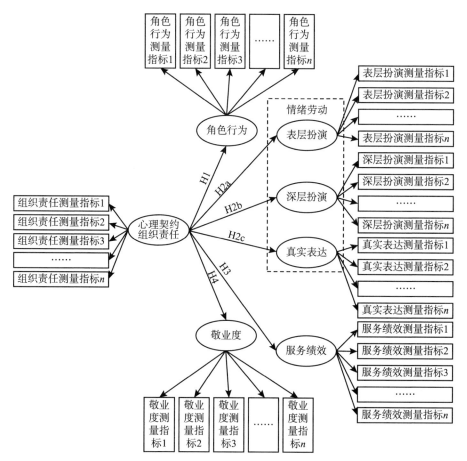

图4-4 导游心理契约组织责任与导游行为的研究假设关系模型

资料来源：本研究绘制而成。

（二）导游情感承诺的中介作用

情感承诺是指员工对组织的情感依附，高水平情感承诺的员工更愿意主动融入组织并保持组织身份（Allen and Meyer，1990）。情感承诺是员工主观愿意依附、认同组织或行业的情感表达与态度倾向，是员工心理契约感知的结果。本研究依据该理论推演出以下结论，情感承诺是心理契约感知的结果。首先，心理契约是员工与组织互惠交换的结果，若组织满足并履行对员工所承诺的义务与责任，员工感知到心理契约履行；若组织未能履行所承诺的义务与责任，员工感知到心理契约违背。其次，心理契约的感知并不是员工和组织交换关系的终极结果，它可能继续蔓延发酵，对员工情感承诺产生显著影响。员工总是通过调整角色内绩效与组织公民行为的方式，实现与组织之间的交换公平（Robinson and Morrison，2000），如果将心理契约视为员工对组织是否履行责任与义务的心理认知，将其作为影响交换关系的前因，那么情感承诺就可能是员工对组织履行心理契约后的公平交换结果。已有研究也指出心理契约对情感承诺有显著影响（Morrison and Robinson，1997；Lapointe et al.，2013；Li et al.，2016；张竹林和施建军，2017）。因此，本研究认为心理契约积极影响情感承诺。

情感承诺影响员工行为。情感承诺是员工对组织或行业的积极情绪体验与情感忠诚。它是员工与组织或行业关系质量的参照（Knippenberg and Slee-bos，2006），员工是否愿意继续留职组织或行业，受到员工情感承诺的影响（Allen and Meyer，1990）。通常，具有高情感承诺的员工更想要留在组织内（Meyer et al.，1993），其积极员工行为意愿也会更高（Yousaf et al.，2015；Lub et al.，2016；李燕萍等，2017）。因此，本研究认为情感承诺积极影响员工行为。

基于以上分析，心理契约积极影响情感承诺，而情感承诺又影响员工行为，据此推论，情感承诺在心理契约与员工行为的关系中可能具有中介作用。在本研究中，以导游为调研对象，与企业员工相比，导游的工作特征、组织隶属关系存在差异，其心理契约、情感承诺、员工行为的部分特征可能存在差异，但是此类概念的内涵具有一致性，例如，常规企业员工情感承诺是针对具体组织的情感忠诚，而导游情感承诺可能是针对具体旅游组织、行业或职业的情感忠诚，同样受到心理契约的影响并进而对其员工行为产生影响，因此，相关研究结论与分析可作为本研究的参考。

基于上述分析，提出以下假设：

H5　情感承诺在导游心理契约组织责任与角色行为之间具有中介作用。

H6　情感承诺在导游心理契约组织责任与情绪劳动之间具有中介作用。

H6a　情感承诺在导游心理契约组织责任与表层扮演之间具有中介作用。

H6b　情感承诺在导游心理契约组织责任与深层扮演之间具有中介作用。

H6c　情感承诺在导游心理契约组织责任与真实表达之间具有中介作用。

H7　情感承诺在导游心理契约组织责任与服务绩效之间具有中介作用。

H8　情感承诺在导游心理契约组织责任与敬业度之间具有中介作用。

综合导游情感承诺中介效应的研究假设，绘制它在导游心理契约组织责任影响导游行为多个因变量关系中的假设模型，见图 4 – 5。

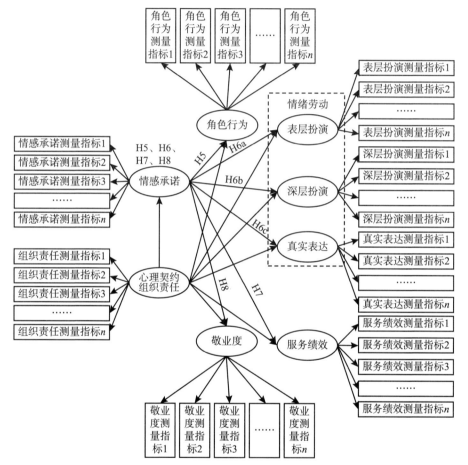

图 4 – 5　情感承诺在导游心理契约组织责任与导游行为关系中的研究假设关系模型

资料来源：本研究绘制而成。

（三）导游公平敏感性、组织支持感的调节作用

1. 导游公平敏感性的调节作用

公平敏感性是个体对结果公平性的容忍程度。由于个体对公平的偏好不

同，使其在感受到公平与不公平时的反应具有个体内在稳健性与个体间差异性，公平敏感性体现为一个包含大公无私、公平交易、自私自利的连续谱，其中，大公无私是个体偏好于产出/投入比低于比较对象的产出/投入比；自私自利是个体偏好于产出/投入比超过比较对象的产出/投入比；公平交易是个体偏好公平交易，倾向于产出/投入比与比较对象公平均衡（Huseman et al.，1987）。个体对公平感知具有独特的敏感性，它直接影响个体感受到不公平时的行为反应，公平敏感性需要个体预测或判断何为公平、何为不公平，并使个体利用该信息对不公平作出行为反应（King et al.，1993）。个体将采取不同的行为以应对不公平情境（King and Miles，1994）。在公平奖励情境下，高公平敏感性的个体具有高水平工作满意度，而在低公平奖励与超越公平奖励两种情境下，此类个体工作满意度均偏低，具体而言，大公无私型在不同公平状态的奖励情境中均具有偏高的工作满意度，他们对不公平结果容忍度高；而公平交易型与自私自利型个体也并非偏好有利结果，只是对公平或有利结果接受度更高。由此说明，不同公平敏感性的个体具有显著差异的交换理念，大公无私型更注重工作本身，而自私自利型更注重薪酬（King et al.，1993）。一些研究表明，员工的公平敏感性对员工行为产生影响，例如，低公平敏感性显著影响员工工作绩效（Bing and Burroughs，2001）、员工对雇主的责任与义务（Roehling and Boswell，2004）、组织公民行为（Shore，2004）以及增强员工契约破裂感（Raja et al.，2004），降低员工离职意愿与自我薪酬不公平感（Allen and White，2002；Roehling and Boswell，2004）。由此可见，公平敏感性影响员工行为。

　　也有研究对公平敏感性的调节作用展开研究，例如，基库和莱斯特（Kickul and Lester，2001）以美国德保罗大学 MBA 学员为例，研究表明，对于自私自利型员工，物质承诺（薪酬、利益）、成长与发展承诺的心理契约破裂导致更加消极后果，其消极情绪增加而工作满意度、组织公民行为降低；而对于大公无私型员工，当自主与控制的组织承诺破裂时，将导致消极后果。公平敏感性还在组织公平感与组织公民行为关系中（Blakely et al.，2005）、员工承诺与情绪耗竭和低工作效率关系中（Oren and Littman-Ovadia，2013）具有调节作用。目前，导游公平敏感性调节作用的研究还很少见。

　　本研究将公平敏感性作为导游个体内在特征因素。依据资源保存理论可推演出以下结论，导游个体的公平敏感性在导游心理契约组织责任与行为关系中具有调节作用。首先，作为导游内在特征的公平敏感性影响导游行为。导游公平敏感性是他们对工作产出/自身投入比的容忍程度，产出与投入是否公平不仅受现实结果影响，更受导游内在公平偏好强度影响，导游价值观若偏向于强公平倾向，则难以接受或容忍工作产出/自身投入失衡，对应自私自利或公平交易型的导游内在特征，属于高公平敏感性导游，他们更加偏重薪酬或公平交易，难以接受或容忍偏低的工作产出，不公平情境发生时更可能降低工作投入行为；若该价值观偏向于低公平倾向，则能够接受与容忍工作产出/自身投入失衡，对应大公无私型的导游内在特征，属于低公平敏感性导游，他们更加偏重工作，能够接受或容忍工作产出低于自身投入的结果，不公平情境发生时更可能保持工作投入行为。其次，公平敏感性具有调节作用。导游心理契约组织责任代表旅游组织对导游的资源投入程度，即导游能够从旅游组织获得的实际资源与利益。而导游行为意味着导游对业务达成与工作绩效的资源投入程度，换言之，导游角色行为、情绪劳动、服务绩效、敬业度均需导游投入多种类型的个体资源甚至牺牲个体利益，例如时间、情绪、态度、体力、物质资源等。对导游而言，旅游组织资源投入程度与导游个体资源投入程度之间比较将产生不同的公平情境：当两者比较结果为不公平时，高公平敏感性导游更容易产生旅游组织资源投入与自身资源投入不均衡、不公平的感受，更可能降低导游行为以促成资源投入均衡，由此可见，高公平敏感性可能弱化导游心理契约组织责任与导游行为的关系。而低公平敏感性导游产生旅游组织资源投入与自身资源投入非均衡、不公平的感受强度相对偏低，因而他们保持导游行为的可能性更高或者降低自身员工行为投入的强度可能偏低，低公平敏感性可能强化导游心理契约组织责任与导游行为的关系；当两者比较结果为公平时，高公平敏感性导游更可能保持导游行为，或者出于节余自身资源、实现资源增益的自利性目的而减弱自身员工行为投入强度，而低公平敏感性导游更可能产生旅游组织资源投入有所提高、自身资源投入尚不足的非均衡、不公平的感受，因而他们保持员工行为的可能性更高或者出于回报旅游组织资源投入、实现未来资源增益的大公无私性目的而强化自身员工行为，以实现旅游组织与导游双方资源投入均衡。由此可见，导游公平敏感性作为个体内在特征变量，对导游心理契约组织责任与导游行为的关系产生调节作用。

基于上述分析，提出以下假设：

H9 公平敏感性调节导游心理契约组织责任对角色行为的关系。当公平敏感性高时，导游心理契约组织责任对角色行为的影响会减弱；反之增强。

H10 公平敏感性调节导游心理契约组织责任对情绪劳动的关系。当公平敏感性高时，导游心理契约组织责任对情绪劳动的影响会减弱；反之增强。

H10a 公平敏感性调节导游心理契约组织责任对表层扮演的关系。当公平敏感性高时，导游心理契约组织责任对表层扮演的影响会减弱；反之增强。

H10b 公平敏感性调节导游心理契约组织责任对深层扮演的关系。当公平敏感性高时，导游心理契约组织责任对深层扮演的影响会减弱；反之增强。

H10c 公平敏感性调节导游心理契约组织责任对真实表达的关系。当公平敏感性高时，导游心理契约组织责任对真实表达的影响会减弱；反之增强。

H11 公平敏感性调节导游心理契约组织责任对服务绩效的关系。当公平敏感性高时，导游心理契约组织责任对服务绩效的影响会减弱；反之增强。

H12 公平敏感性调节导游心理契约组织责任对敬业度的关系。当公平敏感性高时，导游心理契约组织责任对敬业度的影响会减弱；反之增强。

2. 导游组织支持感的调节作用

组织支持感是指员工对于组织重视其贡献、关心其福利健康程度的整体信念认知，它能够降低员工缺勤、提高员工对组织的情感承诺，强化员工与组织之间交换理念，助力实现组织目标的努力必将得到组织奖励的员工期望得以增强（Eisenberger et al.，1986）。组织支持感能否激发员工努力工作，依赖员工对于工作努力 - 物质与象征性利益交易的交换理念，组织真诚与赞扬、薪酬公平、工作资源、有意义的工作、组织政策影响等都是员工能够感受到的组织支持因素，组织支持感提高员工的努力 - 结果期望和情感承诺，激发员工通过提高绩效以实现组织目标（Eisenberger et al.，2001）。组织支持感能够激发员工为实现组织目标而努力，对员工行为产生积极影响

（Coyle-Shapiro and Conway，2005），研究表明，组织支持感显著影响员工情绪劳动和组织认同（Kumar，2014）、提高员工对组织的情感承诺并降低退缩行为与离职意愿（Rhoades et al.，2001；Walker et al.，2016）。它在组织政治感知与员工工作结果（紧张、绩效、工作满意度、承诺）的关系中（Hochwarter et al.，2003）、心理契约破裂与员工组织认同和留职意愿关系中（沈伊默和袁登华，2007）、员工个体差异特征与心理契约破裂关系中（Suazo and Turnley，2010）以及心理契约破裂与组织认同关系中（Zagenczyk et al.，2011）以及具有中介作用。

也有研究对组织支持感的调节作用展开研究。研究表明，心理契约破裂深深伤害了员工与组织关系，具有高水平社会交换感的员工更可能感受到组织背叛，并通过降低工作努力作出回应，组织支持感与社会交换关系感知、员工信任是员工与组织间社会交换的具体内容，它们在高水平社会交换感员工心理契约破裂与工作绩效的关系中具有显著正向调节作用，但对低水平社会交换感员工的关系中无调节作用（Matthijs et al.，2010）。王士红和孔繁斌（2015）以我国政府审计人员为例，研究表明，组织支持感缓和心理契约违背与呼吁行为、忠诚行为与忽略行为关系。此外，组织支持感还在情绪耗竭与个体导向型组织公民行为关系中（Ladebo，2009）、员工角色时间外组织公民行为与员工倦怠关系中（Brown and Roloff，2015）具有调节作用。目前，导游组织支持感调节作用的研究还很少见。

本研究将导游的组织支持感作为来源于旅游组织的外在特征因素。依据资源保存理论可推演出以下结论，导游的组织支持感在导游心理契约组织责任与导游行为关系中具有调节作用。首先，导游的组织支持感影响导游行为。导游的组织支持感是导游对旅游组织为自身所提供的工作资源、利益、价值认同等支持因素的综合认知。具有高组织支持感的导游，意味着旅游组织已向导游提供这些支持因素，且导游能够实际获得或感受到组织支持，旅游组织资源投入强化导游保护和抵御资源损失的能力，建设了导游从资源损失中恢复、获取新资源的通道与参与生态，进而帮助导游提升其行为绩效，激发导游为实现组织目标而努力；反之，低组织支持感的导游更可能产生工作退缩行为，由于旅游组织未能向他们提供必要的工作支持，或者导游实际未能获得旅游组织提供的支持，使导游缺乏资源获取渠道，降低导游对工作资源投入能力，又增加导游资源损失风险，不利于导游实现员工行为绩效，且破坏导游与旅游组织之间的交换意愿，导游更可能产生工作退缩行为。其次，组织支持感具有调节作用。作为来源于旅游组织的外在支持性因素，组织支持感能够强化导游心理契约组织责任与导游行为的关系。导游行为受到导游心理契约组织责任内部激励因素的影响，在此基础上，若旅游组织能够为导游提供额外支持性资源、重视导游工作价值、提高导游对旅游组织的认同，将会充盈导游心理资源与工作资源，有利于提高导游行为绩效；反之，在低组织支持感情境下，导游无法获得旅游组织提供的额外资源，同时又要消耗自身有限资源以达成行为绩效，增加导游的资源损失风险，降低心理契约组织责任对其行为的影响程度。由此可见，导游组织支持感作为外在特征变量，对导游心理契约组织责任与导游行为的关系产生调节作用。

基于上述分析，提出以下假设：

H13 组织支持感调节导游心理契约组织责任对角色行为的关系。当组织支持感高时，导游心理契约组织责任对角色行为的影响会增强；反之减弱。

H14 组织支持感调节导游心理契约组织责任对情绪劳动的关系。当组织支持感高时，导游心理契约组织责任对情绪劳动的影响会增强；反之减弱。

H14a 组织支持感调节导游心理契约组织责任对表层扮演的关系。当组织支持感高时，导游心理契约组织责任对表层扮演的影响会增强；反之减弱。

H14b 组织支持感调节导游心理契约组织责任对深层扮演的关系。当组织支持感高时，导游心理契约组织责任对深层扮演的影响会增强；反之减弱。

H14c 组织支持感调节导游心理契约组织责任对真实表达的关系。当组织支持感高时，导游心理契约组织责任对真实表达的影响会增强；反之减弱。

H15 组织支持感调节导游心理契约组织责任对服务绩效的关系。当组织支持感高时，导游心理契约组织责任对服务绩效的影响会增强；反之减弱。

H16 组织支持感调节导游心理契约组织责任对敬业度的关系。当组织支持感高时，导游心理契约组织责任对敬业度的影响会增强；反之减弱。

综合导游公平敏感性、组织支持感调节效应的研究假设，绘制它们在导游心理契约组织责任影响导游行为多个因变量关系中的假设模型，见图4-6。

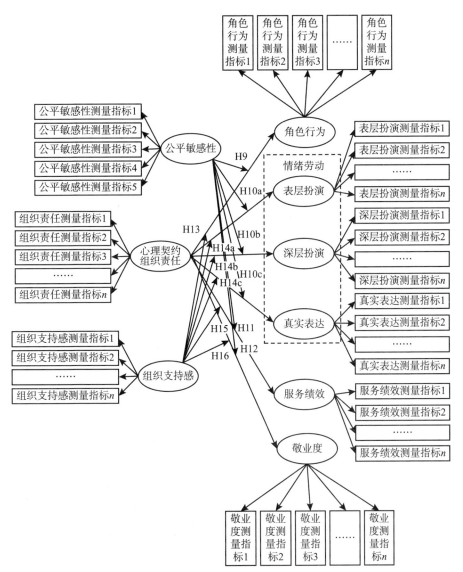

图4-6 公平敏感性、组织支持感在导游心理契约组织责任与

导游行为关系中的研究假设关系模型

资料来源：本研究绘制而成。

二、导游心理契约自身责任与行为

（一）导游心理契约自身责任与导游行为的关系

心理契约自身责任是从员工认知视角界定员工主观应对组织履行的义务、责任的心理期望。它体现出员工向组织履行自身责任与义务的内在愿望与主动性，是影响员工行为的内部激励因素。心理契约自身责任也是员工与组织互惠交换的结果，同时又是员工后续行为的前因，作为交换结果，它预示着组织承诺已向员工兑现，因而诱发员工产生积极正面地回馈组织心理期望，作为后续员工行为的前因，它是员工动机因素，激励员工为实现组织目标而努力，积极影响员工行为。目前，学界较少从心理契约自身责任的视角展开研究，相关文献较少，因此，在本研究中，导游心理契约自身责任与导游行为的研究假设主要基于理论推演与逻辑分析。

1. 导游心理契约自身责任与角色行为

依据资源保存理论可推演出以下结论，导游心理契约自身责任影响角色行为。首先，导游心理契约自身责任是导游自身所认知的自我向旅游组织积极履行的责任与义务期望，可被视为导游回报旅游组织的个体资源，即一种主观能动性倾向或动力因素。导游心理契约自身责任是建立在导游已经获得旅游组织承诺的前提之下，导游期望维持现有资源交换状态而主动产生的、自我向旅游组织作出的承诺，它能够持续激励导游做出后续资源投入行为。其次，导游角色行为是典型的导游资源投入行为，通过角色行为投入以实现未来旅游组织资源增益，维持与旅游组织长期、稳定交换关系，降低转换风险与自身压力，实现导游自身资源增益螺旋。最后，导游心理契约自身责任影响导游角色行为。前者代表导游初始心理资源状态，后者则预示着导游个体行为资源投入，丰富的初始资源将影响未来资源投入，具有积极心理契约自身责任的导游更可能产生积极资源投入行为，达成导游角色行为绩效以获得稳定交换关系以及导游自身资源增益。

基于上述分析，提出以下假设：

H17 导游心理契约自身责任对角色行为有显著正向影响。

2. 导游心理契约自身责任与情绪劳动

依据资源保存理论可推演出以下结论，导游心理契约自身责任影响情绪劳动。首先，导游心理契约自身责任是导游向旅游组织履行其承诺的心理认知，该心理认知包括导游主观认可、自身应该向旅游组织履行的责任与义务，作为个体初始资源而对导游后续行为产生影响。其次，导游情绪劳动是导游资源投入行为，对于高心理契约自身责任感知的导游，反映出他们具有丰富的心理资源，导游具有可供投入的初始资源，更可能促使其投入情绪劳动行为以便维持与旅游组织的交换关系或者获得更多旅游组织资源，实现资源增益螺旋。对于低心理契约自身责任感知的导游，则表示其初始心理资源处于匮乏状态，为了避免该资源损失扩大，他们更可能回避情绪劳动投入，同时，匮乏的初始心理资源难以支持导游投入更多情绪资源，且该投入未必能够获得足够的回报以弥补情绪资源损失与投入，且资源损失螺旋发生。

基于上述分析，提出以下假设：

H18 导游心理契约自身责任对情绪劳动有显著正向影响。

H18a 导游心理契约自身责任对表层扮演有显著正向影响。

H18b 导游心理契约自身责任对深层扮演有显著正向影响。

H18c 导游心理契约自身责任对真实表达有显著正向影响。

3. 导游心理契约自身责任与导游服务绩效

依据资源保存理论可推演出以下结论，导游心理契约自身责任影响导游服务绩效。首先，心理契约自身责任代表导游向旅游组织承诺的认知状态，可将其视为初始的导游状态资源，高心理契约自身责任感知的导游具有履行积极员工行为的内在驱动力，愿意为组织投入资源，处于正面回馈旅游组织的心理状态，而低心理契约自身责任的导游向旅游组织承诺的认知状态偏向消极面，积极员工行为投入的驱动力不足，可视为保守回馈旅游组织的心理状态。其次，不同初始状态资源的导游将产生不同导游服务绩效，拥有丰富初始状态资源的导游通过顾客服务行为投入实现未来资源增益，获取资源长期收益，即高心理契约自身责任的导游更可能产生积极主动的导游服务绩效行为，而初始状态资源缺乏的导游更可能采纳防御方式保护资源，难以通过顾客服务行为投入以获得资源增益，即低心理契约自身责任的导游更可能采取消极的导游服务绩效行为以保存有限的初始资源。

基于上述分析，提出以下假设：

H19 导游心理契约自身责任对服务绩效有显著正向影响。

4. 导游心理契约自身责任与敬业度

依据资源保存理论可推演出以下结论，导游心理契约自身责任影响敬业度。首先，导游心理契约自身责任代表导游向旅游组织履行承诺的期望，高导游心理契约自身责任意味着导游具有强烈的回馈旅游组织的意愿，表明其具有坚实的信念或价值观的初始资源，而低导游心理契约自身责任意味着导游回馈旅游组织的意愿偏低，表明其信念或价值观的初始资源匮乏，而不同程度的导游心理契约自身责任将对其后续导游行为投入产生直接影响。其次，丰富的初始资源更可能带来未来资源增益，个体通过额外资源投入实现未来资源增益，高导游心理契约自身责任意味着导游具有丰富的初始资源，回馈旅游组织的意愿强烈，更可能通过提高敬业度实现未来资源增益，以获得旅游组织奖励或维持公平互惠的交换关系，而低导游心理契约自身责任意味着初始资源匮乏，向旅游组织履行承诺的期望、意愿偏低，更可能倾向于保存已有资源，降低敬业度的资源投入行为。

基于上述分析，提出以下假设：

H20 导游心理契约自身责任对敬业度有显著正向影响。

综合导游心理契约自身责任影响导游行为多个因变量的研究假设，绘制研究假设关系模型，见图4 - 7。

（二）导游情感承诺的中介作用

依据资源保存理论，导游心理契约自身责任影响情感承诺。首先，心理契约自身责任是员工向旅游组织履行承诺的期望，不同程度的心理契约自身责任代表导游具有差异化行为的内在驱动力，高心理契约自身责任的导游产生积极行为的内在驱动力更强，而低心理契约自身责任的导游更可能抑制积极行为，其积极行为的内在驱动力不足。其次，心理契约自身责任作为导游个体内在初始资源，对其情感承诺产生显著影响，心理契约自身责任通过情感承诺投入，维护自身与旅游组织之间的稳定交换关系，实现未来资源增益；而低心理契约自身责任的导游，由于个体内在初始资源匮乏，限制其情感承诺投入，更可能保持自身与旅游组织之间的短期交换关系以实现有限资源保存。由此可见，导游心理契约自身责任影响情感承诺。

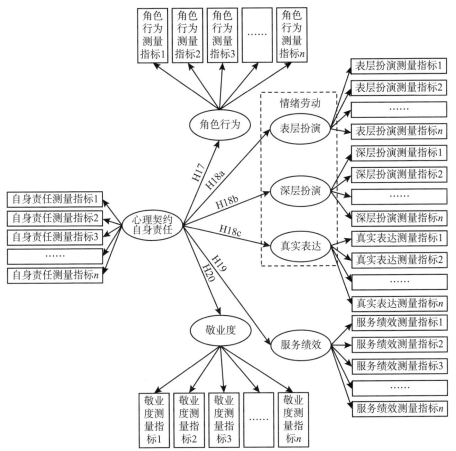

图 4 - 7　导游心理契约自身责任与导游行为的研究假设关系模型

资料来源：本研究绘制而成。

情感承诺影响导游行为。导游情感承诺是导游对旅游组织的情感依附，高水平情感承诺的导游更愿意主动融入旅游组织并保持组织身份。依据资源保存理论，情感承诺亦可视为导游个体内在情感资源，对导游行为产生显著影响。高情感承诺的导游具有丰富的初始情感资源，通过投入后续导游行为以获取更多旅游组织资源，实现资源增益；而低情感承诺的导游，面临增加积极行为而导致资源损失扩大的风险与压力，导致其采取拒绝应对现象增加，不愿意投入积极的导游行为。由此可见，情感承诺影响导游行为。

基于以上分析，心理契约自身责任影响导游情感承诺，而情感承诺又影响导游行为，据此推论，情感承诺在心理契约自身责任与导游行为的关系中可能具有中介作用。

基于上述分析，提出以下假设：

H21 情感承诺在导游心理契约自身责任与角色行为之间具有中介作用。

H22 情感承诺在导游心理契约自身责任与情绪劳动之间具有中介作用。

H22a 情感承诺在导游心理契约自身责任与表层扮演之间具有中介作用。

H22b 情感承诺在导游心理契约自身责任与深层扮演之间具有中介作用。

H22c 情感承诺在导游心理契约自身责任与真实表达之间具有中介作用。

H23 情感承诺在导游心理契约自身责任与服务绩效之间具有中介作用。

H24 情感承诺在导游心理契约自身责任与敬业度之间具有中介作用。

综合导游情感承诺中介效应的研究假设，绘制它在导游心理契约自身责任影响导游行为多个因变量关系中的假设模型，见图4－8。

（三）导游公平敏感性、组织支持感的调节作用

1. 导游公平敏感性的调节作用

依据资源保存理论可推演出以下结论，导游公平敏感性在导游心理契约自身责任与导游行为关系中具有调节作用。首先，导游公平敏感性是导游个体对工作产出/自身投入比的容忍程度，对于既定资源收益与资源投入结果，不同公平敏感性导游具有不同接受程度，若导游个体偏向强公平交换偏好，则难以接受或容忍工作产出/自身投入失衡，对应自私自利或公平交易型内在特征，属于高公平敏感性导游，当不公平结果发生时，他们可能降低工作投入行为；若导游偏向低公平敏感性，对应大公无私型内在特征，此类导游更加偏重工作贡献，能够接受或容忍工作产出低于自身投入的结果，即便不公平结果发生也可能持续工作投入行为，但也可能出现不公平结果对导游行为或资源投入激励不足的情形。其次，公平敏感性具有调节作用。导游心理契约自身责任是导游主观愿意为旅游组织履行责任与义务的期望，作为导游行为的内在驱动力与心理资源，它直接影响导游行为。对于高公平敏感性导游而言，偏好并期望自身资源投入能够获得公平的资源增益回报，他们出于资源增益的自利性目的而强化自身向旅游组织履行责任与义务的意愿与导游行为投入，若导游心理契约自身责任的心理资源投入能够实现导游行为绩效，则会维持或再度强化二者间均衡交换，若提高导游心理契约自身责任的心理

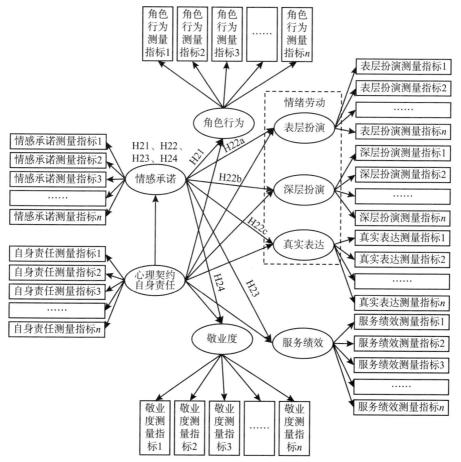

图4-8 情感承诺在导游心理契约自身责任与导游行为关系中的研究假设关系模型
资料来源：本研究绘制而成。

资源投入后，未能实现预期导游行为绩效，高公平敏感性导游难以接受投入与产出非均衡、不公平的结果，出于自身资源节余、实现资源增益的自利性目的而减弱心理契约自身责任的心理资源与导游行为的投入强度，由此可见，高公平敏感性可能强化导游心理契约自身责任与导游行为的关系。对于低公平敏感性的导游而言，能够接受或容忍工作产出低于自身投入的结果，当导游心理契约自身责任的心理资源投入与导游行为绩效产出不对等时，他们所产生的非均衡、不公平的感受强度相对偏低，因而保持自身责任心理资源与导游行为投入的可能性更高或者降低二者资源投入强度的可能性偏低。此外，也可能出现不公平结果对低公平敏感性导游的员工行为或资源投入激励不足，若提高导游心理契约自身责任的心理资源投入，未能实现预期导游行为绩效，低公平敏感性导游对该投入与产出非均衡、不公平结果具有一定容忍度，他们减弱心理契约自身责任或导游行为资源投入的可能性与强度也相对偏低，由此可见，低公平敏感性可能弱化导游心理契约自身责任与导游行为的关系。综上所述，导游公平敏感性作为个体内在特征变量，对导游心理契约自身责任与导游行为的关系产生调节作用。

基于上述分析，提出以下假设：

H25 公平敏感性调节导游心理契约自身责任对角色行为的关系。当公平敏感性高时，导游心理契约自身责任对角色行为的影响会增强；反之减弱。

H26 公平敏感性调节导游心理契约自身责任对情绪劳动的关系。当公平敏感性高时，导游心理契约自身责任对情绪劳动的影响会增强；反之减弱。

H26a 公平敏感性调节导游心理契约自身责任对表层扮演的关系。当公平敏感性高时，导游心理契约自身责任对表层扮演的影响会增强；反之减弱。

H26b 公平敏感性调节导游心理契约自身责任对深层扮演的关系。当公平敏感性高时，导游心理契约自身责任对深层扮演的影响会增强；反之减弱。

H26c 公平敏感性调节导游心理契约自身责任对真实表达的关系。当公平敏感性高时，导游心理契约自身责任对真实表达的影响会增强；反之减弱。

H27 公平敏感性调节导游心理契约自身责任对服务绩效的关系。当公平敏感性高时，导游心理契约自身责任对服务绩效的影响会增强；反之减弱。

H28 公平敏感性调节导游心理契约自身责任对敬业度的关系。当公平敏感性高时，导游心理契约自身责任对敬业度的影响会增强；反之减弱。

2. 导游组织支持感的调节作用

依据资源保存理论可推演出以下结论，导游的组织支持感在导游心理契约自身责任与行为关系中具有调节作用。首先，导游的组织支持感积极影响导游行为。导游的组织支持感是导游对旅游组织为自身所提供的工作资源、利益等支持因素的综合认知，影响导游对旅游组织是否重视自身贡献、支持自身提高工作绩效的心理感受。组织支持感既体现旅游组织资源支持的程度，也成为导游行为动机的外部拉力因素，前者通常表现为旅游组织为导游提供必要的工作条件与环境，帮助导游顺利达成工作绩效，后者则表现为旅游组织认同其工作贡献，甚至进行奖励，激励导游努力达成工作绩效。由此可见，组织支持感有助于强化导游与旅游组织之间的交换关系、提升导游行为绩效、激发导游为实现组织目标而努力；反之，若旅游组织未能向导游提供组织支持，意味着导游可能缺乏必要的外部资源，增加实现工作绩效的难度，在导游心理层面也缺乏组织依靠的安全感，更可能破坏导游与旅游组织之间的关系，增加导游工作退缩行为。其次，组织支持感具有调节作用。导游心理契约自身责任直接影响导游行为，导游心理契约自身责任是导游自发性向旅游组织履行自身承诺的内在驱动力，在无旅游组织支持或低旅游组织支持情境下，导游无法获得旅游组织提供的额外资源，出于资源交换公平与未来资源增益的需要，导游将转向自身内部资源投入与产出均衡，由此激发导游寻求自身资源投入以实现导游行为绩效增益，内部高水平导游心理契约自身责任的主导驱动作用被激活，促进导游自身资源投入，实现导游行为绩效。换言之，在导游意识到缺乏旅游组织资源投入的情形下，可能激发自身资源投入以实现资源增益，此时，导游心理契约自身责任反而促进导游行为绩效；反之，当旅游组织向导游提供充分的组织资源支持，导游出于自身资源保存与资源交换公平的需要，将约束其内部主动性资源投入意愿与行为，转而寻求增强组织资源获取以实现导游行为绩效，此时，导游心理契约自身责任不再是导游行为绩效增益的主导驱动因素，二者的关系反而减弱。由此可见，导游组织支持感作为外在特征变量，对导游心理契约自身责任与导游行为的关系产生调节作用。

基于上述分析，提出以下假设：

H29 组织支持感调节导游心理契约自身责任对角色行为的关系。当组织支持感高时，导游心理契约自身责任对角色行为的影响会减弱；反之增强。

H30 组织支持感调节导游心理契约自身责任对情绪劳动的关系。当组织支持感高时，导游心理契约自身责任对情绪劳动的影响会减弱；反之增强。

H30a 组织支持感调节导游心理契约自身责任对表层扮演的关系。当组织支持感高时，导游心理契约自身责任对表层扮演的影响会减弱；反之增强。

H30b 组织支持感调节导游心理契约自身责任对深层扮演的关系。当组织支持感高时，导游心理契约自身责任对深层扮演的影响会减弱；反之增强。

H30c 组织支持感调节导游心理契约自身责任对真实表达的关系。当组织支持感高时，导游心理契约自身责任对真实表达的影响会减弱；反之增强。

H31 组织支持感调节导游心理契约自身责任对服务绩效的关系。当组织支持感高时，导游心理契约自身责任对服务绩效的影响会减弱；反之增强。

H32 组织支持感调节导游心理契约自身责任对敬业度的关系。当组织支持感高时，导游心理契约自身责任对敬业度的影响会减弱；反之增强。

综合导游公平敏感性、组织支持感调节效应的研究假设，绘制它们在导游心理契约自身责任影响导游行为多个因变量关系中的假设模型，见图4-9。

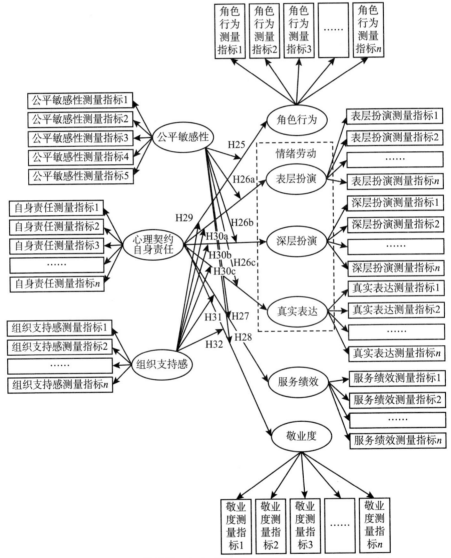

图4-9 公平敏感性、组织支持感在导游心理契约自身责任与导游行为关系中的研究假设关系模型

资料来源：本研究绘制而成。

最后，基于导游心理契约组织责任、自身责任影响导游角色行为、情绪劳动、服务绩效、敬业度的主效应研究假设，以及在该关系中导游情感承诺具有中介效应的研究假设，以及导游公平敏感性、组织支持感在该关系中具有调节效应的研究假设，本研究绘制出含有各个变量的关系模型图，见图4-10。

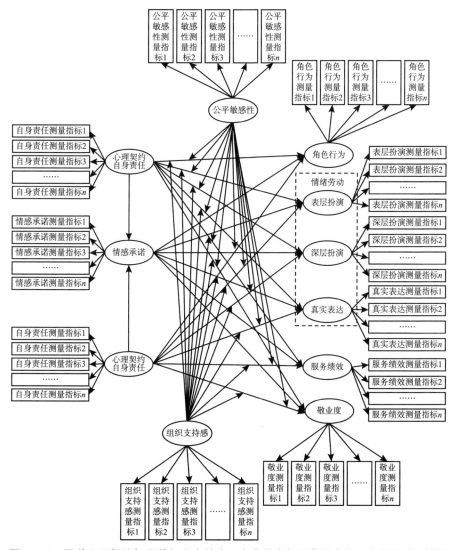

图 4 - 10　导游心理契约与导游行为主效应、中介效应与调节效应的研究假设关系模型
资料来源：本研究绘制而成。

第五章

量表与数据来源

第一节　概念操作化与初始
测量量表来源

　　本研究中导游心理契约、导游行为等多个概念操作化旨在促使各个概念可以实际进行测量，方法是将概念发展为测量量表。测量量表由多个具体陈述即测量题项所形成，其本质是以相关的测量题项反映受访者对概念的认知态度（风笑天，2009）。在统计分析中，测量题项也被称为测量指标，在本研究中统一采纳测量指标的表述。测量指标多为陈述句，受访者对其所陈述的内容可能持有不同的认知态度，因此，通过李克特量表（Likert Scale）以衡量各个测量指标的得分，统计分析后即可反映出受访者对概念的认知态度。本研究中，采纳李克特五分制评价量表，将导游受访者对测量指标的认知态度分为1、2、3、4、5 共 5 个等级，1 代表导游受访者对某测量指标的陈述内容"很不同意"，2 代表导游受访者对某测量指标的陈述内容"不同意"，3 代表导游受访者对某测量指标的陈述内容持有"一般"认知态度，4 代表导游受访者对某测量指标的陈述内容"同意"，5 代表导游受访者对某问卷指标的陈述内容"很同意"。为呈现概念的普遍认知态度，需要通过对调研对象抽样以获取大样本数据，采纳统计分析方法即可将概念与现实相互关联，实现概念操作化。

本研究中的导游心理契约、导游行为等多个测量量表是否具有高水平可信度与良好的有效性，是其能否反映概念内涵的关键。为提高测量量表的可信度与有效性，本研究将：首先，基于国内外文献中的概念测量量表发展本研究所需的概念测量量表；其次，通过资深导游的个体访谈与小样本前测以优化测量量表；最后，通过正式调研收集大样本数据并进行统计分析，保证测量量表的可信度与有效性。

基于国内外文献中的概念测量量表，发展与完善本研究的概念测量量表，形成初始测量量表。因本研究需要探索概念间的影响关系，依据线性模型统计分析需要，将相关概念区分为四类：一是关联自变量的概念，主要是导游心理契约，包括导游心理契约组织责任、导游心理契约自身责任；二是关联因变量的概念，即导游的员工行为相关概念，包括导游角色行为、情绪劳动、服务绩效、敬业度；三是关联中介变量的概念，即导游情感承诺；四是关联调节变量的概念，包括导游公平敏感性、组织支持感。

一、导游心理契约概念操作化与初始测量量表来源

参考心理契约的定义（Levinson et al., 1962；Rousseau, 1990；Morrison and Robinson, 1997），本研究从导游个体认知视角界定导游心理契约（狭义），包含导游对旅游组织应履行责任的隐含期望，即导游心理契约组织责任，以及导游对自身应向旅游组织履行责任的期望，即导游心理契约自身责任。卢梭（Rousseau, 1990）从员工个体认知视角界定心理契约，据此开发出心理契约测量量表，该量表包含组织责任、员工个体责任两个子量表，各子量表均包含 8 个测量指标，其内容涉及双方交易、关系、职业发展、员工职责等内容。随后，罗宾逊和卢梭（Robinson and Rousseau, 1994）分别从员工认知的视角，对雇主责任、员工责任两个维度的员工心理契约进行访谈与统计检验，结果显示，雇主责任测量量表包含 7 个测量指标，员工责任测量

量表包含 8 个测量指标。2004 年，卢梭等以中国员工为调研对象，提出员工认知的组织责任心理契约测量量表，虽然她们的研究未提出员工责任心理契约测量量表，但是组织责任心理契约测量量表被广泛采纳，该量表包含交易型（含 10 个测量指标）、关系型（含 10 个测量指标）、平衡型（含 15 个测量指标）三个维度（Hui，Lee and Rousseau，2004），本研究借鉴该量表。此外，李原（2002）、于珊（2008）在卢梭量表的基础上，发展并完善适宜中国员工认知的心理契约测量量表，他们的量表均包含员工认知的组织责任与自身责任两个子量表，本研究也借鉴他们的测量量表。整合三个量表并结合导游职业特征与执业环境，对原量表中测量指标的表述进行修改，同时删除明显不适宜的测量指标，形成导游心理契约组织责任、自身责任的两个初始量表，见表 5 – 1 和表 5 – 2。

表 5 – 1　　导游心理契约组织责任初始测量量表与参考文献来源

变量	代码	初始测量指标	参考文献来源
交易型	A1	导游工作能发挥所长	Rousseau（1990）；Hui，Lee and Rousseau（2004）；Rosen（2009）；李原（2002）；于珊（2008）；Moquin et al.（2019）
	A2	导游工作能够实现我的追求	
	A3	报酬与其他行业相比更高	
	A4	报酬与我的导游服务质量或技巧能力挂钩	
	A5	我服务的旅游企业按照业绩或政策发放报酬	
	A6	我服务的旅游企业能够灵活调整工作计划	
	A7	我服务的旅游企业会根据我的能力安排工作	
	A8	旅游行业或我服务的旅游企业很支持我提高工作业绩	
发展型	B1	我服务的旅游企业允许我在工作中拥有自主性	Rosen（2009）；Walker（2013）；陈加洲等（2003）；罗海成（2005）；严进等（2010）
	B2	鼓励获取更高等级导游资格证	
	B3	支持我学习新技能	
	B4	我能够获得培训、学习或展示机会	
	B5	我服务的旅游企业支持与促进事业发展	
	B6	我服务的旅游企业提供职业发展机会	

续表

变量	代码	初始测量指标	参考文献来源
关系型	C1	我服务的旅游企业人际关系和谐	Robinson and Rousseau（1994）；Hui, Lee and Rousseau（2004）；Raja et al.（2004）；Walker（2013）；李原（2002）；于珊（2008）；张高旗（2019）
	C2	我服务的旅游企业尊重导游	
	C3	真诚对待导游	
	C4	工作氛围融洽	
	C5	团队凝聚力强	
	C6	能为导游提供意见反馈渠道	
	C7	旅游行业或旅游企业可以实现我的人生价值	

资料来源：本研究结合文献综述与测量指标修正而成。

表 5 – 2　　导游心理契约自身责任初始测量量表与参考文献来源

变量	代码	初始测量指标	参考文献来源
自身责任	D1	我愿意学习相关知识以提高讲解水平	Rousseau（1990）；Herriot et al.（1997）；Hui, Lee and Rousseau（2004）；Coyle-Shapiro et al.（2004）；Soares and Mosquera（2019）；李原（2002）；焦燕莉（2008）；张士菊（2008）；于珊（2008）；张明（2010）；李恺和万芳坤（2019）
	D2	我愿意提升语言表达能力	
	D3	我愿意提高自己的业务水平	
	D4	我愿意培养自身的人际协调能力	
	D5	我愿意培养自己的团队合作精神	
	D6	导游工作需要时我愿意加班加点	
	D7	我愿意为了我服务的旅游企业无偿额外工作	
	D8	我愿意为了我服务的旅游企业利益而牺牲个人利益	
	D9	我愿意和我服务的旅游企业管理者讨论工作	
	D10	我认为导游如果辞职应该提前告知	
	D11	我愿意维护旅游行业或我服务的旅游企业的形象	
	D12	我愿意严守旅游企业的机密	
	D13	我愿意遵守旅游企业或旅游行业的规章制度	
	D14	我愿意与团队成员或同事合作完成工作（如领队、地/全陪、司机、公司同事等）	

资料来源：本研究结合文献综述与测量指标修正而成。

二、导游角色行为概念操作化与初始测量量表来源

参考角色行为的定义（Katz，1964；Organ and Konovsky，1989；Williams and Anderson，1991），导游角色行为是指旅游组织明确期望的、工作说明书中规范且受到旅游组织奖励系统评估与支持的行为；它是导游员工角色必须履行的职责或绩效部分，是能够实现导游任务绩效的行为。奥莱利和查特曼（O'Reilly and Chatman，1986）较早提出角色行为量表，包含角色内行为（3个测量指标）、角色外行为（4个测量指标）两个子量表。随后，威廉姆斯和安德森（Williams and Anderson，1991）在奥莱利和查特曼（O'Reilly and Chatman，1986）提出的量表基础上，增加测量指标，形成包含7个测量指标的角色内行为子量表以及包含14个测量指标的组织公民行为子量表。目前，角色行为多指角色内行为，多采纳威廉姆斯、安德森所完善的角色内行为子量表加以测量。例如，特恩利等（Turnley et al.，2003）、瞿皎姣等（2014）、因达托诺和法拉（Indartono and Faraz，2019）采纳该量表展开实证研究。本研究选取威廉姆斯、安德森所提出的量表。此外，结合导游职业属性，本研究还选取斯考特和莫托维德（Scotter and Motowidlo，1996）、赵秀清（2012）、休斯等（Hughes et al.，2019）研究中人际促进行为绩效、工作奉献行为绩效两个子量表，将其作为导游角色行为量表的组成部分。整合三个量表并删除原量表中不适宜测量指标，再对原量表表述修改后，形成导游角色行为初始量表，见表5-3。

表5-3　　　　　　　　导游角色行为初始测量量表与参考文献来源

变量	代码	初始测量指标	参考文献来源
任务 达成	F1	我能完成接待工作任务	O'Reilly and Chatman（1986）；Williams and Anderson（1991）
	F2	我能履行导游工作职责	
	F3	我能按照行程计划要求完成工作任务	
	F4	我能按照旅游企业领导期望的方式完成工作任务	

变量	代码	初始测量指标	参考文献来源
团队关系	F5	当团队成员或同事（如领队、地/全陪、司机、同事等）遇到私人困难时，我会给予支持或鼓励	Turnley et al.（2003）；瞿皎姣等（2014）；Wong et al.（2015）；Indartono and Faraz（2019）
	F6	团队成员或同事取得成功时，我会给予称赞	
	F7	当某一做法可能会影响到团队成员/同事时，我会事先告知他们（如领队、地/全陪、司机、同事等）	
	F8	我会鼓励团队成员/同事克服人际障碍，与他人友好相处	
工作奉献	F9	我会占用休息时间，以保证导游工作按时完成	Van Scotter and Motowidlo（1996）；赵秀清（2012）；Hughes et al.（2019）；周小曼等（2019）
	F10	我主动解决工作中遇到的问题	
	F11	我坚持克服困难完成工作任务	
	F12	在工作方面，我格外努力	
	F13	我愿意做有利于旅游行业或旅游企业利益的工作	
	F14	我希望承担具有挑战性的工作	
	F15	我会做一些提高团队成员或同事绩效的工作（如领队、地/全陪、司机、同事等）	

资料来源：本研究结合文献综述与测量指标修正而成。

三、导游情绪劳动概念操作化与初始测量量表来源

参考情绪劳动的定义（Ashforth and Humphrey，1993），导游情绪劳动是导游为表达、呈现与旅游组织规则一致的适宜情绪行为，其目标是为导游实现任务效能以及促进旅游组织成功而进行的印象管理方式。情绪劳动包含表层扮演、深层扮演、真实表达三个维度（Hochschild，1983；Diefendorff and Gosserand，2003），据此，导游情绪劳动采纳三个子量表进行测量。本研究采纳迪芬多夫等（Diefendorff et al.，2005）提出的情绪劳动量表，该量表包含表层扮演（7 个测量指标）、深层扮演（4 个测量指标）、真实表达（3 个测量指标）三个子量表，由 14 个测量指标组成。颜麒等（2012）、曹颖（2013）、刘等（Liu et al.，2019）分别以导游、服务员工、饭店员工为调研对象，并选取该量表展开实证研究，本研究也同时参考此

两项研究中的情绪劳动量表。对原量表表述修改后，形成导游情绪劳动初始量表，见表 5 - 4。

表 5 - 4 　　　　　　　　导游情绪劳动初始测量量表与参考文献来源

变量	代码	初始测量指标	参考文献来源
深层扮演	J1	在工作中感到愤怒时，我能控制真实情感表达	Ashforth and Humphrey (1993)；Hochschild (1983)；Diefendorff et al. (2005)；Diefendorff and Gosserand (2003)
	J2	在服务补救时，我经常克制自己不好的情绪	
	J3	即使明知旅游者无理，我仍能站在顾客的立场着想，诚心地为其解决问题	
	J4	我会克服自己不好的情绪，以亲切和善的态度为旅游者服务	
真实表达	J5	我对旅游者表现的情绪是真实的	Diefendorff et al. (2005)；颜麒等 (2012)；曹颖 (2013)；Liu et al. (2019)
	J6	我对旅游者表现的情绪是自然流露的	
	J7	我对旅游者表现的情绪与我当时的感受一致	
	J8	如果必须在旅游者面前表现出友好情绪，我会尽可能使自己"发自内心"而非假装	
表层扮演	J9	工作时表现出恰当的情绪，对我而言如同演戏一样	Diefendorff et al. (2005)；颜麒等 (2012)；胡青和孙宏伟 (2016)；Shapoval (2019)
	J10	当与旅游者接触时，我假装有好心情	
	J11	我仅仅是假装拥有工作中需要表现的情绪	
	J12	为了展示出特定的表情，我会戴上"面具"	

资料来源：本研究结合文献综述与测量指标修正而成。

四、导游服务绩效概念操作化与初始测量量表来源

参考莫托维德等（Motowildo et al.，1997）对员工服务绩效内涵的分析，导游服务绩效是指导游向旅游者提供的服务产品，是导游完成旅游组织核心服务、实现组织绩效的员工行为。导游服务绩效有助于提高导游服务质量、帮助旅游者更好地实现旅游体验。对于员工服务绩效测量量表，伯克等（Burke et al.，1996）较早提出针对销售人员的服务绩效量表，该量表从情境绩效量表中提炼出六项测量指标，以测量销售人员服务绩效。随后，博鲁茨基等

（Borucki et al.，1999）选取伯克等（Burke et al.，1996）量表中主要的四个测量指标以测量员工服务绩效。后来，廖和庄（Liao and Chuang，2004）又参考博鲁茨基等（Borucki et al.，1999）研究中的量表，发展并完善适宜员工的顾客服务绩效量表，此量表由 7 个测量指标组成，本研究采纳该量表。许灏颖和王震（2016）、苏哈托等（Suhartanto et al.，2018）、霍等（Huo et al.，2019）、郑等（Zheng et al.，2019）选取该量表展开实证研究。本研究对员工服务绩效量表表述修改后，形成导游服务绩效初始量表，见表 5-5。

表 5-5　　　　　导游服务绩效初始测量量表与参考文献来源

变量	代码	初始测量指标	参考文献来源
导游服务绩效	E1	我对待旅游者友善并乐意提供帮助	Burke et al.（1996）；Borucki and Burke（1999）；Liao and Chuang（2004）；许灏颖和王震（2016）；Suhartanto et al.（2018）；Huo et al.（2019）；Zheng et al.（2019）
	E2	旅游者需要时，我能够快速响应	
	E3	我愿意倾听旅游者的问题并发现他们的需要	
	E4	对旅游者需要能够提供旅游产品项目的信息	
	E5	向旅游者建议他们喜欢、却不很了解的旅游产品项目	
	E6	向旅游者解释产品项目的内容、特征与效益，克服反对意见	

资料来源：本研究结合文献综述与测量指标修正而成。

五、导游的敬业度概念操作化与初始测量量表来源

参考敬业度的定义（Kahn，1990；Schaufeli et al.，2002），导游敬业度是指导游在旅游者接待服务过程中，导游自我偏好的自我雇佣与自我表达，是导游展现出的积极的、充实而愉悦的、与工作相关的精神状态，它促进导游自发性积极工作投入，使导游在工作中自我实现。本研究采纳肖费勒等（Schaufeli et al.，2002）提出的敬业度量表，该量表包含活力（6 个测量指标）、专注（6 个测量指标）、奉献（5 个测量指标）三个子量表，由 17 个测量指标组成。肖费勒等（Schaufeli et al.，2002）、郭安元（2015）、吕等（Luu et al.，2019）、索尔斯和莫斯克拉（Soares and Mosquera，2019）采纳该量表展开实证研究，本研究也同时参考此两项研究中的敬业度量表。删除原量表中不适宜测量指

标，修改表述后，形成导游敬业度初始量表，见表5-6。

表5-6　　　　　　　导游敬业度初始测量量表与参考文献来源

变量	代码	初始测量指标	参考文献来源
活力	G1	有接待任务时，我乐意去工作	Schaufeli et al.（2002）；郭安元（2015）；温碧燕等（2017）
	G2	工作时，我感到精力充沛	
	G3	工作时，我的心情愉快	
	G4	我能持续工作很长时间，中间可以没有假期休息	
专注	G5	即使导游工作进展不顺利，我也不会灰心丧气	Schaufeli et al.（2002）；刘金培等（2018）；Soares and Mosquera（2019）
	G6	工作时，我满脑子就只有工作	
	G7	当我工作时，时间总是不知不觉就过去了	
	G8	让我放下手中的导游工作是件很困难的事情	
奉献	G9	我觉得导游工作有意义	Schaufeli et al.（2002）；Luu et al.（2019）；Soares and Mosquera（2019）
	G10	我觉得导游工作能够激励我	
	G11	我对自己的导游工作抱有热情	
	G12	我为自己所从事的导游工作感到骄傲	

资料来源：本研究结合文献综述与测量指标修正而成。

六、导游情感承诺概念操作化与初始测量量表来源

参考情感承诺定义（Allen and Meyer，1990），导游情感承诺是指导游对旅游组织的情感依附，高水平情感承诺的导游更愿意主动融入旅游组织并保持组织身份。情感承诺量表最早也由艾伦和梅耶尔（Allen and Meyer，1993）开发设计，由6个测量指标组成。本研究选取他们开发的情感承诺量表。有研究以中国企事业单位员工为例（王勃琳，2012）、以我国澳门地区星级酒店员工为例（Li et al.，2016）、以服务业员工为例（Lub et al.，2016），采纳该量表展开实证研究。本研究也同时参考上述三项研究中的情感承诺量表。对量表表述修改后，形成导游情感承诺初始量表，见表5-7。

表 5 - 7   导游情感承诺初始测量量表与参考文献来源

变量	代码	初始测量指标	参考文献来源
导游情感承诺	I1	我享受导游的工作体验	Allen and Meyer （1993）; 王勃琳 （2012）; Li et al. (2016); Lub et al. (2016)
	I2	我愿意在旅游行业内继续待下去	
	I3	旅游行业或旅游企业的问题就是我自己的问题	
	I4	我觉得自己归属于旅游行业或我服务的旅游企业	
	I5	我不会轻易被其他行业的工作吸引	
	I6	对我个人而言，旅游行业或我服务的旅游企业意义重大	

资料来源：本研究结合文献综述与测量指标修正而成。

七、导游公平敏感性概念操作化与初始测量量表来源

参考公平敏感性的定义（Huseman et al.，1987；King et al.，1993），导游公平敏感性是导游个体对结果公平性的容忍程度，它是导游与其他劳动者比较后，自身对产出/投入比的偏好倾向。胡斯曼等（Huseman et al.，1985）最早提出公平敏感性测量量表，包含 5 个测量指标，每个测量指标需要受访者从两个对立的答案中作出选择，以此衡量公平偏好（King and Mile，1994）。此外，索利和贝代安（Sauley and Bedeian，2000）也提出公平敏感性测量量表，该量表包含大公无私型、自私自利型两个维度，由 16 个测量指标组成，拉娅等（Raja et al.，2004）、单红梅等（2016）均采纳该量表展开实证研究。本研究也采纳索利与贝代安提出的量表，删除原量表中不适宜测量指标，对保留测量指标表述修改后，形成导游公平敏感性初始量表，见表 5 - 8。

表 5 - 8   导游公平敏感性初始测量量表与参考文献来源

变量	代码	初始测量指标	参考文献来源
自私自利型	K1	我希望工作做得少，获得的报酬多	Huseman et al. （1985）; King and Miles （1994）; Sauley and Bedeian （2000）; 单红梅等 （2016）
	K2	工作中职责少的时候，我会开心	
	K3	在工作的时候，我会想办法偷懒	
	K4	如果能不被发现，我的工作效率会稍微降低一点	
	K5	如果没做工作而有报酬，我会开心	
	K6	我觉得聪明的员工是付出最少而得到最多	

续表

变量	代码	初始测量指标	参考文献来源
大公无私型	K7	虽然工资微薄，福利较差，我仍然会在工作中尽全力	Sauley and Bedeian（2000）；Raja et al.（2004）；Bourdage et al.（2018）
	K8	完成了我的任务，我会帮助还没有完成任务的团队成员或同事（如领队、地/全陪、司机、同事等）	
	K9	我认为我工作的价值大于所拿的报酬	
	K10	工作时我关心我是否做到了最好	
	K11	我喜欢每天忙忙碌碌的工作而不是无所事事的工作	
	K12	工作中无事可做我会觉得不自在	
	K13	我喜欢任务多的工作	
	K14	在相同的条件下，职责多的工作要比职责少的工作好	

资料来源：本研究结合文献综述与测量指标修正而成。

八、导游组织支持感概念操作化与初始测量量表来源

参考组织支持感的定义（Eisenberger et al.，1986），导游组织支持感是导游对于旅游组织重视其贡献、关心其福利健康程度的整体信念认知。它反映出导游对于旅游组织帮助自身达成工作目标、重视自身在旅游组织中的价值与地位的感受水平。组织支持感的原始测量量表（包含 36 个测量指标）；由于测量指标过多，艾森伯格等（Eisenberger et al.，2001）选取原始测量量表因子载荷最高的 6 个测量指标，形成简化的、广为采纳的组织支持感测量量表。本研究采纳艾森伯格提出的组织支持感量表。科伊尔和康韦（Coyle-Shapiro and Conway，2005）、林声洙和杨百寅（2014）采纳该量表展开实证研究，本研究也同时参考此两项研究中的组织支持感量表。删除原量表中不适宜测量指标，并对保留测量指标的表述修改后，形成导游组织支持感初始量表，见表 5-9。

表 5-9　　　　　　　　　导游组织支持感初始测量量表与参考文献来源

变量	代码	初始测量指标	参考文献来源
组织支持感	H1	假如我需要帮助，我服务的旅游企业愿意提供帮助	Eisenberger et al.（2001）；Coyle-Shapiro and Conway（2005）；Wang and Xu（2019）；林声洙和杨百寅（2014）
	H2	我服务的旅游企业在意我做出的工作与贡献	
	H3	我服务的旅游企业重视我提出的意见与建议	
	H4	我服务的旅游企业支持、关心我的个人价值实现	
	H5	旅游企业积极评价我作出的有助于旅游企业健康发展的贡献	

资料来源：本研究结合文献综述与测量指标修正而成。

第二节　前测修正与正式测量量表的形成

本研究核心概念的初始测量量表及其测量指标均来源于成熟量表，虽然它们的可信度与有效性已被验证，但其调研对象多为非旅游业员工，他们与组织的隶属关系明确，受组织制度管理严格，在此职业特征与工作背景下所形成的测量量表，可能并不适宜导游。由于导游与旅游组织的隶属关系并不明确，受旅游组织制度管理松散，特别是社会导游，被行业俗称为"吃百家饭的"，并没有固定的劳动合同关系；而旅行社专职导游数量很少，很多旅行社通过导游服务外包以降低成本。在此情形下，需要对初始测量量表进行修正优化。总之，核心概念的测量量表既需要继承先前文献的成熟量表，尽可能与成熟量表保持一致，同时也要兼顾量表与调研对象适宜性。据此，本研究将采纳小样本数据前测与访谈相结合的方法修正测量量表。

量表修正步骤为：第一，在初始测量量表中增加导游职业特征题项、受访者社会人口学特征题项后，形成预试问卷，获取小规模样本数据进行前测检验，依据检验结果，判断是否对初始测量量表及其测量指标进行修正；第二，针对需要修正的测量指标，参考研究文献中该量表相关的其他测量指标（测量题项池），提出新的替代测量指标，然后，组织资深导游与专家受访者访谈并优化量表，形成修正测量量表及问卷；第三，再次获取小规模样本数据，进行第二次前测检验，验证该修正测量量表的信度与效度，据此形成正式测量量表及问卷。

一、初始测量量表前测与量表修正

在初始测量量表中增加导游职业特征题项、受访者社会人口学特征题项后，形成预试问卷。为提高预试问卷中各变量可靠性和有效性，本研究先获取小规模样本数据进行前测。2018 年 4～5 月，通过现场发放、网络发放 120 份问卷，回收全部问卷，筛选后获得有效问卷 107 份，有效率 89.17%。

受访者社会人口学特征为：男性占 36.4%，女性占 63.6%，以女性为主；单身占 67.3%，已婚占 32.3%，单身占比最高；年龄以 18～25 岁为主，占 44.9%，26～30 岁占 27.1%，31～35 岁占 11.2%，41～45 岁占 6.5%，36～40 岁占 5.6%，其他年龄段占比较小；教育程度以大学本科为主，占 51.4%，其次为大专占 32.7%，高中/中专/技校占 10.3%，硕士及以上占 5.6%；月收入以 1001～5000 元为主，占 88.8%，其次为 1000 元及以下占 7.5%，5001～10000 元占 3.7%，其他月收入占比均较小。受访者有效样本的职业相关的统计学特征为：导游等级为初级者占比最高，为 85.0%，其次为中级占 11.2%，高级占 3.8%，特级占比 0.0%；以中文导游为主，占 96.3%，外语导游占 13.1%；以兼职导游为主，占 57.9%，专职导游占 42.1%；与旅游企业的组织关系方面，主要服务 1 家旅游企业的导游占比最大，为 52.3%，而经常服务少数几家旅游企业占 25.2%，服务很多家旅游企业占 13.1%，无服务旅游企业占 9.4%；工作年限以 1～4 年为主，占 46.7%，其次为 5～10 年占 24.3%，1 年以内占 17.8%，16～20 年占 6.5%，11～15 年占 3.7%，20 年及以上占比较小；最近月均接待旅游团数方面，5 个及以下为主，占 72.9%，其次为 6～10 个，占 19.6%，11～15 个占 3.7%，16～20 个、20 个以上占比小。

基于该样本数据，对测量量表与测量指标进行修正，方法如下。第一，采纳探索性因子分析，对样本数据进行前测检验，依据统计分析结果判断是否对初始测量量表及测量指标进行修正。借助 SPSS 22.0 统计软件，选择主成分法提取公因子，并利用正交旋转法，提取特征值大于 1.000、因子载荷大于 0.5 的公因子，参考旋转后的因子分析列表，逐一剔除因子载荷小于 0.5、交叉载荷大于 0.4 的因子，以此确定各量表维度并判断需要修正的测量指标。第二，参考相关文献中量表题项池，提出与原测量指标相关的新替代测量指标，其内容或内涵尽可能与导游现状关联，由于新测量指标在先前研究中已被采纳，能够保证其有效性。第三，组织资深导游与专家受访者访谈并优化量表，形成修正测量量表及问卷。访谈具体实施如下：邀请资深导游受访者，他们均具有高级导游资格证，目前依然从事导游职业，部分受访者还在旅游企业从事导游管理与培训工作，而专家受访者来源于高校旅游管理专业教师，曾获取导游资格证并具有从业经历；在旅游淡季，将含有替代测量指标的测量量表交给受访者，解释心理契约概念内涵并说明访谈要求，允许受访者对测量指标进行修改、增加、删除；进行单独访谈并录音，与每位受访者充分沟通后对测量指标进行修正，如果不同受访者对相同测量指标产生不同建议，则将其全部保留；依据访谈结果修改测量量表与测量指标，再将修正后的测量量表发送给受访者，经过几轮访谈、测量指标修正后，所有受访者对测量指标无异议，确定该量表为修正测量量表及问卷。第四，进行第二次前测检验，形成正式测量量表及问卷。

（一）导游心理契约初始测量量表的前测与修正

导游心理契约组织责任初始测量量表的前测检验，第一轮探索性因子分析结果显示，交易型维度测量指标 A5、A6、A7 交叉载荷大于 0.4，A8 因子载荷小于 0.5，发展型维度测量指标 B4、B5、B6 交叉载荷大于 0.4，关系型维度测量指标 C6 交叉载荷大于 0.4，删除上述测量指标后再进行第二轮分析；第二轮探索性因子分析结果显示，发展型维度的测量指标 B1、B2、B3 交叉载荷大于 0.4，关系型维度的测量指标 C7 交叉载荷大于 0.4，删除上述测量指标后再进行第三轮分析；第三轮探索性因子分析结果显示，所有测量指标的因子载荷达到参考标准，累积方差贡献率为 71.088%。据此结果，被删除测量指标可能并不适宜导游，需要对其进行修正。

依据前测检验结果，对导游心理契约组织责任初始测量量表进行访谈与修正。参考相关研究文献中量表测量题项池，对前测检验中需要修正的测量指标进行替换，新测量指标内容或内涵尽可能与导游现状紧密关联。同时，对资深导游进行访谈，参考他们对新修改的测量指标的意见做出优化，前测与访谈结果见表 5 - 10。

表 5 – 10 　　　　导游心理契约组织责任初始测量量表的前测与修正结果

变量	代码	测量指标	前测与访谈结果
交易型	A1	导游工作能发挥所长	保留
	A2	导游工作能够实现我的追求	保留
	A3	报酬与其他行业相比更高	修改为"A9 导游带团的综合报酬在我的预期之内"
			增加"A10 我所服务的旅游企业能够提供良好质量的旅游团" 增加"A13 我服务的旅游企业能够支付合理的导贴/缴纳较少的人头费/克扣少"
	A4	报酬与我的导游服务质量或技巧能力挂钩	保留
	A5	我服务的旅游企业按照业绩或政策发放报酬	修改为"A12 我服务的旅游企业对导游的政策制度合理"
	A6	我服务的旅游企业能够灵活调整工作计划	修改为"A11 允许我自主选择所要接待的旅游团队或散客"
	A7	我服务的旅游企业会根据我的能力安排工作	删除
			增加"A14 能够公平公正对待我"
	A8	旅游行业或我服务的旅游企业很支持我提高工作业绩	删除
发展型	B1	我服务的旅游企业允许我在工作中拥有自主性	删除
	B2	鼓励获取更高等级导游资格证	删除
	B3	支持我学习新技能	删除
	B4	我能够获得培训、学习或展示机会	删除
	B5	我服务的旅游企业支持与促进事业发展	删除
	B6	我服务的旅游企业提供职业发展机会	删除
关系型	C1	我服务的旅游企业人际关系和谐	保留
	C2	我服务的旅游企业尊重导游	保留
	C3	真诚对待导游	删除
	C4	工作氛围融洽	保留

续表

变量	代码	测量指标	前测与访谈结果
	C5	团队凝聚力强	删除
关系型	C6	能为导游提供意见反馈渠道	修改为"C9 和我服务的旅游企业是短期雇佣关系"
	C7	旅游行业或旅游企业可以实现我的人生价值	修改为"C8 我和旅游企业的业务合作关系基本稳定"

资料来源：本研究结合文献综述与前测修正而成。

导游心理契约组织责任初始测量量表作出修改。一是部分测量指标的内容与表述被修改，使其更加明确具体、符合导游职业或导游行业现状。其中，初始测量指标 A3 修改为"A9 导游带团的综合报酬在我的预期之内"，结合导游行业薪酬分配特征与资深导游访谈，本研究又增加"A10 我所服务的旅游企业能够提供良好质量的旅游团""A13 我服务的旅游企业能够支付合理的导贴/缴纳较少的人头费/克扣少"两个新测量指标；初始测量指标 A5 修改为"A12 我服务的旅游企业对导游的政策制度合理"；初始测量指标 A6 修改为"A11 允许我自主选择所要接待的旅游团队或散客"；初始测量指标 A7 被删除，同时本研究增加新测量指标"A14 能够公平公正对待我"；初始测量指标 C6 修改为"C9 和我服务的旅游企业是短期雇佣关系"；初始测量指标 C7 修改为"C8 我和旅游企业的业务合作关系基本稳定"。二是部分测量指标被删除，它们与导游行业现状不符，抑或与旅游企业责任不相关。其中，发展型维度的所有初始测量指标被删除，这些被删除的初始测量指标包括 B1、B2、B3、B4、B5、B6，它们与旅游企业向导游履行责任无明显关联，绝大多数导游与旅游企业没有固定、长期劳动关系，而绝大多数旅游企业也不长期雇佣固定的导游，体现为"随用随找、一团一结算"的状态，导致旅游企业对导游实际不具履行职业生涯发展的相关责任与义务，因此，从导游认知视角，调研旅游企业对自身应履行职业生涯发展责任的期望与实际不符。此外，初始测量指标 A8、C3、C5 也被删除，它们与导游的执业现状不符。

同理，对导游心理契约自身责任初始测量指标进行类似修正。该测量量表的前测检验显示，测量指标 D6、D9、D10、D13、D14 交叉载荷大于 0.4，删除上述测量指标后再进行第二轮分析；第二轮探索性因子分析结果显示，所有测量指标的因子载荷达到参考标准，累积方差贡献率为84.459%。由此可见，被删除测量指标可能并不适宜导游，需要对其进行修正。

依据前测结果，对导游心理契约自身责任初始测量量表进行访谈与修正，参考相关研究文献中量表测量题项池，替换前测检验中需要修正的测量指标。对此量表的前测与访谈结果见表5-11。

表5-11　　　导游心理契约自身责任初始测量量表的前测与修正结果

变量	代码	测量指标	前测与访谈结果
导游心理契约自身责任	D1	我愿意学习相关知识以提高讲解水平	保留
	D2	我愿意提升语言表达能力	保留
	D3	我愿意提高自己的业务水平	保留
	D4	我愿意培养自身的人际协调能力	保留
	D5	我愿意培养自己的团队合作精神	保留
	D6	导游工作需要时我愿意加班加点	修改为"D15 我能够完成行程计划"
	D7	我愿意为了我服务的旅游企业无偿额外工作	修改为"D18 我愿意共享导游工作信息"
	D8	我愿意为了我服务的旅游企业利益而牺牲个人利益	修改为"D16 能够接受旅游企业给我安排的旅游团队或散客"
	D9	我愿意和我服务的旅游企业管理者讨论工作	修改为"D17 我愿意与同事友好相处"
	D10	我认为导游如果辞职应该提前告知	删除
	D11	我愿意维护旅游行业或我服务的旅游企业的形象	保留
	D12	我愿意严守旅游企业的机密	保留
	D13	我愿意遵守旅游企业或旅游行业的规章制度	删除
	D14	我愿意与团队成员或同事合作完成工作（如领队、地/全陪、司机、公司同事等）	修改为"D19 和我服务的旅游企业保持工作沟通"

资料来源：本研究结合文献综述与前测修正而成。

（二）导游角色行为初始测量量表的前测与修正

导游角色行为初始测量量表的前测检验，第一轮探索性因子分析结果显示，测量指标 F4、F5、F6、F7、F8 交叉载荷大于 0.4，删除上述测量指标后再进行第二轮分析；第二轮探索性因子分析结果显示，所有测量指标的因子载荷达到参考标准，累积方差贡献率为 84.375%。据此，对被删除测量指标进行访谈与修正。

导游角色行为初始测量量表的访谈与修正，参考相关研究文献中量表测量题项池，由于测量题项池中并未给出更多不同的测量题项，因此，保留原测量指标，通过访谈对测量指标进行修正，结果见表 5-12，受访者也认为，可将团队关系维度的所有初始测量指标删除，在对客服务过程中，导游单独承担工作职责，虽然有司机、全陪或地陪导游协同服务，但是彼此相处时间短，所代表利益主体不同甚至存在利益矛盾，难以发展到初始量表所描述的团队关系，因此，认可前测检验结果，赞同删除团队关系维度的所有初始测量指标。此外，测量指标 F9 也被删除，受访者认为，由于导游职业特殊性，导游很难有明确或固定的休息时间，占用休息时间以完成工作是绝大多数导游工作常态，该指标反映导游是否高水平工作奉献并不准确，采纳受访者建议删除该测量指标。

表 5-12　　　　导游角色行为初始测量量表的前测与修正结果

变量	代码	测量指标	前测与访谈结果
任务达成	F1	我能完成接待工作任务	保留
	F2	我能履行导游工作职责	保留
	F3	我能按照行程计划要求完成工作任务	保留
	F4	我能按照旅游企业领导期望的方式完成工作任务	删除
团队关系	F5	当团队成员或同事（如领队、地/全陪、司机、同事等）遇到私人困难时，我会给予支持或鼓励	删除
	F6	团队成员或同事取得成功时，我给予称赞	删除
	F7	当某一做法可能会影响到团队成员/同事时，我会事先告知他们（如领队、地/全陪、司机、同事等）	删除
	F8	我会鼓励团队成员/同事克服人际障碍，与他人友好相处	删除

续表

变量	代码	测量指标	前测与访谈结果
工作奉献	F9	我会占用休息时间，以保证导游工作按时完成	删除
	F10	我主动解决工作中遇到的问题	保留
	F11	我坚持克服困难完成工作任务	保留
	F12	在工作方面，我格外努力	保留
	F13	我愿意做有利于旅游行业或旅游企业利益的工作	保留
	F14	我希望承担具有挑战性的工作	保留
	F15	我会做一些提高团队成员或同事绩效的工作（如领队、地/全陪、司机、同事等）	保留

资料来源：本研究结合文献综述与前测修正而成。

（三）导游情绪劳动初始测量量表的前测与修正

导游情绪劳动初始测量量表的前测检验，探索性因子分析结果显示，所有测量指标的因子载荷达到参考标准，累积方差贡献率为82.644%。据此，测量指标无须替换修正。对导游情绪劳动测量量表进行访谈，结果见表5-13，受访者未对该量表提出修正建议，因此，保留所有初始测量指标。

表5-13　　　　导游情绪劳动初始测量量表的前测与修正结果

变量	代码	测量指标	前测与访谈结果
深层扮演	J1	在工作中感到愤怒时，我能控制真实情感表达	保留
	J2	在服务补救时，我经常克制自己不好的情绪	保留
	J3	即使明知旅游者无理，我仍能站在顾客的立场着想，诚心地为其解决问题	保留
	J4	我会克服自己不好的情绪，以亲切和善的态度为旅游者服务	保留
真实表达	J5	我对旅游者表现的情绪是真实的	保留
	J6	我对旅游者表现的情绪是自然流露的	保留
	J7	我对旅游者表现的情绪与我当时的感受一致	保留
	J8	如果必须在旅游者面前表现出友好情绪，我会尽可能使自己"发自内心"而非假装	保留

变量	代码	测量指标	前测与访谈结果
	J9	工作时表现出恰当的情绪，对我而言如同演戏一样	保留
表层扮演	J10	当与旅游者接触时，我假装有好心情	保留
	J11	我仅仅是假装拥有工作中需要表现的情绪	保留
	J12	为了展示出特定的表情，我会戴上"面具"	保留

资料来源：本研究结合文献综述与前测修正而成。

（四）导游服务绩效初始测量量表的前测与修正

导游服务绩效初始测量量表的前测检验，探索性因子分析结果显示，所有测量指标的因子载荷达到参考标准，累积方差贡献率为 74.303%。据此，测量指标无须替换修正。此外，对导游服务绩效测量量表进行访谈，访谈结果见表 5 - 14，受访者未对该量表提出修正建议，因此，保留所有初始测量指标。

表 5 - 14　　　　导游顾客服务绩效初始测量量表的前测与修正结果

变量	代码	测量指标	前测与访谈结果
	E1	我对待旅游者友善并乐意提供帮助	保留
	E2	旅游者需要时，我能够快速响应	保留
导游顾客	E3	我愿意倾听旅游者的问题并发现他们的需要	保留
服务绩效	E4	对旅游者需要能够提供旅游产品项目的信息	保留
	E5	向旅游者建议他们喜欢、却不很了解的旅游产品项目	保留
	E6	向旅游者解释产品项目的内容、特征与效益，克服反对意见	保留

资料来源：本研究结合文献综述与前测修正而成。

（五）导游敬业度初始测量量表的前测与修正

导游敬业度初始测量量表的前测检验，探索性因子分析结果显示，所有测量指标的因子载荷达到参考标准，累积方差贡献率为 72.919%。据此，测量指标无须进行替换。此外，对导游敬业度测量量表进行访谈，结果见表 5 – 15，受访者建议删除"G4 我能持续工作很长时间，中间可以没有假期休息"，很多导游工作/休息时间与旅游淡旺季基本一致，但在旅游旺季持续工作而中间没有休息时间是常态，因此，该指标可能不适宜导游职业现状。

表 5 – 15 　　　　　　导游敬业度初始测量量表的前测与修正结果

变量	代码	测量指标	前测与访谈结果
活力	G1	有接待任务时，我乐意去工作	保留
	G2	工作时，我感到精力充沛	保留
	G3	工作时，我的心情愉快	保留
	G4	我能持续工作很长时间，中间可以没有假期休息	删除
专注	G5	即使导游工作进展不顺利，我也不会灰心丧气	保留
	G6	工作时，我满脑子就只有工作	保留
	G7	当我工作时，时间总是不知不觉就过去了	保留
	G8	让我放下手中的导游工作是件很困难的事情	保留
奉献	G9	我觉得导游工作有意义	保留
	G10	我觉得导游工作能够激励我	保留
	G11	我对自己的导游工作抱有热情	保留
	G12	我为自己所从事的导游工作感到骄傲	保留

资料来源：本研究结合文献综述与前测修正而成。

（六）导游情感承诺初始测量量表的前测与修正

导游情感承诺初始测量量表的前测检验，探索性因子分析结果显示，所有测量指标的因子载荷达到参考标准，累积方差贡献率为 79.163%。据此，测量指标无须进行替换。此外，对导游情感承诺测量量表进行访谈，结果见表 5 – 16，受访者未对该量表提出修正建议，因此，保留所有测量指标。

表 5 - 16　　　　　　　导游情感承诺初始测量量表的前测与修正结果

变量	代码	测量指标	前测与访谈结果
情感承诺	I1	我享受导游的工作体验	保留
	I2	我愿意在旅游行业内继续待下去	保留
	I3	旅游行业或旅游企业的问题就是我自己的问题	保留
	I4	我觉得自己归属于旅游行业或我服务的旅游企业	保留
	I5	我不会轻易被其他行业的工作吸引	保留
	I6	对我个人而言,旅游行业或我服务的旅游企业意义重大	保留

资料来源:本研究结合文献综述与前测修正而成。

(七) 导游公平敏感性初始测量量表的前测与修正

导游公平敏感性初始测量量表的前测检验,探索性因子分析结果显示,所有测量指标的因子载荷达到参考标准,累积方差贡献率为 70.824% 。据此,测量指标无须进行替换。此外,对导游公平敏感性测量量表进行访谈,结果见表 5 - 17,受访者未对该量表提出修正建议,因此,保留所有初始测量指标。

表 5 - 17　　　　　　导游公平敏感性初始测量量表的前测与修正结果

变量	代码	测量指标	前测与访谈结果
自私自利型	K1	我希望工作做得少,获得的报酬多	保留
	K2	工作中职责少的时候,我会开心	保留
	K3	在工作的时候,我会想办法偷懒	保留
	K4	如果能不被发现,我的工作效率会稍微降低一点	保留
	K5	如果没做工作而有报酬,我会开心	保留
	K6	我觉得聪明的员工是付出最少而得到最多	保留
大公无私型	K7	虽然工资微薄,福利较差,我仍然会在工作中尽全力	保留
	K8	完成了我的任务,我会帮助还没有完成任务的团队成员或同事(如领队、地/全陪、司机、同事等)	保留
	K9	我认为我工作的价值大于所拿的报酬	保留

续表

变量	代码	测量指标	前测与访谈结果
大公无私型	K10	工作时我关心我是否做到了最好	保留
	K11	我喜欢每天忙忙碌碌的工作而不是无所事事的工作	保留
	K12	工作中无事可做我会觉得不自在	保留
	K13	我喜欢任务多的工作	保留
	K14	在相同的条件下，职责多的工作要比职责少的工作好	保留

资料来源：本研究结合文献综述与前测修正而成。

（八）导游组织支持感初始测量量表的前测与修正

导游认知的组织支持感初始测量量表前测检验，探索性因子分析结果显示，所有测量指标的因子载荷达到参考标准，累积方差贡献率为80.665%。据此，测量指标无须进行替换。此外，对组织支持感测量量表进行访谈，结果见表5-18。受访者建议删除"H4 我服务的旅游企业支持、关心我的个人价值实现"。受访者提出，个人价值很宽泛，可能与导游工作相关，也可能不相关，导游业务完成情况常被旅游企业关注，而与工作不相关的导游个人事宜不受旅游企业重视；另外，很多导游与旅游企业的关系松散，导游也并非旅游企业正式员工，因此，旅游组织对导游的支持主要是工作方面。本研究采纳访谈建议，删除该测量指标。

表5-18　　　　导游组织支持感初始测量量表的前测与修正结果

变量	代码	测量指标	前测与访谈结果
组织支持感	H1	假如我需要帮助，我服务的旅游企业愿意提供帮助	保留
	H2	我服务的旅游企业在意我做出的工作与贡献	保留
	H3	我服务的旅游企业重视我提出的意见与建议	保留
	H4	我服务的旅游企业支持、关心我的个人价值实现	删除
	H5	旅游企业积极评价我作出的有助于旅游企业健康发展的贡献	保留

资料来源：本研究结合文献综述与前测修正而成。

二、正式测量量表及其信度和效度

对第一次前测检验后修正的测量量表及问卷进行第二次前测检验。2018年6月，通过现场发放、网络发放150份问卷，回收140份问卷，筛选后获得有效问卷138份，有效率98.57%。

导游受访者社会人口学特征为：男性占39.3%，女性占60.7%，以女性为主；单身占60.0%，已婚占40.0%，单身占比高；年龄以18~25岁为主，占31.7%，其次为45岁以上占18.0%，41~45岁占16.5%，31~35岁占15.1%，26~30岁与36~40岁各占9.4%；教育程度以大学本科为主，占64.7%，其次为大专占23.0%，硕士及以上占7.1%，高中/中专/技校占5.0%；月收入以1001~5000元为主，占88.7%，其次为1000元及以下占8.6%，5001~10000元占2.8%，其他月收入占比较小。受访者有效样本的职业相关的统计学特征为：导游等级为初级者占比最高，为66.9%，其次为中级占11.5%，高级占20.9%，特级占0.7%；以中文导游为主，占84.2%，外语导游占15.8%；以兼职导游为主，占59.7%，专职导游占40.3%；与旅游企业的组织关系方面，主要服务1家旅游企业的导游占比最大，为40.3%，而经常服务少数几家旅游企业占35.3%，服务很多家旅游企业占16.5%，无服务旅游企业占7.9%；工作年限以1~4年为主，占32.4%，其次为1年以内占19.4%，20年及以上占15.1%，11~15年占14.4%，16~20年占10.8%，5~10年占7.9%；最近月均接待旅游团数方面，5个及以下为主，占66.9%，其次为6~10个，占24.5%，11~15个占5.0%，16~20个、20个以上占比小。

本研究采纳探索性因子分析、验证性因子分析方法对导游心理契约、导游行为各个变量、导游公平敏感性、导游组织支持感进行前测检验，依据统计分析结果判断修正测量量表及问卷的信度与效度，据此形成正式测量量表及问卷。探索性因子分析及结果参考指标与第一次前测一致，依据Cronbach's α值判断量表信度；验证性因子分析主要借助AMOS 21.0统计软件，构建各潜变量的测量模型，由于样本偏小，适度放宽模型拟合优度，主要依据测量指标的标准化因子载荷及其显著性判断量表效度。

导游心理契约组织责任测量量表的信效度检验，探索性因子分析结果表明，测量指标 A10 交叉载荷大于 0.4，剔除后进行第二次分析，最终结果显示，13 个测量指标得到三个公因子，各公因子测量指标因子载荷都高于 0.5，无交叉载荷大于 0.4 的测量指标，累积方差贡献率为 71.881%。量表的 Cronbach's α 值为 0.915，信度良好。构建导游心理契约组织责任为潜变量的测量模型，验证性因子分析结果表明，测量指标的标准化因子载荷介于 0.445 ~ 0.890 之间，全部因子载荷均达显著，虽然模型拟合优度略差，但在小样本检验中尚可接受，因此，将该量表确定为正式量表。

导游心理契约自身责任测量量表的信效度检验，探索性因子分析结果表明，12 个测量指标得到单公因子，各测量指标因子载荷都高于 0.7，累积方差贡献率为 75.577%。量表的 Cronbach's α 值为 0.969，信度良好。构建导游心理契约自身责任为潜变量的测量模型，验证性因子分析结果表明，测量指标的标准化因子载荷介于 0.699 ~ 0.922 之间，全部因子载荷均达显著，虽然模型拟合优度不佳，但在小样本检验中尚可保留全部测量指标，据此将该量表确定为正式量表。

导游角色行为测量量表的信效度检验，探索性因子分析结果表明，9 个测量指标得到单公因子，各测量指标因子载荷均高于 0.7，累积方差贡献率为 76.613%。量表的 Cronbach's α 值为 0.961，信度良好。构建导游角色行为为潜变量的测量模型，验证性因子分析结果表明，测量指标的标准化因子载荷介于 0.715 ~ 0.955 之间，全部因子载荷均达显著，在小样本检验中尚可放宽模型拟合优度，据此将该量表确定为正式量表。

导游情绪劳动测量量表的信效度检验，探索性因子分析结果表明，12 个测量指标得到三个公因子，各公因子的测量指标因子载荷均高于 0.7，无交叉载荷大于 0.4 的测量指标，累积方差贡献率为 78.941%。量表的 Cronbach's α 值为 0.808，信度良好。构建导游情绪劳动为潜变量的测量模型，验证性因子分析结果表明，测量指标的标准化因子载荷介于 0.544 ~ 0.947 之间，全部因子载荷均达显著，模型拟合良好，因此，将该量表确定为正式量表。

导游服务绩效测量量表的信效度检验，探索性因子分析结果表明，6 个测量指标得到单公因子，各测量指标因子载荷均高于 0.8，累积方差贡献率为 79.157%。量表的 Cronbach's α 值为 0.961，信度良好。构建导游服务绩效为潜变量的测量模型，验证性因子分析结果表明，测量指标的标准化因子载荷介于 0.742 ~ 0.939 之间，全部因子载荷均达显著，在小样本检验中尚可放宽模型拟合优度，据此将该量表确定为正式量表。

导游敬业度测量量表的信效度检验，探索性因子分析结果表明，11 个测量指标得到单公因子，各测量指标因子载荷均高于 0.7，累积方差贡献率为 70.541%。量表的 Cronbach's α 值为 0.957，信度良好。构建导游敬业度为潜变量的测量模型，验证性因子分析结果表明，测量指标的标准化因子载荷介于 0.711～0.911 之间，全部因子载荷均达显著，在小样本检验中尚可放宽模型拟合优度，据此将该量表确定为正式量表。

导游情感承诺测量量表的信效度检验，探索性因子分析结果表明，6 个测量指标得到单公因子，各测量指标因子载荷均高于 0.7，累积方差贡献率为 70.679%。量表的 Cronbach's α 值为 0.911，信度良好。构建导游情感承诺为潜变量的测量模型，验证性因子分析结果表明，测量指标的标准化因子载荷介于 0.678～0.930 之间，全部因子载荷均达显著，在小样本检验中尚可接受模型拟合优度，据此将该量表确定为正式量表。

导游公平敏感性测量量表的信效度检验，探索性因子分析结果表明，14 个测量指标得到两个公因子，各测量指标因子载荷均高于 0.6，累积方差贡献率为 74.871%。量表的 Cronbach's α 值为 0.849，信度良好。构建导游公平敏感性为潜变量的测量模型，验证性因子分析结果表明，测量指标的标准化因子载荷介于 0.556～0.930 之间，全部因子载荷均达显著，在小样本检验中尚可接受模型拟合优度，据此将该量表确定为正式量表。

导游的组织支持感测量量表的信效度检验，探索性因子分析结果表明，4 个测量指标得到单公因子，各测量指标因子载荷均高于 0.8，累积方差贡献率为 83.913%。量表的 Cronbach's α 值为 0.936，信度良好。构建组织支持感为潜变量的测量模型，验证性因子分析结果表明，测量指标的标准化因子载荷介于 0.791～0.944 之间，全部因子载荷均达显著，在小样本检验中尚可接受模型拟合优度，据此将该量表确定为正式量表。

综上所述，经过导游心理契约、导游行为多个变量等初始测量量表第一轮小样本前测、测量指标替换增补与访谈修正、第二轮小样本前测检验后，形成正式测量量表及问卷。与本研究概念测量量表的设计构想一致，得到关联导游心理契约自变量、导游行为多个因变量、导游情感承诺中介变量以及导游公平敏感性、导游的组织支持感两个调节变量的正式测量量表，各量表源于先前研究文献的成熟量表，又尽可能兼顾导游调研对象适宜性。

第三节 导游受访者市场调研与数据收集

一、调研对象选取

本研究的调研对象是我国旅游行业一线从业导游。目前，我国一线从业导游主要有三种类型：第一类是旅行社专职导游，受聘于旅行社，与旅行社有稳定的劳动合同关系；第二类是社会导游，将导游证挂靠于当地导游管理中心或旅行社，主要通过提供导游服务以获得经济收入，虽然具有职业导游身份，但并没有固定的劳动合同关系；第三类是非职业性导游，持有导游证，也具备法定从业资质与能力，虽然偶尔从事导游工作获得短期经济回报，但并非职业导游，例如旅游管理专业的学生。依据研究需要，确定第一类旅行社专职导游和第二类社会导游为调研对象。由于导游工作的特殊性，将采取"滚雪球"抽样、便利抽样结合的方式获得样本数据。"滚雪球"抽样实施如下：首先接触到一名导游受访者填答问卷，再由其联络其他受访者填答纸质问卷或电子问卷，以此类推逐步接触到更多的调研对象。便利抽样实施为：调研人员前赴导游集中的景点、饭店、旅行社等地点等候受访者并填答，或者在导游职业技能培训时，前往培训地点，现场随机发放问卷并现场回收。

二、抽样地点确定

我国内陆省份按照地理区位，划分为东部 11 个省份、中部 8 个省份、西部 12 个省份。为获得不同经济发达程度的东部、中部、西部地区的省份样本数据，同时兼顾调研对象接触的可行性，分别选择东部的上海市，中部的河南省，西部的甘肃省为调研省份。在各大区中，这些省份旅游人次数稳居前列，导游从业者规模大，有利于进行实地问卷调研。再从各省份中分别选择上海市、郑州市、兰州市为主要调研城市。因导游流动性强、工作时较为忙碌而无暇顾及填答问卷，客观上增加实地调研难度，为了获得足够样本数据，也不排除上述 3 个省份中非省会城市的导游填答问卷。从最终正式调研完成情况来看，调研地点分布与本研究预设基本相符，导游受访者主要分布于上海市、江苏省、安徽省、河南省、甘肃省、青海省等地。除正式调研之外，本研究还针对预试问卷进行两轮小规模前测调研，调研地点主要分布于上海市、河南省、甘肃省。

三、样本数据收集

依据研究需要，将进行三轮调研问卷样本收集，前两轮调研问卷样本用于预试问卷前测，最后一轮为正式调研问卷的样本数据收集，用于研究假设检验。首先，针对预试问卷前测的两轮样本数据收集。前测旨在形成正式调研问卷，使正式调研问卷贴合导游受访者职业特征、提高正式调研问卷的信度与效度。两轮前测样本分别获取到有效问卷 107 份、138 份，调研时间为 2018 年 5~7 月，由导游受访者自填并现场回收获取。其次，针对正式调研问卷的样本数据收集。正式调研问卷形成后，分别在东部、中部、西部省份进行调研，通过"滚雪球"抽样与特定地点便利抽样方式发放与回收正式调研问卷，调研时间为 2019 年 3~12 月。采取"滚雪球"抽样、便利抽样结合的方式接触受访者，发放调研问卷 600 份，剔除多选、漏选较多和无心填写明显的问卷，得到有效问卷 435 份，问卷有效率为 72.5%。

第四节 数据分析与研究假设的检验方法

一、信度效度检验

为了提高导游调研问卷样本数据的信度与效度，本研究将参考国内外已有成熟量表，结合访谈资料完善初始调研问卷，再通过小样本前测与统计检验对初始调研问卷的信度与效度进行评估，以此为据修正初始调研问卷并确立正式调研问卷。通过正式调研问卷收集大样本数据，将通过校正项目总体相关度（corrected item total correlation，CITC）、Cronbach's α 系数、探索性因子分析（exploratory factor analysis，CFA）、验证性因子分析（confirmatory factor analysis，CFA）、多因子竞争模型检验、平均变异抽取量（average variance extracted，AVE）、同源方差（common method bias，CMB）等方法检验样本数据的信度与效度。

二、同源方差检验

同源方差（common method bias，CMB）是指问卷调研过程中，由于使用了同样的数据来源所导致的预测变量与效标变量之间人为共变或系统误差（周浩和龙立荣，2004）。同源方差也被称为共同方法偏差，作为一种典型的系统偏差，同源方差会造成变量之间的观察关系"假象般"扩大，进而影响变量之间关系结论的有效性（Robinson and O'Leary-Kelly，1998）。同源方差在问卷调查中广泛存在，若一项研究仅采用自我报告法收集数据，尤其是由同一对象在同一时间提供数据，会引起共同方法偏差问题（于春杰，2014）。常用检验方法是 Harman 单因素检验（Harman's single-factor test），对量表中所有测量指标进行探索性因子分析，分析时不进行因子旋转，也不指定抽取因子数量，如果结果中只提取了一个公因子，或者其中某个公因子的解释力超过了建议值50%（Eby and Dobbins，1997），即判断存在严重的同源方差问题。

三、结构模型分析

本研究将针对以下三项内容采纳结构模型分析方法（structural equation model，SEM）：一是针对导游心理契约与导游行为理论模型中所涉及的各个潜变量结构是否与样本数据适配，将构建潜变量与测量指标的测量模型并进行检验；二是针对导游心理契约与导游行为各个潜变量的主效应或研究假设是否成立，将分别检验导游心理契约与导游行为单一潜变量之间的路径模型，再构建导游心理契约与导游行为所有潜变量的路径模型，总体检验自变量与因变量的影响关系；三是针对导游情感承诺的中介效应或研究假设是否成立，将逐步构建导游心理契约影响导游情感承诺路径模型、导游情感承诺影响导游行为路径模型以及整合三者的中介路径模型，逐步检验导游情感承诺的中介效应。对于上述三项内容的结构模型分析方法，本研究将依据拟合参数

（χ^2/df、GFI、IFI、TLI、CFI、RMSEA）以及路径的非标准化估计值、标准误、临界比值、显著性、标准化估计值，得出相应的测量模型、路径模型检验结果，结构模型分析方法的拟合指数见表5-19。

表5-19　导游心理契约与导游行为研究假设检验的结构模型分析方法拟合指数

统计检验量		适配的标准或临界值
绝对适配度指数	χ^2/df	$\chi^2/df < 3$ 表示模型整体拟合度较好，$\chi^2/df < 5$ 表示模型整体可以接受，$\chi^2/df > 10$ 表示整体模型非常差
	GFI	>0.90以上
	AGFI	>0.90以上
	RMR	<0.05
	RMSEA	<0.05，模型适配良好；<0.08，模型适配合理
增值适配度指数	NFI	>0.90以上，越接近1越好
	TLI	>0.90以上，越接近1越好
	CFI	>0.90以上，越接近1越好
	IFI	>0.90以上，越接近1越好

资料来源：吴明隆（2014）。

四、中介效应检验

本研究针对导游情感承诺的中介效应进行检验。依据中介效应检验程序（MacKinnon et al.，2000；温忠麟等，2012），见图5-1和图5-2。首先，检验自变量对因变量的回归系数 c，如果该系数显著，说明自变量对因变量有显著影响，如果该系数不显著，说明自变量与因变量无相关，停止检验中介效应；其次，自变量与因变量回归系数 c 显著情形下，依次检验自变量对中介变量回归系数 a、中介变量对因变量回归系数 b，如果此两个回归系数显著，说明存在中介效应，如果至少有一个不显著，建议进行 Sobel 检验，以确定是否存在中介效应；最后，回归系数 a、b 显著情形下，再检验含有中介变量模型中的自变量对因变量回归系数 c'，如果 c' 显著表示具有部分中介效应，若不显著表示具有完全中介效应。而在回归系数 a、b 至少一个不显著情形下做 Sobel 检验，如果相应的回归系数显著则表明存在中介效应，若不显著表示不存在中介效应。

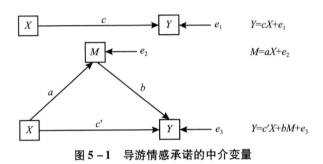

$$Y=cX+e_1$$
$$M=aX+e_2$$
$$Y=c'X+bM+e_3$$

图 5-1　导游情感承诺的中介变量

资料来源：温忠麟等（2012）。

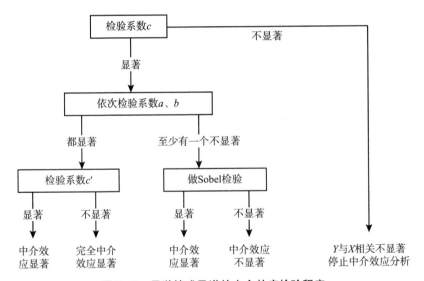

图 5-2　导游情感承诺的中介效应检验程序

资料来源：温忠麟等（2012）。

本研究中的变量均为潜变量，包含多个测量指标，使用潜变量路径的结构模型可对多个潜变量关系展开同步分析，减少不必要的数据信息损失与统计错误发生。因此，本研究借助 AMOS 21.0 软件构建潜变量路径的结构模型，以检验情感承诺的中介效应。将采纳两种中介效应方法以相互印证中介效应。第一种方法构建潜变量路径结构模型并进行比较，依据显著性原则、模型精简原则以确定最佳模型，依据此模型的参数估计值以确定情感承诺的中介效应。在检验程序方面，将参考温忠麟等（2012）的建议（见图 5 - 1 与图 5 - 2），首先检验自变量对因变量的影响是否显著，然后再依次检验自变量对中介变量、中介变量对因变量，以及含有中介变量模型中的自变量对因变量的影响是否显著，以确定导游情感承诺是否具有中介效应。第二种方法采纳 Bootstrap 法抽样，通过中介变量标准化效应置信区间以及效果值的检验，分析情感承诺的中介效应。Bootstrap 法抽样检验是通过中介变量标准化效应置信区间以及效果值的检验，分析是否存在中介效应以及中介类型（Mackinnon et al. , 2004）。采纳 Bootstrap 法抽样，由于该方法无须考虑数据是否正态分布，且统计效果较 Sobel 检验等方法更好，因此，有学者建议采用 Bootstrap 法检验中介效应（MacKinnon et al. , 2004；Hayes, 2013）。由于 Bootstrap 法抽样检验的效果优于 Sobel 方法，且考虑到本研究中所使用的自变量、因变量、中介变量均为潜变量，因此，本研究将采纳 Bootstrap 法进行导游情感承诺的中介效应检验，样本量设置为 2000，偏差校正置信水平（bias-corrected confidence intervals）设置为 95%，取样方法选择自举最大似然估计法（bootstrap maximum likelihood, Bootstrap ML），若标准化间接效应置信区间不包含 0，表示存在中介效应；进而再参考标准化直接效应置信区间，若该区间不包含 0，表示存在部分中介效应，若该区间包含 0 则表示存在完全中介效应。

五、调节效应检验

本研究针对导游公平敏感性、组织支持感的调节效应进行检验。依据海斯（Hayes, 2018）对调节效应检验的概念模型与统计学模型构建，如果含有两个调节变量，则分别构建两个交互项，检验交互项显著性即可判断是否存在调节效应（见图 5 - 2），即调节变量对因变量是否产生作用，需要检验调节变量与自变量的交互项是否对因变量产生显著影响，如果交互项对因变量产生显著影响，则调节效应显著；如果交互项对因变量无显著影响，则调节效应不显著。以图 5 - 3 为例，因变量为 Y、自变量为 X、调节变量为 M、Z，调节变量与自变量的交互项是二者的乘积——XM 与 XZ，做 X、Z、XM、XZ

对 Y 的回归分析，如果交互项 XM、XZ 的回归系数 b_4、b_5 显著，则 M、Z 的调节效应存在，若交互项的回归系数 b_4、b_5 不显著，则 M、Z 的调节效应不存在。为了减少交互项与自变量、调节变量的相关，即减少此四个变量（X、W、XM、XZ）多重共线性的可能性，应当先将自变量与调节变量中心化，然后产生它们的乘积项（温忠麟等，2012）。之后再进行调节效应检验。

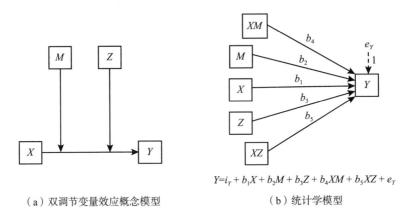

$$Y = i_Y + b_1X + b_2M + b_3Z + b_4XM + b_5XZ + e_Y$$

（a）双调节变量效应概念模型 　　　　（b）统计学模型

图 5 - 3　导游公平敏感性、组织支持感的双调节变量
效应概念模型与统计学模型

资料来源：Hayes（2018）。

第六章

理论模型与假设检验的研究结果

第一节　变量结构与信效度分析

一、导游受访者社会人口统计学特征分析

导游受访者有效样本的社会人口统计学特征见表 6 - 1。其中，男性占 28.0%，女性占 72.0%，以女性为主；单身占 61.8%，已婚占 38.2%，单身占比最高；年龄以 18 ~ 25 岁为主，占 45.7%，而 26 ~ 30 岁占 19.3%，31 ~ 35 岁占 17.5%，41 ~ 45 岁占 5.3%，46 岁以上占 5.7%；教育程度以大学本科为主，占 57.9%，其次为大专占 31.1%，高中/中专/技校占 5.7%，硕士及以上占 5.3%；月收入以 1001 ~ 5000 元为主，占 50.3%，其次为 5001 ~ 10000 元，占 25.3%，1000 元及以下占 12.9%，10001 ~ 15000 元占 6.4%，15001 ~ 20000 元占 2.3%，其他月收入占比均较小。

表 6 - 1 导游受访者的社会人口统计学特征

变量	类别	受访者比例（%）
性别	男	28.0
	女	72.0
婚姻状况	单身	61.8
	已婚	38.2
年龄	18～25 岁	45.7
	26～30 岁	19.3
	31～35 岁	17.5
	36～40 岁	6.5
	41～45 岁	5.3
	46 岁以上	5.7
教育程度	高中/中专/技校	5.7
	大专	31.1
	大学本科	57.9
	硕士及以上	5.3
月平均收入	1000 元及以下	12.9
	1001～5000 元	50.3
	5001～10000 元	25.3
	10001～15000 元	6.4
	15001～20000 元	2.3
	20001～25000 元	0.7
	25001～30000 元	0.7
	30001 元及以上	1.4
导游等级	初级	82.8
	中级	10.3
	高级	6.9
	特级	0.0
导游证类别	中文导游	94.9
	外语导游	13.4

变量	类别	受访者比例（%）
工作性质	专职从业（收入来源）	47.1
	兼职从业（偶尔带团）	52.9
与旅游组织的服务联系	主要服务1家旅游企业	41.8
	经常服务少数几家旅游企业	28.8
	服务很多家旅游企业	20.9
	暂无服务的旅游企业	8.5
工作年限	1年以内	26.7
	1~4年	32.9
	5~10年	21.6
	11~15年	11.7
	16~20年	3.9
	20年以上	3.2
最近月均接待旅游团数	5个及以下	65.6
	6~10个	23.2
	11~15个	5.7
	16~20个	2.3
	20个以上	3.2

资料来源：本研究调研分析而成。

受访者有效样本的职业相关的统计学特征为：导游等级为初级者占比最高，为82.8%，其次为中级占10.3%，高级占6.9%，特级占比0.0%；以中文导游为主，占94.9%，外语导游占13.4%；以兼职导游为主，占52.9%，专职导游占47.1%；与旅游企业的组织关系方面，主要服务1家旅游企业的导游占比最大，为41.8%，而经常服务少数几家旅游企业占28.8%，服务很多家旅游企业占20.9%，无服务旅游企业占8.5%；工作年限以1~4年为主，占32.9%，其次为1年以内，占26.7%，5~10年占21.6%，11~15年占11.7%，而16~20年与20年及以上占比较小；最近月均接待旅游团数方面，5个及以下为主，占65.6%，其次为6~10个，占23.2%，11~15个占

5.7%，16～20个、20个以上占比小。

二、题项分析与因子分析

（一）导游心理契约组织责任的题项分析与因子分析

1. 导游心理契约组织责任测量指标的题项分析

导游心理契约组织责任测量指标的题项分析结果，见表6-2。

表6-2 　　　　　导游心理契约组织责任测量指标的题项分析结果

代码	测量指标	独立样本t检验值	项目与总分相关系数	CITC值	删除该项目后的Cronbach's α值	备注
A1	我觉得从事导游工作能发挥我的所长	-15.427***	0.692**	0.644	0.937	保留
A2	我觉得从事导游工作能实现我的追求	-15.297***	0.696**	0.642	0.938	保留
A4	报酬与导游服务质量或技巧能力挂钩	-19.788***	0.760**	0.714	0.936	保留
A9	导游带团的综合报酬在我的预期之内	-20.981***	0.819**	0.784	0.934	保留
A11	自主选择所要接待的旅游团队或散客	-15.713***	0.666**	0.594	0.940	保留
A12	旅游企业对导游的政策制度基本合理	-22.796***	0.838**	0.804	0.933	保留
A13	旅游企业能够支付合理的导贴/克扣少	-19.897***	0.787**	0.744	0.935	保留
A14	我觉得旅游企业能够公平公正对待我	-21.480***	0.822**	0.785	0.933	保留
C1	我服务的旅游企业人际关系融洽和谐	-18.655***	0.795**	0.760	0.935	保留
C2	我服务的旅游企业尊重导游从业人员	-21.341***	0.839**	0.809	0.933	保留
C4	旅游企业中导游同行的工作氛围融洽	-20.418***	0.831**	0.802	0.934	保留
C8	我和旅游企业业务合作关系基本稳定	-19.964***	0.790**	0.754	0.935	保留
C9	和我服务的旅游企业保持短期雇佣关系	-7.179***	0.421**	0.338	0.946	删除

注：** 表示 p<0.01，*** 表示 p<0.001。
资料来源：本研究统计分析而成。

（1）导游心理契约组织责任测量指标的独立样本t检验

良好质量的导游心理契约组织责任测量指标应该具有组间差异，以此说明该测量指标反映出因子的不同属性。其分析方法是：依据测量指标总分（所有测量指标的总和）将其分为最高分、最低分的两个极端组，一般取总样本的前27%为低分组，后27%为高分组；然后采纳独立样本 t 检验的方法，检验测量指标在两个极端组的差异显著性。如果高分组与低分组的平均数差异达到显著，说明该测量指标质量良好，可作为较佳的态度题项而被采纳或保留。本研究中，对导游心理契约组织责任量表的测量指标分别计算其总得分，然后将所有测量指标总得分前27%和后27%两个极端组进行独立样本 t 检验，检验结果若显著，说明该测量指标具有组间差异，予以保留，若检验结果不显著，说明该测量指标不具组间差异，将予以删除。研究结果显示（见表6-2），导游心理契约组织责任所有测量指标的检验均达显著水平，予以保留。

（2）导游心理契约组织责任测量指标的总分相关性分析

良好质量的导游心理契约组织责任测量指标还需具备一定的相关性，以此反映共同特征的因子。据此，测量指标与总分相关系数可以作为个别测量指标筛选的依据：如果测量指标与总分的相关性高，即相关系数高于0.5，表示测量指标与量表的同质性高；如果测量指标与总分的相关系数未达显著，即相关系数小于0.5，表示该测量指标与量表的同质性不高，予以删除。本研究中，对导游心理契约组织责任量表的各个测量指标与测量指标总分的相关性进行估计，研究结果显示（见表6-2），测量指标 C9 与测量指标总分的相关系数为0.338，小于0.5，予以删除。

（3）导游心理契约组织责任测量指标的校正项目总体相关度分析

校正项目总体相关度（corrected item total correlation，CITC）和 Cronbach's α 值主要用于评价量表信度，即量表的可信程度估计。首先，本研究采取 CITC 临界值为0.4，将小于0.4的测量指标删除，以净化量表且提高量表信度。研究结果显示（见表6-2），导游心理契约组织责任测量指标 C9 不符合要求，予以删除，而其余测量指标 CICT 值均高于0.4的临界值，予以保留。其次，对整体量表 Cronbach's α 系数进行估计。在估计之前，将前文中不符合条件要求的测量指标先删除，然后计算量表的 Cronbach's α 系数，其值为0.946，说明该量表整体信度优良；同时，测量指标对应的"删除该项目后的 Cronbach's α 值"全部低于整体量表 Cronbach's α 系数（0.946），据此所有测量指标予以保留。综合而言，量表具有较高的内部一致性与可信度，达到进一步统计分析要求。

2. 导游心理契约组织责任的探索性因子分析

本研究通过主成分法提取公因子，并利用正交旋转法，提取特征值大于
1.000、因子载荷大于0.5的公因子，参考旋转后的因子分析列表，逐一剔除因
子载荷小于0.5、交叉载荷大于0.4的因子，以此确定导游心理契约公因子。
依据上述筛选条件，进行第一次探索性因子分析，结果显示，A4测量指标的交
叉载荷大于0.4，剔除A4后再进行第二次探索性因子分析，最终结果显示为单
因子结构，所有测量指标因子载荷高于0.5。综上所述，逐步剔除不符因子，
通过二轮探索性因子分析，最终提取导游心理契约组织责任公因子。首先，
KMO值用于考察变量的偏相关性，取值范围在0～1之间，该值越接近1，变
量间的偏相关性越好，当KMO值大于0.7，说明因子分析效果好（张文彤和
董伟，2015）。研究结果显示（见表6-3），样本的KMO值为0.933，表明
本研究中各因子间具有较为明显的相关度，样本近似卡方值为3708.603，自
由度为55，p=0.000 < 0.001，据此说明因子分析的总体效果良好。

表6-3　导游心理契约组织责任探索性因子分析的 KMO 值和 Bartlett 球形检验

项目		检验值
取样足够度的 Kaiser-Meyer-Olkin 度量		0.933
Bartlett 的球形度检验	近似卡方	3708.603
	df	55
	sig.	0.000

资料来源：本研究统计分析而成。

表6-4所示，所提取的导游心理契约组织责任公因子累计方差贡献率为
62.458%，解释超过60%的导游心理契约之组织责任信息，属于较为理想的
公因子提取结果。总体而言，测量指标因子载荷介于0.644～0.872之间，其
中，我服务的旅游企业尊重导游、工作氛围融洽、我服务的旅游企业对导游
的政策制度合理的三个测量指标因子载荷高，分别为0.872、0.856、0.835，
属于较为重要的测量指标；导游工作能够实现我的追求、导游工作能发挥所
长、允许我自主选择所要接待的旅游团队或散客的三个测量指标因子载荷低，
分别为0.673、0.673、0.644，也具有一定的重要性；其余测量指标因子载

荷均高于0.8，测量效果良好。

表6-4 导游心理契约组织责任探索性因子分析结果

概念	公因子	代码	测量指标	因子载荷	特征根	方差贡献率（%）	Cronbach's α
导游心理契约	组织责任	A1	我觉得从事导游工作能发挥我的所长	0.673	6.87	62.458	0.946
		A2	我觉得从事导游工作实现我的追求	0.673			
		A9	导游带团的综合报酬在我的预期之内	0.824			
		A11	自主选择所要接待的旅游团队或散客	0.644			
		A12	旅游企业对导游的政策制度基本合理	0.835			
		A13	旅游企业能够支付合理的导贴/克扣少	0.808			
		A14	我觉得旅游企业能够公平公正对待我	0.824			
		C1	我服务的旅游企业人际关系融洽和谐	0.821			
		C2	我服务的旅游企业尊重导游从业人员	0.872			
		C4	旅游企业中导游同行的工作氛围融洽	0.856			
		C8	我和旅游企业业务合作关系基本稳定	0.821			

资料来源：本研究统计分析而成。

3. 导游心理契约组织责任的验证性因子分析

本研究以导游心理契约组织责任探索性因子分析结果为依据，采用验证性因子分析以检验导游心理契约组织责任潜变量结构合理性与真实性。若模型拟合良好，说明导游心理契约组织责任的结构与样本数据适配，该结构反映了导游心理契约组织责任的主要内容。若模型拟合不好，说明导游心理契约组织责任结构与实际数据不适配，其中一些测量指标未能真实反映导游心理契约组织责任主要内容。

本研究中，验证性因子分析流程如下：

首先，筛选适宜的因子纳入模型。参照探索性因子分析结果，依据公因子Cronbach's α系数大于等于0.7、测量指标因子载荷大于等于0.5的条件，筛选公因子与测量指标，确定是否适宜进行验证性因子分析。表6-4所示，导游心理契约组织责任公因子的Cronbach's α系数为0.946，大于0.7；所有测量指标因子载荷均大于 0.5。据此, 将所有测量指标纳入验证性因子分析模型。

其次, 验证性因子分析检验。构建包含导游心理契约组织责任为潜变量及其对应的测量指标的测量模型, 检验模型收敛效度。将所有测量指标纳入测量模型, 初步分析结果的拟合状况不佳 ($\chi^2/df = 8.008$, CFI = 0.920, TLI = 0.896, IFI = 0.921, RMR = 0.055, GFI = 0.843, AGFI = 0.753, RMSEA = 0.127), 模型修正指数 (modification indices) 显示, 测量指标 A9、A11、A14 的误差项与其他多个测量指标的误差项具有较高关联, 增列相应的协方差后卡方值将有明显降低。据此结果, 本研究先逐步增加误差项之间的协方差, 以此观察模型拟合改善状况; 同时, 也采取删除相应的测量指标、重新拟合参数的方法以观察拟合指标改善状况。两种修正方式进行比较, 最终获得最优测量模型。经过多次修正与参数拟合比较, 本研究发现, 增列误差项之间的协方差使得测量模型更加复杂, 且拟合指数未有显著改善, 而删除测量指标 A9、A11、A14 后, 测量模型拟合状况能够达到适配要求, 此时的测量模型 χ^2/df 值为 2.845, CFI 值为 0.989, TLI 值为 0.980, IFI 值为 0.989, RMR 值为 0.024, GFI 值为 0.974; AGFI 值为 0.941, RMSEA 值为 0.065, 各项拟合参数均达到适配要求, 表明导游心理契约组织责任测量模型与实际数据适配, 见表 6 - 5。

表 6 - 5　　　　导游心理契约组织责任验证性因子分析结果

潜变量	代码	测量指标	标准化因子载荷	多元相关平方 R^2	组合信度 CR	平均变异抽取量 AVE
导游心理契约组织责任	A1	我觉得从事导游工作能发挥我的所长	0.580	0.337	0.921	0.600
	A2	我觉得从事导游工作能实现我的追求	0.554	0.307		
	A12	旅游企业对导游的政策制度基本合理	0.764	0.583		
	A13	旅游企业能够支付合理的导贴/克扣少	0.735	0.540		
	C1	我服务的旅游企业人际关系融洽和谐	0.859	0.737		
	C2	我服务的旅游企业尊重导游从业人员	0.905	0.819		
	C4	旅游企业中导游同行的工作氛围融洽	0.884	0.782		
	C8	我和旅游企业业务合作关系基本稳定	0.821	0.674		
适配标准值			>0.500	越大越好	>0.600	>0.500

资料来源: 本研究统计分析而成。

　　标准化因子载荷表示潜在变量对其测量指标的直接效果，其评价内容为标准化因子载荷路径系数达到显著，且其值高于0.5，理想状态为高于0.7。多元相关平方 R^2 是测量指标共同性评判指标，表示测量指标可以被潜在变量解释的变异程度，也可以理解为个别测量指标的信度，其值越大越好。潜在变量的组合信度（composite reliability，CR）为模型内在质量的判别指标之一，若潜在变量的组合信度高于0.6，表示模型内在质量理想。平均方差抽取量（average variance extracted，AVE）表示潜在变量所解释的变异量中有多少来自测量误差，其值越大，测量指标被潜在变量解释的变异量百分比越大，相对的测量误差就越小，一般判别标准是平均方差变异量应大于0.5。总之，标准化因子载荷、多元相关平方 R^2、组合信度、平均方差抽取量可用于模型收敛效度评估指标（吴明隆，2014）。本研究中（见表6-5），导游心理契约组织责任所对应的测量指标标准化因子载荷值介于0.554~0.905之间，所有值均高于0.5的标准值，且多数测量指标载荷值高于0.7，由此说明，导游心理契约组织责任公因子对其测量指标的直接影响程度较大。各测量指标多元相关平方 R^2 值介于0.307~0.819之间，其中多数测量指标 R^2 值高于0.5，表示测量指标被潜在变量解释的变异量高，测量指标能够有效反映所对应的导游心理契约组织责任公因子。整体而言，模型组合信度为0.921，高于0.6，平均变异抽取量为0.600，高于0.5，由此说明模型收敛效度良好，见图6-1。

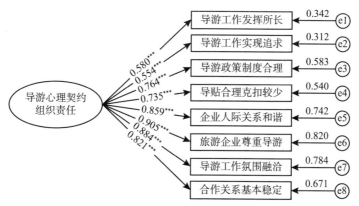

图6-1　导游心理契约组织责任一阶测量模型标准化路径系数

注：*** 表示 $p < 0.001$；残差项 e1~e8 是测量指标的测量误差。
资料来源：本研究绘制而成。

（二）导游心理契约自身责任的题项分析与因子分析

1. 导游心理契约自身责任测量指标的题项分析

导游心理契约自身责任测量指标的题项分析结果，见表6-6。

表6-6　　　　　　　导游心理契约自身责任测量指标的题项分析结果

代码	测量指标	独立样本t检验值	项目与总分相关系数	CITC值	删除该项目后的Cronbach's α值	备注
D1	我愿意学习相关知识提高讲解水平	-21.107***	0.816**	0.888	0.974	保留
D2	我愿意提升导游业务语言表达能力	-21.780***	0.824**	0.906	0.973	保留
D3	我愿意提高自身导游业务技能水平	-20.649***	0.810**	0.897	0.974	保留
D4	我愿意积极培养自身人际协调能力	-19.968***	0.800**	0.890	0.974	保留
D5	我愿意培养自身导游团队合作精神	-20.175***	0.803**	0.885	0.974	保留
D11	我愿意维护旅游行业旅游企业形象	-21.228***	0.817**	0.881	0.974	保留
D12	我愿意严守旅游企业相关商业机密	-19.906***	0.799**	0.877	0.974	保留
D15	我能够完成已制订的旅游行程计划	-18.907***	0.784**	0.861	0.974	保留
D16	我接受旅游企业安排的团队或散客	-21.897***	0.825**	0.760	0.974	保留
D17	我愿意与旅游企业的同事友好相处	-20.999***	0.814**	0.888	0.977	删除
D18	我愿意与同行导游共享工作的信息	-20.481***	0.807**	0.847	0.976	删除
D19	和我服务的旅游企业保持工作沟通	-20.616***	0.809**	0.860	0.973	保留

注：** 表示 $p < 0.01$，*** 表示 $p < 0.001$。
资料来源：本研究统计分析而成。

（1）导游心理契约自身责任测量指标的独立样本t检验

依据导游心理契约自身责任测量指标总分（所有测量指标的总和）将其分为最高分、最低分的两个极端组，取总样本的前27%为低分组，后27%为高分组；然后采纳独立样本t检验的方法，检验测量指标在两个极端组的差异显著性。研究结果显示（见表6-6），导游心理契约自身责任所有测量指标的检验均达显著水平，予以保留。

（2）导游心理契约自身责任测量指标的总分相关性分析

导游心理契约自身责任测量指标与总分相关系数可以作为个别测量指标

筛选的依据：如果测量指标与总分的相关性高，即相关系数高于0.5，表示测量指标与量表的同质性高；如果测量指标与总分的相关系数未达显著，即相关系数小于0.5，表示该测量指标与量表的同质性不高，予以删除。本研究中，对导游心理契约自身责任量表的各个测量指标与测量指标总分的相关性进行估计，研究结果显示（见表6-6），所有测量指标与测量指标总分的相关系数均高于0.5，测量指标予以保留。

（3）导游心理契约自身责任测量指标的校正项目总体相关度分析

研究结果显示（见表6-6），导游心理契约自身责任所有测量指标CICT值均高于0.4的临界值，予以保留。其次，对整体量表Cronbach's α系数进行估计，其值为0.976，说明该量表整体信度优良；同时，测量指标D17、D18对应的"删除该项目后的Cronbach's α值"分别为0.977、0.976，未达到低于整体量表Cronbach's α系数（0.976）的指标，据此将此两项测量指标予删除，而其他测量指标均符合相应指标，予以保留。

2. 导游心理契约自身责任的探索性因子分析

对导游心理契约自身责任进行探索性因子分析，通过主成分法提取公因子，并利用正交旋转法，提取特征值大于1.000、因子载荷大于0.5的公因子，参考旋转后的因子分析列表，逐一剔除因子载荷小于0.5、交叉载荷大于0.4的因子，以此确定导游心理契约自身责任公因子。依据上述筛选条件，进行探索性因子分析，提取单一导游心理契约自身责任公因子。研究结果显示（见表6-7），样本的KMO值为0.953，样本近似卡方值为7208.127，自由度为66，p=0.000<0.001，据此说明因子分析的总体效果良好。

表6-7　导游心理契约自身责任探索性因子分析的KMO值和Bartlett球形检验

项目		检验值
取样足够度的Kaiser-Meyer-Olkin度量		0.953
Bartlett的球形度检验	近似卡方	7208.127
	df	66
	sig.	0.000

资料来源：本研究统计分析而成。

表6-8所示，所提取的导游心理契约自身责任公因子累计方差贡献率为80.353%，解释超过80%的导游心理契约自身责任信息，属于较为理想的公因子提取结果。总体而言，测量指标因子载荷介于0.780~0.935之间，其中，我愿意提升语言表达能力、我愿意提高自己的业务水平、我愿意培养自身的人际协调能力的三个测量指标因子载荷高，分别为0.935、0.930、0.921，属于较为重要的测量指标；我愿意严守旅游企业的机密、我能够完成旅游行程计划、我服务的旅游企业保持工作沟通、能够接受旅游企业给我安排的旅游团队或散客的四个测量指标因子载荷低，分别为0.898、0.879、0.863、0.780，也具有一定的重要性；其余测量指标因子载荷均高于0.9，测量指标整体效果良好。

表6-8　　　　　　　导游心理契约自身责任探索性因子分析结果

公因子	代码	测量指标	因子载荷	特征根	方差贡献率（%）	Cronbach's α
导游心理契约自身责任	D1	我愿意学习相关知识提高讲解水平	0.918	8.035	80.353	0.976
	D2	我愿意提升导游业务语言表达能力	0.935			
	D3	我愿意提高自身导游业务技能水平	0.930			
	D4	我愿意积极培养自身人际协调能力	0.921			
	D5	我愿意培养自身导游团队合作精神	0.917			
	D11	我愿意维护旅游行业旅游企业形象	0.913			
	D12	我愿意严守旅游企业相关商业机密	0.898			
	D15	我能够完成已制订的旅游行程计划	0.879			
	D16	我接受旅游企业安排的团队或散客	0.780			
	D19	和我服务的旅游企业保持工作沟通	0.863			

资料来源：本研究统计分析而成。

3. 导游心理契约自身责任的验证性因子分析

本研究对导游心理契约自身责任的验证性因子分析流程如下：

首先，筛选适宜的因子纳入模型。参照导游心理契约自身责任探索性因子分析结果，公因子Cronbach's α系数大于0.7、测量指标因子载荷大于0.5，故确定适宜进行验证性因子分析。其次，验证性因子分析检验。构建包含导游心理契约自身责任为潜变量及其对应的测量指标的测量模型，检验模型收敛效度。将所有测量指标纳入测量模型，初步分析结果的拟合状况不佳（$\chi^2/df = 14.855$，CFI = 0.917，TLI = 0.893，IFI = 0.917，RMR = 0.021，GFI = 0.805，AGFI = 0.694，RMSEA = 0.79），模型修正指数（modification indices）显示，测量指标 D2、D19 的误差项与其他多个测量指标的误差项具有较高关联，增列相应的协方差后卡方值将有明显降低。据此结果，本研究先逐步增加误差项之间的协方差，以此观察模型拟合改善状况；同时，也采取删除相应的测量指标、重新拟合参数的方法以观察拟合指标改善状况。两种修正方式进行比较，最终获得最优测量模型。经过多次修正与参数拟合比较，本研究发现，增列误差项之间的协方差使得测量模型更加复杂，且拟合指数改善有限，而删除 D2、D19 测量指标后，测量模型更加简练，且测量模型拟合状况能够达到适配要求，χ^2/df 值为 2.754，CFI 值为 0.993，TLI 值为 0.998，IFI 值为 0.993，RMR 值为 0.006，GFI 值为 0.975；AGFI 值为 0.947，RMSEA 值为 0.064，各项拟合参数均达到适配要求，表明导游心理契约自身责任测量模型与实际数据适配，见表 6 - 9。

表 6 - 9   导游心理契约自身责任验证性因子分析结果

潜变量	代码	测量指标	标准化因子载荷	多元相关平方 R^2	组合信度 CR	平均变异抽取量 AVE
导游心理契约自身责任	D1	我愿意学习相关知识提高讲解水平	0.906	0.820	0.964	0.772
	D3	我愿意提升导游业务语言表达能力	0.935	0.874		
	D4	我愿意提高自身导游业务技能水平	0.917	0.841		
	D5	我愿意积极培养自身人际协调能力	0.915	0.837		
	D11	我愿意培养自身导游团队合作精神	0.904	0.817		
	D12	我愿意维护旅游行业旅游企业形象	0.874	0.764		
	D15	我愿意严守旅游企业相关商业机密	0.842	0.709		
	D16	我能够完成已制订的旅游行程计划	0.717	0.514		
适配标准值			>0.500	越大越好	>0.600	>0.500

资料来源：本研究统计分析而成。

本研究对导游心理契约自身责任进行收敛效度检验。依然采纳标准化因子载荷、多元相关平方 R^2、组合信度、平均方差抽取量以评估收敛效度。表 6-9 显示，导游心理契约自身责任所对应的测量指标标准化因子载荷值介于 0.717～0.935 之间，所有值均高于 0.5 的标准值，且多数测量指标载荷值高于 0.7 的理想状态值，由此说明，导游心理契约自身责任公因子对其测量指标的直接影响程度较大。各测量指标多元相关平方 R^2 值介于 0.514～0.874 之间，所有测量指标 R^2 值高于 0.5，表示测量指标被潜在变量解释的变异量高，测量指标能够有效反映所对应的导游心理契约自身责任公因子。整体而言，模型组合信度为 0.964，高于 0.6，平均变异抽取量为 0.772，高于 0.5，由此说明模型收敛效度良好，见图 6-2。

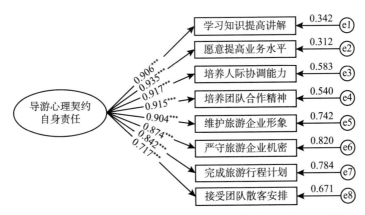

图 6-2　导游心理契约自身责任一阶测量模型标准化路径系数

注：*** 表示 p<0.001；残差项 e1～e8 是测量指标的测量误差。
资料来源：本研究绘制而成。

(三) 导游角色行为的题项分析与因子分析

1. 导游角色行为测量指标的题项分析

导游角色行为测量指标的题项分析结果见表 6-10。

(1) 导游角色行为测量指标的独立样本 t 检验

依据导游角色行为测量指标总分将其分为最高分、最低分的两个极端组，取总样本的前 27% 为低分组，后 27% 为高分组；然后采纳独立样本 t 检验的方法，检验测量指标在两个极端组的差异显著性。研究结果显示（见表 6-10），导游角色行为所有测量指标的检验均达显著水平，予以保留。

表 6 – 10　　　　　　　导游角色行为测量指标的题项分析结果

代码	测量指标	独立样本t检验值	项目与总分相关系数	CITC 值	删除该项目后的 Cronbach's α 值	备注
F1	我能完成旅游接待工作任务	− 24.303 ***	0.900 **	0.879	0.975	保留
F2	我能履行对导游的工作职责	− 25.111 ***	0.893 **	0.872	0.975	保留
F3	我能按照行程计划完成工作	− 26.454 ***	0.909 **	0.892	0.975	保留
F10	我主动解决工作遇到的问题	− 27.185 ***	0.925 **	0.910	0.974	保留
F11	坚持克服困难完成工作任务	− 26.917 ***	0.903 **	0.883	0.975	保留
F12	对导游接待工作我格外努力	− 25.198 ***	0.888 **	0.865	0.975	保留
F13	做有利旅游企业利益的工作	− 24.652 ***	0.910 **	0.891	0.975	保留
F14	我希望承担有挑战性的工作	− 24.790 ***	0.840 **	0.806	0.977	保留
F15	我会做提高团队绩效的工作	− 27.130 ***	0.851 **	0.821	0.976	保留

注：** 表示 $p < 0.01$，*** 表示 $p < 0.001$。
资料来源：本研究统计分析而成。

（2）导游角色行为测量指标的总分相关性分析

导游角色行为测量指标与总分相关系数可以作为个别测量指标筛选的依据：如果测量指标与总分的相关性高，即相关系数高于 0.5，表示测量指标与量表的同质性高；如果测量指标与总分的相关系数未达显著，即相关系数小于 0.5，表示该测量指标与量表的同质性不高，予以删除。本研究中，对导游角色行为量表的各个测量指标与测量指标总分的相关性进行估计，研究结果显示（见表 6 – 10），所有测量指标与测量指标总分的相关系数均高于 0.5，测量指标予以保留。

（3）导游角色行为测量指标的校正项目总体相关度分析

研究结果显示（见表 6 – 10），所有测量指标 CICT 值均高于 0.4 的临界值，予以保留。其次，对整体量表 Cronbach's α 系数进行估计，其值为 0.977，说明该量表整体信度优良；同时，测量指标对应的"删除该项目后的 Cronbach's α 值"全部低于整体量表 Cronbach's α 系数（0.977），据此所有测量指标予以保留。综合而言，量表具有较高的内部一致性与可信度，达到进一步统计分析要求。

2. 导游角色行为的探索性因子分析

对导游角色行为进行探索性因子分析，通过主成分法提取公因子，并利用正交旋转法，提取特征值大于 1.000、因子载荷大于 0.5 的公因子，参考旋转后的因子分析列表，逐一剔除因子载荷小于 0.5、交叉载荷大于 0.4 的因子，以此确定导游角色行为公因子。依据上述筛选条件，进行第一次探索性因子分析，最终结果显示为单因子结构，所有测量指标因子载荷高于 0.5，且剔除三项测量指标后，累积方差贡献率达到最大值。综上所述，经过逐步剔除不符因子，通过四轮探索性因子分析，最终提取单一导游角色行为公因子。研究结果显示（见表 6 – 11），样本的 KMO 值为 0.953，样本近似卡方值为 4871.339，自由度为 36，p = 0.000 < 0.001，据此说明因子分析的总体效果良好。

表 6 – 11 　　　　导游角色行为探索性因子分析的 KMO 值和 Bartlett 球形检验

项目		检验值
取样足够度的 Kaiser-Meyer-Olkin 度量		0.953
Bartlett 的球形度检验	近似卡方	4871.339
	df	36
	sig.	0.000

资料来源：本研究统计分析而成。

表 6 – 12 所示，所提取的导游角色行为公因子累计方差贡献率为 80.720%，解释超过 80% 的导游角色行为信息，属于较为理想的公因子提取结果。总体而言，测量指标因子载荷介于 0.834 ~ 0.934 之间，其中，我主动解决工作中遇到的问题、我能按照行程计划要求完成工作任务、我能完成接待工作任务、我坚持克服困难完成工作任务的四个测量指标因子载荷高，分别为 0.934、0.924、0.916、0.916，属于较为重要的测量指标；在工作方面我格外努力、我希望承担具有挑战性的工作、我会做一些提高团队成员或同事绩效的工作（如领队、地/全陪、司机、同事等）的三个测量指标因子载荷低，分别为

0.899、0.840、0.834，也具有一定的重要性；其余测量指标因子载荷均高于0.9，测量指标整体效果良好。

表6-12 导游角色行为探索性因子分析结果

公因子	代码	测量指标	因子载荷	特征根	方差贡献率（%）	Cronbach's α
导游角色行为	F1	我能完成旅游接待工作任务	0.916	7.265	80.720	0.969
	F2	我能履行对导游的工作职责	0.913			
	F3	我能按照行程计划完成工作	0.924			
	F10	我主动解决工作遇到的问题	0.934			
	F11	坚持克服困难完成工作任务	0.916			
	F12	对导游接待工作我格外努力	0.899			
	F13	做有利旅游企业利益的工作	0.904			
	F14	我希望承担有挑战性的工作	0.840			
	F15	我会做提高团队绩效的工作	0.834			

资料来源：本研究统计分析而成。

3. 导游角色行为的验证性因子分析

本研究对导游角色行为的验证性因子分析流程如下：

首先，筛选适宜的因子纳入模型。参照导游角色行为探索性因子分析结果，公因子 Cronbach's α 系数大于0.7、测量指标因子载荷大于0.5，故确定适宜进行验证性因子分析。其次，验证性因子分析检验。构建包含导游角色行为为潜变量及其对应的测量指标的测量模型，检验模型收敛效度。将所有测量指标纳入测量模型，初步分析结果的拟合状况不佳（$\chi^2/df = 10.329$，$CFI = 0.948$，$TLI = 0.931$，$IFI = 0.948$，$RMR = 0.020$，$GFI = 0.862$，$AGFI = 0.771$，$RMSEA = 0.147$），模型修正指数（modification indices）显示，测量指标 F1、F15 的误差项与其他多个测量指标的误差项具有较高关联，增列相应的协方差后卡方值将有明显降低。据此结果，本研究先逐步增加误差项之间的协方差，以此观察模型拟合改善状况；同时，也采取删除相应的测量指标、重新拟合参数的方法以观察拟合指标改善状况。两种修正方式进行比较，最终获得最优测量模型。经过多次修正与参数拟合比较，本研究发现，增列误差项之间的协方差使得测量模型更加复杂，且拟合指数未有显著改善，而删除 F1、F15 测量指标后，测量模型拟合状况能够达到适配要求，此时的测量模型 χ^2/df 值为 2.522，CFI 值为 0.995，TLI 值为 0.991，IFI 值为 0.995，RMR 值为 0.007，GFI 值为 0.980；AGFI 值为 0.954，RMSEA 值为 0.059，各项拟合参数均达到适配要求，表明导游角色行为测量模型与实际数据适配，见表 6-13。

表 6-13　　　　　　　　　导游角色行为验证性因子分析结果

潜变量	代码	测量指标	标准化因子载荷	多元相关平方 R^2	组合信度 CR	平均变异抽取量 AVE
导游角色行为	F2	我能履行对导游的工作职责	0.900	0.810	0.963	0.790
	F3	我能按照行程计划完成工作	0.918	0.843		
	F10	我主动解决工作遇到的问题	0.945	0.894		
	F11	坚持克服困难完成工作任务	0.923	0.852		
	F12	对导游接待工作我格外努力	0.893	0.797		
	F13	做有利旅游企业利益的工作	0.853	0.727		
	F14	我希望承担有挑战性的工作	0.777	0.603		
		适配标准值	>0.500	越大越好	>0.600	>0.500

资料来源：本研究统计分析而成。

本研究依然采纳标准化因子载荷、多元相关平方 R^2、组合信度、平均方差抽取量的评估指标以检验导游角色行为的收敛效度。研究结果显示（见表 6-13），导游角色行为所对应的测量指标标准化因子载荷值介于 0.777 ~ 0.945 之间，所有值均高于 0.5 的标准值，且所有测量指标载荷值高于 0.7，由此说明，导游角色行为公因子对其测量指标的直接影响程度较大。各测量指标多元相关平方 R^2 值介于 0.603 ~ 0.894 之间，所有测量指标 R^2 值高于 0.5，表示测量指标被潜在变量解释的变异量高，测量指标能够有效反映所对应的导游角色行为公因子。整体而言，模型组合信度为 0.963，高于 0.6，平均变异抽取为 0.790，高于 0.5，由此说明模型收敛效度良好，见图 6-3。

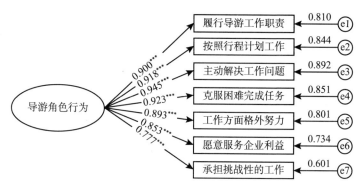

图6-3　导游角色行为一阶测量模型标准化路径系数

注：*** 表示 p < 0.001；残差项 e1 ~ e7 是测量指标的测量误差。
资料来源：本研究绘制而成。

（四）导游情绪劳动的题项分析与因子分析

1. 导游情绪劳动测量指标的题项分析

导游情绪劳动测量指标的题项分析结果，见表6-14。

表6-14　　　　　　　　　　导游情绪劳动测量指标的题项分析结果

代码	测量指标	独立样本 t 检验值	项目与总分相关系数	CITC 值	删除该项目后的 Cronbach's α 值	备注
J1	工作中感到愤怒时控制真实情感表达	− 13. 176 ***	0. 657 **	0. 592	0. 865	保留
J2	服务补救时经常克制自己不好的情绪	− 14. 908 ***	0. 619 **	0. 534	0. 868	保留
J3	我为顾客着想，诚心地为其解决问题	− 13. 256 ***	0. 669 **	0. 602	0. 865	保留
J4	我会以亲切和善的态度为旅游者服务	− 11. 536 ***	0. 668 **	0. 607	0. 865	保留
J5	我对旅游者表现出来的情绪是真实的	− 11. 961 ***	0. 661 **	0. 593	0. 865	保留
J6	我对旅游者表现的情绪是自然流露的	− 10. 498 ***	0. 646 **	0. 577	0. 866	保留
J7	对旅游者的情绪与我当时的感受一致	− 13. 711 ***	0. 680 **	0. 608	0. 864	保留
J8	表现友好情绪是发自内心而非假装的	− 10. 170 ***	0. 632 **	0. 562	0. 867	保留
J9	工作时表现出恰当情绪如同演戏一样	− 17. 364 ***	0. 682 **	0. 584	0. 866	保留
J10	当与旅游者接触时，我假装有好心情	− 18. 243 ***	0. 690 **	0. 591	0. 865	保留
J11	我仅仅是假装工作中需要表现的情绪	− 16. 340 ***	0. 671 **	0. 568	0. 867	保留
J12	为展示出特定的表情，我会戴上"面具"	− 16. 853 ***	0. 654 **	0. 543	0. 869	保留

注：** 表示 p < 0.01，*** 表示 p < 0.001。
资料来源：本研究统计分析而成。

（1）导游情绪劳动测量指标的独立样本 t 检验

计算导游情绪劳动测量指标总分（所有测量指标的总和），对总分进行升序排列；以样本前 27% 为低分组，样本后 27% 为高分组，找到两个极端组所对应的测量指标总分，以此为临界值，产生一个新的类别变量，该类别变量取值为 1（代表低分组）、2（代表高分组）；然后采纳独立样本 t 检验的方法，检验测量指标在两个极端组的差异显著性。本研究中，对导游情绪劳动量表的测量指标分别计算其总得分，然后将所有测量指标总得分升序排列，总样本的前 27% 和后 27% 为两个极端组进行独立样本 t 检验，研究结果显示（见表 6-14），导游情绪劳动所有测量指标的检验均达显著水平，说明该测量指标具有组间差异，予以保留。

（2）导游情绪劳动测量指标的总分相关性分析

情绪劳动测量指标与总分相关系数可以作为测量指标筛选的依据：如果测量指标与总分的相关性高，即相关系数高于 0.5，表示测量指标与量表的同质性高；如果测量指标与总分的相关系数小于 0.5，表示该测量指标与量表的同质性不高，予以删除。本研究中，对情绪劳动量表的各个测量指标与测量指标总分的相关性进行估计，研究结果显示（见表 6-14），所有测量指标与总分相关系数均高于 0.5，测量指标予以保留。

（3）导游情绪劳动测量指标的校正项目总体相关度分析

导游情绪劳动校正项目总体相关度 CITC 值（Corrected Item Total Correlation，CITC）和 Cronbach's α 值主要用于评价量表的可信程度估计。首先，本研究采取 CITC 临界值为 0.4，将小于 0.4 的测量指标删除，以净化量表且提高量表信度。研究结果显示（见表 6-14），所有测量指标符合要求，予以保留。其次，整体量表 Cronbach's α 系数估计值为 0.876，说明该量表整体信度良好；同时，测量指标对应的"删除该项目后的 Cronbach's α 值"全部低于整体量表 Cronbach's α 系数（0.876），据此所有测量指标予以保留。综合而言，导游情绪劳动量表具有较高的内部一致性与可信度，达到进一步统计分析要求。

2. 导游情绪劳动的探索性因子分析

本研究通过主成分法提取公因子，并利用正交旋转法，提取特征值大于 1.000、因子载荷大于 0.5 的公因子，参考旋转后的因子分析列表，逐一剔除因子载荷小于 0.5、交叉载荷大于 0.4 的因子，以此确定导游情绪劳动的公因子。首先，研究结果显示（见表 6-15），样本的 KMO 值为 0.892，表明本研究中各因子间具有较为明显的相关度，样本近似卡方值为 4327.174，自由度为 66，p = 0.000 < 0.001，据此说明因子分析的总体效果良好。

表 6 – 15　　导游情绪劳动探索性因子分析的 KMO 值和 Bartlett 球形检验

项目		检验值
取样足够度的 Kaiser-Meyer-Olkin 度量		0.892
Bartlett 的球形度检验	近似卡方	4327.174
	df	66
	sig.	0.000

资料来源：本研究统计分析而成。

表 6 – 16 所示，通过探索性因子分析，最终提取导游情绪劳动表层扮演、

表 6 – 16　　　　　　　导游情绪劳动探索性因子分析结果

概念	公因子	代码	测量指标	因子载荷	特征根	方差贡献率（％）	累积方差贡献率（％）	Cronbach's α
情绪劳动	深层扮演	J1	工作中感到愤怒时控制真实情感表达	0.805	1.044	8.700	80.499	0.877
		J2	服务补救时经常克制自己不好的情绪	0.756				
		J3	我为顾客着想，诚心地为其解决问题	0.842				
		J4	我会以亲切和善的态度为旅游者服务	0.776				
	真实表达	J5	我对旅游者表现出来的情绪是真实的	0.855	3.115	25.958	71.749	0.918
		J6	我对旅游者表现的情绪是自然流露的	0.883				
		J7	对旅游者的情绪与我当时的感受一致	0.860				
		J8	表现友好情绪是发自内心而非假装的	0.758				
	表层扮演	J9	工作时表现出恰当情绪如同演戏一样	0.866	5.495	45.791	45.791	0.943
		J10	当与旅游者接触时，我假装有好心情	0.941				
		J11	我仅仅是假装工作中需要表现的情绪	0.941				
		J12	为展示出特定的表情，我会戴上"面具"	0.924				

资料来源：本研究统计分析而成。

深层表演、真实表达的三个公因子。所提取的导游情绪劳动三个公因子累计方差贡献率为80.499%，解释超过80%的导游情绪劳动信息，属于较为非常理想的公因子提取结果。其中，表层扮演的方差贡献率最高，为45.791%，占据导游情绪劳动总变异的主要比重；而深层扮演的方差贡献率最低，为8.7%，它引起的变异占导游情绪劳动总变异的比例最低。总体而言，测量指标因子载荷介于0.756~0.941之间，其中，测量指标"当与旅游者接触时，我假装有好心情""我仅仅是假装拥有工作中需要表现的情绪""为了展示出特定的表情，我会戴上面具"因子载荷最高，分别为0.941、0.941、0.942，属于较为重要的测量指标；"在服务补救时，我经常克制自己不好的情绪""如果必须在旅游者面前表现出友好情绪，我会尽可能使自己发自内心而非假装""我会克服自己不好的情绪，以亲切和善的态度为旅游者服务"三个测量指标因子载荷最低，分别为0.756、0.758、0.776，具有一定的重要性；其余测量指标因子载荷均高于0.8，测量效果良好。

3. 导游情绪劳动的验证性因子分析

导游情绪劳动的验证性因子分析流程如下：

首先，筛选适宜的因子纳入模型。参照探索性因子分析结果，依据公因子Cronbach's α系数大于等于0.7、测量指标因子载荷大于等于0.5的条件，筛选公因子与测量指标，确定是否适宜进行验证性因子分析。表6-16所示，表层扮演、深层扮演、真实表达三个公因子的Cronbach's α系数分别为0.943，0.877、0.918，均大于0.7；所有测量指标因子载荷均大于0.5。据此，将所有测量指标纳入验证性因子分析模型。

其次，验证性因子分析检验。构建包含表层扮演、深层扮演、真实表达为潜变量及其对应的测量指标的测量模型，检验模型收敛效度。将所有测量指标纳入测量模型，初步分析结果的拟合状况优良，其中，$\chi^2/df = 2.739$，$CFI = 0.979$，$TLI = 0.973$，$IFI = 0.979$，$RMR = 0.039$，$GFI = 0.948$，$AGFI = 0.921$，$RMSEA = 0.063$，模型无须任何修正，各项拟合参数均达到适配要求，表明导游情绪劳动测量模型与实际数据适配，见表6-17。

本研究将采用标准化因子载荷、多元相关平方R^2、组合信度、平均方差抽取量以评价导游情绪劳动模型收敛效度。研究结果显示（见表6-17），导游情绪劳动所对应的测量指标标准化因子载荷值介于0.676~0.944之间，所有值均高于0.5的标准值，且多数测量指标载荷值高于0.7，由此说明，表层扮演、深层扮演、真实表达三个公因子对其测量指标的直接影响程度均较大。各测量指标多元相关平方 R^2 值介于 0.624 ~ 0.890 之间，所有测量指标 R^2 值高于 0.5，表示测量指标被潜在变量解释的变异量高，测量指标能够有效反映所对应的导游情绪劳动各个公因子。整体而言，各潜变量组合信度分别为 0.944、0.801、0.834，均高于 0.6，各潜变量的平均变异抽取量分别为 0.809、0.525、0.559，均高于 0.5，由此说明模型收敛效度良好。

表 6-17　　　　　　　　　导游情绪劳动验证性因子分析结果

概念	潜变量	代码	测量指标	标准化因子载荷	多元相关平方 R^2	组合信度 CR	平均变异抽取量 AVE
情绪劳动	深层扮演	J1	工作中感到愤怒时控制真实情感表达	0.790	0.624	0.801	0.525
		J2	服务补救时经常克制自己不好的情绪	0.676	0.456		
		J3	我为顾客着想，诚心地为其解决问题	0.896	0.804		
		J4	我会以亲切和善的态度为旅游者服务	0.879	0.772		
	真实表达	J5	我对旅游者表现出来的情绪是真实的	0.880	0.775	0.834	0.559
		J6	我对旅游者表现的情绪是自然流露的	0.910	0.829		
		J7	对旅游者的情绪与我当时的感受一致	0.860	0.739		
		J8	表现友好情绪是发自内心而非假装的	0.795	0.633		
	表层扮演	J9	工作时表现出恰当情绪如同演戏一样	0.820	0.672	0.944	0.809
		J10	当与旅游者接触时，我假装有好心情	0.944	0.890		
		J11	我仅仅是假装工作中需要表现的情绪	0.924	0.853		
		J12	为展示出特定的表情，我会戴上"面具"	0.904	0.817		
适配标准值				> 0.500	越大越好	> 0.600	> 0.500

资料来源：本研究统计分析而成。

导游情绪劳动各维度区别效度检验的严格方法为：两个潜变量各自的平均方差抽取量（AVE 值）均大于它们之间的相关系数平方（r^2），说明两个潜变量之间存在区别效度。本研究中，导游情绪劳动结构包含三个潜变量，为检验其区别效度，将各个潜变量之间的相关系数、相关系数平方与平均方差抽取量进行整理，结果见表 6 – 18，以表层扮演与真实表达为例，表层扮演 AVE 值为 0.809、真实表达 AVE 值为 0.559，此两个潜变量的相关系数为 0.150，相关系数平方 r^2 为 0.023，两个潜变量各自的 AVE 值均大于 0.023，因此，表层扮演、真实表达具有区别效度；同理比较，三个潜变量具有显著的区别效度，见图 6 – 4。

表 6 – 18 导游情绪劳动区别效度检验结果

潜变量	表层扮演	真实表达	深层扮演
表层扮演	0.809 （AVE）	0.023 （r^2）	0.038 （r^2）
真实表达	0.150	0.559 （AVE）	0.521 （r^2）
深层扮演	0.195	0.722	0.525 （AVE）

注：对角线为潜变量平均方差抽取量（AVE）；下三角为潜变量间的相关系数；上三角为潜变量间的相关系数平方。
资料来源：本研究统计分析而成。

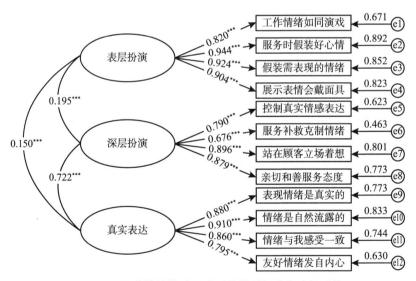

图 6 – 4 导游情绪劳动一阶测量模型标准化路径系数

注：*** 表示 p < 0.001；残差项 e1～e12 是测量指标的测量误差。
资料来源：本研究统计分析而成。

（五）导游服务绩效的题项分析与因子分析

1. 导游服务绩效测量指标的题项分析

导游服务绩效测量指标的题项分析结果，见表 6 – 19。

表 6 –19   导游服务绩效测量指标的题项分析结果

代码	测量指标	独立样本 t 检验值	项目与总分相关系数	CITC 值	删除该项目后的 Cronbach's α 值	备注
E1	我对待旅游者友善并乐意提供帮助	− 26. 852 ***	0. 890 **	0. 841	0. 940	保留
E2	当旅游者需要时，我能够快速响应	− 29. 396 ***	0. 913 **	0. 875	0. 936	保留
E3	我愿意倾听问题并发现游客的需要	− 29. 747 ***	0. 926 **	0. 894	0. 934	保留
E4	对旅游者需要提供旅游产品的信息	− 29. 996 ***	0. 926 **	0. 892	0. 934	保留
E5	向旅游者建议喜欢而不了解的产品	− 29. 797 ***	0. 840 **	0. 756	0. 942	保留
E6	解释产品项目的内容克服反对意见	− 29. 954 ***	0. 886 **	0. 833	0. 941	保留

注：** 表示 $p < 0.01$，*** 表示 $p < 0.001$。
资料来源：本研究统计分析而成。

（1）导游服务绩效测量指标的独立样本 t 检验

将导游服务绩效测量指标总分（所有测量指标的总和）分为最高分、最低分的两个极端组，取总样本的前 27% 为低分组，后 27% 为高分组；然后采纳独立样本 t 检验的方法，检验测量指标在两个极端组的差异显著性。研究结果显示（见表 6 – 19），导游服务绩效所有测量指标的检验均达显著水平，予以保留。

（2）导游服务绩效测量指标的总分相关性分析

导游服务绩效测量指标与总分相关系数可以作为个别测量指标筛选的依据：如果测量指标与总分的相关性高，即相关系数高于 0.5，表示测量指标与量表的同质性高；如果测量指标与总分的相关系数未达显著，即相关系数小于 0.5，表示该测量指标与量表的同质性不高，予以删除。本研究中，对导游服务绩效量表的各个测量指标与测量指标总分的相关性进行估计，研究结果显示（见表 6 – 19），所有测量指标与测量指标总分的相关系数均高于0.5，测量指标予以保留。

（3）导游服务绩效测量指标的校正项目总体相关度分析

研究结果显示（见表 6 – 19），所有测量指标 CICT 值均高于 0.4 的临界值，予以保留。其次，整体量表 Cronbach's α 系数估计值为 0.949，说明该量表整体信度优良；同时，测量指标对应的"删除该项目后的 Cronbach's α 值"全部低于整体量表 Cronbach's α 系数（0.949），据此所有测量指标予以保留。综合而言，量表具有较高的内部一致性与可信度，达到进一步统计分析要求。

2. 导游服务绩效的探索性因子分析

对导游服务绩效进行探索性因子分析，通过主成分法提取公因子，并利用正交旋转法，提取特征值大于 1.000、因子载荷大于 0.5 的公因子，参考旋转后的因子分析列表，逐一剔除因子载荷小于 0.5、交叉载荷大于 0.4 的因子，以此确定导游服务绩效公因子。依据上述筛选条件，进行探索性因子分析，最终提取单一导游服务绩效公因子。研究结果显示（见表 6 – 20），样本的 KMO 值为 0.897，样本近似卡方值为 2813.622，自由度为 15，p = 0.000 < 0.001，据此说明因子分析的总体效果良好。

表 6 – 20   导游服务绩效探索性因子分析的 KMO 值和 Bartlett 球形检验

项目		检验值
取样足够度的 Kaiser-Meyer-Olkin 度量		0.897
Bartlett 的球形度检验	近似卡方	2813.622
	df	15
	sig.	0.000

资料来源：本研究统计分析而成。

表 6 – 21 所示，所提取的导游服务绩效公因子累计方差贡献率为 80.634%，解释超过 80% 的导游服务绩效信息，属于较为理想的公因子提取结果。总体而言，测量指标因子载荷介于 0.822 ~ 0.933 之间，其中，我愿意倾听旅游者的问题并发现他们的需要、对旅游者需要能够提供旅游产品项目的信息、旅游者需要时我能够快速响应的三个测量指标因子载荷高，分别为 0.933、0.930、0.921，属于较为重要的测量指标；我对待旅游者友善并乐意提供帮助、向旅游者解释产品项目的内容特征与效益、向旅游者建议他们喜欢却不很了解的旅游产品项目的三个测量指标因子载荷低，分别为 0.897、

0.879、0.822，也具有一定的重要性，测量指标整体效果良好。

表 6 - 21 导游服务绩效探索性因子分析结果

公因子	代码	测量指标	因子载荷	特征根	方差贡献率（%）	Cronbach's α
导游服务绩效	E1	我对待旅游者友善并乐意提供帮助	0.897	4.838	80.634	0.949
	E2	当旅游者需要时，我能够快速响应	0.921			
	E3	我愿意倾听问题并发现游客的需要	0.933			
	E4	对旅游者需要提供旅游产品的信息	0.930			
	E5	向旅游者建议喜欢而不了解的产品	0.822			
	E6	解释产品项目的内容克服反对意见	0.879			

资料来源：本研究统计分析而成。

3. 导游服务绩效的验证性因子分析

本研究对导游服务绩效的验证性因子分析流程如下：

首先，筛选适宜的因子纳入模型。参照导游服务绩效探索性因子分析结果，公因子 Cronbach's α 系数大于 0.7、测量指标因子载荷大于 0.5，故确定适宜进行验证性因子分析。其次，验证性因子分析检验。构建包含导游服务绩效为潜变量及其对应的测量指标的测量模型，检验模型收敛效度。将所有测量指标纳入测量模型，初步分析结果的拟合状况不佳（$\chi^2/df = 8.008$，CFI = 0.983，TLI = 0.963，IFI = 0.983，RMR = 0.012，GFI = 0.958，AGFI = 0.873，RMSEA = 0.127），模型修正指数（modification indices）显示，测量指标 E1 的误差项与其他多个测量指标的误差项具有较高关联，增列相应的协方差后卡方值将有明显降低。据此结果，本研究先逐步增加误差项之间的协方差，以此观察模型拟合改善状况；同时，也采取删除相应的测量指标、重新拟合参数的方法以观察拟合指标改善状况。两种修正方式进行比较，最终获得最优测量模型。经过多次修正与参数拟合比较，本研究发现，删除 E1 测量指标后，测量模型拟合状况能够达到适配要求，此时的测量模型 χ^2/df 值为 2.819，CFI 值为 0.997，TLI 值为 0.992，IFI 值为 0.997，RMR 值为 0.007，GFI 值为 0.992；AGFI 值为 0.960，RMSEA 值为 0.065，各项拟合参数均达到适配要求，表明导游服务绩效测量模型与实际数据适配，见表 6 - 22。

表 6 – 22   导游服务绩效验证性因子分析结果

潜变量	代码	测量指标	标准化因子载荷	多元相关平方 R^2	组合信度 CR	平均变异抽取量 AVE
导游服务绩效	E2	当旅游者需要时，我能够快速响应	0.905	0.819	0.942	0.765
	E3	我愿意倾听问题并发现游客的需要	0.945	0.893		
	E4	对旅游者需要提供旅游产品的信息	0.925	0.855		
	E5	向旅游者建议喜欢而不了解的产品	0.737	0.543		
	E6	解释产品项目的内容克服反对意见	0.846	0.715		
		适配标准值	> 0.500	越大越好	> 0.600	> 0.500

资料来源：本研究统计分析而成。

本研究依然采纳标准化因子载荷、多元相关平方 R^2、组合信度、平均方差抽取量的评估指标以检验导游服务绩效的收敛效度。研究结果显示（见表 6 – 22），导游服务绩效所对应的测量指标标准化因子载荷值介于 0.737 ~ 0.945 之间，所有值均高于 0.5 的标准值，且所有测量指标载荷值高于 0.7，由此说明，导游服务绩效公因子对其测量指标的直接影响程度较大。各测量指标多元相关平方 R^2 值介于 0.543 ~ 0.893 之间，所有测量指标 R^2 值高于 0.5，表示测量指标被潜在变量解释的变异量高，测量指标能够有效反映所对应的导游服务绩效公因子。整体而言，模型组合信度为 0.942，高于 0.6，平均变异抽取量为 0.765，高于 0.5，由此说明模型收敛效度良好，见图 6 – 5。

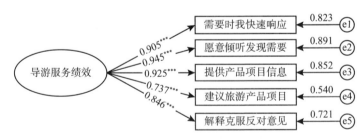

图 6 – 5   导游服务绩效一阶测量模型标准化路径系数

注： *** 表示 p < 0.001；残差项 e1 ~ e5 是测量指标的测量误差。
资料来源：本研究绘制而成。

（六）导游敬业度的题项分析与因子分析

1. 导游敬业度测量指标的题项分析

导游敬业度测量指标的题项分析结果，见表6-23。

表6-23 导游敬业度测量指标的题项分析结果

代码	测量指标	独立样本t检验值	项目与总分相关系数	CITC值	删除该项目后的Cronbach's α值	备注
G1	有接待任务时乐意去工作	-15.866***	0.824**	0.790	0.957	保留
G2	工作时，我感到精力充沛	-18.474***	0.831**	0.795	0.956	保留
G3	工作时，我的心情很愉快	-20.749***	0.856**	0.821	0.956	保留
G5	对工作进展不会灰心丧气	-19.576***	0.849**	0.813	0.956	保留
G6	工作时满脑子就只有工作	-19.551***	0.829**	0.788	0.957	保留
G7	工作时感觉时间过得很快	-16.764***	0.825**	0.789	0.957	保留
G8	放下导游工作是很困难的	-21.780***	0.812**	0.765	0.958	保留
G9	我觉得导游工作很有意义	-23.281***	0.872**	0.844	0.955	保留
G10	我觉得导游工作能激励我	-23.187***	0.885**	0.857	0.954	保留
G11	我对于导游工作抱有热情	-26.206***	0.895**	0.871	0.954	保留
G12	我为从事的导游工作骄傲	-24.144***	0.837**	0.796	0.957	保留

注：** 表示 $p < 0.01$， *** 表示 $p < 0.001$。
资料来源：本研究统计分析而成。

（1）导游敬业度测量指标的独立样本t检验

将导游敬业度测量指标总分（所有测量指标的总和）分为最高分、最低分的两个极端组，取总样本的前27%为低分组，后27%为高分组；然后采纳独立样本t检验的方法，检验测量指标在两个极端组的差异显著性。研究结果显示（见表6-23），导游敬业度所有测量指标的检验均达显著水平，予以保留。

（2）导游敬业度测量指标的总分相关性分析

导游敬业度测量指标与总分相关系数可以作为个别测量指标筛选的依据：

如果测量指标与总分的相关性高，即相关系数高于 0.5，表示测量指标与量表的同质性高；如果测量指标与总分的相关系数未达显著，即相关系数小于 0.5，表示该测量指标与量表的同质性不高，予以删除。本研究中，对导游敬业度量表的各个测量指标与测量指标总分的相关性进行估计，研究结果显示（见表 6 - 23），所有测量指标与测量指标总分的相关系数均高于 0.5，测量指标予以保留。

（3）导游敬业度测量指标的校正项目总体相关度分析

研究结果显示（见表 6 - 23），所有测量指标 CICT 值均高于 0.4 的临界值，予以保留。其次，对整体量表 Cronbach's α 系数进行估计，其值为 0.960，说明该量表整体信度优良；同时，所有测量指标对应的"删除该项目后的 Cronbach's α 值"全部低于整体量表 Cronbach's α 系数（0.960），据此所有测量指标予以保留。综合而言，量表具有较高的内部一致性与可信度，达到进一步统计分析要求。

2. 导游敬业度的探索性因子分析

对导游敬业度进行探索性因子分析，通过主成分法提取公因子，并利用正交旋转法，提取特征值大于 1.000、因子载荷大于 0.5 的公因子，参考旋转后的因子分析列表，逐一剔除因子载荷小于 0.5、交叉载荷大于 0.4 的因子，以此确定导游敬业度公因子。依据上述筛选条件，进行探索性因子分析，最终提取单一导游敬业度公因子。研究结果显示（见表 6 - 24），样本的 KMO 值为 0.953，样本近似卡方值为 4782.596，自由度为 55，p = 0.000 < 0.001，据此说明因子分析的总体效果良好。

表 6 - 24　　导游敬业度探索性因子分析的 KMO 值和 Bartlett 球形检验

项目		检验值
取样足够度的 Kaiser-Meyer-Olkin 度量		0.953
Bartlett 的球形度检验	近似卡方	4782.596
	df	55
	sig.	0.000

资料来源：本研究统计分析而成。

表 6 – 25 所示，所提取的导游敬业度公因子累计方差贡献率为 71.795%，解释超过 70% 的导游敬业度信息，属于较为理想的公因子提取结果。总体而言，测量指标因子载荷介于 0.805 ~ 0.897 之间，其中，我对自己的导游工作抱有热情、我觉得导游工作能够激励我、我觉得导游工作有意义的三个测量指标因子载荷高，分别为 0.897、0.886、0.874，属于较为重要的测量指标；当我工作时时间总是不知不觉就过去了、工作时我满脑子就只有工作、让我放下手中的导游工作是件很困难的事情的三个测量指标因子载荷低，分别为 0.827、0.826、0.805，也具有一定的重要性；其他测量指标因子载荷介于 0.829 ~ 0.856 之间，测量指标整体效果良好。

表 6 – 25   **导游敬业度探索性因子分析结果**

公因子	代码	测量指标	因子载荷	特征根	方差贡献率（%）	Cronbach's α
导游敬业度	G1	有接待任务时乐意去工作	0.829	7.897	71.795	0.960
	G2	工作时，我感到精力充沛	0.834			
	G3	工作时，我的心情很愉快	0.856			
	G5	对工作进展不会灰心丧气	0.847			
	G6	工作时满脑子就只有工作	0.826			
	G7	工作时感觉时间过得很快	0.827			
	G8	放下导游工作是很困难的	0.805			
	G9	我觉得导游工作很有意义	0.874			
	G10	我觉得导游工作能激励我	0.886			
	G11	我对于导游工作抱有热情	0.897			
	G12	我为从事的导游工作骄傲	0.835			

资料来源：本研究统计分析而成。

3. 导游敬业度的验证性因子分析

本研究对导游敬业度的验证性因子分析流程如下。

首先，筛选适宜的因子纳入模型。导游敬业度探索性因子分析结果显示，公因子 Cronbach's α 系数大于 0.7、测量指标因子载荷大于 0.5，故确定适宜进行验证性因子分析。其次，验证性因子分析检验。构建包含导游敬业度为潜变量及其对应的测量指标的测量模型，检验模型收敛效度。将所有测量指标纳入测量模型，初步分析结果的拟合状况不佳（$\chi^2/df = 11.490$，CFI $=$ 0.906，TLI $= 0.879$，IFI $= 0.906$，RMR $= 0.037$，GFI $= 0.785$，AGFI $=$ 0.670，RMSEA $= 0.155$），模型修正指数（modification indices）显示，测量指标 G3、G5、G6、G7 的误差项与其他多个测量指标的误差项具有较高关联，增列相应的协方差后卡方值将有明显降低。据此结果，本研究先逐步增加误差项之间的协方差，以此观察模型拟合改善状况；同时，也采取删除相应的测量指标、重新拟合参数的方法以观察拟合指标改善状况。两种修正方式进行比较，最终获得最优测量模型。经过多次修正与参数拟合比较，本研究发现，删除上述四个测量指标后，测量模型拟合状况能够达到适配要求，此时的测量模型 χ^2/df 值为 1.402，CFI 值为 0.998，TLI 值为 0.997，IFI 值为 0.998，RMR 值为 0.007，GFI 值为 0.988；AGFI 值为 0.974，RMSEA 值为 0.030，各项拟合参数均达到适配要求，表明导游敬业度测量模型与实际数据适配，见表 6-26。

表 6-26　　　　　　　　　　导游敬业度验证性因子分析结果

潜变量	代码	测量指标	标准化因子载荷	多元相关平方 R^2	组合信度 CR	平均变异抽取量 AVE
导游敬业度	G1	有接待任务时乐意去工作	0.739	0.546	0.943	0.704
	G2	工作时，我感到精力充沛	0.717	0.514		
	G8	放下导游工作是很困难的	0.767	0.589		
	G9	我觉得导游工作很有意义	0.902	0.814		
	G10	我觉得导游工作能激励我	0.931	0.866		
	G11	我对于导游工作抱有热情	0.926	0.857		
	G12	我为从事的导游工作骄傲	0.860	0.740		
适配标准值			>0.500	越大越好	>0.600	>0.500

资料来源：本研究统计分析而成。

导游敬业度收敛效度检验依然采纳标准化因子载荷、多元相关平方 R^2、组合信度、平均方差抽取量的评估指标。研究结果显示（见表6-26），导游敬业度所对应的测量指标标准化因子载荷值介于0.717~0.926之间，所有值均高于0.5的标准值，且所有测量指标载荷值高于0.7，由此说明，导游敬业度公因子对其测量指标的直接影响程度较大。各测量指标多元相关平方 R^2 值介于0.514~0.866之间，所有测量指标 R^2 值高于0.5，表示测量指标被潜在变量解释的变异量高，测量指标能够有效反映所对应的导游敬业度公因子。整体而言，模型组合信度为0.943，高于0.6，平均变异抽取量为0.704，高于0.5，由此说明模型收敛效度良好，见图6-6。

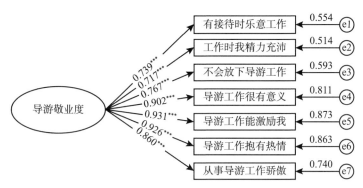

图6-6 导游敬业度一阶测量模型标准化路径系数

注：*** 表示 $p < 0.001$；残差项 e1~e7 是测量指标的测量误差。
资料来源：本研究绘制而成。

（七）导游情感承诺的题项分析与因子分析

1. 导游情感承诺测量指标的题项分析

导游情感承诺测量指标的题项分析结果，见表6-27。

（1）导游情感承诺测量指标的独立样本 t 检验

将导游情感承诺测量指标总分（所有测量指标的总和）分为最高分、最低分的两个极端组，取总样本的前27%为低分组，后27%为高分组；然后采纳独立样本 t 检验的方法，检验测量指标在两个极端组的差异显著性。研究结果显示（见表6-27），导游情感承诺所有测量指标的检验均达显著水平，予以保留。

表 6 - 27　　　　　　　　导游情感承诺测量指标的题项分析结果

代码	测量指标	独立样本 t 检验值	项目与总分相关系数	CITC 值	删除该项目后的 Cronbach's α 值	备注
I1	我享受导游的工作体验	− 20. 366 ***	0. 832 **	0. 766	0. 930	保留
I2	我愿意待在旅游行业内	− 28. 867 ***	0. 880 **	0. 822	0. 923	保留
I3	视企业问题为自我问题	− 31. 661 ***	0. 851 **	0. 776	0. 929	保留
I4	我归属于旅游行业企业	− 29. 588 ***	0. 909 **	0. 862	0. 917	保留
I5	不轻易被其他工作吸引	− 23. 627 ***	0. 866 **	0. 801	0. 925	保留
I6	旅游企业于我意义重大	− 26. 042 ***	0. 891 **	0. 843	0. 920	保留

注：** 表示 p < 0.01，*** 表示 p < 0.001。
资料来源：本研究统计分析而成。

（2）导游情感承诺测量指标的总分相关性分析

导游情感承诺测量指标与总分相关系数可以作为个别测量指标筛选的依据，如果测量指标与总分的相关性高，即相关系数高于 0.5，表示测量指标与量表的同质性高。本研究中，对导游情感承诺量表的各个测量指标与测量指标总分的相关性进行估计，研究结果显示（见表 6 - 27），所有测量指标与测量指标总分的相关系数均高于 0.5，测量指标予以保留。

（3）导游情感承诺测量指标的校正项目总体相关度分析

研究结果显示（见表 6 - 27），所有测量指标 CICT 值均高于 0.4 的临界值，予以保留。其次，对整体量表 Cronbach's α 系数进行估计，其值为 0.936，说明该量表整体信度优良；测量指标对应的"删除该项目后的 Cronbach's α 值"全部低于整体量表 Cronbach's α 系数（0.936），据此所有测量指标予以保留。综合而言，量表具有较高的内部一致性与可信度，达到进一步统计分析要求。

2. 导游情感承诺的探索性因子分析

对导游情感承诺进行探索性因子分析，通过主成分法提取公因子，并利用正交旋转法，提取特征值大于 1.000、因子载荷大于 0.5 的公因子，参考旋转后的因子分析列表，逐一剔除因子载荷小于 0.5、交叉载荷大于 0.4 的因子，以此确定导游情感承诺公因子。依据上述筛选条件，进行探索性因子分析，提取单一导游情感承诺公因子。研究结果显示（见表 6 - 28），样本的 KMO 值为 0.905，样本近似卡方值为 2162.052，自由度为 15，p = 0.000 <

0.001，据此说明因子分析的总体效果良好。

表 6 – 28　　　导游情感承诺探索性因子分析的 KMO 值和 Bartlett 球形检验

项目		检验值
取样足够度的 Kaiser-Meyer-Olkin 度量		0.905
Bartlett 的球形度检验	近似卡方	2162.052
	df	15
	sig.	0.000

资料来源：本研究统计分析而成。

表 6 – 29 所示，所提取的导游情感承诺公因子累计方差贡献率为 76.036%，解释超过 70% 的导游情感承诺信息，属于较为理想的公因子提取结果。总体而言，测量指标因子载荷介于 0.838 ~ 0.908 之间，其中，我觉得自己归属于旅游行业或我服务的旅游企业、对我个人而言旅游行业或我服务的旅游企业意义重大、我愿意在旅游行业内继续待下去的三个测量指标因子载荷高，分别为 0.908、0.895、0.881，属于较为重要的测量指标；我不会轻易被其他行业的工作吸引、旅游行业或旅游企业的问题就是我自己的问题、我享受导游的工作体验的三个测量指标因子载荷低，分别为 0.864、0.844、0.838，也具有一定的重要性；综合而言，所有测量指标因子载荷高于 0.800，测量指标整体效果良好。

表 6 – 29　　　　　　　　导游情感承诺探索性因子分析结果

公因子	代码	测量指标	因子载荷	特征根	方差贡献率（%）	Cronbach's α
导游情感承诺	I1	我享受导游的工作体验	0.838	4.562	76.036	0.936
	I2	我愿意待在旅游行业内	0.881			
	I3	视企业问题为自我问题	0.844			
	I4	我归属于旅游行业企业	0.908			
	I5	不轻易被其他工作吸引	0.864			
	I6	旅游企业于我意义重大	0.895			

资料来源：本研究统计分析而成。

3. 导游情感承诺的验证性因子分析

本研究对导游情感承诺的验证性因子分析流程如下：

首先，筛选适宜的因子纳入模型。导游情感承诺探索性因子分析结果显示，公因子 Cronbach's α 系数大于 0.7、测量指标因子载荷大于 0.5，故确定适宜进行验证性因子分析。其次，验证性因子分析检验。构建包含导游情感承诺为潜变量及其对应的测量指标的测量模型，检验模型收敛效度。将所有测量指标纳入测量模型，测量模型拟合状况达到适配要求，测量模型 χ^2/df 值为 2.948，CFI 值为 0.994，TLI 值为 0.986，IFI 值为 0.994，RMR 值为 0.011，GFI 值为 0.984，AGFI 值为 0.953，RMSEA 值为 0.067，各项拟合参数均达到适配要求，表明导游情感承诺测量模型与实际数据适配，见表 6-30。

表 6-30　　　　　　　　　导游情感承诺验证性因子分析结果

潜变量	代码	测量指标	标准化因子载荷	多元相关平方 R^2	组合信度 CR	平均变异抽取量 AVE
导游情感承诺	I1	我享受导游的工作体验	0.778	0.605	0.701	0.933
	I2	我愿意待在旅游行业内	0.838	0.702		
	I3	视企业问题为自我问题	0.787	0.619		
	I4	我归属于旅游行业企业	0.878	0.771		
	I5	不轻易被其他工作吸引	0.846	0.716		
	I6	旅游企业于我意义重大	0.889	0.790		
		适配标准值	> 0.500	越大越好	> 0.600	> 0.500

资料来源：本研究统计分析而成。

导游情绪承诺收敛效度检验依然采纳标准化因子载荷、多元相关平方 R^2、组合信度、平均方差抽取量的评估指标。研究结果显示（见表 6-30），导游情感承诺所对应的测量指标标准化因子载荷值介于 0.778 ~ 0.889 之间，所有值均高于 0.5 的标准值，且所有测量指标载荷值高于 0.7，由此说明，导游情感承诺公因子对其测量指标的直接影响程度较大。各测量指标多元相关平方 R^2 值介于 0.605 ~ 0.790 之间，所有测量指标 R^2 值高于 0.5，表示测量指标被潜在变量解释的变异量高，测量指标能够有效反映所对应的导游情感承诺公因子。整体而言，模型组合信度为 0.701，高于 0.6，平均变异抽取量为 0.933，高于 0.5，由此说明模型收敛效度良好，见图 6－7。

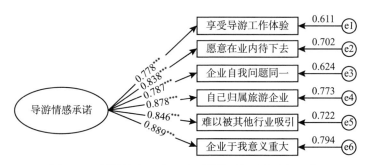

图 6－7 导游情感承诺一阶测量模型标准化路径系数

注：*** 表示 p＜0.001；残差项 e1～e6 是测量指标的测量误差。
资料来源：本研究绘制而成。

（八）导游组织支持感的题项分析与因子分析

1. 导游组织支持感测量指标的题项分析

导游组织支持感测量指标的题项分析结果，见表 6－31。

表 6－31　　　　导游组织支持感测量指标的题项分析结果

代码	测量指标	独立样本 t 检验值	项目与总分相关系数	CITC 值	删除该项目后的 Cronbach's α 值	备注
H1	需要时旅游企业愿意提供帮助	－27.594 ***	0.918 **	0.851	0.907	保留
H2	旅游企业在意我的工作与贡献	－30.619 ***	0.942 **	0.893	0.893	保留
H3	旅游企业重视我的意见与建议	－31.187 ***	0.926 **	0.862	0.904	保留
H5	积极评价我对企业发展的贡献	－25.578 ***	0.857 **	0.755	0.932	保留

注：** 表示 p＜0.01，*** 表示 p＜0.001。
资料来源：本研究统计分析而成。

（1）导游组织支持感测量指标的独立样本 t 检验

将导游组织支持感测量指标总分为最高分、最低分的两个极端组，取总样本的前27%为低分组，后27%为高分组；然后采纳独立样本t检验的方法，检验测量指标在两个极端组的差异显著性。研究结果显示（见表6-31），导游组织支持感所有测量指标的检验均达显著水平，予以保留。

（2）导游组织支持感测量指标的总分相关性分析

导游组织支持感测量指标与总分相关系数可以作为个别测量指标筛选的依据，如果测量指标与总分的相关性高，即相关系数高于0.5，表示测量指标与量表的同质性高。本研究中，对导游组织支持感量表的各个测量指标与测量指标总分的相关性进行估计，研究结果显示（见表6-31），所有测量指标与测量指标总分的相关系数均高于0.5，测量指标予以保留。

（3）导游组织支持感测量指标的校正项目总体相关度分析

研究结果显示（见表6-31），导游组织支持感的所有测量指标CICT值均高于0.4的临界值，予以保留。其次，对整体量表Cronbach's α系数进行估计，其值为0.937，说明该量表整体信度优良；同时，删除该项目后的Cronbach's α值全部低于整体量表Cronbach's α系数（0.937），据此所有测量指标予以保留。综合而言，量表具有较高的内部一致性与可信度，达到进一步统计分析要求。

2. 导游组织支持感的探索性因子分析

对导游组织支持感进行探索性因子分析，初步研究得到单一导游组织支持感公因子。表6-32显示，样本的KMO值为0.851，样本近似卡方值为1507.762，自由度为6，p=0.000<0.001，据此说明因子分析的总体效果良好。

表6-32　　导游组织支持感探索性因子分析的KMO值和Bartlett球形检验

项目		检验值
取样足够度的Kaiser-Meyer-Olkin度量		0.851
Bartlett的球形度检验	近似卡方	1507.762
	df	6
	sig.	0.000

资料来源：本研究统计分析而成。

表 6 - 33 所示，所提取的导游组织支持感公因子累计方差贡献率为 83.044%，解释超过 80% 的导游组织支持感信息，属于理想公因子提取结果。总体而言，测量指标因子载荷介于 0.855 ~ 0.944 之间，属于较为重要的测量指标。综合而言，所有测量指标因子载荷高于 0.800，测量指标整体效果良好。

表 6 - 33　　　　　　　　导游组织支持感探索性因子分析结果

公因子	代码	测量指标	因子载荷	特征根	方差贡献率（%）	Cronbach's α
导游组织支持感	H1	需要时旅游企业愿意提供帮助	0.919	3.322	83.044	0.937
	H2	旅游企业在意我的工作与贡献	0.944			
	H3	旅游企业重视我的意见与建议	0.925			
	H5	积极评价我对企业发展的贡献	0.855			

资料来源：本研究统计分析而成。

3. 导游组织支持感的验证性因子分析

本研究对导游组织支持感的验证性因子分析流程如下：

首先，筛选适宜的因子纳入模型。导游组织支持感探索性因子分析结果显示，公因子 Cronbach's α 系数大于 0.7、测量指标因子载荷大于 0.5，故确定适宜进行验证性因子分析。其次，验证性因子分析检验。构建包含导游组织支持感为潜变量及其对应的测量指标的测量模型，检验模型收敛效度。将所有测量指标纳入测量模型，测量模型拟合状况达到适配要求，测量模型 χ^2/df 值为 2.260，CFI 值为 0.998，TLI 值为 0.995，IFI 值为 0.998，RMR 值为 0.007，GFI 值为 0.995，AGFI 值为 0.974，RMSEA 值为 0.054，各项拟合参数均达到适配要求，表明导游组织支持感测量模型与实际数据适配，见表 6 - 34。

导游组织支持感收敛效度检验依然采纳标准化因子载荷、多元相关平方 R^2、组合信度、平均方差抽取量的评估指标。研究结果显示（见表 6 - 34），导游组织支持感所对应的测量指标标准化因子载荷值介于 0.780 ~ 0.943 之间，所有值均高于 0.5 的标准值，且所有测量指标载荷值高于 0.7，说明导游组织支持感公因子对其测量指标的直接影响程度较大。各测量指标多元相关平方 R^2 值介于 0.608~0.890 之间，所有测量指标 R^2 值高于 0.5，表示测量指标被潜在变量解释的变异量高，测量指标能够有效反映所对应的导游组织支持感公因子。整体而言，模型组合信度为 0.933，高于 0.6，平均变异抽取量为 0.777，高于 0.5，由此说明模型收敛效度良好，见图 6-8。

表 6-34　　　　　　　　导游组织支持感验证性因子分析结果

潜变量	代码	测量指标	标准化因子载荷	多元相关平方 R^2	组合信度 CR	平均变异抽取量 AVE
导游组织支持感	H1	需要时旅游企业愿意提供帮助	0.898	0.807	0.933	0.777
	H2	旅游企业在意我的工作与贡献	0.943	0.890		
	H3	旅游企业重视我的意见与建议	0.897	0.805		
	H5	积极评价我对企业发展的贡献	0.780	0.608		
		适配标准值	>0.500	越大越好	>0.600	>0.500

资料来源：本研究统计分析而成。

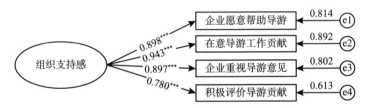

图 6-8　导游组织支持感一阶测量模型标准化路径系数

注：*** 表示 p<0.001；残差项 e1~e4 是测量指标的测量误差。
资料来源：本研究绘制而成。

（九）导游公平敏感性的题项分析与因子分析

1. 导游公平敏感性测量指标的题项分析

导游公平敏感性测量指标的题项分析结果，见表 6-35。

表 6 – 35 　　　　　　　　　　导游公平敏感性测量指标的题项分析结果

代码	测量指标	独立样本 t 检验值	项目与总分相关系数	CITC 值	删除该项目后的 Cronbach α 值	备注
K1	我希望工作做得少，获得的报酬多	– 13. 970 ***	0. 673 **	0. 594	0. 872	保留
K2	工作中职责少的时候，我会很开心	– 14. 745 ***	0. 668 **	0. 589	0. 872	保留
K3	在工作的时候，我会想办法去偷懒	– 12. 353 ***	0. 683 **	0. 605	0. 871	保留
K4	如果不被发现我的工作效率会降低	– 12. 232 ***	0. 665 **	0. 583	0. 872	保留
K5	如果没做工作而有报酬，我会开心	– 14. 358 ***	0. 665 **	0. 576	0. 873	保留
K6	聪明的员工是付出最少而得到最多	– 14. 008 ***	0. 692 **	0. 610	0. 871	保留
K7	工资福利较差我仍然会尽力工作	– 10. 752 ***	0. 567 **	0. 490	0. 882	删除
K8	我会帮助没有完成任务的团队成员	– 9. 870 ***	0. 576 **	0. 510	0. 876	保留
K9	我认为我工作的价值大于所拿报酬	– 13. 378 ***	0. 618 **	0. 549	0. 874	保留
K10	工作时我很关心我是否做到了最好	– 11. 146 ***	0. 582 **	0. 516	0. 876	保留
K11	我喜欢忙碌的而非无所事事的工作	– 9. 573 ***	0. 532 **	0. 457	0. 878	保留
K12	若工作中无事可做我会觉得不自在	– 11. 682 ***	0. 582 **	0. 514	0. 876	保留
K13	我觉得自己更加喜欢任务多的工作	– 14. 609 ***	0. 641 **	0. 573	0. 873	保留
K14	职责多的工作要比职责少的工作好	– 15. 964 ***	0. 650 **	0. 584	0. 872	保留

注：** 表示 $p < 0.01$，*** 表示 $p < 0.001$。
资料来源：本研究统计分析而成。

（1）导游公平敏感性测量指标的独立样本 t 检验

将导游公平敏感性测量指标总分（所有测量指标总和）分为最高分、最低分的两个极端组，取总样本的前 27% 为低分组，后 27% 为高分组；然后采纳独立样本 t 检验的方法，检验测量指标在两个极端组的差异显著性。研究结果显示（见表 6 – 35），导游公平敏感性所有测量指标的检验均达显著水平，予以保留。

（2）导游公平敏感性测量指标的总分相关性分析

导游公平敏感性测量指标与总分相关系数可以作为个别测量指标筛选的依据，如果测量指标与总分的相关性高，即相关系数高于 0.5，表示测量指标与量表的同质性高。本研究中，对导游公平敏感性量表的各个测量指标与测量指标总分的相关性进行估计，研究结果显示（见表 6 - 35），所有测量指标与测量指标总分的相关系数均高于 0.5，测量指标予以保留。

（3）导游公平敏感性测量指标的校正项目总体相关度分析

研究结果显示（见表 6 - 35），导游公平敏感性的所有测量指标 CICT 值均高于 0.4 的临界值，予以保留。其次，整体量表 Cronbach's α 系数估计值为 0.882，说明该量表整体信度优良；同时，除测量指标 K7 之外，所有测量指标对应的"删除该项目后的 Cronbach's α 值"全部低于整体量表 Cronbach's α 系数（0.882），据此，删除测量指标 K7，而其他测量指标予以保留。综合而言，量表具有较高的内部一致性与可信度，达到进一步统计分析要求。

2. 导游公平敏感性的探索性因子分析

对于导游公平敏感性进行探索性因子分析，初步研究得到单一导游公平敏感性公因子。研究结果显示，样本的 KMO 值为 0.880，样本近似卡方值为 4525.811，自由度为 78，p = 0.000 < 0.001，据此说明因子分析的总体效果良好，见表 6 - 36。

表 6 - 36   导游公平敏感性探索性因子分析的 KMO 值和 Bartlett 球形检验

项目		检验值
取样足够度的 Kaiser-Meyer-Olkin 度量		0.880
Bartlett 的球形度检验	近似卡方	4525.811
	df	78
	sig.	0.000

资料来源：本研究统计分析而成。

表 6 - 37 所示，所提取的导游公平敏感性公因子累计方差贡献率为 71.678%，属于较为理想的公因子提取结果。总体而言，测量指标因子载荷介于 0.767 ~ 0.914 之间，属于较为重要的测量指标。其中，在工作的时候，我会想办法偷懒、如果能不被发现我的工作效率会稍微降低一点、我希望工作做得少获得的报酬多的三个测量指标因子载荷高，分别为 0.914、0.895、0.861，属于较为重要的测量指标；我喜欢任务多的工作、在相同的条件下职责多的工作要比职责少的工作好、我认为我工作的价值大于所拿的报酬的三

个测量指标因子载荷低,分别为0.807、0.770、0.767,也具有一定的重要性;综合而言,所有测量指标因子载荷高于0.700,测量指标整体效果良好。

表6-37 导游公平敏感性探索性因子分析结果

概念	公因子	代码	测量指标	因子载荷	特征根	方差贡献率(%)	累积方差贡献率(%)	Cronbach's α
导游公平敏感性	自私自利	K1	我希望工作做得少,获得的报酬多	0.861	5.275	40.580	40.580	0.936
		K2	工作中职责少的时候,我会很开心	0.844				
		K3	在工作的时候,我会想办法去偷懒	0.914				
		K4	如果不被发现我的工作效率会降低	0.895				
		K5	如果没做工作而有报酬,我会开心	0.846				
		K6	聪明的员工是付出最少而得到最多	0.849				
	大公无私	K8	我会帮助没有完成任务的团队成员	0.829	4.043	31.099	71.678	0.918
		K9	我认为我工作的价值大于所拿报酬	0.767				
		K10	工作时我很关心我是否做到了最好	0.860				
		K11	我喜欢忙碌的而非无所事事的工作	0.836				
		K12	若工作中无事可做我会觉得不自在	0.854				
		K13	我觉得自己更加喜欢任务多的工作	0.807				
		K14	职责多的工作要比职责少的工作好	0.770				

资料来源:本研究统计分析而成。

3. 导游公平敏感性的验证性因子分析

本研究对导游公平敏感性的验证性因子分析流程如下:

首先,筛选适宜的因子纳入模型。导游公平敏感性探索性因子分析结果显示(见表6-38),自私自利、大公无私两个公因子Cronbach's α系数分别为0.936、0.936,均大于0.7、测量指标因子载荷大于0.5,故确定适宜进行验证性因子分析。其次,验证性因子分析检验。构建包含自私自利、大公无私为潜变量及其对应的测量指标的测量模型,检验模型收敛效度。将所有测量指标纳入测量模型,初步分析结果的拟合状况不佳($\chi^2/df = 9.586$,CFI = 0.878,TLI = 0.851,IFI = 0.878,RMR = 0.073,GFI = 0.807,AGFI =

0.726，RMSEA = 0.141），模型修正指数（modification indices）显示，测量指标 K5、K10 的误差项与其他多个测量指标的误差项具有较高关联，增列相应的协方差后卡方值将有明显降低。据此结果，本研究先逐步增加误差项之间的协方差，以此观察模型拟合改善状况；同时，也采取删除相应的测量指标、重新拟合参数的方法以观察拟合指标改善状况。两种修正方式进行比较，最终获得最优测量模型。经过多次修正与参数拟合比较，本研究发现，删除上述两个测量指标后，测量模型拟合状况能够达到适配要求，此时的测量模型拟合状况达到适配要求，测量模型 χ^2/df 值为 2.678，CFI 值为 0.981，TLI 值为 0.974，IFI 值为 0.981，RMR 值为 0.064，GFI 值为 0.958；AGFI 值为 0.931，RMSEA 值为 0.062，各项拟合参数均达到适配要求，表明导游公平敏感性测量模型与实际数据适配。

表 6 – 38　　　　　　　　导游公平敏感性验证性因子分析结果

潜变量	代码	测量指标	标准化因子载荷	多元相关平方 R^2	组合信度 CR	平均变异抽取量 AVE
自私自利	K1	我希望工作做得少，获得的报酬多	0.768	0.591	0.921	0.703
	K2	工作中职责少的时候，我会很开心	0.711	0.507		
	K3	在工作的时候，我会想办法去偷懒	0.952	0.906		
	K4	如果不被发现我的工作效率会降低	0.923	0.852		
	K6	聪明的员工是付出最少而得到最多	0.812	0.661		
大公无私	K8	我会帮助没有完成任务的团队成员	0.806	0.648	0.892	0.581
	K9	我认为我工作的价值大于所拿报酬	0.717	0.518		
	K11	我喜欢忙碌的而非无所事事的工作	0.770	0.587		
	K12	若工作中无事可做我会觉得不自在	0.811	0.654		
	K13	我觉得自己更加喜欢任务多的工作	0.760	0.583		
	K14	职责多的工作要比职责少的工作好	0.701	0.497		
适配标准值			>0.500	越大越好	>0.600	>0.500

资料来源：本研究统计分析而成。

导游公平敏感性收敛效度检验依然采纳标准化因子载荷、多元相关平方

R^2、组合信度、平均方差抽取量的评估指标。研究结果显示（见表 6 - 38），导游公平敏感性所对应的测量指标标准化因子载荷值介于 0.701 ~ 0.952 之间，所有值均高于 0.5 的标准值，且所有测量指标载荷值高于 0.7，说明导游公平敏感性公因子对其测量指标的直接影响程度较大。各测量指标多元相关平方 R^2 值介于 0.497 ~ 0.906 之间，仅测量指标 K14 的 R^2 值为 0.497，十分接近 0.500，而其他所有测量指标 R^2 值均高于 0.5，表示测量指标被潜在变量解释的变异量高，测量指标能够有效反映所对应的导游公平敏感性公因子。整体而言，模型组合信度分别为 0.921、0.892，高于 0.6，平均变异抽取量分别为 0.703、0.581，高于 0.5，由此说明模型收敛效度良好。

区别效度检验的严格方法为：两个潜变量各自的平均方差抽取量（AVE 值）均大于它们之间的相关系数平方（r^2），说明两个潜变量之间存在区别效度。本研究中，导游公平敏感性包含两个潜变量，为检验其区别效度，将各个潜变量之间的相关系数、相关系数平方与平均方差抽取量进行整理，结果见表 6 - 39，其中，自私自利 AVE 值为 0.703、大公无私 AVE 值为 0.581，此两个潜变量的相关系数为 0.114，相关系数平方 r^2 为 0.013，两个潜变量各自的 AVE 值均大于 0.013，因此，自私自利、大公无私具有显著的区别效度，见图 6 - 9。

表 6 - 39 导游公平敏感性区别效度检验结果

潜变量	自私自利	大公无私
自私自利	0.703（AVE）	0.013（r^2）
大公无私	0.114	0.581（AVE）

注：对角线为潜变量平均方差抽取量（AVE）；下三角为潜变量间的相关系数；上三角为潜变量间的相关系数平方。

资料来源：本研究统计分析而成。

三、变量的区别效度检验

本研究采用验证性因子分析方法检验潜变量的区别效度。通过 AMOS 21.0 构建导游心理契约组织责任、导游心理契约自身责任、角色行为、情绪劳动、服务绩效、敬业度、情感承诺、组织支持感、公平敏感性 9 个潜变量的多因素斜交模型。检验结果显示（见表 6 - 40），九因子模型拟合指数分别

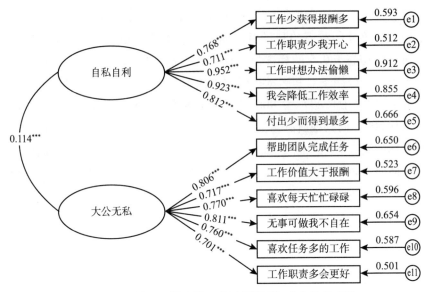

图 6 - 9　导游公平敏感性一阶测量模型标准化路径系数

注：*** 表示 p < 0.001；残差项 e1 ~ e8 是测量指标的测量误差。
资料来源：本研究绘制而成。

为：$\chi^2/df = 2.133 < 3$；CFI = 0.931，TLI = 0.927，IFI = 0.931；RMSEA = 0.051 < 0.08。各项拟合参数均达到适配要求，具有良好的拟合度。本研究还通过逐步合并相应的潜变量构建因子竞争模型，从各项拟合指标看，九因子模型显著优于八因子、七因子、六因子、五因子等多个竞争模型。综上所述，导游心理契约组织责任、导游心理契约自身责任、角色行为、情绪劳动、服务绩效、敬业度、情感承诺、组织支持感、公平敏感性 9 个潜变量具有理想的区别效度。

表 6 - 40　　导游心理契约与导游行为理论模型的潜变量区别效度比对

竞争模型	χ^2	df	χ^2/df	CFI	TLI	IFI	RMR	RMSEA
九因子模型： A、B、C、D、E、F、G、H、I	3913.701	1835	2.133	0.931	0.927	0.931	0.052	0.051
八因子模型： A + B、C、D、E、F、G、H、I	5244.397	1843	2.846	0.887	0.881	0.888	0.080	0.065

续表

竞争模型	χ^2	df	χ^2/df	CFI	TLI	IFI	RMR	RMSEA
七因子模型： A＋B＋H、C、D、E、F、G、I	6506.269	1850	3.517	0.846	0.837	0.846	0.074	0.076
六因子模型： A＋B＋H＋I、C、D、E、F、G	6976.399	1856	3.759	0.830	0.821	0.831	0.066	0.080
五因子模型： A＋B＋H＋I＋G、C、D、E、F	7515.659	1861	4.039	0.813	0.803	0.813	0.064	0.084
四因子模型： A＋B＋H＋I＋G＋F、C、D、E	8051.529	1865	4.317	0.795	0.785	0.796	0.064	0.087
三因子模型： A＋B＋H＋I＋G＋F＋E、C、D	8792.109	1868	4.707	0.771	0.760	0.771	0.067	0.092
二因子模型： A＋B＋H＋I＋G＋F＋E＋C、D	9534.461	1870	5.099	0.746	0.735	0.747	0.072	0.097
单因子模型： A＋B＋H＋I＋G＋F＋E＋C＋D	12059.771	1874	6.435	0.662	0.648	0.663	0.094	0.112

注：A 表示导游心理契约组织责任、B 表示导游心理契约自身责任、C 表示角色行为、D 表示情绪劳动、E 表示服务绩效、F 表示敬业度、G 表示情感承诺、H 表示组织支持感、I 表示公平敏感性；＋表示两个潜变量合为一个潜变量。

资料来源：本研究统计分析而成。

第二节　描述性统计分析

一、导游受访者样本数据的同源方差检验

本研究的问卷调研过程均采用调研导游受访者自评方式获取样本数据，可能引起同源方差问题，因此，需要对样本数据进行同源方差检验。将所有测量指标纳入探索性因子分析，结果显示（见表6－41），总共提取9个公因子；起始特征值大于1的公因子中，具有最大特征值的公因子解释了总方差

45.575%的变异量，未超过建议值（50%），而其他公因子解释的总方差变异量也明显小于建议值，据此，判定本研究所收集的样本数据不存在严重的同源方差。

表6-41　　　　　　导游受访者样本数据的同源方差检验结果

公因子	起始特征值			提取平方和载入			旋转平方和载入		
	总计	方差的百分比（%）	累积百分比（%）	总计	方差的百分比（%）	累积百分比（%）	总计	方差的百分比（%）	累积百分比（%）
1	32.814	45.575	45.575	32.814	45.575	45.575	14.877	20.662	20.662
2	6.668	9.262	54.837	6.668	9.262	54.837	7.083	9.838	30.500
3	3.780	5.250	60.087	3.780	5.250	60.087	6.470	8.986	39.485
4	2.994	4.159	64.245	2.994	4.159	64.245	5.442	7.559	47.044
5	1.940	2.694	66.939	1.940	2.694	66.939	5.287	7.343	54.387
6	1.503	2.088	69.027	1.503	2.088	69.027	4.632	6.434	60.821
7	1.376	1.911	70.938	1.376	1.911	70.938	4.328	6.012	66.832
8	1.354	1.881	72.818	1.354	1.881	72.818	3.212	4.461	71.293
9	1.277	1.774	74.592	1.277	1.774	74.592	2.375	3.299	74.592

资料来源：本研究统计分析而成。

针对导游受访者样本，本研究还采纳原有潜变量测量模型与增加共同方法偏差为潜变量的测量模型之间的拟合比较以印证同源方差问题，已有研究对该方法进行介绍并使用实际样本进行同源方差检验（Podsakoff et al.，2003；Williams et al.，2010）。如表6-42所示，导游受访者样本数据的两个测量模型的卡方值、自由度发生明显改变（$\Delta\chi^2 = 8172.851$，$\Delta df = 55$），通过查询卡方分布临界值表发现，此时的卡方检验达到显著（$p < 0.000$），说明两个测量模型显著不同，即本研究不存在严重的同源方差问题，样本数据所推论的变量关系可信。同时，两个模型其他拟合参数也显著不同，原有潜变量的测量模型拟合较好，而增加共同方法偏差为单潜变量的测量模型拟合不佳，亦说明两个模型适配度存在明显差异，据此推断不存在严重的同源方差问题。综上所述，Harman单因素检验法、竞争模型比较法所得出的结论相互印证。

表6-42　　导游受访者样本数据同源方差检验的竞争模型拟合结果

模型	χ^2	df	χ^2/df	GFI	IFI	TLI	CFI	RMSEA
原有潜变量的测量模型	3886.920	1819	2.137	0.779	0.932	0.926	0.931	0.051
增加共同方法潜变量的测量模型	12059.771	1874	6.435	0.409	0.663	0.648	0.662	0.112
拟合变化值	8172.851	55	4.298	-0.370	-0.269	-0.278	-0.305	0.061

资料来源：本研究统计分析而成。

二、导游心理契约与行为理论模型的变量相关分析

表6-43为导游心理契约与行为理论模型中各潜变量的均值、标准差及相关系数。

表6-43　　导游心理契约与导游行为理论模型的潜变量均值、标准差与相关系数

变量	均值	标准差	组织责任	自身责任	角色行为	情绪劳动	服务绩效	敬业度	情感承诺	组织支持感	公平敏感性
组织责任	3.665	0.804	1								
自身责任	4.485	0.666	0.511 ***	1							
角色行为	4.350	0.689	0.478 ***	0.801 ***	1						
情绪劳动	3.635	0.638	0.617 **	0.717 **	0.815 ***	1					
服务绩效	4.241	0.712	0.522 ***	0.799 ***	0.868 ***	0.819 ***	1				
敬业度	4.124	0.741	0.513 ***	0.654 ***	0.758 ***	0.879 **	0.769 ***	1			
情感承诺	3.907	0.826	0.593 ***	0.604 ***	0.674 ***	0.879 ***	0.686 ***	0.878 ***	1		
组织支持感	3.792	0.844	0.686 ***	0.486 ***	0.517 ***	0.698 ***	0.539 ***	0.638 ***	0.763 ***	1	
公平敏感性	3.593	0.567	0.569 ***	0.606 ***	0.657 ***	0.833 ***	0.689 ***	0.723 ***	0.744 ***	0.558 ***	1

注：组织责任、自身责任均为简写；下三角形为潜变量之间的相关系数 r；** 表示 $p < 0.01$，*** 表示 $p < 0.001$，双尾检验；$n = 435$。

资料来源：本研究统计分析而成。

（1）心理契约组织责任与角色行为（$r = 0.478$，$p < 0.001$）、心理契约自身责任与角色行为（$r = 0.801$，$p < 0.001$）显著正相关，情感承诺与角色

行为（$r=0.674$，$p<0.001$）显著正相关，组织支持感与角色行为（$r=0.517$，$p<0.001$）、公平敏感性与角色行为（$r=0.657$，$p<0.001$）显著正相关。

（2）心理契约组织责任与情绪劳动（$r=0.617$，$p<0.01$）、心理契约自身责任与情绪劳动（$r=0.717$，$p<0.01$）显著正相关，情感承诺与情绪劳动（$r=0.879$，$p<0.01$）显著正相关，组织支持感与情绪劳动（$r=0.698$，$p<0.01$）、公平敏感性与情绪劳动（$r=0.833$，$p<0.01$）显著正相关。

（3）心理契约组织责任与服务绩效（$r=0.522$，$p<0.001$）、心理契约自身责任与服务绩效（$r=0.799$，$p<0.001$）显著正相关，情感承诺与服务绩效（$r=0.686$，$p<0.001$）显著正相关，组织支持感与服务绩效（$r=0.539$，$p<0.001$）、公平敏感性与服务绩效（$r=0.689$，$p<0.001$）显著正相关。

（4）心理契约组织责任与敬业度（$r=0.513$，$p<0.001$）、心理契约自身责任与敬业度（$r=0.654$，$p<0.001$）显著正相关，情感承诺与敬业度（$r=0.878$，$p<0.001$）显著正相关，组织支持感与敬业度（$r=0.638$，$p<0.001$）、公平敏感性与敬业度（$r=0.723$，$p<0.001$）显著正相关。

第三节　导游心理契约组织责任与导游行为的假设检验

一、导游心理契约组织责任与导游行为关系的主效应检验

通过构建导游心理契约组织责任与导游行为各单一潜变量的路径模型，分别检验变量影响关系；基于单一路径模型结果，再构建导游心理契约组织责任与导游行为所有潜变量的路径模型，总体检验变量影响关系。研究结果显示（见表6-44），导游心理契约组织责任分别与角色行为、情绪劳动、服务绩效、敬业度的单一路径模型拟合良好；同时，导游心理契约组织责任与导游行为所有潜变量的路径模型（模型M5）拟合亦达到参照标准，据此，将依据模型M5判断导游心理契约组织责任与导游行为各潜变量之间的主效应关系。

表 6 – 44　　　导游心理契约组织责任与导游行为影响关系模型的拟合结果

模型	变量	路径	变量	χ^2	df	χ^2/df	GFI	IFI	TLI	CFI	RMSEA
M1	角色行为	←	组织责任	215.257	83	2.593	0.938	0.979	0.974	0.979	0.061
M2	情绪劳动	←	组织责任	360.525	162	2.225	0.921	0.972	0.967	0.972	0.053
M3	服务绩效	←	组织责任	116.872	58	2.015	0.960	0.988	0.984	0.988	0.048
M4	敬业度	←	组织责任	243.459	84	2.898	0.929	0.972	0.965	0.972	0.066
M5	所有因变量	←	组织责任	1925.120	683	2.819	0.822	0.930	0.924	0.930	0.065

注：①模型 M1 以导游心理契约组织责任为自变量、导游角色行为作为因变量的单一路径模型；M2 以导游心理契约组织责任为自变量、以导游情绪劳动为因变量的单一路径模型；M3 以导游心理契约组织责任为自变量、以导游服务绩效为因变量的单一路径模型；M4 以导游心理契约组织责任为自变量、以导游敬业度为因变量的单一路径模型；M5 以导游心理契约组织责任为自变量、以导游角色行为、情绪劳动、服务绩效、敬业度为因变量的整体路径模型；②表中导游心理契约组织责任均简写为组织责任。

资料来源：本研究统计分析而成。

　　表 6 – 45 所示，导游心理契约组织责任与角色行为、情绪劳动（表层扮演、深层扮演、真实表达）、服务绩效、敬业度的非标准化估计值均达显著，各路径回归系数达到显著，说明导游心理契约组织责任显著正向影响角色行为、情绪劳动、服务绩效、敬业度。其中，依据标准化估计值可知，导游心理契约组织责任对情绪劳动的真实表达、深层扮演两个维度、服务绩效的影响程度偏大，而对情绪劳动表层扮演维度影响最小，对敬业度、角色行为的影响程度居中。

表 6 – 45　　　导游心理契约组织责任与导游行为影响路径模型的参数估计结果

变量	路径	变量	非标准化估计值	标准误	临界比值	显著性	标准化估计值
角色行为	←	组织责任	0.602	0.067	9.028	＊＊	0.509
表层扮演（情绪劳动）	←	组织责任	0.283	0.090	3.159	＊＊＊	0.163
深层扮演（情绪劳动）	←	组织责任	0.622	0.068	9.155	＊＊＊	0.558
真实表达（情绪劳动）	←	组织责任	0.734	0.077	9.561	＊＊＊	0.561
服务绩效	←	组织责任	0.667	0.069	9.656	＊＊＊	0.552
敬业度	←	组织责任	0.560	0.062	9.063	＊＊＊	0.545

注：表中参数估计值来源于路径模型 M5；表中导游心理契约组织责任均简写为组织责任；＊＊ 表示 p < 0.01，＊＊＊ 表示 p < 0.001。

资料来源：本研究统计分析而成。

依据导游心理契约组织责任与导游行为关系主效应检验的标准化估计值，绘制图6－10。由图可知，导游心理契约组织责任显著正向影响导游的角色行为、情绪劳动、服务绩效、敬业度，它们的标准化回归系数均达显著。

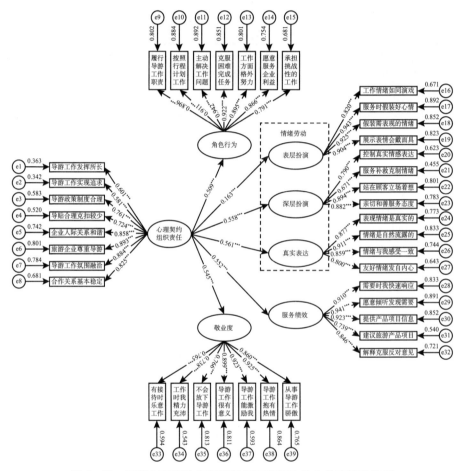

图6－10　导游心理契约组织责任与导游行为的主效应检验结果

注：** 表示 $p < 0.01$，*** 表示 $p < 0.001$；实线箭头表示假设成立；虚线方框为导游情绪劳动的三个维度。

资料来源：本研究绘制而成。

二、导游心理契约组织责任与导游行为关系的中介效应检验

采纳两种方法检验导游情感承诺的中介效应，首先采纳第一种方法构建潜变量路径结构模型并进行比较，依据显著性原则、模型精简原则以确定最佳模型，依据此模型的参数估计值以确定导游情感承诺的中介效应。第二种方法采纳 Bootstrap 法抽样，通过中介变量标准化效应置信区间以及效果值的检验，分析导游情感承诺的中介效应。

第一种方法进行检验导游情感承诺的中介效应。本研究结构模型的自变量为导游心理契约组织责任，中介变量为情感承诺，因变量包含角色行为、情绪劳动（表层扮演、深层扮演、真实表达）、服务绩效、敬业度四个潜变量。首先，检验自变量对因变量的回归系数。构建模型 M5，结果显示（见表 6－46），模型拟合状况良好（$\chi^2/\mathrm{df}=2.819$，GFI$=0.822$，IFI$=0.930$，TLI$=0.924$，CFI$=0.930$，RMSEA$=0.065$）；回归系数分析结果显示，导游心理契约组织责任对角色行为（$c=0.509$，$p<0.01$）、表层扮演（$c=0.163$，$p<0.001$）、深层扮演（$c=0.558$，$p<0.001$）、真实表达（$c=0.561$，$p<0.001$）、服务绩效（$c=0.552$，$p<0.001$）、敬业度（$c=0.545$，$p<0.001$）均产生显著影响，由于回归系数均显著，故进行后续中介效应检验。其次，依次检验自变量对中介变量回归系数 a、中介变量对因变量回归系数 b。分别构建模型 M6、M7，结果显示（见表 6－46），两个模型各自拟合状况良好，均达到拟合参考标准。其中，模型 M6 中自变量导游心理契约组织责任对中介变量情感承诺的回归系数（$a=0.596$，$p<0.001$）达到显著，模型 M7 中的中介变量情感承诺对因变量角色行为（$b=0.713$，$p<0.001$）、表层扮演（$b=0.167$，$p<0.001$）、深层扮演（$b=0.807$，$p<0.001$）、真实表达（$b=0.753$，$p<0.001$）、服务绩效（$b=0.724$，$p<0.001$）、敬业度（$b=0.898$，$p<0.001$）的影响均达显著。由于自变量对中介变量、中介变量对因变量的两个回归系数显著，说明存在中介效应。最后，检验含有中介变量模型中的自变量对因变量回归系数 c'。构建模型 M8，结果显示（见表 6－46），该模型拟合状况良好（$\chi^2/\mathrm{df}=2.400$，GFI$=0.815$，IFI$=0.938$，TLI$=0.933$，CFI$=0.938$，RMSEA$=0.057$），满足拟合参考标准。此外，该模型中自变量导游心理契约

组织责任对因变量真实表达（$c' = 0.134$，$p < 0.01$）、服务绩效（$c' = 0.151$，$p < 0.01$）的回归系数显著，表示情感承诺在该关系中具有部分中介作用，而该模型中自变量导游心理契约组织责任对因变量角色行为（$c' = 0.093$，$p = 0.056$）、表层扮演（$c' = 0.090$，$p = 0.165$）、深层扮演（$c' = 0.076$，$p = 0.093$）、敬业度（$c' = -0.029$，$p = 0.413$）的回归系数不显著，表示情感承诺具有完全中介作用。

表6-46 导游情感承诺中介效应模型检验的拟合结果

模型	路径关系	χ^2	df	χ^2/df	GFI	IFI	TLI	CFI	RMSEA
M5	$X \rightarrow Y$	1925.120	683	2.819	0.822	0.930	0.924	0.930	0.065
M6	$X \rightarrow M$	209.075	71	2.945	0.934	0.972	0.965	0.972	0.067
M7	$M \rightarrow Y$	1691.783	612	2.764	0.828	0.940	0.934	0.939	0.064
M8	$X \rightarrow Y$ $X \rightarrow M \rightarrow Y$	2200.508	917	2.400	0.815	0.938	0.933	0.938	0.057

注：表中 X 代表自变量，即导游心理契约组织责任；表中 Y 代表因变量，包含角色行为、情绪劳动（分解为表层扮演、深层扮演、真实表达的三个潜变量）、服务绩效、敬业度的四个因变量；表中 M 代表中介变量，即情感承诺。

资料来源：本研究统计分析而成。

虽然导游情感承诺中介效应模型 M8 已给出导游情感承诺中介效应的检验结果，但是该模型中含有回归系数不显著的路径，情感承诺的中介效应是在保留若干不显著路径的结构模型中进行检验并得到结果，出于检验严谨需要，本研究还分析删除回归系数不显著路径后的模型中，中介效应是否依然稳定与显著，据此，本研究以模型 M8 为基准，通过逐步删除回归系数不显著路径以构建多个竞争模型，对多个竞争模型拟合参数进行比较，印证情感承诺中介效应分析结果的稳定性。据此，依据回归系数不显著路径的 p 值，由大到小逐一删除，首先删除基准模型 M8 中的导游心理契约组织责任与敬业度的路径（$p = 0.413$），得到模型 M9；再删除模型 M9 中导游心理契约组织责任与表层扮演的路径（$p = 0.163$），得到模型 M10；再删除模型 M10 中导游心理契约组织责任与深层扮演的路径（$p = 0.070$），得到模型 M11，此时，模型 M11 中所有路径回归系数显著；同时，还将基准模型 M8 中所有回归系数不显著路径一次性删除，得到模型 M12，该模型中所有回归系数均达显著；此外，基准模型 M8 中情感承诺扮演部分中介角色，删除自变量导游心理契约组织责任对因变量的所有路径后，得到模型 M13，即得到情感承诺的完全中介模型，该模型中的所有回归系数均达显著。所有竞争模型拟合结果见表 6 – 47，结果显示，各个模型拟合参数均达到拟合参照标准，且各个模型拟合参数变化程度较小，比较而言，模型 M11 的 χ^2/df 为 2.398，RMSEA 为 0.057，此两项拟合指标值比模型 M12、M13 更佳；同时与基准模型 M8 以及模型 M9、M10 比较，模型 M11 更加精简，因此，确定模型 M11 为中介效应的最优模型。

表 6 – 47　　　　　　　导游情感承诺中介效应竞争模型的拟合结果

模型	χ^2	df	χ^2/df	GFI	IFI	TLI	CFI	RMSEA
M9	2201.165	918	2.398	0.814	0.939	0.933	0.938	0.057
M10	2203.121	919	2.397	0.814	0.938	0.933	0.938	0.057
M11	2206.385	920	2.398	0.814	0.938	0.933	0.938	0.057
M12	1948.742	756	2.578	0.817	0.937	0.932	0.937	0.060
M13	2226.311	923	2.412	0.811	0.938	0.933	0.937	0.057

资料来源：本研究统计分析而成。

导游情感承诺中介效应模型 M11 中各潜变量路径的回归系数均达显著，见表 6 – 48，导游心理契约组织责任对情感承诺的标准化回归系数为 0.597（p < 0.001），且情感承诺与所有因变量的标准化回归系数达到显著水平。具体而言，情感承诺在三组关系中具有部分中介作用：其一，在导游心理契约组织责任与角色行为的关系中具有部分中介作用，导游心理契约组织责任对角色行为的标准化回归系数为 0.104（p < 0.05）；其二，在导游心理契约组织责任与真实表达（情绪劳动）的关系中具有部分中介作用，其标准化回归系数为 0.115（p < 0.05）；其三，在导游心理契约组织责任与服务绩效的关系中具有部分中介作用，其标准化回归系数为 0.162（p < 0.001）。

此外，导游情感承诺在另三组关系中具有完全中介作用：其一，在导游心理契约组织责任与表层扮演（情绪劳动）的关系中具有完全中介作用，导游心理契约组织责任对表层扮演（情绪劳动）未产生直接影响，其标准化回归系数未达显著，而是通过情感承诺间接影响表层扮演（情绪劳动），其标准化回归系数为 0.170（p < 0.001）；其二，在导游心理契约组织责任与深层扮演（情绪劳动）的关系中具有完全中介作用，情感承诺对深层扮演（情绪劳动）的标准化回归系数为 0.806（p < 0.001）；其三，在导游心理契约组织责任与敬业度的关系中具有完全中介作用，情感承诺对敬业度的标准化回归系数为 0.895（p < 0.001）。

表 6 - 48　　　　　　　导游情感承诺中介效应模型的参数估计结果

变量	路径	变量	非标准化估计值	标准误	临界比值	显著性	标准化估计值
情感承诺	←	组织责任	0.753	0.077	9.793	＊＊＊	0.597
角色行为	←	组织责任	0.124	0.053	2.338	＊	0.104
真实表达（情绪劳动）	←	组织责任	0.152	0.060	2.532	＊	0.115
服务绩效	←	组织责任	0.199	0.054	3.688	＊＊＊	0.162
角色行为	←	情感承诺	0.614	0.050	12.281	＊＊＊	0.647
表层扮演（情绪劳动）	←	情感承诺	0.237	0.070	3.366	＊＊＊	0.170
深层扮演（情绪劳动）	←	情感承诺	0.733	0.047	15.699	＊＊＊	0.806
真实表达（情绪劳动）	←	情感承诺	0.719	0.056	12.816	＊＊＊	0.685
服务绩效	←	情感承诺	0.604	0.049	12.212	＊＊＊	0.622
敬业度	←	情感承诺	0.737	0.044	16.806	＊＊＊	0.895

注：①表中参数估值来源于路径模型 M11；②组织责任即为心理契约组织责任的简写，作为自变量；情感承诺为中介变量；角色行为、表层扮演（情绪劳动）、深层扮演（情绪劳动）、真实表达（情绪劳动）、服务绩效、敬业度均为因变量；③＊表示 p < 0.05，＊＊＊表示 p < 0.001。

资料来源：本研究统计分析而成。

依据导游心理契约组织责任与导游行为关系中介效应检验的标准化估计值，绘制图 6 - 11。由图可知，情感承诺在导游心理契约组织责任与导游角色行为、情绪劳动的真实表达维度、服务绩效的关系中具有部分中介作用；在导游心理契约组织责任与导游情绪劳动的表层扮演与深层扮演维度、敬业度的关系中具有完全中介作用。

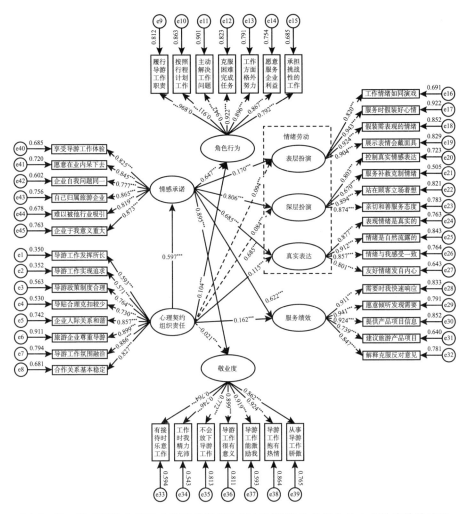

图 6 - 11   情感承诺在导游心理契约组织责任与导游行为关系中的中介效应检验结果

注：* 表示 p < 0.05，*** 表示 p < 0.001；实线箭头表示假设成立，虚线箭头表示假设不成立；虚线方框为导游情绪劳动的三个维度。

资料来源：本研究统计分析而成。

　　本研究还采纳第二种方法检验导游情感承诺的中介效应，即 Bootstrap 法抽样检验。该法是通过中介变量标准化效应置信区间以及效果值的检验，分析是否存在中介效应以及中介类型。下面采纳该方法进行检验。

　　本研究借助 AMOS 21.0 软件构建以导游心理契约组织责任为自变量、情感承诺为中介变量、以导游角色行为、情绪劳动（表层扮演、深层扮演、真实表达）、服务绩效、敬业度为因变量的结构模型。本研究采纳 Bootstrap 法抽样，该方法无须考虑数据是否正态分布，且统计效果较 Sobel 检验等方法更好（MacKinnon et al. ，2004；Hayes，2013）。本研究将 bootstrap 样本量设置为 2000，偏差校正置信水平（bias-corrected confidence intervals）设置为 95%，取样方法选择自举最大似然估计法（bootstrap maximum likelihood，Bootstrap ML），若标准化间接效应置信区间不包含 0，表示存在中介效应；进而再参考标准化直接效应置信区间，若该区间不包含 0，表示存在部分中介效应，若该区间包含 0 则表示存在完全中介效应。结果显示，模型整体拟合性良好（$\chi^2/df = 2.400$，小于 3；IFI = 0.938，TLI = 0.933，CFI = 0.938，均大于 0.9；RMSEA = 0.057，小于 0.08），符合拟合参照标准，据此可进行中介效应类型详细检验。首先，检验情感承诺是否具有中介作用。表 6 – 49 显示，导游心理契约组织责任对角色行为标准化间接效应置信区间为（0.298，0.509），不包含 0，表明情感承诺在该关系中具有中介作用；同理，导游心理契约组织责任对其他因变量标准化间接效应置信区间均不包含 0，表明情感承诺在这些关系中均具有中介作用。然后，检验情感承诺中介效应类型。

表 6 – 49　　　导游情感承诺中介变量标准化效应置信区间检验结果

因变量	自变量	标准化间接效应置信区间		标准化直接效应置信区间		中介类型
		低	高	低	高	
角色行为	组织责任	0.298	0.509	0.022	0.210	部分中介
表层扮演（情绪劳动）	组织责任	0.003	0.167	− 0.043	0.223	完全中介
深层扮演（情绪劳动）	组织责任	0.351	0.550	− 0.059	0.200	完全中介
真实表达（情绪劳动）	组织责任	0.310	0.494	0.030	0.250	部分中介
服务绩效	组织责任	0.277	0.474	0.041	0.271	部分中介
敬业度	组织责任	0.437	0.647	− 0.128	0.058	完全中介

注：表中导游心理契约组织责任均简写为组织责任；结构模型以导游心理契约组织责任为自变量，以情感承诺为中介变量，以角色行为、情感劳动（含表层扮演、深层扮演、真实表达）、服务绩效、敬业度为因变量。

资料来源：本研究统计分析而成。

表 6-49 所示，导游心理契约组织责任对角色行为标准化直接效应置信区间为（0.022，0.210），不包含 0，表明情感承诺在该关系中具有部分中介作用，同理，导游心理契约组织责任对真实表达（情绪劳动）、服务绩效标准化直接效应置信区间均不包含 0，表明情感承诺在两者关系中均具有部分中介作用；而导游心理契约组织责任对表层扮演（情绪劳动）、深层扮演（情绪劳动）、敬业度标准化直接效应置信区间分别为（-0.043，0.223）、（-0.059，0.200）、（-0.128，0.058），包含 0，表明情感承诺在三者关系中均具有完全中介作用。综上所述，情感承诺在导游心理契约组织责任对角色行为、真实表达（情绪劳动）、服务绩效关系中具有部分中介作用，而在导游心理契约组织责任对表层扮演（情绪劳动）、深层扮演（情绪劳动）、敬业度关系中具有完全中介作用。结论与第一种中介效应检验方法结果一致。

表 6-50 给出导游情感承诺中介效应标准化效果值及其显著性，从间接效果可衡量情感承诺中介作用强弱，它在导游心理契约组织责任与敬业度、深层扮演（情绪劳动）、真实表达（情绪劳动）关系中的间接效果值分别为 0.544、0.451、0.400，说明情感承诺中介作用强烈；在角色行为、服务绩效对应关系中的间接效果值为 0.389、0.375，说明情感承诺中介作用较强；而在表层扮演（情绪劳动）对应关系中的间接效果值最低，为 0.067，说明情感承诺中介作用小。与间接效果对应的直接效果，衡量出结构模型中潜变量两两之间的影响程度。而总效果为直接效果、间接效果之和，该值越大，说明路径的影响程度越强烈。

表 6-50　　　　　　导游情感承诺中介效应标准化效果检验结果

变量	路径	变量	直接效果	间接效果	总效果
角色行为	←	组织责任	0.093 *	0.389 **	0.482 *
表层扮演（情绪劳动）	←	组织责任	0.090	0.067 *	0.157 **
深层扮演（情绪劳动）	←	组织责任	0.076	0.451 **	0.528 **
真实表达（情绪劳动）	←	组织责任	0.134 *	0.400 **	0.534 *
服务绩效	←	组织责任	0.151 *	0.375 **	0.526 *
敬业度	←	组织责任	-0.029	0.544 **	0.514 *
情感承诺	←	组织责任	0.595 *	—	0.595 *

续表

变量	路径	变量	直接效果	间接效果	总效果
角色行为	←	情感承诺	0.654 **	—	0.654 **
表层扮演（情绪劳动）	←	情感承诺	0.113 *	—	0.113
深层扮演（情绪劳动）	←	情感承诺	0.758 **	—	0.758 **
真实表达（情绪劳动）	←	情感承诺	0.672 **	—	0.672 **
服务绩效	←	情感承诺	0.629 **	—	0.629 **
敬业度	←	情感承诺	0.914 **	—	0.914 **

注：导游心理契约组织责任均简写为组织责任；＊表示 $p < 0.05$，＊＊表示 $p < 0.01$，双尾检验；$n = 435$。
资料来源：本研究统计分析而成。

三、导游心理契约组织责任与导游行为关系的调节效应检验

本研究借助 SPSS 22.0 软件 Process 宏程序检验双调节效应。其中，自变量为导游心理契约组织责任、调节变量为公平敏感性、组织支持感，因变量为导游的员工行为，包含角色行为、情绪劳动（表层扮演、深层扮演、真实表达）、服务绩效、敬业度四个潜变量。由于自变量、因变量与调节变量均包含多个测量指标，而 SPSS 中的层次回归需要纳入显变量进行参数估计，因此，依据温忠麟等（2012）所提供化潜为显的方法，用测量指标的均值代替原有变量，例如，使用导游心理契约组织责任所有测量指标的均值以代替该自变量，同理对研究中的各个因变量、中介变量以及两个调节变量也进行相似转换，将化潜为显后的变量纳入层次回归，进行调节效应检验。他们也指出，该方法虽然可行，但前提条件是变量量表对应的测量指标的信度很高。在本研究中，已对量表测量指标进行过项目分析、探索性因子分析、验证性因子分析，结果显示各变量量表对应的测量指标的信度高，能够满足该前提条件。

调节效应检验具体方法如下：首先，在 SPSS Process 宏程序中分别纳入相关变量，选取模型 2 双调节模型以及均值加减标准差方法取样，该程度可自动对自变量、调节变量进行中心化并构建两者的乘积项（即交互项），减小回归方程中变量间多重共线性；其次，依据自变量与调节变量交互项非标准化回归系数显著性，判断是否存在调节效应（Hayes and Matthes, 2009）；最后，绘制调节效应图，直观展示调节变量影响效果。调节效应检

验结果见表6-51。

表6-51　　　　导游公平敏感性、组织支持感调节效应分析结果

因变量	预测变量	模型拟合		非标准化系数		
		R^2	F	回归系数	标准误	显著性
角色行为	组织责任	0.445	68.666***	0.146	0.041	3.517***
	公平敏感性			0.381	0.046	8.371***
	组织支持感			0.260	0.040	6.524***
	组织责任×公平敏感性			-0.248	0.051	-4.853***
	组织责任×组织支持感			-0.050	0.028	-1.773
情绪劳动—表层扮演	组织责任	0.323	40.973***	0.208	0.075	2.788**
	公平敏感性			-0.911	0.082	-11.099***
	组织支持感			0.262	0.072	3.642***
	组织责任×公平敏感性			-0.548	0.092	-5.943***
	组织责任×组织支持感			0.158	0.051	3.119**
情绪劳动—深层扮演	组织责任	0.460	73.048***	0.117	0.042	2.768**
	公平敏感性			0.350	0.047	7.513***
	组织支持感			0.359	0.041	8.827***
	组织责任×公平敏感性			-0.338	0.052	-6.484***
	组织责任×组织支持感			0.055	0.029	1.925*
情绪劳动—真实表达	组织责任	0.419	61.856***	0.206	0.046	4.463***
	公平敏感性			0.266	0.051	5.231***
	组织支持感			0.347	0.045	7.799***
	组织责任×公平敏感性			-0.192	0.057	-3.361**
	组织责任×组织支持感			0.036	0.031	1.132
服务绩效	组织责任	0.444	68.395***	0.186	0.043	4.334***
	公平敏感性			0.385	0.047	8.162***
	组织支持感			0.268	0.041	6.487***
	组织责任×公平敏感性			-0.245	0.053	-4.637***
	组织责任×组织支持感			-0.009	0.029	-2.93

续表

因变量	预测变量	模型拟合		非标准化系数		
		R^2	F	回归系数	标准误	显著性
敬业度	组织责任	0.527	95.506***	0.143	0.041	3.476**
	公平敏感性			0.367	0.045	8.122***
	组织支持感			0.411	0.040	10.382***
	组织责任×公平敏感性			−0.209	0.051	−4.120***
	组织责任×组织支持感			−0.002	0.028	−0.071

注：导游心理契约组织责任均简写为组织责任；* 表示 $p < 0.05$，** 表示 $p < 0.01$，*** 表示 $p < 0.001$。

资料来源：本研究统计分析而成。

根据表6–51，分析结果如下：

第一，导游公平敏感性对导游心理契约组织责任与角色行为的关系具有负向调节作用，而组织支持感不具调节作用。表6–51显示，以导游角色行为为因变量的回归方程达到显著水平（F = 68.666，$p < 0.001$），可解释导游角色行为44.5%的变异（$R^2 = 0.445$）；导游心理契约组织责任与公平敏感性交互项对角色行为的回归系数达到负向显著（$\beta = -0.248$，$p < 0.001$），即公平敏感性显著降低导游心理契约组织责任与角色行为之间的影响关系；而导游心理契约组织责任与组织支持感交互项对角色行为的回归系数未达显著（$\beta = -0.050$，$p > 0.05$），即组织支持感无调节作用。据此结果绘制调节效应图，由图6–12可知，当公平敏感性取值由低于平均数一个标准差向高于平均数一个标准差增加时，导游心理契约组织责任引起角色行为增加呈现减缓趋势，即在高公平敏感性时，随着导游心理契约组织责任增加，角色行为表现出微弱减缓趋势或上升趋势受到抑制，但相对于低公平敏感性时，增加幅度明显减小，表明公平敏感性降低导游心理契约组织责任与角色行为的关系强度，其负向调节效应明显。此外，对比高、低组织支持感两幅简单斜率图，公平敏感性不同取值情形下回归线斜率无显著变化，即在高组织支持感与低组织支持感两幅图中，两条高公平敏感性回归线的斜率无显著变化，两条低公平敏感性回归线的斜率亦无显著变化，表明组织支持感无调节作用。

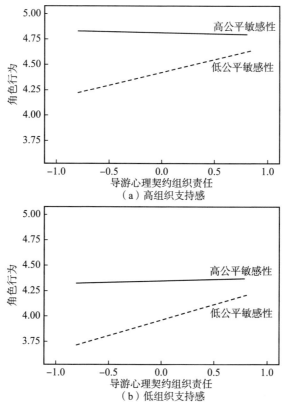

图 6 - 12　导游公平敏感性对导游心理契约组织责任与角色行为关系的调节效果

注：实线为高公平敏感性的调节效应，虚线为低公平敏感性的调节效应。
资料来源：本研究绘制而成。

第二，导游公平敏感性对导游心理契约组织责任与表层扮演的关系具有负向调节作用，而组织支持感具有正向调节作用。表 6 - 51 显示，以导游表层扮演为因变量的回归方程达到显著水平（$F = 40.973$，$p < 0.001$），可解释导游表层扮演 32.3% 的变异（$R^2 = 0.323$）；导游心理契约组织责任与公平敏感性交互项对表层扮演的回归系数达到负向显著（$\beta = -0.548$，$p < 0.001$），即公平敏感性显著降低导游心理契约组织责任与表层扮演之间的影响关系；而导游心理契约组织责任与组织支持感交互项的回归系数达正向显著（$\beta = 0.158$，$p < 0.01$），即组织支持感强化导游心理契约组织责任与表层扮演之间的影响关系。据此结果绘制调节效应图，由图 6 - 13 可知，当公平敏感性取值由低于平均数一个标准差向高于平均数一个标准差增加时，导游心理契

约组织责任引起因变量敬业度增加呈现显著降低趋势，即在高公平敏感性时，随着导游心理契约组织责任增加，表层扮演表现出微弱上升趋势或显著下降趋势，但相对于低公平敏感性时，增加幅度明显减小，表明公平敏感性降低导游心理契约组织责任与表层扮演的关系强度，其负向调节效应明显。此外，对比高、低组织支持感两幅简单斜率图，公平敏感性不同取值情形下回归线斜率具有显著变化，即在低组织支持感图中，高公平敏感性回归线斜率偏大，而在高组织支持感图中，高公平敏感性回归线斜率降低。同理分析两幅图中的低公平敏感性回归线斜率，其结论类似，均说明组织支持感对导游心理契约组织责任与表层扮演的关系具有正向调节作用。

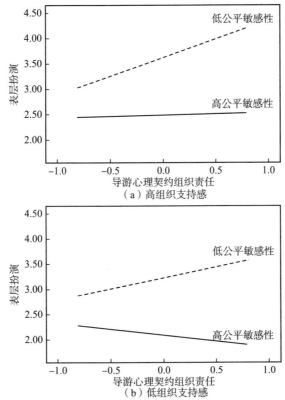

图 6 - 13　公平敏感性、组织支持感对导游心理契约组织责任与表层扮演关系的调节效果

注：实线为高公平敏感性的调节效应，虚线为低公平敏感性的调节效应。
资料来源：本研究绘制而成。

第三，导游公平敏感性对导游心理契约组织责任与深层扮演的关系具有负向调节作用，而组织支持感具有正向调节作用。表 6-51 显示，以导游深层扮演为因变量的回归方程达到显著水平（F=73.048，p<0.001），可解释导游深层扮演 46.0% 的变异（$R^2=0.460$）；导游心理契约组织责任与公平敏感性交互项对深层扮演的回归系数达到负向显著（$\beta=-0.338$，p<0.001），即公平敏感性显著降低导游心理契约组织责任与深层扮演之间的影响关系；而导游心理契约组织责任与组织支持感交互项的回归系数达正向显著（$\beta=0.055$，p<0.05），即组织支持感强化导游心理契约组织责任与深层扮演之间的影响关系。据此结果绘制调节效应图，由图 6-14 可知，当公平敏感性取值由低于平均数一个标准差向高于平均数一个标准差增加时，导游心理契约组织责任引起因变量敬业度增加呈现显著降低趋势，即在高公平敏感性时，随着导游心理契约组织责任增加，深层扮演表现出显著下降趋势，且相对于低公平敏感性时，增加幅度明显减小，表明公平敏感性降低导游心理契约组织责任与深层扮演的关系强度，其负向调节效应明显。此外，对比高、低组织支持感两幅简单斜率图，公平敏感性不同取值情形下回归线斜率具有变化，即在低组织支持感图中，高公平敏感性回归线斜率偏大，而在高组织支持感图中，高公平敏感性回归线斜率降低，同理分析两幅图中的低公平敏感性回归线斜率亦得到类似结论，均说明组织支持感对导游心理契约组织责任与深层扮演的关系具有正向调节作用。

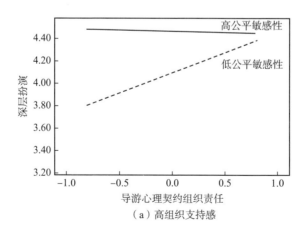

（a）高组织支持感

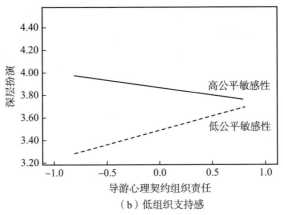

（b）低组织支持感

**图 6 - 14　公平敏感性、组织支持感对导游心理契约组织
责任与深层扮演关系的调节效果**

注：实线为高公平敏感性的调节效应，虚线为低公平敏感性的调节效应。
资料来源：本研究绘制而成。

　　第四，导游公平敏感性对导游心理契约组织责任与真实表达的关系具有
负向调节作用，而组织支持感不具调节作用。表 6 - 51 显示，以导游真实表
达为因变量的回归方程达到显著水平（F = 61.856，p < 0.001），可解释导游
真实表达 41.9% 的变异（R^2 = 0.419）；导游心理契约组织责任与公平敏感性
交互项对真实表达的回归系数达到负向显著（β = - 0.192，p < 0.001），即
公平敏感性显著降低导游心理契约组织责任与真实表达之间的影响关系；而
导游心理契约组织责任与组织支持感交互项的回归系数未达显著（β = 0.036，
p > 0.05），即组织支持感无调节作用。据此结果绘制调节效应图，由
图 6 - 15 可知，当公平敏感性取值由低于平均数一个标准差向高于平均数一个
标准差增加时，导游心理契约组织责任取值增加引起真实表达增加呈现显著
降低趋势，即在低公平敏感性时，随着导游心理契约组织责任增加，真实表
达表现出明显上升趋势，而在高公平敏感性时，增加幅度明显减小，表明公
平敏感性降低导游心理契约组织责任与真实表达的关系强度，其负向调节效
应明显。此外，对比高、低组织支持感两幅简单斜率图，公平敏感性不同取
值情形下回归线斜率没有变化，即在高组织支持感与低组织支持感两幅图中，
两条高公平敏感性回归线的斜率无显著变化，两条低公平敏感性回归线的斜
率亦无显著变化，表明组织支持感无调节作用。

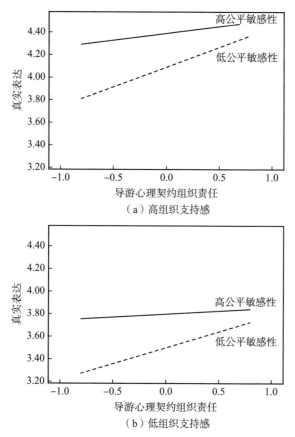

（a）高组织支持感

（b）低组织支持感

图 6 – 15 公平敏感性对导游心理契约组织责任与真实表达关系的调节效果

注：实线为高公平敏感性的调节效应，虚线为低公平敏感性的调节效应。
资料来源：本研究绘制而成。

第五，导游公平敏感性对导游心理契约组织责任与服务绩效的关系具有负向调节作用，而组织支持感不具调节作用。表 6 – 51 显示，以导游服务绩效为因变量的回归方程达到显著水平（F = 68.395，p < 0.001），可解释导游服务绩效 44.4% 的变异（R^2 = 0.444）；导游心理契约组织责任与公平敏感性交互项对服务绩效的回归系数达到负向显著（β = – 0.245，p < 0.001），即公平敏感性显著降低导游心理契约组织责任与服务绩效之间的影响关系；而导游心理契约组织责任与组织支持感交互项的回归系数未达显著（β = – 0.009，p > 0.05），即组织支持感无调节作用。据此结果绘制调节效应图，由图 6 - 16 可知，当公平敏感性取值由低于平均数一个标准差向高于平均数一个标准差增加时，导游心理契约组织责任引起敬业度增加呈现显著降低趋势，即在低公平敏感性时，随着导游心理契约组织责任增加，服务绩效表现出显著上升趋势，但在高公平敏感性时，增加幅度明显减小，表明公平敏感性降低导游心理契约组织责任与服务绩效的关系强度，其负向调节效应明显。此外，对比高、低组织支持感两幅简单斜率图，公平敏感性不同取值情形下回归线斜率没有变化，即在高组织支持感与低组织支持感两幅图中，两条高公平敏感性回归线斜率无显著变化，两条低公平敏感性回归线斜率亦无显著变化，表明组织支持感无调节作用。

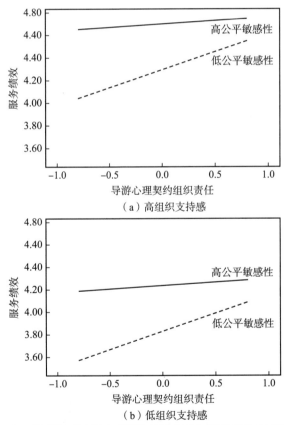

图 6 - 16　公平敏感性对导游心理契约组织责任与服务绩效关系的调节效果

注：实线为高公平敏感性的调节效应，虚线为低公平敏感性的调节效应。
资料来源：本研究绘制而成。

　　第六，导游公平敏感性对导游心理契约组织责任与敬业度的关系具有负向调节作用，而组织支持感不具调节作用。表 6 - 51 显示，以导游敬业度为因变量的回归方程达到显著水平（F = 95.506，p < 0.001），可解释导游敬业度 52.7% 的变异（R^2 = 0.527）；导游心理契约组织责任与公平敏感性的交互项对敬业度的回归系数达到负向显著（β = - 0.209，p < 0.001），即公平敏感性显著降低导游心理契约组织责任与敬业度之间的影响关系；而导游心理契约组织责任与组织支持感交互项的回归系数未达显著（β = - 0.002，p > 0.05），即组织支持感无调节作用。据此结果绘制调节效应图，由图 6 - 17 可知，当公平敏感性取值由低于平均数一个标准差向高于平均数一个标准差增加时，导游心理契约组织责任取值引起敬业度增加呈现显著降低趋势，即在低公平敏感性时，随着导游心理契约组织责任增加，敬业度表现出显著上升趋势，但在高公平敏感性时，增加幅度明显减小，表明公平敏感性降低导游心理契约组织责任与敬业度的关系强度，其负向调节效应明显。此外，对比高、低组织支持感两幅简单斜率图，公平敏感性不同取值情形下回归线斜率没有变化，即在高组织支持感与低组织支持感两幅图中，两条高公平敏感性回归线斜率无显著变化，两条低公平敏感性回归线斜率亦无显著变化，表明组织支持感无调节作用。

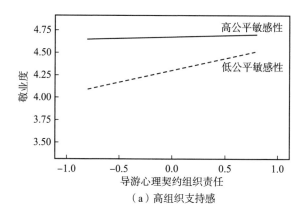

（a）高组织支持感

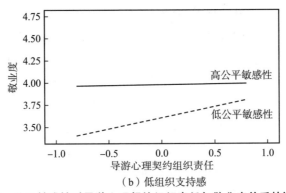

（b）低组织支持感

图6-17 公平敏感性对导游心理契约组织责任与敬业度关系的调节效果

注：实线为高公平敏感性的调节效应，虚线为低公平敏感性的调节效应。
资料来源：本研究绘制而成。

综合上述结果，依据导游心理契约组织责任与导游行为关系调节效应检验非标准化回归系数，绘制图6-18。由图可知，公平敏感性在导游心理契

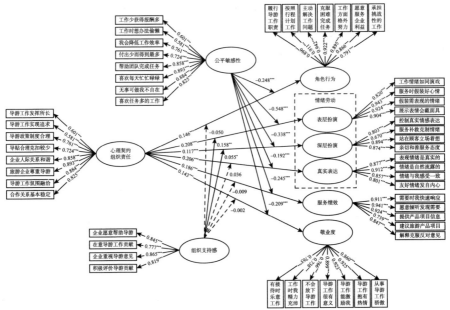

图6-18 公平敏感性、组织支持感在导游心理契约组织

责任与导游行为关系中的调节效应检验结果

注：*表示p<0.05，**表示p<0.01，***表示p<0.001；实线箭头表示假设成立，虚线箭头表示假设不成立；虚线方框为导游情绪劳动的三个维度。
资料来源：本研究绘制而成。

约组织责任与导游角色行为、情绪劳动、服务绩效、敬业度的关系中均具有调节作用；而组织支持感在导游心理契约组织责任与导游情绪劳动的表层扮演与深层扮演维度关系中具有调节作用。

第四节 导游心理契约自身责任与导游行为的假设检验

一、导游心理契约自身责任与导游行为关系的主效应检验

通过构建导游心理契约自身责任与导游行为各单一潜变量之间的路径模型，分别检验两者影响关系；基于单一路径模型结果，再构建导游心理契约自身责任与导游行为所有潜变量的路径模型，总体检验两者影响关系。研究结果显示（见表6-52），导游心理契约自身责任分别与角色行为、情绪劳动、服务绩效、敬业度之间的单一路径模型拟合良好；同时，导游心理契约自身责任与所有因变量的路径模型（模型M5）拟合亦达到参照标准，据此，将依据模型M5判断导游心理契约自身责任与导游行为各潜变量之间的主效应关系。

表6-52　　导游心理契约自身责任与导游行为影响关系模型的拟合结果

模型	变量	路径	变量	χ^2	df	χ^2/df	GFI	IFI	TLI	CFI	RMSEA
M1	角色行为	←	自身责任	276.660	84	3.294	0.922	0.977	0.971	0.977	0.073
M2	情绪劳动	←	自身责任	418.216	163	2.566	0.908	0.971	0.966	0.971	0.060
M3	服务绩效	←	自身责任	138.168	78	2.342	0.954	0.988	0.985	0.988	0.056
M4	敬业度	←	自身责任	293.714	84	3.497	0.924	0.972	0.965	0.972	0.076
M5	所有因变量	←	自身责任	1930.343	684	2.822	0.820	0.937	0.932	0.937	0.065

注：①模型M1以导游心理契约自身责任为自变量、导游角色行为作为因变量的单一路径模型；M2以导游心理契约自身责任为自变量、以导游情绪劳动为因变量的单一路径模型；M3以导游心理契约自身责任为自变量、以导游服务绩效为因变量的单一路径模型；M4以导游心理契约自身责任为自变量、以导游敬业度为因变量的单一路径模型；M5以导游心理契约自身责任为自变量、以导游角色行为、情绪劳动、服务绩效、敬业度为因变量的整体路径模型；②导游心理契约自身责任均简写为自身责任。

资料来源：本研究统计分析而成。

表 6 - 53 所示，导游心理契约自身责任与角色行为、情绪劳动（深层扮演、真实表达）、服务绩效、敬业度的非标准化估计值均达显著，表示上述各路径的回归系数达到显著，导游心理契约自身责任显著正向影响角色行为、情绪劳动（深层扮演、真实表达）、服务绩效、敬业度。其中，导游心理契约自身责任对服务绩效、角色行为的影响程度偏大，而对敬业度影响最小，对情绪劳动的深层扮演、真实表达两个维度的影响程度居中。此外，导游心理契约自身责任与表层扮演维度的非标准化估计值不显著，表明导游心理契约自身责任对表层扮演无显著影响。

表 6 - 53　　导游心理契约自身责任与导游行为影响路径模型的参数估计结果

变量	路径	变量	非标准化估计值	标准误	临界比值	显著性	标准化估计值
角色行为	←	自身责任	0.826	0.040	20.651	***	0.815
表层扮演（情绪劳动）	←	自身责任	0.057	0.074	0.763	0.445	0.038
深层扮演（情绪劳动）	←	自身责任	0.651	0.046	14.023	***	0.667
真实表达（情绪劳动）	←	自身责任	0.663	0.051	12.878	***	0.593
服务绩效	←	自身责任	0.840	0.040	20.885	***	0.814
敬业度	←	自身责任	0.590	0.043	13.834	***	0.678

注：表中参数估计值来源于路径模型 M5；导游心理契约自身责任均简写为自身责任；*** 表示 $p < 0.001$。
资料来源：本研究统计分析而成。

依据导游心理契约自身责任与导游行为关系主效应检验的标准化估计值，绘制图 6 - 19。由图可知，导游心理契约自身责任显著正向影响导游的角色行为、情绪劳动的深层扮演与真实表达维度、服务绩效、敬业度，它们的标准化回归系数均达显著。

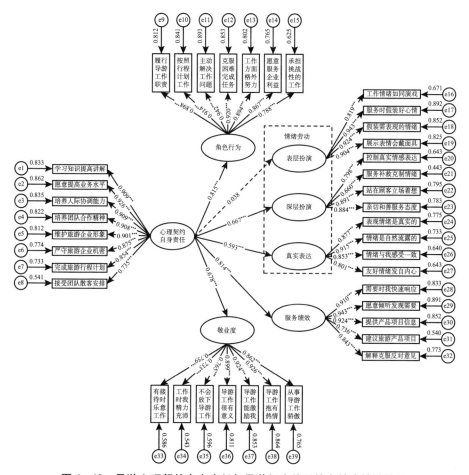

图6-19 导游心理契约自身责任与导游行为关系的主效应检验结果

注：*** 表 p＜0.001；实线箭头表示假设成立，虚线箭头表示假设不成立；虚线方框为导游情绪劳动的三个维度。

资料来源：本研究绘制而成。

二、导游心理契约自身责任与导游行为关系的中介效应检验

本研究将首先采纳第一种方法构建多个潜变量路径结构模型并进行比较，依据显著性原则、模型精简原则以确定最佳模型，并依据最佳模型的参数估计值确定导游情感承诺的中介效应。然后采纳第二种方法 Bootstrap 法抽样分析导游情感承诺的中介效应。下面采纳第一种方法检验情感承诺的中介效应。

首先，检验自变量对因变量的回归系数。构建模型 M5，结果显示（见表 6 - 54），模型拟合状况良好（$\chi^2/df = 2.822$，GFI = 0.820，IFI = 0.937，TLI = 0.932，CFI = 0.937，RMSEA = 0.065）。回归系数分析结果显示，导游心理契约自身责任对角色行为（$c = 0.815$，p < 0.001）、深层扮演（$c = 0.667$，p < 0.001）、真实表达（$c = 0.593$，p < 0.001）、服务绩效（$c = 0.814$，p < 0.001）、敬业度（$c = 0.678$，p < 0.001）均产生显著影响，而对表层扮演（$c = 0.038$，p > 0.05）无显著影响，故删除该不显著路径后，进行后续中介效应检验。其次，依次检验自变量对中介变量回归系数 a、中介变量对因变量回归系数 b。分别构建模型 M6、M7，结果显示，两个模型各自拟合状况良好，均达到拟合参考标准。其中，模型 M6 中自变量导游心理契约自身责任对中介变量情感承诺的回归系数（$a = 0.601$，p < 0.001）达到显著，模型 M7 中的中介变量情感承诺对因变量角色行为（$b = 0.713$，p < 0.001）、表层扮演（$b = 0.167$，p < 0.001）、深层扮演（$b = 0.807$，p < 0.001）、真实表达（$b = 0.753$，p < 0.001）、服务绩效（$b = 0.724$，p < 0.001）、敬业度（$b = 0.898$，p < 0.001）的影响均达显著。由于两个回归系数均显著，说明存在中介效应。最后，检验含有中介变量模型中的自变量对因变量回归系数 c'。构建模型 M8，结果显示（见表 6 - 54），该模型拟合状况良好（$\chi^2/df = 2.555$，GFI = 0.811，IFI = 0.938，TLI = 0.933，CFI = 0.937，RMSEA = 0.060），达到拟合参考标准。此外，该模型中自变量导游心理契约自身责任对因变量角色行为（$c' = 0.597$，p < 0.001）、深层扮演（$c' = 0.287$，p < 0.001）、真实表达（$c' = 0.206$，p < 0.001）、服务绩效（$c' = 0.583$，p < 0.001）、敬业度（$c' = 0.188$，p < 0.001）的回归系数显著，表示情感承诺在该关系中具有部分中介作用；而该模型中自变量导游心理契约自身责任对因变量表层扮演（$c' = -0.125$，p = 0.051）的回归系数不显著，表示情感承诺具有完全中介作用。

表 6 - 54　　　　　　　　导游情感承诺中介效应模型检验的拟合结果

模型	路径关系	χ^2	df	χ^2/df	GFI	IFI	TLI	CFI	RMSEA
M5	$X \rightarrow Y$	1930.343	684	2.822	0.820	0.937	0.932	0.937	0.065
M6	$X \rightarrow M$	208.771	71	2.940	0.937	0.979	0.973	0.979	0.067

续表

模型	路径关系	χ^2	df	χ^2/df	GFI	IFI	TLI	CFI	RMSEA
M7	$M \rightarrow Y$	1691.783	612	2.764	0.828	0.940	0.934	0.939	0.064
M8	$X \rightarrow Y$ $X \rightarrow M \rightarrow Y$	2345.787	918	2.555	0.811	0.938	0.933	0.937	0.060

注：表中 X 代表自变量，即导游心理契约自身责任；表中 Y 代表因变量，包含角色行为、情绪劳动（分解为表层扮演、深层扮演、真实表达的三个潜变量）、服务绩效、敬业度的四个因变量；表中 M 代表中介变量，即情感承诺。

资料来源：本研究统计分析而成。

虽然模型 M8 已给出导游情感承诺中介效应的检验结果，但是该模型中含有回归系数不显著的路径，情感承诺的中介效应是在保留若干不显著路径的结构模型中进行检验并得到结果，还需要分析删除回归系数不显著路径后的模型中，中介效应是否依然稳定与显著，据此，本研究以模型 M8 为基准，通过逐步删除回归系数不显著路径而构建多个竞争模型，对多个竞争模型拟合参数进行比较，印证情感承诺中介效应分析结果的稳定性。据此，依据回归系数不显著路径的 p 值，删除基准模型 M8 中的导游心理契约自身责任与表层扮演（p=0.051），得到模型 M9，该模型中所有路径回归系数显著；此外，基准模型 M8 中情感承诺扮演部分中介角色，删除自变量导游心理契约自身责任对因变量的所有路径后，得到模型 M10，即情感承诺的完全中介模型，该模型中的所有回归系数均达显著。所有竞争模型拟合结果见表 6-55。结果显示，各个模型拟合参数均达到拟合参照标准，且各个模型拟合参数变化程度较小，比较而言，模型 M9 各项拟合指标值比模型 M10 更佳；同时与基准模型 M8 比较，模型 M9 精简，因此，确定模型 M9 为中介效应的最优模型。

表 6-55　　　　导游情感承诺中介效应竞争模型的拟合结果

模型	χ^2	df	χ^2/df	GFI	IFI	TLI	CFI	RMSEA
M9	2349.591	919	2.557	0.811	0.938	0.933	0.937	0.060
M10	2614.892	924	2.830	0.780	0.926	0.921	0.926	0.065

资料来源：本研究统计分析而成。

导游情感承诺中介效应模型 M9 中各潜变量路径的回归系数均达显著，表 6-56 所示，导游心理契约自身责任对情感承诺的标准化回归系数为 0.606（p<0.001），而情感承诺与所有因变量的标准化回归系数达到显著水平。具体而言，情感承诺在五组关系中具有部分中介作用，见表 6-56，其一是在导游心理契约自身责任与角色行为关系中具有部分中介作用，导游心理契约自身责任对角色行为的标准化回归系数为 0.598（p<0.001）；其二是在导游心理契约自身责任与深层表演关系中均具有部分中介作用，导游心理契约自身责任对深层扮演的标准化回归系数为 0.289（p<0.001）；其三是在导游心理契约自身责任与真实表达关系中均具有部分中介作用，导游心理契约自身责任对真实表达的标准化回归系数为 0.208（p<0.001）；其四是在导游心理契约自身责任与服务绩效关系中均具有部分中介作用，导游心理契约自身责任对服务绩效的标准化回归系数为 0.584（p<0.001）；其五是在导游心理契约自身责任与敬业度关系中均具有部分中介作用，导游心理契约自身责任对敬业度的标准化回归系数为 0.189（p<0.001）。

表 6-56 　　　　　　导游情感承诺中介效应模型的参数估计结果

变量	路径	变量	非标准化估计值	标准误	临界比值	显著性	标准化估计值
情感承诺	←	自身责任	0.647	0.051	12.804	***	0.606
角色行为	←	自身责任	0.605	0.041	14.610	***	0.598
深层表演（情绪劳动）	←	自身责任	0.297	0.043	6.492	***	0.289
真实表达（情绪劳动）	←	自身责任	0.232	0.053	4.415	***	0.208
服务绩效	←	自身责任	0.603	0.042	14.504	***	0.584
敬业度	←	自身责任	0.164	0.030	5.443	***	0.189
角色行为	←	情感承诺	0.323	0.037	8.661	***	0.341
表层扮演（情绪劳动）	←	情感承诺	0.234	0.070	3.341	***	0.169
深层扮演（情绪劳动）	←	情感承诺	0.556	0.047	11.755	***	0.615
真实表达（情绪劳动）	←	情感承诺	0.639	0.056	11.461	***	0.611
服务绩效	←	情感承诺	0.394	0.038	9.180	***	0.361
敬业度	←	情感承诺	0.631	0.043	14.718	***	0.776

注：①自身责任即为导游心理契约自身责任的简写，作为自变量；情感承诺为中介变量；角色行为、表层扮演（情绪劳动）、深层扮演（情绪劳动）、真实表达（情绪劳动）、服务绩效、敬业度均为因变量；② *** 表示 p<0.001。

资料来源：本研究统计分析而成。

此外，情感承诺仅在一组关系中具有完全中介作用，即在导游心理契约自身责任与表层扮演的关系中具有完全中介作用，导游心理契约自身责任对表层扮演（情绪劳动）未产生直接影响，其标准化回归系数未达显著，而是通过情感承诺间接影响表层扮演，其标准化回归系数为 0.169（p<0.001）。

依据导游心理契约自身责任与导游行为关系中介效应检验的标准化估计值，绘制图 6-20。由图可知，情感承诺在导游心理契约自身责任与导游角色行为、情绪劳动的深层扮演与真实表达维度、服务绩效、敬业度的关系中具有部分中介作用；在导游心理契约自身责任与导游情绪劳动的表层扮演维度的关系中具有完全中介作用。

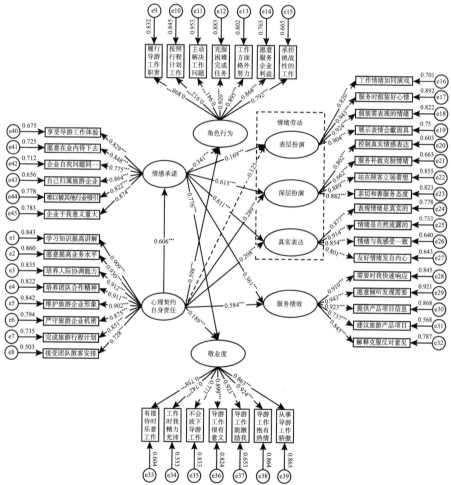

图 6-20 情感承诺在导游心理契约自身责任与导游行为关系中的中介应检验结果

注：*** 表示 p<0.001；实线箭头表示假设成立，虚线箭头表示假设不成立；虚线方框为导游情绪劳动的三个维度。

资料来源：本研究绘制而成。

本研究还采纳第二种方法检验情感承诺的中介效应，即 Bootstrap 法抽样检验。该法是通过中介变量标准化效应置信区间以及效果值的检验，分析是否存在中介效应以及中介类型。下面采纳该方法进行检验。

借助 AMOS 21.0 软件构建以导游心理契约自身责任为自变量、情感承诺为中介变量、以角色行为、情绪劳动（表层扮演、深层扮演、真实表达）、服务绩效、敬业度为因变量的结构模型。采纳 Bootstrap 法进行抽样，由于该方法无须考虑数据是否正态分布，且统计效果较 Sobel 检验等方法更好，因此，有学者建议采用 Bootstrap 法检验中介效应（Hayes，2013）。本研究将 Bootstrap 样本量设置为 2000，置信水平设置为 95%，取样方法选择自举最大似然估计法（bootstrap maximum likelihood，Bootstrap ML），若标准化间接效应置信区间不包含 0，表示存在中介效应；进而再参考标准化直接效应置信区间，若该区间不包含 0，表示存在部分中介效应，若该区间包含 0 则表示存在完全中介效应。结果显示，模型整体拟合性良好（$\chi^2/df = 2.555$，小于 3；IFI = 0.938，TLI = 0.933，CFI = 0.937，均大于 0.9；RMSEA = 0.060，小于 0.08）。首先，检验情感承诺是否具有中介作用。表 6 − 57 显示，导游心理契约自身责任对角色行为的标准化间接效应置信区间为（0.155，0.278），不包含 0，表明情感承诺在该关系中具有中介作用；同理，导游心理契约自身责任对其他因变量的间接效应置信区间均不包含 0，表明情感承诺在这些关系中均具有中介作用。然后，检验情感承诺中介效应的类型。

表 6 − 57　　　　导游情感承诺中介变量标准化效应置信区间检验结果

因变量	自变量	标准化间接效应置信区间		标准化直接效应置信区间		中介类型
		低	高	低	高	
角色行为	自身责任	0.155	0.278	0.503	0.697	部分中介
表层扮演（情绪劳动）	自身责任	0.086	0.253	− 0.230	− 0.032	部分中介
深层扮演（情绪劳动）	自身责任	0.295	0.449	0.169	0.376	部分中介
真实表达（情绪劳动）	自身责任	0.306	0.471	0.066	0.314	部分中介
服务绩效	自身责任	0.166	0.300	0.460	0.675	部分中介
敬业度	自身责任	0.390	0.545	0.083	0.262	部分中介

注：表中导游心理契约自身责任均简写为自身责任；结构模型以导游心理契约自身责任为自变量，以情感承诺为中介变量，以角色行为、情感劳动（含表层扮演、深层扮演、真实表达）、服务绩效、敬业度为因变量。

资料来源：本研究统计分析而成。

表 6-57 所示，导游心理契约自身责任对角色行为的标准化直接效应置信区间为（0.503，0.697），不包含 0，表明情感承诺在该关系中具有部分中介作用；同理，导游心理契约自身责任对表层扮演、深层扮演、真实表达、服务绩效、敬业度的标准化直接效应置信区间均不包含 0，表明情感承诺在此关系中均具有部分中介作用。需要注意的是，该结论与第一种中介效应检验方法的结果基本一致，仅在以表层扮演为因变量的中介检验结论中出现矛盾，第一种方法得出情感承诺在导游心理契约自身责任与表层扮演关系中具有完全中介作用，而表中检验结论为部分中介作用，两种结论都得到统计支持。本研究取第一种方法得到的完全中介作用结论，此结论符合模型简化原则；同时，第二种方法检验结果中的表层扮演与导游心理契约自身责任标准化直接效应置信区间的高值（-0.032）已接近 0 值，见表 6-57，情感承诺在该关系中已倾向于完全中介作用。综上所述，本研究认为两种方法所得到的中介效应检验结果一致。

表 6-58 给出情感承诺中介效应标准化效果值及其显著性，从间接效果可衡量情感承诺中介作用强弱，它在导游心理契约自身责任与敬业度、深层扮演、真实表达关系中的间接效果值分别为 0.471、0.374、0.371，说明情感承诺中介作用强烈；在表层扮演对应关系中的间接效果值最低，为 0.151，说明情感承诺中介作用小。直接效果衡量出结构模型中潜变量两两之间的影响程度，而总效果为直接效果、间接效果之和，该值越大，说明路径的影响程度越强烈。

表 6-58　　　　　　　导游情感承诺中介效应标准化效果检验结果

变量	路径	变量	直接效果	间接效果	总效果
角色行为	←	自身责任	0.597**	0.207**	0.805**
表层扮演（情绪劳动）	←	自身责任	-0.125*	0.151**	0.026
深层扮演（情绪劳动）	←	自身责任	0.287*	0.374**	0.661**
真实表达（情绪劳动）	←	自身责任	0.206*	0.371**	0.577**
服务绩效	←	自身责任	0.583*	0.220**	0.803**

变量	路径	变量	直接效果	间接效果	总效果
敬业度	←	自身责任	0.188 *	0.471 **	0.659 **
情感承诺	←	自身责任	0.607 **	—	0.607 **
角色行为	←	情感承诺	0.342 *	—	0.342 *
表层扮演（情绪劳动）	←	情感承诺	0.249 *	—	0.249 **
深层扮演（情绪劳动）	←	情感承诺	0.617 *	—	0.617 *
真实表达（情绪劳动）	←	情感承诺	0.612 **	—	0.612 **
服务绩效	←	情感承诺	0.362 **	—	0.362 **
敬业度	←	情感承诺	0.776 **	—	0.776 **

注：表中导游心理契约自身责任均简写为自身责任；* 表示 $p < 0.05$，** 表示 $p < 0.01$，双尾检验；$n = 435$。

资料来源：本研究统计分析而成。

三、导游心理契约自身责任与导游行为关系的调节效应检验

调节效应检验具体方法如下：首先，在 SPSS Process 宏程序中分别纳入相关变量，选取模型 2 双调节模型以及均值加减标准差方法取样，该程度可自动对自变量、调节变量进行中心化并构建两者的乘积项（即交互项），减小回归方程中变量间多重共线性；其次，依据自变量与调节变量交互项非标准化回归系数显著性，判断是否存在调节效应；最后，绘制调节效应图，直观展示调节变量影响效果。调节效应检验结果见表 6 – 59。

第一，导游公平敏感性对导游心理契约自身责任与角色行为的关系具有正向调节作用，而组织支持感具有负向调节作用。表 6 – 59 显示，以导游角色行为为因变量的回归方程达到显著水平（ $F = 174.085$，$p < 0.001$），可解释导游角色行为 67.0% 的变异（ $R^2 = 0.670$ ）；导游心理契约自身责任与公平敏感性交互项对角色行为的回归系数达到正向显著（ $\beta = 0.161$，$p < 0.05$ ），即公平敏感性显著增强导游心理契约自身责任与角色行为之间的影响关系；而导游心理契约自身责任与组织支持感交互项对角色行为的回归系数达负向显著（ $\beta = -0.110$，$p < 0.001$ ），即组织支持感显著降低导游心理契约自身责任与角色行为之间的影响关系。据此结果绘制调节效应图 6 – 21，由图可知，

表 6 – 59　　　　　　　导游公平敏感性、组织支持感调节效应分析结果

因变量	预测变量	模型拟合		非标准化系数		
		R^2	F	回归系数	标准误	显著性
角色行为	自身责任	0.670	174.085 ***	0.638	0.045	14.300 ***
	公平敏感性			0.112	0.038	2.922 **
	组织支持感			0.152	0.026	5.793 ***
	自身责任×公平敏感性			0.161	0.062	2.597 *
	自身责任×组织支持感			-0.110	0.027	-4.033 ***
情绪劳动—表层扮演	自身责任	0.266	31.083 ***	0.150	0.109	1.378
	公平敏感性			-0.983	0.094	-10.494 ***
	组织支持感			0.290	0.064	4.522 ***
	自身责任×公平敏感性			-0.251	0.151	-1.657
	自身责任×组织支持感			0.016	0.066	0.245
情绪劳动—深层扮演	自身责任	0.476	77.919 ***	0.314	0.058	5.397 ***
	公平敏感性			0.206	0.050	4.102 ***
	组织支持感			0.308	0.034	8.989 ***
	自身责任×公平敏感性			-0.034	0.081	-0.415
	自身责任×组织支持感			-0.045	0.036	-1.275
情绪劳动—真实表达	自身责任	0.447	69.414 ***	0.293	0.063	4.643 ***
	公平敏感性			0.142	0.054	2.612 **
	组织支持感			0.354	0.037	9.537 ***
	自身责任×公平敏感性			0.076	0.088	0.870
	自身责任×组织支持感			-0.099	0.039	-2.580 *
服务绩效	自身责任	0.624	142.231 ***	0.623	0.049	12.639 ***
	公平敏感性			0.145	0.042	3.409 **
	组织支持感			0.177	0.029	6.107 ***
	自身责任×公平敏感性			0.051	0.069	0.738
	自身责任×组织支持感			-0.049	0.030	-1.632

续表

因变量	预测变量	模型拟合		非标准化系数		
		R^2	F	回归系数	标准误	显著性
敬业度	自身责任	0.604	130.644 ***	0.437	0.053	8.306 ***
	公平敏感性			0.183	0.045	4.021 ***
	组织支持感			0.359	0.031	11.586 ***
	自身责任×公平敏感性			0.143	0.073	1.957 *
	自身责任×组织支持感			−0.080	0.032	−2.483 *

注：表中导游心理契约自身责任均简写为自身责任；＊表示 p < 0.05，＊＊表示 p < 0.01，＊＊＊表示 p < 0.001。

资料来源：本研究统计分析而成。

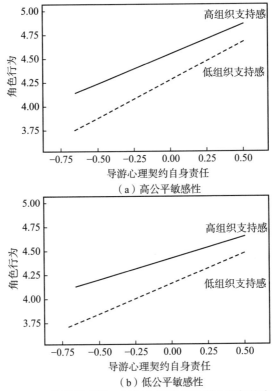

（a）高公平敏感性

（b）低公平敏感性

图 6-21　公平敏感性、组织支持感对导游心理契约自身责任与角色行为关系的调节效果

注：实线为高组织支持感的调节效应，虚线为低组织支持感的调节效应。

资料来源：本研究绘制而成。

当组织支持感取值由低于平均数一个标准差向高于平均数一个标准差增加时，导游心理契约自身责任引起因变量角色行为增加呈现减缓趋势，即在低组织支持感时，随着导游心理契约自身责任增加，角色行为表现出明显上升趋势，但在高组织支持感时，增加幅度明显减小，表明组织支持感降低导游心理契约自身责任与角色行为的关系强度，其负向调节效应明显。此外，对比高、低公平敏感性两幅简单斜率图，公平敏感性不同取值情形下回归线斜率有显著变化，即在低公平敏感性图中，高组织支持感回归线的斜率偏小，而在高公平敏感性图中，高组织支持感回归线的斜率增敏感性对导游心理契约组织责任与角色行为的关系具有正向调节作用。

第二，导游公平敏感性、组织支持感对导游心理契约自身责任与表层扮演的关系均无调节作用。表 6 – 59 显示，以导游表层扮演为因变量的回归方程达到显著水平（F = 31. 083，p < 0. 001），可解释导游表层扮演 26. 6% 的变异（$R^2 = 0.266$）；导游心理契约自身责任与公平敏感性交互项对表层扮演的回归系数不显著（$\beta = -0.251$，p > 0. 05）、与组织支持感交互项的回归系数也不显著（$\beta = 0.016$，p > 0. 05），即公平敏感性、组织支持感在导游心理契约自身责任与表层扮演关系中无调节作用。

第三，导游公平敏感性、组织支持感对导游心理契约自身责任与深层扮演的关系均无调节作用。表 6 – 59 显示，以导游表层扮演为因变量的回归方程达到显著水平（F = 77. 919，p < 0. 001），可解释导游表层扮演 47. 6% 的变异（$R^2 = 0.476$）；导游心理契约自身责任与公平敏感性交互项对深层扮演的回归系数不显著（$\beta = -0.034$，p > 0. 05）、与组织支持感交互项的回归系数也不显著（$\beta = -0.450$，p > 0. 05），即公平敏感性、组织支持感在导游心理契约自身责任与深层扮演关系中无调节作用。

第四，导游组织支持感对导游心理契约自身责任与真实表达的关系具有负向调节作用，而公平敏感性不具有调节作用。表 6 – 59 显示，以导游真实表达为因变量的回归方程达到显著水平（F = 69. 414，p < 0. 001），可解释导游真实表达 44. 7% 的变异（$R^2 = 0.447$）；导游心理契约自身责任与组织支持感交互项对真实表达的回归系数达到负向显著（$\beta = -0.099$，p < 0. 05），即组织支持感显著降低导游心理契约自身责任与真实表达之间的影响关系；而导游心理契约自身责任与公平敏感性交互项的回归系数未达显著（$\beta = 0.076$，p > 0. 05），即公平敏感性无调节作用。据此结果绘制调节效应图 6 – 22，由图可知，当组织支持感取值由低于平均数一个标准差向高于平均数一个标准差取加时，导游心理契约自身责任引起因变量敬业度增加呈现降低趋势，即在低组织支持感时，随着导游心理契约自身责任增加，真实表达表现出明显上升趋势，而在高组织支持感时，增加幅度明显减小，表明组织支持感降低导游心理契约自身责任与真实表达的关系强度，其负向调节效应明显。此外，对比高、低公平敏感性两幅简单斜率图，公平敏感性不同取值情形下回归线斜率没有变化，即在高、低公平敏感性两幅图中，两条高组织支持感回归线的斜率无显著变化，两条低组织支持感回归线的斜率亦无显著变化，表明公平敏感性无调节作用。

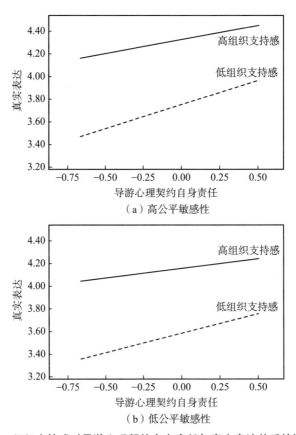

（a）高公平敏感性

（b）低公平敏感性

图 6 – 22　组织支持感对导游心理契约自身责任与真实表达关系的调节效果

注：实线为高组织支持感的调节效应，虚线为低组织支持感的调节效应。
资料来源：本研究绘制而成。

第五，导游公平敏感性、组织支持感对导游心理契约自身责任与服务绩效的关系均无调节作用。表 6 – 59 显示，以导游服务绩效为因变量的回归方程达到显著水平（F = 142. 231，p < 0. 001），可解释导游服务绩效 62. 4% 的变异（R^2 = 0. 624）；导游心理契约自身责任与公平敏感性交互项对服务绩效的回归系数不显著（β = 0. 051，p > 0. 05）、与组织支持感交互项的回归系数也不显著（β = – 0. 049，p > 0. 05），即公平敏感性、组织支持感在导游心理契约自身责任与服务绩效关系中无调节作用。

第六，导游组织支持感对导游心理契约自身责任与敬业度的关系具有负向调节作用，而公平敏感性具有正向调节作用。表 6 – 59 显示，以导游敬业度为因变量的回归方程达到显著水平（F = 130. 644，p < 0. 001），可解释导游敬业度 60. 4% 的变异（R^2 = 0. 604）；导游心理契约自身责任与组织支持感交互项对敬业度的回归系数达到负向显著（β = – 0. 080，p < 0. 05），即组织支持感显著降低导游心理契约自身责任与敬业度之间的影响关系；而导游心理契约自身责任与公平敏感性交互项的回归系数达显著（β = 0. 143，p < 0. 05），即公平敏感性显著增强导游心理契约自身责任与敬业度之间的影响关系。据此结果绘制调节效应图 6 – 23，由图可知，当组织支持感取值由低于平均数一个标准差向高于平均数一个标准差增加时，导游心理契约自身责任引起敬业度增加呈现降低趋势，即在低组织支持感时，随着导游心理契约自身责任增加，敬业度表现出明显上升趋势，而在高组织支持感时，增加幅度明显减小，表明组织支持感降低导游心理契约自身责任与敬业度关系强度，其负向调节效应明显。此外，对比高、低公平敏感性两幅简单斜率图，公平敏感性不同取值情形下回归线斜率具有较小程度的显著变化，即在低公平敏感性图中，高组织支持感回归线的斜率偏小，而在高公平敏感性图中，高组织支持感回归线的斜率增大。同理分析两幅图中的低组织支持感回归线斜率，其结论类似，均说明公平敏感性对导游心理契约组织责任与角色行为的关系具有正向调节作用。

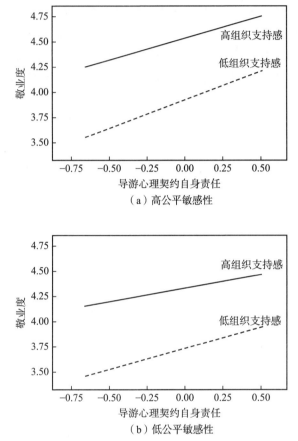

图 6 – 23　组织支持感对导游心理契约自身责任与敬业度关系的调节效果

资料来源：本研究绘制而成。

综合上述结果，依据导游心理契约自身责任与导游行为关系调节效应检验非标准化回归系数，绘制图 6 – 24。公平敏感性仅在导游心理契约自身责任与角色行为、敬业度关系中具有调节作用；而组织支持感在导游心理契约自身责任与角色行为、情绪劳动的真实表达维度、敬业度关系中具有调节作用。

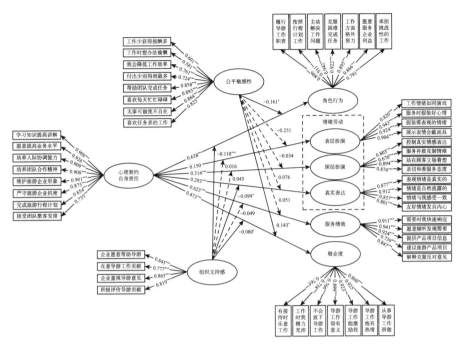

图6-24 公平敏感性、组织支持感在导游心理契约自身责任与导游行为关系中的调节应检验结果

注：＊表示 $p < 0.05$，＊＊表示 $p < 0.01$，＊＊＊表示 $p < 0.001$；实线箭头表示假设成立，虚线箭头表示假设不成立；虚线方框为导游情绪劳动的三个维度。

资料来源：本研究绘制而成。

第五节 研究假设检验结果

本研究从导游认知的视角，从旅游组织、导游自身两个层面界定导游心理契约，发展并完善导游心理契约测量量表；依据心理契约理论、资源保存理论，推演导游心理契约与导游行为的关系，建构概念关系模型，包含导游心理契约与导游行为的主效应、情感承诺的中介效应、公平敏感性与组织支持感的双重调节效应；在文献综述的基础上，结合归纳与演绎分析提出研究假设；以导游为调研对象，采用受访者自填式调研问卷方法，采集我国东中西部代表性省市样本数据；采纳多种统计分析方法，检验概念测量量表的信效度，实证检验导游心理契约相关研究假设，结果汇总见表6-60、表6-61。

表 6-60　　　　　　导游心理契约组织责任的研究假设检验结果汇总表

类别	研究假设	内容	结果
导游心理契约组织责任与导游行为关系的主效应	H1	导游心理契约组织责任对角色行为有显著正向影响	支持
	H2	导游心理契约组织责任对情绪劳动有显著正向影响	支持
	H2a	导游心理契约组织责任对表层扮演有显著正向影响	支持
	H2b	导游心理契约组织责任对深层扮演有显著正向影响	支持
	H2c	导游心理契约组织责任对真实表达有显著正向影响	支持
	H3	导游心理契约组织责任对服务绩效有显著正向影响	支持
	H4	导游心理契约组织责任对敬业度有显著正向影响	支持
情感承诺对导游心理契约组织责任与导游行为关系的中介效应	H5	情感承诺在导游心理契约组织责任与角色行为之间具有中介作用	支持
	H6	情感承诺在导游心理契约组织责任与情绪劳动之间具有中介作用	支持
	H6a	情感承诺在导游心理契约组织责任与表层扮演之间具有中介作用	支持
	H6b	情感承诺在导游心理契约组织责任与深层扮演之间具有中介作用	支持
	H6c	情感承诺在导游心理契约组织责任与真实表达之间具有中介作用	支持
	H7	情感承诺在导游心理契约组织责任与服务绩效之间具有中介作用	支持
	H8	情感承诺在导游心理契约组织责任与敬业度之间具有中介作用	支持
组织支持感、公平敏感性对导游心理契约组织责任与导游行为关系的调节效应	H9	公平敏感性调节导游心理契约组织责任对角色行为的关系。当公平敏感性高时，导游心理契约组织责任对角色行为的影响会减弱；反之增强。	支持
	H10	公平敏感性调节导游心理契约组织责任对情绪劳动的关系。当公平敏感性高时，导游心理契约组织责任对情绪劳动的影响会减弱；反之增强	支持

续表

类别	研究假设	内容	结果
组织支持感、公平敏感性对导游心理契约组织责任与导游行为关系的调节效应	H10a	公平敏感性调节导游心理契约组织责任对表层扮演的关系。当公平敏感性高时，导游心理契约组织责任对表层扮演的影响会减弱；反之增强	支持
	H10b	公平敏感性调节导游心理契约组织责任对深层扮演的关系。当公平敏感性高时，导游心理契约组织责任对深层扮演的影响会减弱；反之增强	支持
	H10c	公平敏感性调节导游心理契约组织责任对真实表达的关系。当公平敏感性高时，导游心理契约组织责任对真实表达的影响会减弱；反之增强	支持
	H11	公平敏感性调节导游心理契约组织责任对服务绩效的关系。当公平敏感性高时，导游心理契约组织责任对服务绩效的影响会减弱；反之增强	支持
	H12	公平敏感性调节导游心理契约组织责任对敬业度的关系。当公平敏感性高时，导游心理契约组织责任对敬业度的影响会减弱；反之增强	支持
	H13	组织支持感调节导游心理契约组织责任对角色行为的关系。当组织支持感高时，导游心理契约组织责任对角色行为的影响会增强；反之减弱	不支持
	H14	组织支持感调节导游心理契约组织责任对情绪劳动的关系。当组织支持感高时，导游心理契约组织责任对情绪劳动的影响会增强；反之减弱	部分支持
	H14a	组织支持感调节导游心理契约组织责任对表层扮演的关系。当组织支持感高时，导游心理契约组织责任对表层扮演的影响会增强；反之减弱	支持
	H14b	组织支持感调节导游心理契约组织责任对深层扮演的关系。当组织支持感高时，导游心理契约组织责任对深层扮演的影响会增强；反之减弱	支持
	H14c	组织支持感调节导游心理契约组织责任对真实表达的关系。当组织支持感高时，导游心理契约组织责任对真实表达的影响会增强；反之减弱	不支持
	H15	组织支持感调节导游心理契约组织责任对服务绩效的关系。当组织支持感高时，导游心理契约组织责任对服务绩效的影响会增强；反之减弱	不支持
	H16	组织支持感调节导游心理契约组织责任对敬业度的关系。当组织支持感高时，导游心理契约组织责任对敬业度的影响会增强；反之减弱	不支持

资料来源：本研究整理而成。

表 6-61　　　　　导游心理契约自身责任的研究假设检验结果汇总

类别	研究假设	内容	结果
导游心理契约自身责任与导游行为关系的主效应	H17	导游心理契约自身责任对角色行为有显著正向影响	支持
	H18	导游心理契约自身责任对情绪劳动有显著正向影响	部分支持
	H18a	导游心理契约自身责任对表层扮演有显著正向影响	不支持
	H18b	导游心理契约自身责任对深层扮演有显著正向影响	支持
	H18c	导游心理契约自身责任对真实表达有显著正向影响	支持
	H19	导游心理契约自身责任对服务绩效有显著正向影响	支持
	H20	导游心理契约自身责任对敬业度有显著正向影响	支持
情感承诺对导游心理契约自身责任与导游行为关系的中介效应	H21	情感承诺在导游心理契约自身责任与角色行为之间具有中介作用	支持
	H22	情感承诺在导游心理契约自身责任与情绪劳动之间具有中介作用	支持
	H22a	情感承诺在导游心理契约自身责任与表层扮演之间具有中介作用	支持
	H22b	情感承诺在导游心理契约自身责任与深层扮演之间具有中介作用	支持
	H22c	情感承诺在导游心理契约自身责任与真实表达之间具有中介作用	支持
	H23	情感承诺在导游心理契约自身责任与服务绩效之间具有中介作用	支持
	H24	情感承诺在导游心理契约自身责任与敬业度之间具有中介作用	支持
组织支持感、公平敏感性对导游心理契约自身责任与导游行为关系的调节效应	H25	公平敏感性调节导游心理契约自身责任对角色行为的关系。当公平敏感性高时，导游心理契约自身责任对角色行为的影响会增强；反之减弱	支持
	H26	公平敏感性调节导游心理契约自身责任对情绪劳动的关系。当公平敏感性高时，导游心理契约自身责任对情绪劳动的影响会增强；反之减弱	不支持
	H26a	公平敏感性调节导游心理契约自身责任对表层扮演的关系。当公平敏感性高时，导游心理契约自身责任对表层扮演的影响会增强；反之减弱	不支持

续表

类别	研究假设	内容	结果
组织支持感、公平敏感性对导游心理契约自身责任与导游行为关系的调节效应	H26b	公平敏感性调节导游心理契约自身责任对深层扮演的关系。当公平敏感性高时，导游心理契约自身责任对深层扮演的影响会增强；反之减弱	不支持
	H26c	公平敏感性调节导游心理契约自身责任对真实表达的关系。当公平敏感性高时，导游心理契约自身责任对真实表达的影响会增强；反之减弱	不支持
	H27	公平敏感性调节导游心理契约自身责任对服务绩效的关系。当公平敏感性高时，导游心理契约自身责任对服务绩效的影响会增强；反之减弱	不支持
	H28	公平敏感性调节导游心理契约自身责任对敬业度的关系。当公平敏感性高时，导游心理契约自身责任对敬业度的影响会增强；反之减弱	支持
	H29	组织支持感调节导游心理契约自身责任对角色行为的关系。当组织支持感高时，导游心理契约自身责任对角色行为的影响会减弱；反之增强	支持
	H30	组织支持感调节导游心理契约自身责任对情绪劳动的关系。当组织支持感高时，导游心理契约自身责任对情绪劳动的影响会减弱；反之增强	部分支持
	H30a	组织支持感调节导游心理契约自身责任对表层扮演的关系。当组织支持感高时，导游心理契约自身责任对表层扮演的影响会减弱；反之增强	不支持
	H30b	组织支持感调节导游心理契约自身责任对深层扮演的关系。当组织支持感高时，导游心理契约自身责任对深层扮演的影响会减弱；反之增强	不支持
	H30c	组织支持感调节导游心理契约自身责任对真实表达的关系。当组织支持感高时，导游心理契约自身责任对真实表达的影响会减弱；反之增强	支持
	H31	组织支持感调节导游心理契约自身责任对服务绩效的关系。当组织支持感高时，导游心理契约自身责任对服务绩效的影响会减弱；反之增强	不支持
	H32	组织支持感调节导游心理契约自身责任对敬业度的关系。当组织支持感高时，导游心理契约自身责任对敬业度的影响会减弱；反之增强	支持

资料来源：本研究整理而成。

导游心理契约组织责任相关研究假设检验结果如下。

首先，导游心理契约组织责任与导游行为关系的主效应检验结果。研究表明（见表 6-60），导游心理契约组织责任对角色行为、情绪劳动、服务绩效、敬业度均有显著正向影响，据此，研究假设 H1、H2、H2a、H2b、H2c、H3、H4 获得实证支持。导游心理契约组织责任感知水平提高，能够显著增强导游的角色行为、情绪劳动、服务绩效、敬业度。

其次，情感承诺对导游心理契约组织责任与导游行为关系的中介效应。研究表明（见表 6-60），情感承诺在导游心理契约组织责任与角色行为、情绪劳动、服务绩效、敬业度均的关系中具有中介作用，研究假设 H5、H6、H6a、H6b、H6c、H7、H8 获得实证支持。此外，中介方式存在差异，情感承诺在导游心理契约组织责任与角色行为、真实表达（情绪劳动）、服务绩效的三组关系中具有部分中介作用，说明导游心理契约组织责任能够通过直接渠道、情感承诺间接渠道影响角色行为、真实表达（情绪劳动）、服务绩效；而在导游心理契约组织责任与情绪劳动之表层扮演与深层扮演两个维度、敬业度的关系中具有完全中介作用，说明增加情感承诺的间接渠道后，导游心理契约组织责任先影响其情感承诺，进而对表层扮演、深层扮演、敬业度产生影响。

再次，公平敏感性对导游心理契约组织责任与导游行为关系的调节效应。研究表明（见表 6-60），公平敏感性在导游心理契约组织责任与角色行为、情绪劳动及其三个维度（表层扮演、深层扮演、真实表达）、服务绩效、敬业度的关系中具有调节作用，研究假设 H9、H10、H10a、H10b、H10c、H11、H12 获得实证支持。在各关系中，公平敏感性的调节方向一致，均为负向调节，即导游公平敏感性在导游心理契约组织责任与角色行为、情绪劳动及其三个维度、服务绩效、敬业度的关系均具有负向调节作用，说明公平敏感性降低导游心理契约组织责任与导游行为的关系强度。对于高公平敏感性的导游，随着心理契约组织责任水平提高，导游行为上升趋势的强度将受到抑制；若心理契约组织责任水平降低，导游行为下降趋势的强度也会减弱。

最后，组织支持感对导游心理契约组织责任与导游行为关系的调节效应。研究表明（见表 6-60），组织支持感在角色行为、情绪劳动的真实表达维度、服务绩效、敬业度的关系中均不具调节作用，研究假设 H13、H14c、

H15、H16 未获得实证支持；组织支持感在导游心理契约组织责任与情绪劳动之表层扮演维度、深层扮演维度的关系中具有调节作用，研究假设 H14a、H14b 获得实证支持，H14 获得部分实证支持。此外，组织支持感的调节方向一致，均为正向调节，即组织支持感在导游心理契约组织责任与表层扮演、深层扮演的关系中均具有正向调节作用，说明组织支持感能够增强该关系的强度。随着心理契约组织责任水平提高，高组织支持感导游表层扮演、深层扮演改善的强度增加；若心理契约组织责任水平降低，该下降趋势的强度也会增强。

导游心理契约自身责任相关研究假设检验结果，如表 6-61 所示。

首先，导游心理契约自身责任与导游行为关系的主效应。研究表明（见表 6-61），导游心理契约自身责任对角色行为、情绪劳动两个维度（深层扮演、真实表达）、服务绩效、敬业度有显著正向影响，研究假设 H17、H18b、H18c、H19、H20 获得实证支持；导游心理契约自身责任对表层扮演无显著正向影响，研究假设 H18a 未获得实证支持，H18 获得部分支持。导游心理契约自身责任感知水平提高，能够显著增强导游的角色行为、深层扮演、真实表达、服务绩效、敬业度，但是未能改善导游情绪劳动的表层扮演。

其次，情感承诺对导游心理契约自身责任与导游行为关系的中介效应。研究表明（见表 6-61），情感承诺在导游心理契约自身责任与角色行为、情绪劳动、服务绩效、敬业度均的关系中具有中介作用，研究假设 H21、H22、H22a、H22b、H22c、H23、H24 获得实证支持。此外，中介方式存在差异，情感承诺在导游心理契约自身责任与导游角色行为、情绪劳动之深层扮演与真实表达两个维度、服务绩效、敬业度的关系中具有部分中介作用，说明导游心理契约自身责任能够通过直接渠道、情感承诺间接渠道影响角色行为、深层扮演、真实表达、服务绩效、敬业度；而在导游心理契约自身责任与导游情绪劳动之表层扮演维度的关系中具有完全中介作用，说明增加情感承诺的间接渠道后，导游心理契约自身责任先影响其情感承诺，进而对表层扮演产生影响。

再次，公平敏感性对导游心理契约自身责任与导游行为关系的调节效应。研究表明（见表 6-61），公平敏感性在导游心理契约自身责任与情绪劳动及其三个维度、服务绩效的关系中无调节作用，研究假设 H26、H26a、H26b、H26c、H27 未获得实证支持；公平敏感性在导游心理契约自身责任与角色行为、敬业度的关系中具有调节作用，研究假设 H25、H28 获得实证支持。在上述关系中，公平敏感性的调节方向一致，均为正向调节，即导游的公平敏感性在导游心理契约自身责任与角色行为、敬业度的关系中均具有正向调节作用，说明公平敏感性增强此类关系强度。随着心理契约自身责任水平提高，高公平敏感性导游角色行为、敬业度上升趋势的强度将增强；反之，若心理契约自身责任水平降低，高公平敏感性导游角色行为、敬业度下降趋势的强度也将增强。

最后，组织支持感对导游心理契约自身责任与导游行为关系的调节效应。研究表明（见表 6-61），组织支持感在导游心理契约自身责任与情绪劳动之表层扮演与深层扮演两个维度、服务绩效的关系中无调节作用，研究假设 H30a、H30b、H31 未获得实证支持；而组织支持感在导游心理契约自身责任与角色行为、情绪劳动之真实表达维度、敬业度的关系中具有调节作用，研究假设 H29、H30c、H32 获得实证支持，H30 获得部分支持。在上述关系中，组织支持感的调节方向一致，均为负向调节，即导游组织支持感在导游心理契约自身责任与角色行为、真实表达、敬业度的关系中均具有负向调节作用。说明组织支持感降低此类关系的强度，随着心理契约自身责任水平提高，高组织支持感导游角色行为、真实表达、敬业度上升趋势的强度将受到抑制；反之，若心理契约自身责任水平降低，高公平敏感性导游角色行为、真实表达、敬业度下降趋势的强度将减弱。

第七章

研究结论与研究展望

第一节　研究结论

　　本研究对导游心理契约与导游行为的关系展开实证研究。依据心理契约理论，分析导游心理契约的结构与内涵；依据资源保存理论，构建导游心理契约影响导游行为的关系模型，同时检验该关系中导游情感承诺的中介效应、导游的公平敏感性、组织支持感的调节效应。通过调研问卷收集样本数据，采纳结构方程模型方法、回归分析方法对研究假设进行检验并得出结论。总体而言，导游心理契约影响导游行为的关系模型及其对应的研究假设大部分得到统计支持，概念关系与理论内涵保持一致。

一、导游心理契约的结构与特征

（一）导游心理契约组织责任的结构与特征

　　导游心理契约组织责任呈现出单一维度的结

构。该结论与其他研究不同，很多研究表明，员工所认知的组织层面的心理契约包含交易型、关系型、发展型的细分维度（Hui and Lee、Rousseau，2004；Soares and Mosquera，2019；王冬华等，2019；李燕和朱春奎，2019），也有研究得出规范型、人际型、理念型的新细分维度（王勃琳，2012；许军辉，2019；李恺和万芳坤 2019），但是本研究未能得到多维度导游心理契约组织责任的结构。其原因可能与调研对象的组织隶属关系与职业特征相关，导游无明确的、固定的旅游组织隶属关系，缺乏组织制度化管理，受组织薪酬与绩效奖励不足的影响，可能导致导游对旅游组织应履行的责任与义务期望的认知发生变化，因此，导游心理契约组织责任呈现出单一维度。

导游心理契约组织责任的测量与量表也有新发展，初始量表及其测量指标有所精简。本研究发现导游心理契约组织责任量表不含有子量表，测量指标缩减为 8 个。其中，初始测量量表中的发展型子量表及其测量指标未出现在导游心理契约组织责任量表中；交易型、关系型两个子量表合并形成导游心理契约组织责任的单一量表，但测量指标既有删减也有新增加，新增测量指标包括：旅游企业的政策制度合理、支付合理的导贴/缴纳较少的人头费/克扣少、业务合作关系基本稳定，而删除测量指标包括：报酬与其他行业相比更高、旅游企业按照业绩或政策发放报酬、公平公正对待导游、提供意见反馈渠道、团队凝聚力强等。导游心理契约组织责任测量指标反映出导游对旅游组织交换条件认知，是导游在现实执业环境中对旅游组织履行责任与义务的基本期望。

（二）导游心理契约自身责任的结构与特征

导游心理契约自身责任呈现单一维度的结构。该结论与其他研究不尽相同，有研究表明，员工自身应向组织履行的心理契约包含规范型、关系型、发展型的细分维度（张明，2010）。本研究未得到员工个体责任层面的多维度导游心理契约结构，其原因可能与导游的职业特征有关，由于导游的服务对象以旅游者为主，其员工行为主要聚焦于接待业务达成，他们与旅游组织无明确的、固定的隶属关系，旅游组织不是导游优先且重要的服务对象，可能导致导游对自身应向旅游组织履行的责任与义务认知与企业员工存在差异，因此，导游心理契约自身责任的结构呈现出单一维度。

本研究优化与精简了导游心理契约自身责任的测量量表，量表的测量指标得到完善与发展。导游心理契约自身责任正式量表包含 8 个测量指标，这些测量指标既有删减也有新增，其中，删减的测量指标有：提升语言表达能力、辞职应提前告知、遵守旅游企业或旅游行业的规章制度、合作完成工作、愿意加班加点、愿意为旅游企业无偿额外工作、愿意为旅游企业利益而牺牲个人利益、愿意和旅游企业管理者讨论工作等；新增测量指标包括：完成旅游行程计划、接受旅游企业安排的旅游团队或散客。对于删减与增加的测量指标，均反映出导游心理契约自身责任主要围绕导游个体如何顺利达成接待业务的核心议题，而导游自身应该向旅游组织履行责任与义务的内容均未得到导游认可，所对应的测量指标均被删除。由此可见，导游心理契约自身责任测量指标反映出导游为实现接待业务所展现的员工行为，是导游与旅游者的服务关系中对自身业务水平与基本执业能力的基本期望与职责。

二、导游员工行为的结构与特征

（一）导游角色行为的结构与特征

导游角色行为呈现单一维度的结构。基于国内外文献的测量量表形成导游角色行为的初始测量量表（Williams and Anderson，1991；赵秀清，2012；Hughes et al.，2019），包含任务达成（4 个测量指标）、团队关系（4 个测量指标）、工作奉献（7 个测量指标）三个子量表，然而导游角色行为量表不含有子量表，测量指标缩减为 7 个。其中，初始测量量表中的团队关系子量表及其测量指标未出现在导游角色行为量表中，说明在导游与旅游组织隶属关系松散背景下，导游未建立团队成员或同事关系，该子量表与测量指标不适宜导游；删除任务达成、工作奉献两个子量表的部分测量指标后形成导游角色行为的单一量表，删除测量指标包括：能够完成接待任务、履行工作职责、占用休息时间完成工作、做提高团队成员绩效的工作。从最终保留的导游角色行为测量指标来看，反映出导游履行职业职责、实现导游接待任务以及业务努力的行为，展现出导游对职业角色担当、接待业务实现具有高水平认知，而缺乏旅游组织团队关系的认同。

（二）导游情绪劳动的结构与特征

导游情绪劳动呈现三维度的结构，该结论与国内外研究一致（Diefendorff et al.，2005；刘喆，2018；彭艳君和张瀚文，2019）。基于国内外文献的测量量表形成导游情绪劳动的初始测量量表，包含表层扮演（4 个测量指标）、深层扮演（4 个测量指标）、真实表达（4 个测量指标）三个子量表，导游受访者访谈、前测与正式样本实证检验后，发现导游情绪劳动量表含有三个子量表，所有测量指标得以保留，且各维度具有良好的区别效度。其中，导游情绪劳动的表层扮演维度反映出导游对客接待服务过程中主动伪装出职业角色适宜的友好情绪状态，深层扮演维度反映出导游控制与调整内在不友好对客接待服务情绪，真实表达维度反映出导游内在真实情绪在对客接待服务中自然流露与表达。

（三）导游服务绩效的结构与特征

导游服务绩效呈现单维度的结构，该结论与国内外研究一致（许灏颖和王震，2016；Suhartanto et al.，2018；Huo et al.，2019）。基于国内外文献的测量量表形成导游服务绩效的初始测量量表，包含 6 个测量指标，该量表通过导游受访者访谈、前测与正式样本实证检验，最终测量量表包含 5 个测量指标。从导游服务绩效测量指标来看，反映出导游与旅游者服务接触中的回应效率与信息提供能力。

（四）导游敬业度的结构以及特征

导游敬业度呈现单维度的结构，该结论与其他研究不尽相同，有研究表明，员工敬业度包含活力、专注、奉献三个细分维度（Schaufeli et al.，2006；周小曼等，2019；Luu et al.，2019），也有研究提出单一维度的结构（周宇等，2018；施丹等，2019；Zheng et al.，2019），本研究未得到三个维度的导游敬业度的结构，其原因可能与导游职业特征有关，导游接待业务的典型特征是没有固定的工作时间，旅途中可能遇见各种突发事件，需要导游延长工作时间，导游认知评价中可能将敬业度细分维度中的一些测量指标视为工作基本职责，它们难以作为凸显导游是否敬业的测量指标，因而，在统计检验中出现测量指标区别不显著、相关性较高的情形，导致导游敬业度的结构呈现出单一维度。从导游敬业度量表与测量指标来看，基于国内外文献的测量量表形成的导游敬业度的初始测量量表包含活力（4 个测量指标）、专注（4 个测量指标）、奉献（4 个测量指标）三个子量表，通过导游受访者访谈、前测与正式样本实证检验后，最终测量量表中包含 7 个测量指标，初始测量量表中的专注子量表及其测量指标全部被删除，活力与专注子量表合并且删除部分测量指标后形成导游敬业度测量量表。删除的测量指标有：持续工作而没有假期休息、工作时心情愉快、工作不顺利时不会灰心丧气、工作时间不知不觉就过去了等。

三、导游心理契约与行为的关系

本研究依据心理契约理论、资源保存理论构建导游心理契约与导游行为的概念关系模型、发展研究假设。概念与变量选取兼顾旅游组织、导游个体两个层面：对于自变量导游心理契约，采纳心理契约理论广义观点，将其分解为组织责任、自身责任；对于因变量导游行为，选取与旅游组织相关且受组织关注的导游角色行为、导游情绪劳动，以及导游个体能够掌控的服务绩效、导游敬业度；对于调节变量，则为导游的组织支持感以及反映导游个体特征的公平敏感性。概念关系模型或研究假设检验沿着主效应、中介效应、调节效应的递进顺序进行，研究结果表明，绝大部分研究假设得到统计支持，概念关系模型支持心理契约理论与资源保存理论。

（一）导游心理契约组织责任对导游行为的影响

1. 导游心理契约组织责任对导游行为的主效应影响关系

导游心理契约组织责任显著正向影响导游行为。具体而言，导游心理契约组织责任显著正向影响导游的角色行为、情绪劳动、服务绩效、敬业度。影响强度略有差异，导游心理契约组织责任对导游情绪劳动真实表达与深层扮演、对导游服务绩效的影响强度略高，对导游情绪劳动表层扮演的影响强度最弱。研究结果说明，当旅游组织能够积极履行导游期望的责任与义务时，将激发导游多种积极员工行为。该结论符合资源保存理论基本内涵，导游心理契约组织责任是旅游组织向导游投入的资源，即导游认同职业价值、获得稳定的雇佣关系、享有良好的薪酬制度与和谐人际关系，这些旅游组织资源投入对导游意味着丰富的初始资源，将激发导游未来资源投入，即提高导游积极员工行为以实现资源增益螺旋；同时，旅游组织资源投入也降低导游资源损失认知与损失压力，减弱导游资源损失控制的应对行为，即导游减弱其员工行为投入、保存有限资源的可能性也降低。因此，导游心理契约组织责任对导游行为产生积极正向影响。

有研究对员工心理契约与员工行为的关系展开研究，例如，理念型心理契约（于斌和王勃琳，2012）、酒店管理者评价中的酒店一线员工心理契约（Lu et al.，2016）对员工角色行为的影响；心理契约（关系型、均衡型、交易型、过渡型）对员工工作敬业度的影响（Soares and Mosquera，2019）。本研究结论响应了上述研究结论，即心理契约是影响导游行为的前因，但是也有新的拓展和发现，即导游与旅游组织的关系与酒店员工、企业员工存在很大差异，导致其认知的旅游组织层面的心理契约内容与酒店员工、企业员工不同，本研究开发了导游心理契约量表，明确了适宜导游心理契约的具体内容，并验证了导游心理契约对旅游组织层面、导游自身层面的员工行为具有积极影响。

2. 导游心理契约组织责任对导游行为的中介效应影响关系

导游的情感承诺在导游心理契约组织责任与导游行为的关系中具有中介作用。具体而言，情感承诺在导游心理契约组织责任与导游角色行为、情绪劳动的真实表达维度、服务绩效的关系中具有部分中介作用，分别比较自变量、中介变量对上述因变量的影响强度发现，导游心理契约组织责任对上述因变量的影响强度均明显低于导游情感承诺，说明情感承诺作为衡量导游职业价值认同与职业忠诚的变量，是影响上述因变量更直接的、更近端的前置因素。另外，情感承诺在导游心理契约组织责任与导游情绪劳动的表层扮演与深层扮演维度、敬业度的关系中具有完全中介作用，增列导游情感承诺中介变量后，导游心理契约组织责任对上述因变量不产生直接影响，而是全部通过情感承诺的中介作用产生影响，情感承诺对这些因变量的影响强度有差别，它对导游情绪劳动表层扮演的影响强度最低，对导游敬业度的影响强度最高。总体而言，与导游心理契约组织责任比较，导游情感承诺是影响导游行为的更近端变量。从资源保存理论的视角分析，导游心理契约组织责任代表外部组织初始资源投入，导游情感承诺代表个体内部初始资源投入，后者对导游行为的影响总体高于前者。

有研究验证了员工情感承诺在员工心理契约与员工行为关系中的中介作用，例如，情感承诺在关系型心理契约与员工留职组织的关系中（Alcove et al.，2012）、在酒店员工心理契约违背与员工工作绩效关系中（Li et al.，2016）、在企业履行责任与员工角色内行为与角色外行为关系中（何奎，2017）具有中介作用，这些研究结论表明，情感承诺是影响某些员工行为的更近端变量，在员工所认知的组织心理契约与员工绩效行为关系中具有中介作用。本研究结论与上述研究结论的基本内涵一致，即导游情感承诺是影响导游行为更近端的前因变量。此外，与上述研究成果相比，本研究更加细致地检验了情感承诺在不同层面的、多种导游员工行为关系中具有不同类型的中介作用，深化了对情感承诺中介效应的认知，并采纳资源保存理论的新视角对导游情感承诺中介效应进行理论阐释。

3. 导游心理契约组织责任对导游行为的调节效应影响关系

导游公平敏感性在导游心理契约组织责任与导游行为所有因变量关系中具有显著负向调节作用。对于高公平敏感性的导游，其心理契约组织责任对导游行为所有因变量的影响强度会减弱；对于低公平敏感性的导游而言，其心理契约组织责任对导游行为所有因变量的影响强度则会增强。调节变量的影响强度存在差异，公平敏感性对导游心理契约组织责任与情绪劳动表层扮演关系的负向调节强度最大，对深层扮演、敬业度关系的负向调节强度偏小。研究结论说明，具有高公平敏感性的导游，可能更不容易被旅游组织资源投入所激励，此类导游具有高水平的个体公平偏好，对交换结果不公平的容忍度低，他们更可能产生旅游组织资源投入不足而自身资源投入过度的认知，进而通过抑制自身员工行为投入以弥补不公平交换结果的认知，由此导致旅游组织资源投入对导游行为激励效力不足的结果。目前，对公平敏感性在心理契约与员工行为关系中调节作用的研究成果不多，雷等（Leigh et al.，2012）基于社会交换理论与社会认同理论推演，提出一个假设模型，即公平敏感性在心理契约破裂与组织公民行为绩效关系中具有调节作用，但是该研究未收集样本数据进行实证检验。王勃琳（2012）实证研究发现，公共敏感性在理念型心理契约与员工角色行为、组织公民行为关系中具有调节作用，其中，大公无私型员工比自私自利型员工表现更积极。张海涛等（2016）研究指出公平敏感性在心理契约违背与组织犬儒主义关系中具有负向调节作用。与上述研究相比，本研究拓展了公平敏感性的调节作用范畴，发现导游的公平敏感性在导游心理契约组织责任与多种导游员工行为类型关系中均具有负向调节作用，本研究拓展了公平敏感性作为员工个体特质在其员工行为绩效关系中的作用认知。

导游的组织支持感在导游心理契约组织责任与导游情绪劳动表层扮演、深层扮演关系中具有显著正向调节作用，在导游角色行为、情绪劳动真实表达、服务绩效、敬业度的关系中无调节作用。换言之，旅游组织提高导游业务支持水平时，导游心理契约组织责任对导游情绪劳动表层扮演、深层扮演的影响强度会增强；而旅游组织缺乏导游业务支持时，导游心理契约组织责任对导游情绪劳动表层扮演、深层扮演的影响强度会减弱；然而，导游心理契约组织责任与导游角色行为、情绪劳动真实表达、服务绩效、敬业度的关系不会受到旅游组织支持与否的影响。对于调节变量的影响强度，组织支持感对导游情绪劳动表层扮演关系的调节强度高于深层扮演，但是两者各自的影响强度值均偏低。研究结论说明，在导游与旅游组织隶属关系松散的背景下，导游缺乏组织归属感，而旅游组织也可能未将导游视为组织成员，因而，导游的组织支持感未能成为重要的导游执业环境变量，它在导游心理契约组织责任与导游行为多个因变量的关系中没有产生调节作用，仅对导游情绪方面的表层扮演与深层扮演关系产生较弱的干扰作用。目前，很多研究将组织支持感作为影响员工行为的前因变量，对其在心理契约与员工行为关系中的调节作用的关注程度不高、研究成果偏少，仅少数研究对员工认知的组织支持感的调节作用展开研究，例如，组织支持感在国家审计人员心理契约违背与员工EVLN行为关系中（王士红和孔繁斌，2015）、在矿工心理契约违背与矿工不安全行为关系中（张叶馨和栗继祖，2017）的调节作用的研究。与上述研究比较而言，本研究以导游为调研对象，他们与旅游组织隶属关系松散，导游的组织支持感在其心理契约组织责任与行为关系中的调节作用与国家审计人员、矿工可能不完全相同，本研究结论也证实了该判断，对不同研究情境中或调研对象的组织支持感发挥调节作用的理论与实践适用领域有所拓展。

（二）导游心理契约自身责任对导游行为的影响

1. 导游心理契约自身责任对导游行为的主效应影响关系

导游心理契约自身责任显著正向影响导游行为。具体而言，导游心理契约自身责任显著正向影响导游的角色行为、服务绩效、敬业度；部分影响导游情绪劳动，即导游心理契约自身责任显著正向影响深层扮演、真实表达，但对表层扮演无显著影响。影响强度略有差异，导游心理契约自身责任对导游角色行为、服务绩效的影响强度最高，对导游情绪劳动真实表达的影响强度最弱。研究结果说明，当导游主观期望向旅游组织履行相应的责任与义务时，将激励导游多种员工行为。该结论符合资源保存理论基本内涵，导游心理契约自身责任代表导游具有丰富初始资源，导游主观具有提升业务能力、完成接待任务、维护合作关系的意愿与期望，这些主观个体资源使得导游额外资源投入变得可行，将激发导游未来资源投入行为，提高他们的积极员工行为；此外，导游心理契约自身责任意味着导游具有抵御未来资源损失的初始资源，能够有效降低资源损失应对行为，这也意味着导游更可能产生积极员工行为。

2. 导游心理契约自身责任对导游行为的中介效应影响关系

导游的情感承诺在导游心理契约自身责任与导游行为的关系中具有中介作用。具体而言，情感承诺在导游心理契约自身责任与导游角色行为、情绪劳动的深层扮演与真实表达、服务绩效、敬业度的关系中具有部分中介作用，分别比较自变量、中介变量对上述因变量的影响强度发现，导游心理契约自身责任对导游角色行为、服务绩效的影响强度明显高于导游情感承诺，但是它对导游情绪劳动的深层扮演与真实表达、导游敬业度的影响强度低于导游情感承诺。另外，情感承诺在导游心理契约自身责任与导游情绪劳动表层扮演的关系中具有完全中介作用，即导游心理契约自身责任完全通过情感承诺的中介渠道影响导游情绪劳动表层扮演。总体而言，增加导游情感承诺的中介变量后，导游心理契约自身责任对导游角色行为、情绪劳动（深层扮演、真实表达）、服务绩效、敬业度的直接影响依然显著，说明导游意愿与期望等主观因素对其员工行为具有更加持久的影响，而导游情感承诺仅是影响导游情绪劳动（表层扮演、深层扮演、真实表达）与敬业度更直接的、更近端的前置因素。从资源保存理论的视角分析，导游心理契约自身责任与导游情感承诺均意味着导游自身具有丰富的初始资源投入，它们共同促进导游对客服务接待中的员工行为资源投入，符合丰富初始资源抵御未来资源损失、促进资源增益螺旋的理论原则。

3. 导游心理契约自身责任对导游行为的调节效应影响关系

导游公平敏感性在导游心理契约自身责任与导游角色行为、敬业度的关系中具有显著正向调节作用，而在导游情绪劳动（表层扮演、深层扮演、真实表达）、服务绩效的关系中无调节作用。换言之，对于高公平敏感性的导游，其心理契约自身责任对导游角色行为、敬业度的影响强度会增强；对于低公平敏感性的导游而言，其心理契约自身责任对导游角色行为、敬业度的影响强度则会减弱；然而，导游心理契约自身责任与情绪劳动、服务绩效的关系不会受到公平敏感性的影响。对于调节变量的影响强度，导游公平敏感性对导游角色行为关系的正向调节强度略高于导游敬业度关系，但各自调节作用强度值均偏低。研究结论说明，导游对公平交换结果的容忍与敏感程度，将会强化导游自身责任激励角色行为与敬业度的影响关系，若导游个体具有较强的投入与产出公平交换的个性偏好，那么将同步提高导游心理契约自身责任投入与角色行为、敬业度投入，以实现资源增益螺旋。

导游的组织支持感在导游心理契约自身责任与导游角色行为、情绪劳动真实表达、敬业度的关系中具有显著负向调节作用，在导游情绪劳动表层扮演与深层扮演、服务绩效的关系中无调节作用。换言之，旅游组织提高导游业务支持水平时，导游心理契约自身责任对导游角色行为、情绪劳动真实表达、敬业度的影响强度会减弱；而旅游组织缺乏导游业务支持时，导游心理契约自身责任对导游角色行为、情绪劳动真实表达、敬业度的影响强度反而会增强；然而，导游心理契约自身责任与导游情绪劳动表层扮演与深层扮演、服务绩效的关系不会受到旅游组织支持程度的影响。在调节效应显著关系中，组织支持感所发挥的负向调节作用强度值均偏低。研究结论说明，导游可能在自身责任资源投入与旅游组织支持资源投入之间进行抉择，他们以降低自身资源损失、实现未来资源增益为导向，当旅游组织强化导游接待业务资源支持时，导游可能优先利用旅游组织资源、降低自身责任资源投入，通过获取与利用旅游组织资源实现导游角色行为、情绪劳动真实表达、敬业度的员工行为绩效，此时导游心理契约自身责任对上述因变量的影响强度降低；反之，当旅游组织未能提供导游接待业务资源支持时，导游将转变初始资源获取渠道，通过提升自身责任资源投入以实现未来资源增益，达成导游角色行为、情绪劳动真实表达、敬业度的员工行为绩效。

第二节 研究创新

一、心理契约理论视角与应用研究的创新

本研究拓展并分析导游自身责任层面的心理契约内涵,并且实证研究了它对导游行为的影响关系。依据心理契约理论,将导游心理契约分解为组织责任、自身责任的两个维度,前者代表旅游组织层面的心理契约内涵,后者代表导游个体层面心理契约内涵。纳入导游个体层面心理契约的内容后,使心理契约理论的应用更加完整与充分。目前,很多研究仅将组织层面的责任与义务视为员工心理契约的内容,却忽视了员工个体层面的责任与义务,未将其作为员工心理契约组成部分,不仅不符合心理契约理论的基本内涵,也局限了心理契约与员工行为关系研究深度。本研究不仅分析旅游组织层面的导游心理契约内涵与影响关系,还将导游个体层面的心理契约内涵及其对导游行为的影响也纳入实证研究,使得导游心理契约结构更完整,并深化了导游心理契约与行为的关系认知,因此,本研究拓展了员工心理契约结构与影响关系的知识体系。

本研究还验证了心理契约理论在新型雇佣关系下的适用性。本研究以导游为调研对象,实证研究发现导游心理契约的结构与内涵与传统企业员工有显著差异,其原因可能是导游与旅游组织之间新型雇佣关系,它与传统企业员工雇佣关系的不同之处在于基于接待业务短期合作而非长期雇佣、基于导游职业价值认同与忠诚而非员工与组织明确的隶属关系与管理,由此导致导游心理契约的结构与内涵发生新变化,例如,组织层面的导游心理契约均呈现单一维度的结构而非多维度结构,其内涵中不包含发展型维度且关系型维度的内容减少,但是这些内容却常常体现于传统雇佣关系企业员工心理契约结构与内涵中。因此,对导游心理契约结构与内涵的研究以及它对导游行为的影响研究,验证了心理契约理论在新型雇佣关系背景下的理论适用性。

二、资源保存理论视角与应用研究的创新

本研究从资源保存理论的新视角阐释导游行为发生机制,在旅游组织对导游支持性资源投入不足情形下,导游与旅游组织不具备公平交换条件,从资源保存与增益的视角理解导游行为发生机制,是全新的理论视角。在员工行为影响机制研究方面,很多研究基于社会交换理论、公平理论、激励理论、委托代理理论等阐释员工行为发生机制,特别关注员工与组织公平交换在解释员工行为中发挥的作用,然而,当员工与组织不具备公平交换条件的情形下,如何从理论视角分析员工行为发生机制?本研究依据资源保存理论的资源保存动机与资源损失居首原则、资源投入原则、资源增益螺旋与资源损失螺旋原则等,建构导游心理契约与导游行为的关系模型与研究假设,实证研究并揭示出导游行为影响机制中具有鲜明的资源保存逻辑,在不具备公平交换的情形下,为解释导游行为发生机制提供新的理论视角。该理论视角可能更具普遍性,员工与组织处于不公平交换的情形是一种常态,处于弱势地位的员工依然能够表现出积极员工行为,其内在驱动机制与员工资源保存动机与未来资源增益螺旋相关。由此可见,资源保存理论应用于旅游行业或非旅游行业员工行为机制研究,将可能提供新的研究结论与理论视角创新。

本研究发现导游行为的核心驱动力来源于导游自身资源投入而非旅游组织资源投入。研究表明,导游心理契约自身责任对导游角色行为、情绪劳动、服务绩效、敬业度的直接影响强度均高于导游心理契约组织责任,其中,导游心理契约自身责任的内容是导游主观上愿意提升技术能力、愿意培养合作精神、愿意达成接待计划、服从接待安排等,而导游心理契约组织责任则是导游对旅游组织应尽责任与义务的期望。由此可见,导游主观意愿、期望、动机等资源投入是激励导游行为的主要因素,而旅游组织层面资源投入是次要从属因素。因此,导游行为激励与管理应重点关注导游主观层面资源投入。上述结论也带来新的启示,在员工行为研究与管理中,应强化主观层面的员工行为影响前因与影响机制研究,应重视员工主观行为驱动力的激励管理。

三、导游心理契约与行为研究范式的推进

本研究遵循实证主义研究范式，通过调研导游样本数据与统计检验的方式对导游心理契约与行为的关系进行量化研究，丰富了学界对该主题实证研究的不足。目前，对导游相关主题的研究多停留在现象结合理论分析层面，定性分析、规范性分析较多，但是实证研究或量化分析偏少。虽然一些定性研究成果也深入剖析了导游心理与行为之间的影响关系且带来深刻的洞见，但是其视角是研究者对现象的自我解读，研究结果是否真实地表达出导游群体的真实认知，还需要调研导游样本数据、统计检验分析提供坚实证据。例如，本研究发现导游心理契约自身责任对导游行为各因变量的直接影响强度均高于导游心理契约组织责任，说明导游自我雇佣或职业投入意愿是其员工行为的主要前因，据此启示，导游行为管理策略应强化导游主观层面因素。该研究结果反映出导游群体的共同认知，对应的管理策略更具针对性。由此可见，导游心理契约与导游行为的实证研究不仅可与同主题定性研究相互佐证，更为旅游行业或非旅游行业同类型研究范式提供借鉴。

四、组织与导游个体层次调节效应的创新

本研究发现导游公平敏感性、导游的组织支持感在导游心理契约与导游行为的关系中并非总是发挥正向调节作用，它们可能制约导游行为投入。一方面，在导游心理契约组织责任与导游行为所有因变量关系中，导游公平敏感性具有显著负向调节作用，说明导游自身公平偏好越强，越可能在工作中展现出自私自利的行为倾向，通常会产生旅游组织资源投入不足的认知，并通过降低自身行为投入以实现双方资源投入公平，由此可见，组织营造公平竞争环境，虽然有利于激发员工行为投入，但是也强化了员工公平敏感性并可能产生抑制员工自身行为投入的阻力。另一方面，在导游心理契约自身责任与导游角色行为、情绪劳动真实表达、敬业度的关系中，导游的组织支持感具有显著负向调节作用，该结果说明，旅游组织资源渠道可能转变导游自身资源投入意愿，当导游发现可以通过获取旅游组织资源实现员工行为绩效时，则会降低自身资源投入，由此可见，组织资源投入既帮助员工实现行为

绩效，又可能抑制员工自身资源投入。

五、概念测量量表发展与实证检验的深化

本研究解析了导游心理契约结构，发展并优化导游心理契约测量量表、导游角色行为测量量表、导游敬业度测量量表，各测量量表均具有良好的信度与效度，为其他导游相关主题研究提供必要的量表支持。例如，研究发现导游心理契约组织责任、自身责任的两个测量量表均为单一维度而非多维度，对应测量指标也匹配导游职业特征得以修正与新增。导游角色行为、敬业度的两个测量量表也进行类似修正。此外，本研究还修正与验证了其他相关变量测量量表，例如，检验了导游情绪劳动、导游服务绩效、导游情感承诺、导游的组织支持感、导游公平敏感性测量量表的信度与效度，这些测量量表均经过导游个体访谈、专家头脑风暴、量表题项池增补、两轮小样本前测、正式调研样本数据检验的流程。虽然这些测量量表已在国内外多项研究中被使用，但是尚未被应用于导游受访者，由于导游职业特征与传统企业员工职业特征之间具有很多差异，因此，国内外研究中所采纳的适宜传统企业员工的测量量表可能并不完全适宜导游。本研究拓展了测量量表适用范围，丰富了测量指标题项池，能够为未来导游相关主题研究提供量表支持与借鉴。

第三节 研究展望

一、导游心理契约与导游行为影响关系的研究局限

（一）调研对象甄别

本研究针对导游进行问卷调研，主要包含旅行社专职导游和社会导游，而兼职导游、旅行社员工、持有导游证而较少从事导游业务的非职业导游均不适宜填答问卷。调研过程首先需要甄别适宜受访者填答调研问卷，然而，在实际调研过程中，受调研地点分布广、导游受访者不集中、工作时间紧凑

等现实原因，因此采纳滚雪球抽样方法以及委托资深导游发放调研问卷，由此可能导致调研对象中混杂了少量兼职导游、曾有导游工作经历的旅行社员工以及持有导游证而较少从业者，调研问卷收集后，虽然也询问过资深导游或施以帮助的调研人员是否含有不适宜受访者，他们回复是按照要求发放问卷，但是也可能存在少数不适宜受访者，而从回收问卷中已经难以识别。另一个局限是调研问卷填答过程是否认真、受访者是否有所隐瞒或给出不完全真实的反馈，在调研过程中虽然已经明确征求导游受访者填答意愿，告知问卷填答需要的时间，但是依然发现有导游受访者会突然受到接待事宜干扰，有导游对填答问卷存有不安与担忧，而导游受访者认真与耐心程度也会影响填答质量。在调研问卷录入计算机样本数据过程中，已将填答不认真或未完整填答问卷排除，希望能够提高样本质量。

（二）研究变量选取

本研究所选取的研究变量涉及旅游组织与导游个体两个层面，各个层面所选取的变量具有研究者个人主观色彩，即它们是研究者个人认为相对重要的变量，其依据是旅游组织关切、与旅游者服务质量认知相关、且与导游自身执业现状关系密切的变量。变量选取具有较强的个人主观性，但是随国家有关旅游业或导游管理政策变更、出台以及旅游经营环境变化，可能还有更加重要的或适宜的变量值得深入研究，或者其他评审者可能会提出新的变量选取依据从而发现新的更加适宜研究的变量，这些变量影响关系虽然在本研究中未能涉及，但是也可作为未来可跟进的或者作为空白点而进行后续实证研究。此外，本研究所选取的变量在其他组织员工相关研究中已有所涉猎，由此可能存在创新不足的局限，但是这些变量在导游为调研对象的研究中未曾经过实证检验，本研究对其中一些变量的结构维度与测量指标检验时，得到新的研究结果，后续导游相关研究可与本研究变量结构维度与测量指标进行比对或证伪。

（三）量表文化背景

本研究所采纳的概念测量量表经过资深导游访谈与专家头脑风暴、小样本前测以及正式调研样本检验，虽然最终量表达到统计检验参考指标，但是这些量表来源于已有文献资料，且多数量表的原始来源是国外研究文献，由此便可能存在量表及其测量指标对我国旅游行业导游受访者是否适宜的问题，也就是同一概念测量量表的结构及测量指标内容存在文化与环境冲突与差异，当应用于我国旅游行业的导游受访者时，测量准确性可能降低。此外，本研究通过资深导游与专家访谈，对初始量表结构与测量指标进行修正、删减、增补，但访谈人次数有限，且在短时间内访谈对象对所测量的概念的理解可能有差异，对量表结构与测量指标也存在些许争议以及考虑不周全，因此，量表结构与部分测量指标存在信息遗失。当然，本研究也借鉴国内研究中的量表及其测量指标，以此弥补量表与测量指标的文化背景差异与冲突。

二、导游心理契约与导游行为影响关系的研究展望

(一) 研究主题拓展

未来对导游相关主题的研究还有较大的拓展空间。无论是研究主题宽度还是研究深度，均具有较大的可拓展空间。虽然近些年导游购物回扣与薪酬制度、导游服务质量、导游社会形象异化、导游与旅游者冲突、导游自由执业改革与管理、导游与旅行社关系与导游管理体制改革等现实问题受到社会各界关注，但是学界对上述问题关注不够，相关研究文献数量有限，且发表于高级别学术期刊的文献更少，未来对导游相关主题的研究宽度尚有可拓展空间。此外，就已发表文献的研究深度来看，使用横截面数据或访谈材料居多，而获取纵截面数据、跟踪性数据与材料的研究偏少；采纳内容分析、规范分析、理论分析与解读的定性研究居多，而采纳样本数据结合实证分析、统计数据结合建模分析的定量研究偏少；针对导游相关实践或突发问题的描述性与探索性研究居多，而对此类问题内在的影响机制机理结合理论阐释的解释性偏少，由此可见，未来对导游相关主题的研究深度尚有可拓展空间。

(二) 研究方法改进

未来研究可采纳新的研究方法或改进本研究方法之不足，提高研究结果稳健性。本研究的调研对象是专职导游，研究结果呈现了导游所认知的心理契约与员工行为之间的关系，未来可研究旅游组织管理者、旅游者视角的导游心理契约结构、内涵及其对导游行为的影响；本研究采纳实证研究的主流

方法，依据理论构建研究假设、通过问卷调研获得导游样本数据、采纳统计分析方法验证研究假设、据此得到研究结果，未来研究可采纳新的研究方法以提高研究结果的稳健性，例如，可采纳问卷实验法、情境实验法、导游相关研究文献元分析等新的研究方法；未来研究还应提高样本总量与质量，以此避免研究变量多重共线性的问题；在变量选取与关系构建方面，本研究将导游心理契约视为影响导游行为的前因，并未研究其他前因变量对导游行为的影响，未来研究可采纳扎根理论探究导游行为的其他前因变量，构建二者关系模型并进行实证检验，以此丰富导游行为影响机制的知识宽度。

（三）积极导向研究

未来研究还可转变导游相关主题研究中的问题导向思维，转向积极导向思维以拓展导游行为影响机制认知深度。本研究发现导游的组织支持感、公平敏感性不完全发挥正向调节作用，未来研究可探索对导游心理契约与导游行为影响关系有促进作用的旅游行业环境或导游个体特征变量。从当前导游执业环境现状而言，与导游相关的负面问题暴露较多，社会舆论更多报道导游负面新闻，却较少宣传导游优秀事迹，而学界也惯常采纳问题导向思维，以解决问题、弥补漏洞为目标展开后续研究，多数研究所涉及的研究主题、研究变量、研究内容、对策建议等的底层思维方向一致，它们发现并分析"不应为之"却较少探究"应当为之"，然而，消极面与积极面相伴，问题导向思维的对立面尚未受到学界重视，未来研究可转变底层思维方向，从积极导向思维对导游心理与行为的积极面展开研究，例如，影响导游心理契约与导游行为的积极因素、旅游者表扬对导游的影响、导游荣誉感与敬畏感的影响、导游幽默的影响、导游幸福感影响因素研究、导游保障体系研究等。

参 考 文 献

一、中文文献

（一）专著

［1］风笑天. 社会学研究方法（第三版）［M］. 北京：中国人民大学出版社，2011.

［2］温忠麟，刘红云，侯杰泰. 调节效应和中介效应分析［M］. 北京：教育科学出版社，2012.

［3］吴明隆. 结构方程模型：AMOS 的操作与应用［M］. 重庆：重庆大学出版社，2014.

［4］张文彤，董伟. SPSS 统计分析高级教程［M］. 北京：高等教育出版社，2015.

（二）学位论文

［1］白少君. 企业伦理对员工行为的影响机制研究［D］. 西安：西北大学，2012.

［2］白艳莉. 心理契约破裂对员工行为的影响机制研究［D］. 上海：复旦大学，2010.

［3］蔡建群. 管理者－员工心理契约对员工行为影响机理研究［D］. 上海：复旦大学，2008.

［4］曹颖. 组织情境、服务氛围对情绪劳动的影响研究［D］. 沈阳：辽宁大学，2013.

［5］ 查旺斯基. A 旅行社导游人员的薪酬再设计［D］. 成都：四川师范大学，2012.

［6］ 陈斌. 基于心理契约的家族企业知识型员工忠诚度实证研究［D］. 武汉：武汉大学，2010.

［7］ 陈小锋. 知识员工心理契约对知识共享意愿的影响研究［D］. 南昌：江西财经大学，2012.

［8］ 陈永愉. 潜意识、情绪劳动与服务质量关系的研究［D］. 天津：南开大学，2010.

［9］ 崔进. 合肥市导游需要与激励因素的分析及激励机制研究［D］. 合肥：中国科学技术大学，2009.

［10］ 崔莹. 中外导游职业资格培训模式比较研究［D］. 大连：辽宁师范大学，2009.

［11］ 代征兰. 导游职业社会化与导游服务管理公司职能的提升［D］. 成都：四川师范大学，2010.

［12］ 董磷茜. 大学毕业生从学校向工作转换机理的实证研究［D］. 天津：天津大学，2012.

［13］ 杜娟. 导游自身视角下的职业认同研究［D］. 西安：陕西师范大学，2009.

［14］ 樊飞. 导游回扣与薪酬机制设计研究：基于新制度经济学视角［D］. 扬州：扬州大学，2009.

［15］ 冯卫东. 聘任制背景下高校教师工作不安全感与敬业度和工作绩效关系研究［D］. 成都：西南财经大学，2014.

［16］ 郭安元. 基于扎根理论的心理契约违背的影响因素及其作用机制研究［D］. 武汉：武汉大学，2015.

［17］ 郭涛. 高校教师敬业度影响因素及其与工作绩效的关系研究［D］. 天津：天津大学，2012.

［18］ 郭燕. 导游员满意度调查分析及对策研究：以江西为例［D］. 南昌：江西财经大学，2006.

［19］ 贺婷. 患者形成护士角色认知的影响因素及机制研究［D］. 上海：第二军医大学，2013.

［20］ 侯学东. 顾客参与的互动特征对服务绩效的影响［D］. 武汉：武汉大

学，2011.

[21] 胡焕刚. 当代中国法官职业角色的重构 ［D］. 北京：中共中央党校，2015.

[22] 黄志坚. 全面报酬、敬业度和绩效的作用关系研究：基于动漫技能人才的实证 ［D］. 武汉：武汉大学，2010.

[23] 姜长海. 工作满意度、工作投入与工作绩效关系的实证研究：以大连地区导游人员为例 ［D］. 大连：东北财经大学，2011.

[24] 焦燕莉. 基于感知价值的员工心理契约模型研究 ［D］. 天津：天津大学，2008.

[25] 柯林. 完善导游员职业培训的策略研究 ［D］. 成都：西南交通大学，2009.

[26] 李成江. 知识型员工心理契约管理研究 ［D］. 南京：河海大学，2007.

[27] 李红侠. 基于员工行为的知识服务企业生产率研究 ［D］. 沈阳：辽宁大学，2009.

[28] 李鹏学. 基于导游员视角下的导游薪酬制度改革模式研究 ［D］. 北京：北京交通大学，2011.

[29] 李晓. 大学生理想角色建构研究 ［D］. 上海：华东师范大学，2017.

[30] 李原. 员工心理契约的结构及相关因素研究 ［D］. 北京：首都师范大学，2002.

[31] 梁菽玲. 旅行社兼职导游管理研究 ［D］. 天津：天津师范大学，2013.

[32] 刘朝. 情绪表现规则和情绪劳动对消极工作行为影响跨层次研究 ［D］. 长沙：湖南大学，2013.

[33] 刘枭. 组织支持、组织激励、员工行为与研发团队创新绩效的作用机理研究 ［D］. 杭州：浙江大学，2011.

[34] 刘佑华. 湖南省导游职业培训体系的优化与运行保障研究 ［D］. 大连：湖南师范大学，2013.

[35] 罗昱. 护理人员职业价值观、情绪劳动、工作产出关系研究 ［D］. 武汉：武汉大学，2011.

[36] 孟海玲. 导游激励目标与机制研究 ［D］. 大连：东北财经大学，2009.

[37] 彭川宇. 知识员工心理契约与其态度行为关系研究 ［D］. 成都：西南交通大学，2008.

［38］ 彭雯娟．导游情绪智力、工作满意度与离职倾向的关系研究［D］．长
沙：湖南师范大学，2014.

［39］ 史飚．导游职业道德建设研究［D］．太原：山西财经大学，2013.

［40］ 孙雪梅．员工帮助计划（EAP）对知识型员工心理契约的影响研究
［D］．沈阳：辽宁大学，2016.

［41］ 孙玉．新时期我国导游职业道德建设存在的问题及对策研究［D］．大
连：吉林农业大学，2013.

［42］ 王勃琳．理念型心理契约对员工行为的影响研究［D］．天津：南开大
学，2012.

［43］ 王驰．销售人员心理契约与工作倦怠关系研究［D］．武汉：武汉大学，
2011.

［44］ 王海威．大学教师心理契约的结构及其动态变化［D］．大连：大连理
工大学，2009.

［45］ 王红芳．非国有企业员工总体报酬感知、敬业度与工作绩效研究［D］．
太原：山西财经大学，2015.

［46］ 王莉娜．吉林省旅游业导游管理模式研究［D］．长春：吉林大学，
2013.

［47］ 王庆燕．组织社会化过程中的新员工信息寻找行为与心理契约的实证
研究［D］．上海：上海交通大学，2007.

［48］ 王婷．企业一线员工体面劳动感知的意义构建及对敬业度的影响机理
研究［D］．成都：西南财经大学，2014.

［49］ 王婷婷．员工元情绪对服务绩效影响的实证研究［D］．沈阳：辽宁大
学，2015.

［50］ 王文杰．导游工作满意度与离职倾向的关系研究［D］．济南：山东大
学，2010.

［51］ 王玉梅．心理契约对星级饭店知识型员工离职意图影响的实证研究
［D］．成都：西南交通大学，2008.

［52］ 韦家华．情绪智力、情绪劳动和心理授权对服务补救效果的影响研究
［D］．成都：西南交通大学，2016.

［53］ 魏峰．组织-管理者心理契约违背研究［D］．上海：复旦大学，2004.

［54］ 向秋华．基于心理契约的中国企业知识型员工管理创新研究［D］．长

沙：中南大学，2007.

[55] 徐进. 心理契约对企业隐性知识共享绩效的影响研究 [D]. 大连：大连理工大学，2014.

[56] 杨勇. 服务导向、情绪劳动与顾客价值共创行为间的多层次、多观点研究 [D]. 沈阳：东北大学，2014.

[57] 于春杰. 职业使命对离职倾向和员工敬业度的影响机制研究 [D]. 北京：中国地质大学，2014.

[58] 于杰. 导游职业道德的现状及对策研究 [D]. 牡丹江：牡丹江师范学院，2012.

[59] 于珊. 基于心理契约的创新型中小企业知识员工激励策略研究 [D]. 长沙：中南大学，2008.

[60] 余琛. 员工心理契约与持股计划研究 [D]. 杭州：浙江大学，2003.

[61] 张宏. 雇主品牌对工作产出的影响机制研究 [D]. 长春：吉林大学，2014.

[62] 张立峰. 人力资源管理强度对员工敬业度的影响研究 [D]. 沈阳：辽宁大学，2016.

[63] 张立迎. 普通高等学校教师心理契约形成、履行、破裂的实证研究 [D]. 长春：吉林大学，2010.

[64] 张琦. 员工感知的企业家精神对员工行为的影响研究 [D]. 西安：西北大学，2015.

[65] 张士菊. 国有企业与民营企业员工心理契约比较研究 [D]. 武汉：华中科技大学，2008.

[66] 张世琪. 文化距离、顾客感知冲突与服务绩效的关系研究：以饭店外籍顾客为视角 [D]. 杭州：浙江大学，2012.

[67] 赵丹. 导游人员激励机制设计与研究 [D]. 北京：北京交通大学，2007.

[68] 赵秀清. 知识型员工工作压力与工作绩效关系研究 [D]. 北京：首都经济贸易大学，2012.

[69] 赵宇飞. 服务接触中员工行为对顾客参与的影响研究 [D]. 长春：吉林大学，2012.

[70] 郑久华. 情绪劳动策略对业绩的影响 [D]. 上海：华东师范大学，

2013.

[71] 朱敏. 员工满意度、敬业度与服务行为关系研究 [D]. 济南：山东大学，2010.

[72] 朱朴义. 可雇佣性对员工态度行为作用机制研究 [D]. 武汉：华中科技大学，2015.

[73] 邹晓玫. 法学教师群体之角色冲突研究 [D]. 天津：南开大学，2014.

（三）期刊论文

[1] 白桦. 顾客期望视角下的售后服务绩效指标体系的设计 [J]. 中国人力资源开发，2014，29（11）：58 - 63.

[2] 白艳莉. 个体职业生涯发展阶段对员工雇佣关系感知的影响：以心理契约破裂感为分析视角 [J]. 现代管理科学，2011，30（7）：41 - 43.

[3] 白长虹，刘欢. 旅游目的地精益服务模式：概念与路径：基于扎根理论的多案例探索性研究 [J]. 南开管理评论，2019，22（3）：137 - 147.

[4] 鲍艳利. 导游人才胜任力模型构建实证研究：基于"一带一路"视角 [J]. 技术经济与管理研究，2018，39（2）：10 - 14.

[5] 蔡文著，杨慧. 农产品营销中农户感知心理契约对农户行为的影响：基于江西省农户调研的实证研究 [J]. 经济管理，2013，35（2）：165 - 174.

[6] 曹花蕊，郑秋莹，韦福祥. 管理者服务质量承诺影响顾客感知服务质量的路径模型 [J]. 物流技术，2012，31（23）：211 - 213.

[7] 曹科岩，李宗波. 心理契约破坏与员工建言行为的关系：领导成员交换的调节作用 [J]. 心理科学，2016，29（3）：644 - 650.

[8] 曹威麟，段晓群，王晓棠. 高校师生双向视角心理契约相互责任的实证研究 [J]. 高教探索，2007，24（6）：105 - 109.

[9] 曾颢，勒系琳，黄丽华. 新型学徒制中企业与新生代学徒的关系构建研究：基于心理契约理论的视角 [J]. 职教论坛，2019，35（3）：45 - 50.

[10] 曾晖，赵黎明. 酒店服务行业员工敬业度特征与绩效研究 [J]. 北京工商大学学报（社会科学版），2009，24（4）：96 - 100.

[11] 曾韬. 澳门高等教育服务质量与启示：对澳门两所高校旅游专业学生感知数据的分析 [J]. 高教探索，2019，35（9）：81 - 87.

[12] 陈保霞. 旅游管理专业"导游业务"教学改革初探 [J]. 教育与职业, 2010, 94 (17): 114 - 116.

[13] 陈波, 杨东涛, 潘亮. 基于核心自我评价视角的团队关系冲突与员工拖延行为研究 [J]. 管理学报, 2020, 17 (2): 216 - 224.

[14] 陈方英, 于伟. 上司支持对饭店企业一线员工工作家庭冲突及工作绩效影响研究 [J]. 旅游论坛, 2011, 4 (6): 85 - 90.

[15] 陈方英. 基于委托 - 代理理论的饭店企业员工敬业度提升模式研究 [J]. 旅游学刊, 2007, 22 (12): 71 - 79.

[16] 陈加州, 凌文辁, 方俐洛. 企业员工心理契约的结构维度 [J]. 心理学报, 2003, 35 (3): 404 - 410.

[17] 陈凌燕, 傅广生. 英文导游辞的词汇特征探析 [J]. 西南民族大学学报 (人文社科版), 2008, 30 (3): 1 - 4.

[18] 陈茫, 唐家玉. 图书馆移动知识服务的影响因素探析 [J]. 图书馆, 2017, 36 (9): 25 - 30.

[19] 陈明淑, 申海鹏. 组织内信任、敬业度和工作绩效关系的实证研究 [J]. 财经理论与实践 (双月刊), 2015, 36 (195): 113 - 118.

[20] 陈楠. 基于游客逆向行为的旅游服务从业人员工作压力研究: 以情绪劳动为中介变量 [J]. 哈尔滨商业大学学报 (社会科学版), 2018, 35 (2): 117 - 128.

[21] 陈佩, 徐渊, 石伟. 服务业员工个人 - 组织匹配对组织公民行为的影响: 有调节的中介模型 [J]. 心理科学, 2019, 42 (2): 407 - 414.

[22] 陈乾康, 袁静. 论涉外导游人才的培养 [J]. 四川师范大学学报 (社会科学版), 2005, 32 (5): 138 - 144.

[23] 陈睿智. 提高导游服务质量初探: 以四川省为例 [J]. 四川师范大学学报 (社会科学版), 2005, 31 (S1): 137 - 139.

[24] 陈天啸. 导游人员职业权益维护及其利益表达 [J]. 旅游学刊, 2006, 21 (4): 60 - 66.

[25] 陈伟民, 沈怡婷. 绩效考核公平感对新生代员工反生产行为的影响研究 [J]. 南京邮电大学学报 (社会科学版), 2017, 19 (1): 55 - 64.

[26] 陈学萍. 人才激励视域下的导游全面薪酬体系构建 [J]. 管理观察, 2019, 39 (32): 95 - 96.

[27] 陈永昶，徐虹，郭净．导游与游客交互质量对游客感知的影响：以游客感知风险作为中介变量的模型［J］．旅游学刊，2011，26（8）：37-44．

[28] 陈志霞，汪洪艳．领导行为的马太效应：领导组织化身的调节作用［J］．华东经济管理，2015，29（8）：1-9．

[29] 程红玲，陈维政．情绪劳动：概念的追溯与建构［J］．华东经济管理，2009，23（11）：117-121．

[30] 程红玲．情绪表现规范正式化程度对情绪劳动策略的非线性影响：自主动机的中介效应［J］．商业经济与管理，2019，39（7）：29-38．

[31] 储小平，汪林．家族企业中的心理契约破坏：组织与员工的双重视角［J］．中山大学学报（社会科学版），2009，49（3）：213-220．

[32] 崔静，顾莉莉，叶旭春，吴菁，邓娟，等．病人对医生角色行为认知现状调查［J］．护理研究，2017，31（32）：4090-4093．

[33] 崔志英．高校导游人才培养中实践教学体系的建立［J］．中国成人教育，2012，21（19）：157-158．

[34] 单红梅，胡恩华，邱文怡，张龙．工会公平感对工会公民行为的影响：基于公平敏感性［J］．管理科学，2016，29（6）：106-119．

[35] 邓德智．我国导游制度的演进轨迹与理性反思：基于1980~2015年的数据统计分析［J］．浙江社会科学，2016，32（10）：141-144．

[36] 丁先存，郑飞鸿．情绪劳动对离职倾向的影响效应研究：基于工作满意度的中介效应模型［J］．华东经济管理，2016，30（6）：144-151．

[37] 丁雨莲，陆林．旅游管理本科专业"导游业务"课程教学改革与创新［J］．安徽师范大学学报（自然科学版），2012，35（4）：376-380．

[38] 董红艳．基于叙事方法的导游成长影响因素研究［J］．理论与现代化，2014，21（1）：72-78．

[39] 董临萍，於悠．服务型领导能提升知识员工敬业度吗?：基于主观幸福感和程序公平的中介作用［J］．北京工商大学学报（社会科学版），2017，32（3）：112-120．

[40] 董念念，王雪莉．管理者榜样作用与文化类型的交互对员工企业文化认同的影响研究［J］．管理学报，2018，15（8）：1136-1143．

[41] 董薇,秦启文."U盘化生存":青年职场生存新理念 [J]. 人大复印报刊资料 (青少年导刊),2019,25 (3):23-28.

[42] 董霞,高燕,马建峰. 服务型领导对员工主动性顾客服务绩效的影响:基于社会交换与社会学习理论双重视角 [J]. 旅游学刊,2018,33 (6):61-72.

[43] 董雅丽,赵丽红. 员工角色行为对服务质量影响的实证研究 [J]. 统计与信息论坛,2009,24 (3):81-86.

[44] 杜敏. 职业发展中的"斜杠青年"现象论析 [J]. 人大复印报刊资料 (青少年导刊),2018,24 (4):26-32.

[45] 段超,黎帅. 导游与湘鄂西民族旅游区文化变迁 [J]. 中南民族大学学报 (人文社会科学版),2017,37 (4):83-87.

[46] 樊耘,纪晓鹏,邹艺. 中层管理者多重角色行为对企业绩效影响的实证研究 [J]. 管理工程学报,2012,26 (2):1-11.

[47] 范妮娜. 导游技能比赛对导游技能教学的影响:以苏州旅游与财经高等职业技术学校为例 [J]. 旅游纵览,2019,28 (22):186-188.

[48] 范秀成,张彤宇. 顾客参与对服务企业绩效的影响 [J]. 当代财经,2004,25 (8):69-73.

[49] 方芳,王朝辉. 基于Fuzzy-IPA的导游职业认同研究 [J]. 安徽师范大学学报:自然科学版,2014,37 (2):176-180.

[50] 方世敏,陈攀. 基于旅游者风险规避理论的导游管理模式重构 [J]. 广东商学院学报,2008,23 (6):68-72.

[51] 房志永,于淼."90后"员工行为特征分析与管理策略:基于自我决定理论视角 [J]. 领导科学,2019,35 (10):101-103.

[52] 冯晓华,黄震方. 游客对生活型旅游的认知及行为意向研究 [J]. 地理与地理信息科学,2019,35 (3):134-140.

[53] 付美云,马华维,乐国安. 职场欺负的旁观者:角色、行为与影响机制 [J]. 心理科学进展,2014,22 (6):987-994.

[54] 傅林放. 我国导游许可制度的困境及应对 [J]. 旅游学刊,2018,33 (2):117-126.

[55] 高爱仙,孔旭红. 论饭店企业员工自身角色的认知 [J]. 怀化学院学报,2007,26 (5):29-30.

[56] 高丽敏.校企深度融合培养高职导游人才的路径研究 [J]. 职教论坛,
    2016,34 (6):30 –33.

[57] 高燕,郑焱.委托代理视角下的导游忠诚与激励研究 [J]. 旅游论坛,
    2008,2 (5):260 –264.

[58] 高中华,晨赵.知识员工角色压力对生活满意度的影响研究:一个被
    调节的中介效应模型 [J]. 科研管理,2015,36 (11):162 –169.

[59] 龚金红.旅行社服务不诚信行为如何影响顾客信任:心理契约违背与
    企业声誉的作用 [J]. 旅游学刊,2014,29 (4):59 –68.

[60] 关涛,环亚琴,晏佳敏.情绪表达潜规则对组织内部员工情绪耗竭的
    影响:以情绪表达策略为中介 [J]. 商业经济与管理,2020,40 (1):
    40 –54.

[61] 关涛,秦一琼,陶悦.裁员幸存者心理契约变化路径:不确定性规避
    的视角 [J]. 管理科学,2015,28 (6):50 –64.

[62] 郭鲁芳.旅行社及其核心利益相关者均衡发展机制探究:基于和谐社
    会的视角 [J]. 旅游学刊,2006,21 (12):58 –64.

[63] 郭梅,杨韬,张同建,林昭文.研发人员分配公平、敬业度与成功智
    力相关性研究:基于亚当斯分配公平思想的数据检验 [J]. 科技管理研
    究,2015,35 (22):121 –126.

[64] 郭淑梅.饭店业员工工作压力对其角色内绩效的影响:领导行为的调
    节作用 [J]. 开发研究,2012,28 (3):138 –142.

[65] 郭钟泽,谢宝国,程延园.如何提升知识型员工的工作投入?:基于资
    源保存理论与社会交换理论的双重视角 [J]. 经济管理,2016,38
    (2):81 –90.

[66] 韩明,董学安,范丹,何先友.高校教师心理契约问卷的编制 [J]. 心
    理发展与教育,2010,26 (3):315 –321.

[67] 韩雪,厉杰.我的职业我做主:使命感对职业生涯自我管理的影响研
    究 [J]. 人大复印报刊资料 (劳动经济与劳动关系),2018,24 (12):
    53 –63.

[68] 郝喜玲,陈忠卫.可雇佣型心理契约的维度及其测量 [J]. 商业经济与
    管理,2012,32 (3):27 –35.

[69] 何爱平,肖智,刘蜀凤.导游道德风险的动态最优化分析 [J]. 旅游学

刊，2010，25（9）：65 - 70.

[70] 何奎. 企业员工责任对新生代员工角色行为的影响 [J]. 税务与经济，2017，26（4）：58 - 64.

[71] 何明芮，李永建. 心理契约类型对隐性知识共享意愿影响的实证研究 [J]. 管理学报，2011，8（1）：56 - 60.

[72] 何玉杰，余敬. 非工作时间电子沟通对员工时间侵占行为的影响：基于资源保存理论视角 [J]. 中国人力资源开发，2020，37（1）：54 - 67.

[73] 侯烜方，卢福财. 新生代工作价值观、内在动机对工作绩效影响：组织文化的调节效应 [J]. 管理评论，2018，30（4）：157 - 168.

[74] 胡青，孙宏伟. 情绪劳动与心理健康的关系：工作倦怠的中介作用 [J]. 心理与行为研究，2016，14（5）：662 - 667.

[75] 胡亚光，吴志军，胡建华. 旅游市场主体间博弈行为下的消费陷阱问题研究 [J]. 江西社会科学，2016，37（6）：80 - 87.

[76] 胡艳华，曹雪梅. 小学教师情绪劳动与心理健康的关系：领悟社会支持的调节作用 [J]. 内蒙古师范大学学报（教育科学版），2013，26（12）：56 - 59.

[77] 黄洁. 企业员工社会责任对组织公民行为的影响研究：基于心理契约的中介作用 [J]. 山东社会科学，2016，30（2）：179 - 183.

[78] 黄蒌. 本科院校导游人才培养模式的实践探索 [J]. 教育与职业，2014，101（2）：113 - 114.

[79] 黄素莲. 护士心理契约对情绪劳动的影响 [J]. 中华现代护理杂志，2015，21（3）：265 - 268.

[80] 黄文平，彭正龙，赵红丹. 创业团队成员心理契约履行对创业绩效的影响研究 [J]. 管理工程学报，2015，29（3）：72 - 80.

[81] 黄雪丽. 我国导游服务质量的现状分析与对策研究 [J]. 商场现代化，2006，35（33）：139 - 140.

[82] 黄怡，朱元英. 从投诉看我国旅游业服务质量提升的对策 [J]. 经济管理，2008，30（5）：65 - 68.

[83] 黄勇，余江龙. 从主动性人格到主动担责行为：基于角色定义的视角 [J]. 中国人力资源开发，2019，36（3）：65 - 77.

[84] 黄攸立，李游. 辱虐管理对上下级关系的双刃剑效应：工作退缩行为和关系经营的作用 [J]. 中国人力资源开发，2018，35（9）：51-62.

[85] 黄泽群，颜爱民，陈世格，徐婷. 资质过高感对员工敬业度的影响：组织自尊和高绩效工作系统的作用 [J]. 中国人力资源开发，2019，36（9）：18-31.

[86] 黄志坚. 动漫人才全面报酬、敬业度和绩效之间的作用关系 [J]. 科技管理研究，2013，33（4）：166-170.

[87] 霍甜，李敏. 员工工作满意度、工作行为与组织承诺关系述评 [J]. 经济与管理，2011，25（7）：74-78.

[88] 霍艳琳，畅红琴. 组织公正对矿工反生产行为的影响机制研究 [J]. 煤矿安全，2020，51（1）：238-241.

[89] 贾永堂. 大学教师考评制度对教师角色行为的影响 [J]. 高等教育研究，2012，33（12）：57-62.

[90] 姜玉梅，田景梅，李新运. 高校图书馆绩效评价及影响因素分析：以教育部直属高校为例 [J]. 高校图书馆工作，2018，38（4）：41-47.

[91] 蒋海萍，钱珍，李肖妮. 景区员工旅游感知与双元服务绩效：基于情绪劳动理论的实证研究 [J]. 中国人口·资源与环境，2016，26（5）：147-153.

[92] 景梦雅，李小依，郝雪云，张琪，宋国敏. 护士心理安全感在组织支持感与敬业度的中介作用 [J]. 护理学杂志，2019，34（19）：60-63.

[93] 景勤娟，谢会芹. M旅行社导游薪酬方案再设计 [J]. 价值工程，2019，38（36）：147-149.

[94] 康超群，杨晴. 工作资源对高校图书馆员敬业度影响机制的实证研究 [J]. 图书情报工作，2019，63（17）：69-76.

[95] 康飞，曲庆，张涵. 授权式领导对员工敬业度的影响研究 [J]. 科研管理，2019，40（11）：216-225.

[96] 康遥，陈菊红，同世隆，姚树俊. 服务化战略与服务绩效：价值共创调节效应 [J]. 软科学，2016，30（3）：103-107.

[97] 孔海燕. 导游员工作认知及职业生涯发展研究 [J]. 山东社会科学，2008，22（12）：158-160.

[98] 孔茗，钱小军. 被领导者"看好"的员工其行为也一定好吗？：内隐追

随对员工行为的影响 [J]. 心理学报, 2015, 47 (9)：1162 –1171.

[99] 匡红云, 江若尘. 旅游体验价值共创研究最新进展及管理启示 [J]. 管理现代化, 2019, 39 (1)：74 –77.

[100] 李大伟, 张江华. 基于多任务委托代理模型的导游激励问题研究 [J]. 运筹与管理, 2017, 26 (2)：158 –164.

[101] 李枫, 李成江. 高校教师心理契约与组织公民行为关系研究：基于组织认同中介作用的分析 [J]. 江海学刊, 2009, 52 (5)：91 –96.

[102] 李海云, 李正拴. 河北省涉外导游及翻译人才培养策略研究 [J]. 河北师范大学学报 (教育科学版), 2008, 10 (7)：128 –131.

[103] 李洪英, 于桂兰. 心理契约履行与员工离职倾向的关系 [J]. 社会科学家, 2017, 32 (2)：74 –78.

[104] 李辉, 苏勇, 王淼. 高绩效人力资源实践有助于提高服务绩效吗？[J]. 经济管理, 2013, 35 (4)：71 –81.

[105] 李辉. 工作资源对员工创新行为的影响研究：基于资源保存理论的视角 [J]. 南京工业大学学报 (社会科学版), 2018, 17 (6)：69 –80.

[106] 李劲松, 安建超. 团队心理契约的结构与验证研究 [J]. 现代管理科学, 2013, 32 (4)：96 –99.

[107] 李军. 心理契约与导游小费制度 [J]. 旅游学刊, 2007, 22 (9)：41 –44.

[108] 李恺, 万芳坤. 乡村振兴背景下乡村教师工作满意度研究：基于心理契约的视角 [J]. 华中农业大学学报 (社会科学版), 2019, 64 (4)：123 –135.

[109] 李良辰. 基于目的论的景点现场导游词英译 [J]. 中国科技翻译, 2013, 26 (2)：51 –54.

[110] 李妮. 绩效加薪酬, 让激励再飞一会儿 [J]. 人大复印报刊资料 (人力资源开发与管理), 2018, 24 (2)：101 –102.

[111] 李盼. 旅游宰客现象治理中的政府责任与机制 [J]. 云南行政学院学报, 2018, 20 (3)：61 –69.

[112] 李平, 李宁, 刘倩. 导游的大众媒介负面形象的形成与影响 [J]. 西南交通大学学报 (社会科学版), 2011, 12 (6)：94 –98.

[113] 李平. 新时期导游管理体制改革相关问题思考 [J]. 改革与战略,

2004，20（9）：44 - 45.

[114] 李强．论社会导游话语权的缺失及其对策［J］．旅游论坛，2011，4（3）：70 - 73.

[115] 李松志，张春杰．基于导游细节化服务的游客满意度研究：以庐山风景区为例［J］．生态经济，2010，26（7）：95 - 98.

[116] 李铁斌，孟黎宇浩，李荣华．社会支持感与导游过劳防治策略研究［J］．旅游纵览（下半月），2019，29（11）：28 - 30.

[117] 李锡元，张亚丽，龚湛雪．辱虐管理激发员工的逢迎行为：自尊的中介作用和调节焦点的调节作用［J］．商业经济与管理，2018，38（12）：43 - 53.

[118] 李相玉，徐彪，李嘉，杨忠．情绪劳动对组织承诺的影响研究［J］．南京社会科学，2014，25（10）：14 - 21.

[119] 李秀凤，孙健敏，林丛丛．高绩效工作系统对员工心理契约破裂的影响：一个跨层的被调节中介［J］．心理科学，2017，40（2）：442 - 447.

[120] 李秀娜，王兵．法经济学视角下的我国国内游导游执业危机解决路径研究［J］．旅游学刊，2009，24（9）：73 - 78.

[121] 李雪．互联网背景下我国旅游企业商业模式动力机制探究［J］．商业经济研究，2019，36（8）：122 - 124.

[122] 李艳丽，丛艳国，龚金红．服务认知 - 行为模式对一线员工服务绩效影响研究：以酒店和旅行社为例［J］．旅游学刊，2012，27（8）：45 - 52.

[123] 李燕，朱春奎．心理契约视角下选调生职业倦怠影响因素与干预策略研究［J］．学习论坛，2019，34（6）：54 - 62.

[124] 李燕萍，郑馨怡，刘宗华．基于资源保存理论的内部人身份感知对员工建言行为的影响机制研究［J］．管理学报，2017，14（2）：196 - 204.

[125] 李杨，余嘉元．高科技企业知识型员工心理契约对绩效的影响［J］．中国科技论坛，2014，30（7）：111 - 115.

[126] 李银芳．和谐旅游理念下导游员职业道德教育构建［J］．中国成人教育，2016，25（4）：99 - 101.

[127] 李永鑫, 谭亚梅. 医护人员的情绪劳动与工作倦怠及工作满意度的关系 [J]. 中华护理杂志, 2009, 44 (6): 506 – 509.

[128] 李原. 员工心理契约的结构及其内部关系研究 [J]. 社会学研究, 2006, 21 (5): 151 – 168.

[129] 李政. 基于图式理论的职业技能教学微课程设计: 以高职导游专业为例 [J]. 职业技术教育, 2014, 35 (23): 27 – 31.

[130] 李宗波, 李巧灵. 高校辅导员心理契约违背的作用机制: 基于社会交换理论的实证研究 [J]. 湖南医科大学学报 (社会科学版), 2012, 18 (6): 53 – 61.

[131] 厉杰, 鲁宁宁, 韩雪. 新员工反馈寻求会促进角色外行为的产生吗?: 自我效能与正向框架的作用 [J]. 中国人力资源开发, 2019, 36 (2): 47 – 62.

[132] 梁青青. 知识型员工绩效影响因素的实证研究: 基于职业生涯管理、组织承诺与敬业度的视角 [J]. 技术经济与管理研究, 2017, 38 (5): 65 – 69.

[133] 梁松柏. 旅游文明视阈下我国国家形象的塑造 [J]. 学术研究, 2018, 61 (11): 68 – 72.

[134] 廖化化, 颜爱民. 情绪劳动与工作倦怠: 一个来自酒店业的体验样本研究 [J]. 南开管理评论, 2016, 19 (4): 147 – 158.

[135] 廖志敏. "负地接" 的成因与后果: 兼评《旅行社条例》[J]. 北京大学学报 (哲学社会科学版), 2012, 49 (1): 143 – 150.

[136] 林丛丛, 李秀凤, 张庆红, 王荣松. 不同人力资源管理构型对员工主动行为的影响与边界条件: 基于资源保存理论的视角 [J]. 中国人力资源开发, 2018, 35 (8): 17 – 28.

[137] 林澜, 伍晓奕. 高校教师心理契约的结构探索 [J]. 福州大学学报 (哲学社会科学版), 2011, 31 (5): 39 – 45.

[138] 林龙飞. 对我国导游员灰色收入现象的反思 [J]. 社会科学家, 2006, 21 (3): 124 – 127.

[139] 林美珍, 凌茜. 员工角色压力对工作满意感的影响: 组织氛围的调节效应 [J]. 中国人力资源开发, 2016, 33 (2): 6 – 16.

[140] 林美珍. 旅游企业的员工服务行为评估氛围对员工服务质量的影响

[J]. 北京第二外国语学院学报, 2010, 32 (11): 46 - 56.

[141] 林美珍. 支持型领导与授权氛围对旅游企业员工服务质量的影响 [J]. 旅游学刊, 2011, 26 (1): 63 - 73.

[142] 林声洙, 杨百寅. 中韩家长式领导与组织支持感及组织公民行为之间关系的比较研究 [J]. 管理世界, 2014 (3): 182 - 183.

[143] 林文静, 段锦云. 团队服务型领导如何影响员工绩效: 基于社会交换的视角 [J]. 应用心理学, 2015, 21 (4): 344 - 353.

[144] 林昭文, 张同建, 张利深. 互惠性、心理契约重构与企业绩效相关性研究: 基于江苏、浙江中小民营企业的检验 [J]. 科研管理, 2013, 34 (6): 91 - 98.

[145] 刘爱服. 严格导游准入制度与健全导游管理体制的探讨 [J]. 旅游学刊, 2011, 26 (5): 62 - 67.

[146] 刘朝, 王赛君, 马超群, 刘沁薇. 基于多层线性模型的情绪劳动、情绪状态和工作退缩行为关系研究 [J]. 管理学报, 2013, 10 (4): 545 - 551.

[147] 刘春英, 万利. 劳动关系氛围对员工创新行为的影响: 情绪劳动的中介作用检验 [J]. 经济与管理研究, 2018, 39 (6): 78 - 87.

[148] 刘德文, 高维和. 顾客参与对员工创新意愿的影响机制研究 [J]. 管理学报, 2019, 16 (1): 96 - 103.

[149] 刘红, 杨韫, 幸岭. 度假酒店服务接触与服务绩效的实证研究 [J]. 学术探索, 2012, 55 (5): 117 - 120.

[150] 刘洪深, 汪涛, 张辉. 从顾客参与行为到顾客公民行为: 服务中顾客角色行为的转化研究 [J]. 华东经济管理, 2012, 26 (4): 109 - 114.

[151] 刘晖. 导游服务质量问题的根源分析与对策研究: 基于利益相关者理论和游客感知视角 [J]. 旅游学刊, 2009, 24 (1): 37 - 41.

[152] 刘金培, 宋晓霞, 方琼红, 朱磊. 人格特征如何影响创新型员工工作绩效?: 基于敬业度的中介作用 [J]. 科技管理研究, 2017, 37 (4): 149 - 154.

[153] 刘金培, 朱磊, 倪清. 组织氛围如何影响知识型员工敬业度: 基于工作倦怠的中介效应研究 [J]. 心理与行为研究, 2018, 16 (3): 394 - 401.

[154] 刘涛，徐福英. 导游薪酬体制的形成机理与情境依赖：基于演化分析视角 [J]. 社会科学家，2017，32（6）：115 - 119.

[155] 刘小禹，刘军，关浩光. 顾客性骚扰对员工服务绩效影响机制的追踪研究：员工传统性与团队情绪氛围的调节作用 [J]. 管理世界，2012，28（10）：107 - 118.

[156] 刘鑫，杨东涛. 工作自主性与员工敬业度：自我监控和分配公平的调节作用 [J]. 商业经济与管理，2017，306（4）：41 - 48.

[157] 刘鑫，余宇，秦昕，郑晓明. 高层服务型领导对基层员工服务绩效的涓滴效应：中层领导服务导向的调节作用 [J]. 科学学与科学技术管理，2019，40（9）：135 - 151.

[158] 刘宇青，邢博，王庆生. 旅游产品创新影响体验感知价值的构型研究 [J]. 经济管理，2018，40（11）：157 - 173.

[159] 刘玉伟，高杰，王欢. 服务导向的员工管理对服务拓展与运作绩效影响的实证研究 [J]. 系统管理学报，2017，26（2）：346 - 355.

[160] 刘远，周祖城. 企业社会责任对组织公民行为的影响机制研究：员工心理契约的中介作用 [J]. 现代管理科学，2017，36（4）：30 - 32.

[161] 刘云. 基于旅游产业交易链下导游回扣现象对策分析 [J]. 经济问题探索，2008，29（7）：115 - 118.

[162] 刘韵琴. 从导游人员的职业素养谈高职导游人才培养 [J]. 教育与职业，2006，90（12）：41 - 43.

[163] 刘喆，杨勇，唐加福，马钦海，李喆. 自主动机、服务型领导力对情绪劳动的多层次作用机制：一个有中介的调节作用模型 [J]. 管理工程学报，2018，32（3）：52 - 62.

[164] 刘喆. 自主动机、服务型领导力对情绪劳动的多层次作用机制：一个有中介的调节作用模型 [J]. 管理工程学报，2018，32（3）：52 - 62.

[165] 刘正宗，蒋宁. 高校学生干部角色行为与舆情回应：基于湖南高校的调查分析 [J]. 中国青年研究，2019，31（3）：97 - 101.

[166] 卢丽宁，林元辉. 影响旅行社游客满意度的服务属性因素实证研究 [J]. 广西社会科学，2008，24（11）：62 - 65.

[167] 卢玲. 导游薪金与对策研究：以桂林导游薪金为例 [J]. 旅游论坛，2011，4（4）：115 - 117.

[168] 芦慧，陈红，徐琴．员工满意度与敬业度的现状分析：以 L 公司为例
[J]．华东经济管理，2012，26（2）：123 - 125.

[169] 陆剑清，汪竞．金融服务绩效的消费者认知评估研究 [J]．心理科学，
2009，46（1）：239 - 241.

[170] 罗海成．营销情境中的心理契约及其测量 [J]．商业经济与管理，
2005，21（6）：37 - 41.

[171] 吕勤，吴玉华，童时萍．饭店员工主观幸福感、情绪智力、情绪劳动
对离职倾向的影响研究：一个中介调节路径模型 [J]．中国人力资源
开发，2016，32（2）：43 - 51.

[172] 吕宛青，杜靖川，张冬，李露露．基于旅游者视角的旅游投诉特征与
影响因素分析：以云南省为例 [J]．资源开发与市场，2017，33
（11）：1403 - 1408.

[173] 吕晓俊，Guy M E．和谐关系导向的东方文化更促进情绪劳动吗?：一
项基于中美公共部门雇员间的比较研究 [J]．探索与争鸣，2018，34
（7）：93 - 99.

[174] 吕晓俊，徐向茹，孙亦沁．基层公务员的情绪劳动、组织公正和工作
压力的关系研究：以上海市若干行政区为例 [J]．管理学报，2012，9
（10）：1464 - 1469.

[175] 马桦．论少数民族地区本土导游人才的培养 [J]．贵州民族研究，
2012，33（3）：181 - 184.

[176] 马丽．中国情境下心理契约与离职倾向关系的元分析 [J]．经济管理，
2017，39（10）：82 - 94.

[177] 马苓，赵曙明，陈昕．真实型领导对雇佣关系氛围及员工敬业度的影
响：组织文化的调节作用 [J]．管理评论，2020，32（2）：218 - 231.

[178] 马明，陈方英，孟华，周知一．员工满意度与敬业度关系实证研究：以
饭店企业为例 [J]．管理世界，2005，22（11）：120 - 126.

[179] 马妍，马钦海，于灏，郝金锦．顾客心理契约量表的开发与检验：基
于营销互动视角 [J]．技术经济，2013，32（8）：125 - 129.

[180] 马跃．个人 - 组织契合对高校教师敬业度的影响：组织认同的中介作
用 [J]．数学的实践与认识，2020，50（4）：253 - 262.

[181] 梅小敏．对我国导游薪酬体制改革的探讨 [J]．社会科学家，2006，

21（S1）：182－183.

[182] 孟前莉. 青海导游人员综合素质培养探析 [J]. 青海社会科学，2008，29（3）：48－51.

[183] 孟秋莉. 资源保存理论视角下游客不当行为对旅游服务破坏行为的影响 [J]. 社会科学家，2018，33（9）：64－75.

[184] 苗仁涛，周文霞，刘军，李天柱. 高绩效工作系统对员工行为的影响：一个社会交换视角及程序公平的调节作用 [J]. 南开管理评论，2013，16（5）：38－50.

[185] 莫申江，施俊琦. 情绪劳动策略对主动破坏行为的影响 [J]. 心理学报，2017，49（3）：349－358.

[186] 牟维珍. 论旅游审美与导游 [J]. 学术交流，2007，23（1）：122－124.

[187] 倪文斌，何霖艳. 双重认同下知识型员工敬业度与流动性关系研究 [J]. 华东经济管理，2016，30（12）：122－128.

[188] 潘俊. 技能大赛背景下导游专业建设的优化研究 [J]. 中国职业技术教育，2014，22（35）：57－60.

[189] 潘小慈. 基于人类学视角的旅游市场乱象调查与治理研究 [J]. 长春师范大学学报，2017，36（4）：64－67.

[190] 朋震. 员工胜任力、组织支持感与客户服务绩效关系研究 [J]. 山东社会科学，2017，31（7）：134－139.

[191] 彭蝶飞. 就业导向的高职模拟导游课程开发及动态实施 [J]. 湖南社会科学，2010，23（1）：180－183.

[192] 彭艳君，张瀚文. 顾客感知的员工情绪劳动对其购买行为的影响：以家居零售企业为例 [J]. 中国流通经济，2019，33（5）：100－110.

[193] 彭艳君. 自助服务失误情境下的顾客动态应对机制 [J]. 中国流通经济，2018，32（6）：62－70.

[194] 秦剑. 反应性角色行为、工作－家庭冲突与创业导向关系研究 [J]. 商业经济与管理，2013，33（11）：61－69.

[195] 秦晓蕾，杨东涛，孙怀平. 生命节律对服务型企业员工的绩效影响研究 [J]. 中国人力资源开发，2007，24（10）：15－18.

[196] 秦晓蕾，杨东涛. 资源保存理论视角下的组织政治知觉研究：以国有企业员工为例 [J]. 华东经济管理，2010，24（11）：124－127.

［197］卿涛，刘爽，王婷. 体面劳动与敬业度的关系研究：内在动机、心理需求的作用［J］. 四川大学学报（哲学社会科学版），2016，62（5）：134－143.

［198］瞿淦. 高新技术企业知识型员工关键激励因素识别与策略体系构建：基于聚类与 Nvivo 质性分析的双重考量［J］. 科学管理研究，2018，36（1）：77－80.

［199］瞿皎姣，曹霞，崔勋. 基于资源保存理论的组织政治知觉对国有企业员工工作绩效的影响机理研究［J］. 管理学报，2014，11（6）：852－860.

［200］饶勇，杨曼妮，崔媛媛. 旅游业新生代员工的高流动性现象及其成因研究［J］. 旅游科学，2019，33（1）：18－32.

［201］任庆颖，张文勤. 国外情绪劳动策略最新研究进展评述［J］. 华东经济管理，2014，28（3）：152－158.

［202］邵建平，谭新辉，范雯. 人口统计学因素对管理人员情绪劳动影响的实证研究［J］. 华东经济管理，2011，25（5）：157－160.

［203］邵玲. 高职院校导游职业道德教育探析［J］. 教育研究与实验，2009，28（8）：82－84.

［204］沈雪梅. 试论导游职业教育专业核心课程体系的构建与实施［J］. 教育与职业，2015，99（2）：131－132.

［205］沈伊默，袁登华. 心理契约破坏感对员工工作态度和行为的影响［J］. 心理学报，2007，39（1）：155－162.

［206］施丹，陶祎祎，张军伟，陈蕾. 领导－成员交换关系对产业工人敬业度的影响研究［J］. 管理学报，2019，16（5）：694－703.

［207］石冠峰，姚波兰. 充满乐趣的工作场所有利于员工创造力吗?：反馈寻求行为与人－组织匹配的作用［J］. 中国人力资源开发，2019，36（2）：63－73.

［208］史剑锋. 导游讲解技巧及语言艺术的探索与实践［J］. 旅游纵览（下半月），2019，28（22）：229－230.

［209］宋蒙蒙，乔琳，胡涛. 基于 SOR 理论的社交网络互动对旅游行为的影响［J］. 企业经济，2019，39（5）：72－79.

［210］宋琦，吴剑琳，古继宝. 午休时间的各类活动对员工创新绩效的影响：基

于工作卷入作为中介效应模型 [J]. 经济体制改革，2016，34（4）：115 - 120.

[211] 苏方国，程德俊，黄晓帆. 变革型领导对服务绩效的影响：多层中介模型 [J]. 旅游学刊，2016，31（5）：101 - 110.

[212] 苏中兴. 中国情境下人力资源管理与企业绩效的中介机制研究：激励员工的角色外行为还是规范员工的角色内行为？[J]. 管理评论，2010，22（8）：76 - 83.

[213] 孙大英. 小议导游人员"游而不导"[J]. 广西民族学院学报（哲学社会科学版），2004，26（1）：35 - 37.

[214] 孙敬良. 新生代、中生代、老生代员工的需求冲突与化解策略 [J]. 领导科学，2019，35（2）：70 - 72.

[215] 汤超颖，赵丽丽. 顾客满意度的实证研究：基于员工情绪劳动、员工顾客融洽性的视角 [J]. 现代管理科学，2011，30（4）：93 - 95.

[216] 唐春勇，马茂华，赵宜萱. 基于目标接纳中介作用的包容性领导对员工幸福感的影响研究 [J]. 管理学报，2018，15（2）：201 - 208.

[217] 唐贵瑶，吴湘繁，吴维库，李鹏程. 管理者大五人格与心理契约违背对辱虐管理的影响：基于特质激发理论的实证分析 [J]. 心理科学，2016，39（2）：454 - 460.

[218] 唐建生，王彦彦，郑春东. 组织服务失败对客户针对员工行为意向的影响 [J]. 工业工程与管理，2016，21（5）：148 - 153，159.

[219] 唐晓英. 论地方政府公共服务绩效评估的标准体系 [J]. 学术交流，2011，27（10）：46 - 49.

[220] 唐秀丽，辜应康. 强颜欢笑还是真情实意：组织认同、基于组织的自尊对服务人员情绪劳动的影响 [J]. 旅游学刊，2016，31（1）：68 - 80.

[221] 陶建宏，冯胭. 组织政治氛围对新生代员工离职倾向的影响及治理路径 [J]. 财会月刊，2020，41（3）：136 - 139.

[222] 田宏杰. 易变性职业生涯定向：当代青年生涯发展的自主管理倾向 [J]. 北京青年研究，2019，28（1）：68 - 73.

[223] 田喜洲，蒲勇健. 导游工作满意度分析与实证测评 [J]. 旅游学刊，2006，21（6）：91 - 95.

[224] 田喜洲，田敏. 旅行社与导游委托代理模型解析 [J]. 旅游学刊，

2009, 24 (6): 67 - 70.

[225] 田雅琳. 工作生活质量何以影响员工绩效?: 基于旅游业一线员工的调查 [J]. 旅游学刊, 2016, 31 (1): 92 - 101.

[226] 田雅琳. 情绪劳动对导游职业满意度和离职倾向的影响: 一个被调节的中介效应模型 [J]. 商业研究, 2019, 62 (1): 139 - 146.

[227] 屠兴勇, 张琪, 王泽英, 何欣. 信任氛围、内部人身份认知与员工角色内绩效: 中介的调节效应 [J]. 心理学报, 2017, 49 (1): 83 - 93.

[228] 屠兴勇, 赵紫薇, 王泽英, 江静. 情绪智力如何驱动员工角色内绩效? 中介作用的调节效应模型 [J]. 管理评论, 2018, 30 (7): 173 - 182.

[229] 汪传才. 《劳动合同法》对导游用工涉及的法律关系的影响 [J]. 旅游科学, 2008, 22 (5): 74 - 78.

[230] 王晨光, 张爱萍. 导游职业认同影响因素量表设计 [J]. 山东大学学报 (哲学社会科学版), 2012, 28 (6): 108 - 112.

[231] 王晨光. 海峡两岸暨香港导游管理体制比较与启示 [J]. 旅游学刊, 2014, 29 (8): 28 - 36.

[232] 王冬华, 左波, 陈芳, 等. 护士心理契约违背现状及影响因素分析 [J]. 护理学杂志, 2019, 34 (5): 72 - 74.

[233] 王海波, 严鸣, 吴海波, 黎金荣, 王晓晖. 恶意报复还是认同驱动? 新员工的角色社会化程度对其职场排斥行为的作用机制 [J]. 心理学报, 2019, 51 (1): 128 - 140.

[234] 王京平. 刍议导游文化知识体系 [J]. 职教论坛, 2008, 24 (14): 49 - 52.

[235] 王晶晶, 杜晶晶. 高管团队心理契约、集体创新与团队绩效关系的实证研究 [J]. 管理学报, 2009, 6 (5): 671 - 677.

[236] 王镜, 马耀峰. 提高导游服务质量的新视角: 兼论我国导游管理和研究 20 年 [J]. 旅游学刊, 2007, 22 (3): 64 - 70.

[237] 王明辉, 彭翠. 理念型心理契约及其对组织管理的启示 [J]. 河南大学学报 (社会科学版), 2010, 50 (2): 113 - 119.

[238] 王琦, 方至诚. 服务型领导与员工服务绩效关系研究 [J]. 技术经济与管理研究, 2019, 41 (10): 57 - 63.

[239] 王盛, 石建伟, 周萍. 雇佣关系中员工心理契约的形成研究及其管理

启示 [J]. 华东师范大学学报（哲学社会科学版），2014，37（6）：139－145.

[240] 王士红，孔繁斌. 心理契约违背对国家审计人员 EVLN 行为的影响：基于组织支持感的调节作用研究 [J]. 南京社会科学，2015，26（3）：88－94.

[241] 王爽爽，汪忠，李姣. 中国青年社会创业实践的特征研究 [J]. 人大复印报刊资料（青少年导刊），2018，24（3）：48－50.

[242] 王婷，杨付. 无边界职业生涯下职业成功的诱因与机制 [J]. 人大复印报刊资料（心理学），2018，24（12）：85－98.

[243] 王薇. 农村公共服务绩效评价方法创新研究 [J]. 甘肃社会科学，2013，35（6）：226－229.

[244] 王玮，房国忠. 中小企业新入职员工敬业度影响因素研究 [J]. 东北师大学报（哲学社会科学版），2015，65（5）：102－106.

[245] 王文彬，李辉. 感知企业声誉对员工角色外行为的影响机制研究：来自心理契约理论视角的实证 [J]. 现代管理科学，2013，32（10）：39－45.

[246] 王显成，陆相林. 商业企业服务氛围与一线员工服务绩效研究：自我效能的中介作用 [J]. 商业经济研究，2017，36（21）：99－103.

[247] 王显成. 主管支持与员工服务表现：角色认同与主动行为的中介效应 [J]. 商业经济研究，2016，35（24）：106－109.

[248] 王笑天，李爱梅. 客户不公正对待对员工工作绩效的影响：表达抑制和认知重评的双向调节机制 [J]. 暨南学报（哲学社会科学版），2017，39（3）：62－72.

[249] 王学军，王春国. 创业压力与退出意愿：创业激情的中介作用与社会支持的调节效应 [J]. 经济管理，2020，42（3）：40－54.

[250] 王亚峰. 内蒙古旅行社人才流动存在的问题及对策研究 [J]. 内蒙古大学学报（人文社会科学版），2006，38（2）：104－109.

[251] 王雁飞，郭湘莹，朱瑜. 基于资源保存理论视角的组织德性对挑战型组织公民行为影响机制研究 [J]. 管理学报，2020，17（1）：50－57.

[252] 王雁飞，王丽璇，朱瑜. 基于资源保存理论视角的心理资本与员工创新行为关系研究 [J]. 商业经济与管理，2019，39（3）：40－49.

[253] 王永跃，段锦云．人力资源实践对员工创新行为的影响：心理契约破裂的中介作用及上下级沟通的调节作用 [J]．心理科学，2014，37 (1)：172 –176.

[254] 王玉梅，丛庆．饭店知识型员工离职意图的成因分析：基于员工心理契约视角的实证研究 [J]．旅游学刊，2007，22 (11)：41 –46.

[255] 王煜琴，杨秀冬．高职院校基于微课程的翻转课堂教学模式探索：以导游专业《模拟导游》课程为例 [J]．中国成人教育，2015，24 (20)：157 –159.

[256] 王元，王唯一，索长清．幼儿园组织气氛类型及其与幼儿园教师情绪劳动的关系 [J]．上海教育科研，2020，25 (2)：93 –96.

[257] 王战平，周阳，谭春辉，朱宸良．心理契约的履行对虚拟学术社区科研人员 EVLN 行为的影响 [J]．现代情报，2020，40 (1)：49 –57.

[258] 王振林．旅游高职院校内涵型导游专业人才培养探析 [J]．教育与职业，2014，98 (24)：106 –107.

[259] 王震，宋萌，彭坚，张雨奇．服务创新靠"领导"，还是靠"制度"？服务型领导和服务导向人力资源管理制度对员工服务创新的影响 [J]．管理评论，2018，30 (11)：46 –56，67.

[260] 魏峰，李燚，卢长宝，毛雁冰．心理契约破裂、管理欺凌与反生产行为关系研究 [J]．管理科学学报，2015，18 (3)：52 –63.

[261] 魏国辰，徐建国．物流企业服务质量管理的制度因素对服务绩效的影响 [J]．经济管理，2011，33 (8)：60 –66.

[262] 魏琦，黄平芳．转型期导游的职业认同研究：对南昌市导游职业者的调查 [J]．商业研究，2015，58 (2)：168 –173.

[263] 温碧燕，周小曼，吴秀梅．服务性企业员工正面心理资本、敬业度与工作绩效的关系研究 [J]．经济纬，2017，34 (3)：93 –98.

[264] 文吉，侯平平．酒店一线员工情绪智力与工作满意度：基于组织支持感的两阶段调节作用 [J]．南开管理评论，2018，21 (1)：146 –158.

[265] 文书生．西方情绪劳动研究综述 [J]．外国经济与管理，2004，26 (4)：13 –15.

[266] 吴健，鲁芳，罗定提．基于游客感知服务质量的多目标旅游产品优化设计 [J]．工业工程，2018，21 (3)：41 –48.

[267] 吴坤津，刘善仕，王红丽. 仁慈导向人力资源实践对角色内行为和角色外行为的影响：基于类亲情交换关系的视角 [J]. 商业经济与管理，2017，37 (7)：45 – 52.

[268] 吴书锋. 导游人员的诚信管理 [J]. 江西财经大学学报，2009，11 (6)：99 – 103.

[269] 吴婷，张正堂. LMX 对员工组织支持感知与情绪枯竭的影响：LMX 差异化的调节作用 [J]. 经济管理，2017，39 (8)：103 – 115.

[270] 吴铱达，曾伟. "放管服"背景下行政审批服务公众满意度实证分析 [J]. 湖北社会科学，2019，34 (12)：31 – 38.

[271] 吴颖. 论英语导游讲解的有效沟通策略和方法 [J]. 社会科学家，2007，22 (2)：135 – 138.

[272] 吴宇驹，刘毅. 中小学教师情绪劳动问卷的编制 [J]. 西北师大学报 (社会科学版)，2011，48 (1)：102 – 108.

[273] 伍晓奕，董坤，凌茜. 酒店内部服务质量对不同代际员工服务绩效的影响研究 [J]. 旅游科学，2016，30 (1)：78 – 95.

[274] 伍晓奕. 导游人员职业道德行为的维度与影响因素 [J]. 旅游科学，2010，24 (6)：28 – 38.

[275] 伍紫君，翟育明，王震，孙万芹. 心理契约、员工知识共享意愿与创新绩效：基于技术融合模式的调节效应 [J]. 上海对外经贸大学学报，2018，25 (4)：59 – 71.

[276] 席猛，刘玥玥，徐云飞，曹曼，徐志静. 基于社会交换理论的多重雇佣关系模式下员工敬业度研究 [J]. 管理学报，2018，15 (8)：1144 – 1152.

[277] 肖光明. 生态旅游中的导游问题 [J]. 旅游科学，2004，18 (1)：48 – 51.

[278] 谢朝武，郑向敏. 界面管理与服务能力、服务绩效间的驱动关系：基于酒店企业的实证研究 [J]. 财贸经济，2012，33 (9)：125 – 133.

[279] 谢朝武. 酒店员工安全服务能力与安全服务绩效的驱动关系 [J]. 旅游学刊，2014，29 (4)：28 – 37.

[280] 谢凤华，顾展豪，范曦. 顾客不当行为对服务型企业员工的影响研究 [J]. 科研管理，2018，39 (12)：152 – 161.

[281] 谢礼珊，李健仪．导游服务质量、游客信任感与游客行为意向关系研究 [J]．旅游科学，2007，21（4）：43－48.

[282] 邢剑华，张辉．中国内地游客境外购物结构性数据分析与评价反思 [J]．经济问题，2019，41（8）：121－129.

[283] 徐春燕．浅谈《旅游法》施行背景下的中职导游人才培养 [J]．中国职业技术教育，2014，22（8）：77－79.

[284] 徐芳，王静．企业社会责任履行对人才敬业度影响因素的实证检验 [J]．经济与管理研究，2016，37（10）：57－63.

[285] 徐芳．导游社会支持与工作倦怠的相关性研究：以浙江省为例 [J]．山西财经大学学报，2009，31（S2）：77－79.

[286] 徐慧慧．导游服务中的美学劳动研究：基于导游员与旅游者的双重视角 [J]．浙江学刊，2013，52（3）：195－199.

[287] 徐岩，胡斌，王元元，等．基于随机尖点突变理论的心理契约研究 [J]．管理科学学报，2014，17（4）：34－46.

[288] 许灏颖，王震．服务型领导对下属服务绩效的影响：顾客导向和领导认同的作用 [J]．心理科学，2016，39（6）：1466－1472.

[289] 许军辉．多团队合作背景下边界管理者的双重心理契约影响机制分析 [J]．领导科学，2019，35（14）：55－58.

[290] 许丽君，江可申．导游违规因素的系统分类及最优激励制度设计 [J]．经济问题探索，2008，29（6）：125－129.

[291] 许丽君．导游薪酬构成指标体系研究 [J]．旅游科学，2006，20（6）：70－76.

[292] 禤庆东，罗琪斯．全域旅游智慧化平台建设：以桂平市为例 [J]．测绘通报，2019，65（6）：131－135.

[293] 闫佳祺，彭翠，姚柱，彭坚．生有所息，幸福不止：空闲工作时间对员工幸福感的影响研究 [J]．中国人力资源开发，2018，35（10）：16－25.

[294] 严标宾，陈雪莹，陶婷．企业家庭友好实践对员工幸福感的影响探析 [J]．经济与管理评论，2020，37（2）：67－78.

[295] 严进，胡敏，潘慧珍．关于新入职员工心理契约的结构探索与验证 [J]．管理学报，2010，7（10）：1472－1476.

[296] 颜爱民，陈丽. 高绩效工作系统对员工行为的影响：以心理授权为中介 [J]. 中南大学学报（社会科学版），2016，22（3）：107 – 113.

[297] 颜麒，吴耀宇，杨韫，等. 华东线导游员情绪劳动的探索研究及实证启示：应用结构方程模型（SEM）[J]. 旅游学刊，2012，27（3）：78 – 83.

[298] 阳林. 服务企业与顾客心理契约结构研究：一项基于银行业的实证研究 [J]. 南开管理评论，2010，13（1）：59 – 68.

[299] 杨琛，李建标. 情绪和谐还是情绪失调更有利于员工提高绩效：基于领导者情绪劳动的实验研究 [J]. 管理评论，2017，29（5）：64 – 74.

[300] 杨丹，刘自敏，徐旭初. 治理结构、要素投入与合作社服务绩效 [J]. 财贸研究，2016，27（2）：85 – 94.

[301] 杨杰，凌文辁，方俐洛. 论管理学中心理契约的界定与形成过程 [J]. 学术研究，2003，46（10）：38 – 42.

[302] 杨晶照，陈勇星，马洪旗. 组织结构对员工创新行为的影响：基于角色认同理论的视角 [J]. 科技进步与对策，2012，29（9）：129 – 134.

[303] 杨璟，申传刚，逯付荣. 顾客欺凌行为对酒店员工的生活满意感及离职倾向的影响研究 [J]. 旅游科学，2017，31（6）：52 – 64.

[304] 杨丽. 贵州导游薪酬制度探讨 [J]. 旅游纵览（下半月），2018，29（5）：66 – 67.

[305] 杨林锋，胡君辰. 工作满意对情绪劳动策略影响实证研究 [J]. 经济与管理研究，2010，31（1）：104 – 112.

[306] 杨强，孟陆，董泽瑞. 补救时机与失误类型相匹配对服务补救绩效影响研究：基于顾客参与视角 [J]. 大连理工大学学报（社会科学版），2020，41（1）：56 – 62.

[307] 杨贤传，张磊. 顾客导向、魅力型领导感知与员工服务绩效：来自中国银行业的证据 [J]. 企业经济，2017，37（11）：73 – 80.

[308] 杨彦锋，刘丽敏. 导游"污名化"现象与导游职业教育人才培养 [J]. 中国职业技术教育，2011，19（27）：31 – 36.

[309] 杨勇，冯博，王林，张跃先. 自我决定动机与组织服务导向对优质服务绩效的作用机制研究 [J]. 管理学报，2020，17（3）：354 – 364.

[310] 杨勇，马钦海，曾繁强，谭国威，杨春江. 组织公平感与情绪劳动策

略关系的实证研究 [J]. 工业工程与管理, 2013, 18 (4): 37 - 43.

[311] 杨勇, 马钦海, 谭国威, 杨春江. 情绪劳动策略与顾客忠诚: 顾客认同和情绪价值的多重中介作用 [J]. 管理评论, 2015, 27 (4): 144 - 155.

[312] 杨勇. 互联网促进旅游产业动态优化了吗? [J]. 经济管理, 2019, 41 (5): 156 - 170.

[313] 杨韫, 田芙蓉. 从高档度假酒店顾客体验感知透析国内后现代休闲旅游消费行为 [J]. 生态经济, 2015, 31 (5): 115 - 121.

[314] 杨韫, 颜麒. 度假酒店服务绩效感知环节及要素探索性研究 [J]. 旅游学刊, 2011, 26 (7): 36 - 43.

[315] 姚亚男, 韦福祥, 刘颖艳. 控制点对角色冲突与越轨行为的调节效应分析: 归因理论视角 [J]. 现代财经 (天津财经大学学报), 2019, 39 (5): 40 - 55.

[316] 姚亚男, 韦福祥. 角色冲突对顾客接触型员工工作场所越轨行为的影响研究 [J]. 现代财经 (天津财经大学学报), 2018, 38 (11): 113 - 129.

[317] 姚延波, 刘亦雪, 侯平平. 利益相关者视角下我国旅游市场创新型监管体系研究 [J]. 旅游论坛, 2018, 11 (5): 85 - 100.

[318] 尹坚勤, 吴巍莹, 张权, 贾云. 情绪劳动对幼儿园教师的意义: 一项定量研究 [J]. 华东师范大学学报 (教育科学版), 2019, 37 (6): 109 - 122.

[319] 尹奎, 孙建敏, 陈乐妮. 基于串联中介模型的认知重塑对工作投入的影响研究 [J]. 管理学报, 2017, 14 (4): 528 - 536.

[320] 尹奎, 孙健敏, 张凯丽, 陈乐妮. 职场友谊对建言行为的影响: 一个有调节的中介模型 [J]. 管理评论, 2018, 30 (4): 132 - 141.

[321] 於佩红. 高职院校导游服务专业"工作室"制教学模式研究 [J]. 中国职业技术教育, 2019, 27 (11): 15 - 20.

[322] 于斌, 王勃琳, 张书逢. 理念型心理契约、雇员关系资本与企业绩效 [J]. 现代管理科学, 2011, 30 (12): 91 - 93.

[323] 于斌, 王勃琳. 企业高层次技术人才理念型心理契约对其行为的影响机理研究 [J]. 科学学与科学技术管理, 2012, 33 (2): 176 - 180.

[324] 于桂兰, 徐泽磊. 科技研发人员敬业度对其工作绩效的影响研究 [J].

科技管理研究, 2019, 39 (10): 125 – 132.

[325] 于伟, 张彦. 工作家庭冲突对饭店女性员工顾客导向影响实证分析 [J]. 旅游学刊, 2010, 25 (6): 73 – 77.

[326] 于岩平. 旅游企业与核心员工间心理契约缔结的忠诚博弈 [J]. 社会科学家, 2011, 26 (3): 86 – 89.

[327] 喻志娟. 读者满意度是衡量图书馆服务绩效的首要标准: 基于 2008 年长沙理工大学图书馆读者满意度调查报告分析 [J]. 高校图书馆工作, 2011, 31 (1): 87 – 89.

[328] 翟向坤. 论中国导游薪酬体系重构 [J]. 中国劳动关系学院学报, 2012, 26 (4): 85 – 88.

[329] 占小军. 顾客欺凌行为对员工工作反应的影响机制研究 [J]. 当代财经, 2015, 36 (6): 75 – 84.

[330] 占小军. 员工工作态度、情绪劳动与顾客满意度的实证研究 [J]. 江西社会科学, 2013, 33 (9): 193 – 197.

[331] 张传庆. 高绩效工作系统、服务氛围与员工服务绩效的关系: 基于知识密集型服务企业的研究 [J]. 中国人力资源开发, 2013, 28 (21): 46 – 51.

[332] 张岗英, 董倩. 员工情绪智力与主观幸福感: 获益支持与情绪劳动策略的中介作用 [J]. 心理与行为研究, 2016, 14 (5): 657 – 661.

[333] 张高旗, 徐云飞, 赵曙明. 心理契约违背、劳资冲突与员工离职意向关系的实证研究: 整合型组织文化的调节作用 [J]. 商业经济与管理, 2019, 39 (9): 29 – 43.

[334] 张高旗. 心理契约违背、劳资冲突与员工离职意向关系的实证研究: 整合型组织文化的调节作用 [J]. 商业经济与管理, 2019, 39 (9): 29 – 43.

[335] 张海涛, 崔晖, 赵俊. 公平敏感性在心理契约违背与组织犬儒主义关系中的调节效应分析 [J]. 价值工程, 2016, 35 (3): 196 – 198.

[336] 张昊民, 曹飞苑. 职场友谊之光能否照亮员工创新行为: 基于资源保存理论的研究 [J]. 领导科学, 2020, 36 (2): 37 – 40.

[337] 张宏梅, 吴文秀. 基于融入平台的顾客融入概念化及实证分析: 以旅游移动平台为例 [J]. 旅游学刊, 2019, 34 (2): 37 – 47.

［338］张辉，白长虹，陈晔. 饭店员工心理所有权与跨界行为关系研究［J］. 旅游学刊，2012，27（4）：82-90.

［339］张辉，牛振邦. 乐观对饭店一线服务员工角色压力的影响：未来取向应对的中介作用［J］. 北京第二外国语学院学报，2014，36（3）：44-54.

［340］张辉，牛振邦. 特质乐观和状态乐观对一线服务员工服务绩效的影响：基于"角色压力-倦怠-工作结果"框架［J］. 南开管理评论，2013，16（1）：110-121.

［341］张晶晶. 基于薪酬管理角度探析导游回扣问题：以莆田市生态导游为例［J］. 林业经济问题，2011，31（24）：551-555.

［342］张军成，凌文辁. 组织政治知觉对研发人员工作态度的影响：基于资源保存理论的实证分析［J］. 科学学与科学技术管理，2013，34（2）：134-143.

［343］张莉，林与川，张林. 工作不安全感与情绪耗竭：情绪劳动的中介作用［J］. 管理科学，2013，26（3）：1-8.

［344］张明，陈谨. 旅游企业与旅游消费者心理契约的维度及其关系：基于8城市调查数据的实证研究［J］. 旅游科学，2011，25（3）：57-66.

［345］张明. 旅游企业中大学生员工的心理契约结构研究［J］. 旅游学刊，2010，25（5）：72-78.

［346］张冉. 职场排斥对知识型员工工作行为的影响：一个中介-调节的模型［J］. 科技管理研究，2015，35（9）：180-186.

［347］张若勇，刘光建，徐东亮，牛琬婕. 角色期望对员工建言行为的影响：角色身份与传统性的作用［J］. 华东经济管理，2016，30（10）：138-146.

［348］张若勇，刘新梅，沈力，王海珍. 服务氛围与一线员工服务绩效：工作压力和组织认同的调节效应研究［J］. 南开管理评论，2009，12（3）：4-11.

［349］张若勇，牛琬婕. 顾客不公平与员工反生产行为：情绪耗竭的中介效应与认同的调节效应［J］. 预测，2015，34（1）：15-21.

［350］张淑敏. 心理契约理论及其在行政组织中的应用探究［J］. 管理世界，2011，27（1）：180-181.

［351］张素梅. 基于工作情境的导游实训教学模式的创新与实践［J］. 教育

与职业, 2010, 94 (3): 137 – 138.

[352] 张文敏, 张朝枝. 参团游客对旅行社服务质量的期望与感知实绩研究 [J]. 旅游学刊, 2007, 22 (3): 71 – 76.

[353] 张文勤, 韦学锋, 任庆颖. 服务员感知组织支持对情绪劳动策略的影响: 有调节的中介作用模型 [J]. 中国人力资源开发, 2016, 32 (19): 56 – 63.

[354] 张叶馨, 栗继祖. 心理契约违背对矿工不安全行为影响及组织支持感的调节作用 [J]. 煤矿安全, 2017, 48 (7): 246 – 249.

[355] 张英华, 张金娟. 流程能力与服务绩效的相关性分析及实证 [J]. 统计与决策, 2012, 28 (18): 173 – 175.

[356] 张宇慧. 大学教师角色行为的社会学释义 [J]. 民族教育研究, 2008, 19 (4): 42 – 46.

[357] 张竹林, 施建军. 心理契约违背、情感承诺与降低审计质量行为 [J]. 经济问题, 2017, 39 (10): 121 – 125.

[358] 赵富强, 罗奎, 张光磊, 陈耘. 基于资源保存理论的工作家庭冲突对工作绩效的影响研究 [J]. 中国人力资源开发, 2016, 33 (21): 25 – 33.

[359] 赵慧娟. 个人 – 组织匹配对新生代员工敬业度的作用机理: 基于职业延迟满足的视角 [J]. 经济管理, 2013, 35 (12): 65 – 77.

[360] 赵慧军, 席燕平. 情绪劳动策略对情绪耗竭的影响研究: 内部人身份感知和自我效能感的作用 [J]. 社会科学家, 2016, 31 (8): 84 – 88.

[361] 赵慧军, 席燕平. 情绪劳动与员工离职意愿: 情绪耗竭与组织支持感的作用 [J]. 经济与管理研究, 2017, 38 (2): 80 – 86.

[362] 赵李晶, 张正堂, 宋锟泰, 陈钰瑶. 基于资源保存理论的资质过剩与员工时间侵占行为关系研究 [J]. 管理学报, 2019, 16 (4): 506 – 513.

[363] 赵文文, 周禹, 范雪青. 组织建言机制对员工变革开放性的影响: 基于资源保存理论和社会交换理论的分析 [J]. 商业研究, 2017, 60 (2): 133 – 142.

[364] 赵亚东, 卢强. 员工正念能提升工作绩效吗?: 组织认同的调节作用 [J]. 中国流通经济, 2018, 32 (9): 120 – 128.

[365] 郑赤建, 李建达, 喻彩霞. 导游员职业倦怠的根源及干预策略研究

[J]. 商业研究, 2009, 52 (9): 82 -85.

[366] 郑赤建, 朱少双. 基于胜任力模型的生态旅游导游培训体系构建研究 [J]. 湘潭大学学报 (哲学社会科学版), 2013, 37 (3): 153 -157.

[367] 郑晓明, 倪丹, 刘鑫. 基于体验抽样法的正念对工作 - 家庭增益的影响研究 [J]. 管理学报, 2019, 16 (3): 360 -368.

[368] 钟建安, 黄继久, 沈励斌, 陈景山. 负性情绪在心理契约违背与反生产行为中的作用 [J]. 应用心理学, 2014, 20 (2): 122 -129.

[369] 钟贤巍. 旅游市场消费陷阱治理研究 [J]. 经济纵横, 2018, 34 (10): 113 -119.

[370] 仲理峰, 王小明, Sandy J W, Robert C L. 高绩效人力资源实践对员工工作敬业度和工作绩效的影响: 社会交换视角 [J]. 中国人力资源开发, 2018, 35 (5): 96 -107.

[371] 周浩, 龙立荣. 同源方差的统计检验与控制方法 [J]. 心理科学进展, 2004, 12 (6): 942 -950.

[372] 周杰. 会展志愿者角色特征对服务绩效的影响: 基于非功利性服务动机调节效应的研究 [J]. 商业研究, 2017, 60 (8): 20 -26.

[373] 周林红, 谢微微. 护士心理契约与情绪劳动的相关性 [J]. 护理管理杂志, 2014, 14 (7): 470 -474.

[374] 周如意, 冯兵, 熊婵, 吴琼. 角色理论视角下自我牺牲型领导对员工组织公民行为的影响 [J]. 管理学报, 2019, 16 (7): 997 -1005.

[375] 周文斌, 张萍, 蒋明雅. 中国企业新生代员工的敬业度研究: 基于薪酬满意度视角 [J]. 经济管理, 2013, 35 (10): 77 -90.

[376] 周小曼, 温碧燕, 陈小芳, 潘丽辉. 酒店员工正面心理资本、敬业度与工作绩效的关系研究: 基于师徒制的视角 [J]. 旅游学刊, 2019, 34 (9): 57 -69.

[377] 周星, 程豹, 郭功星. 职场排斥对顾客服务主动性行为的影响: 一个有调节的中介模型 [J]. 经济管理, 2018, 40 (6): 38 -52.

[378] 周晔, 黄旭. 高职业声望从业者职业污名感知和员工幸福感: 基于认知失调视角 [J]. 经济管理, 2018, 40 (4): 84 -101.

[379] 周眙. 服务文化与主动性人格对服务绩效的影响: 基于高校行政人员的跨层研究 [J]. 中国人力资源开发, 2016, 33 (10): 49 -56.

[380] 周宇, 方至诚, 米恩广. 包容型领导、心理资本和员工敬业度的关系研究: 工作嵌入的调节作用 [J]. 技术经济与管理研究, 2018, 39 (11): 54 – 59.

[381] 周箴, 杨柳青. 中国新生代员工敬业度的影响机理研究 [J]. 东南学术, 2017, 39 (5): 165 – 173.

[382] 朱金林. 基于 SPC 理论的服务型导游管理模式构建 [J]. 资源开发与市场, 2011, 27 (8): 756 – 759.

[383] 朱学红, 杨静, 伍如昕. 理念型心理契约、组织公民行为与团队绩效关系分析 [J]. 统计与决策, 2014, 30 (22): 93 – 97.

[384] 朱永跃, 杨巍, 李炳龙, 马志强. 上下级代际冲突对新生代员工敬业度的影响 [J]. 系统工程, 2016, 34 (10): 48 – 55.

[385] 诸彦含, 涛卿. 员工社会交换关系感知对个体行为的作用机理: 基于工作满意度的路径分析 [J]. 经济管理, 2011, 33 (10): 78 – 86.

[386] 祝晔, 殷红卫. 供给侧改革驱动下高职导游人才培养机制的探索 [J]. 中国职业技术教育, 2017, 25 (35): 111 – 114.

[387] 庄晓平. 导游权利之现状调查及理论反思 [J]. 社会科学家, 2010, 25 (7): 85 – 88.

[388] 邹维. 小学教师情绪劳动表现现状与分析调查研究 [J]. 当代教育科学, 2019, 35 (10): 80 – 87.

[389] 邹文麓, 刘佳, 卜慧美. 职场精神力对主观幸福感的影响: 情绪劳动为中介变量 [J]. 中国临床心理学杂志, 2015, 23 (3): 544 – 547.

[390] 邹振栋, 杨勇, 王慧, 马钦海. 情绪劳动对组织公民行为的作用机制: 基于服务氛围视角 [J]. 东北大学学报 (自然科学版), 2017, 38 (3): 448 – 451.

(四) 报纸文献

[1] 李润钊. "黑导游" 栽了, 好导游在哪儿 [N]. 工人日报, 2019 – 12 – 22 (3).

[2] 李志刚. 2019 年旅游经济保持较快增长 [N]. 中国旅游报, 2020 – 03 – 12 (1).

[3] 蒲晓磊. 制定导游执业管理办法 提高旅游行业准入门槛 [N]. 法制日

报，2019 – 03 – 19（6）.

［4］任冬雪. 治理旅游乱象　期待多方发力［N］. 中国消费者报，2019 –
03 – 15（A56）.

［5］沈啸. 全域旅游如火如荼　深化改革先行先试［N］. 中国旅游报，2019 –
12 – 27（1）.

［6］王红彦. 补短板强弱项　推进全域旅游向纵深发展［N］. 中国旅游报，
2019 – 11 – 25（3）.

［7］夕君. 导游需提高素质，更要加强管理［N］. 中国文化报，2019 – 06 –
12（3）.

［8］张宇. 优化导游队伍　各地多措并举［N］. 中国旅游报，2019 – 09 – 30
（3）.

（五）网络文献

［1］国家发改委. 加大力度推动社会领域公共服务补短板强弱项提质量　促
进形成强大国内市场的行动方案［EB/OL］. 中华人民共和国中央人民政
府网站 http：//www. gov. cn/xinwen/2019 – 02/19/content_5366822. htm，
2019 – 02 – 19.

［2］文化和旅游部. 导游自由职业试点管理办法［EB/OL］. 中国旅行社协会
网站 http：//cats. org. cn/zixun/xingzheng/26782，2016 – 11 – 16.

［3］国家统计局. 2019 年居民收入和消费支出情况［EB/OL］. 中华人民共和国
国家统计局网站 http：//www. stats. gov. cn/tjsj/zxfb/202001/t20200117_
1723396. html，2020 – 01 – 17.

［4］国家统计局. 中国旅游统计年鉴［EB/OL］. 中华人民共和国国家统计局
网站 http：//www. stats. gov. cn/tjsj/，2020 – 04 – 25.

［5］文化和旅游部. 2019 年旅游市场基本情况［EB/OL］. 中华人民共和国中
央人民政府网站 http：//www. gov. cn/xinwen/2019 – 03/10/content_
5365248. htm，2020 – 03 – 11.

［6］文化和旅游部. 导游管理办法［EB/OL］. 中华人民共和国中央人民政府
网站 http：//www. gov. cn/gongbao/content/2018/content_5260808. htm，
2018 – 01 – 01.

［7］文化和旅游部. 国家旅游局关于在全国旅游行业开展向韩滨同志学习的

决定［EB/OL］. 中华人民共和国文化和旅游部网站 http：//www.
cnta. gov. cn/zwgk/tzggnew/201607/t20160714_777585. shtml，2016 – 11 – 16.

［8］文化和旅游部. 国家旅游局下发《关于深化导游体制改革加强导游队伍建设的意见》［EB/OL］. 中华人民共和国文化和旅游部网站 http：//www.
cnta. gov. cn/xxfb/jdxwnew2/201608/t20160824_781597. shtml，2016 – 11 – 16.

［9］文化和旅游部. 文化和旅游部关于实施旅游服务质量提升计划的指导意见［EB/OL］. 中华人民共和国中央人民政府网站 http：//www. gov. cn/
gongbao/content/2019/content_5411617. htm，2019 – 01 – 16.

［10］李金早. 从景点旅游走向全域旅游，努力开创我国"十三五"旅游发展新局面［EB/OL］. 新华网，http：//www. xinhuanet. com/travel/2016 –
01/29/c_128683893. htm，2016 – 01 – 29.

［11］李克强. 2019 年政府工作报告［EB/OL］. 中华人民共和国中央人民政府网站 http：//www. gov. cn/premier/2019 – 03/16/content _ 5374314.
htm，2019 – 03 – 16.

［12］雒树刚. 我国已进入大众旅游时代，一年人均出游 4 次［EB/OL］. 中国青年报中青在线，http：//news. cyol. com/xwzt/2019 – 03/08/content_
17943107. htm，2019 – 03 – 08.

［13］习近平. 决胜全面建成小康社会 夺取新时代中国特色社会主义伟大胜利——在中国共产党第十九次全国代表大会上的报告［EB/OL］. 新华网 www. xinhuanet. com/2017 – 10/27/c_1121867529. htm，2017 – 10 – 27.

［14］中国旅游研究院、携程旅游大数据联合实验室. 2018 ~ 2019 年出境"新跟团游"大数据报告［EB/OL］. 中文互联网数据咨询网 http：//
www. 199it. com/archives/917842. html，2020 – 01 – 15.

［15］中国统计信息网. 历年国民经济和社会发展统计公报数据库［EB/OL］.
http：//www. tjcn. org/tjgb/，2020 – 04 – 25.

二、英文文献

（一）专著

［1］Fink G. Stress：Concepts，Cognition，Emotion，and Behavior［M］. Parkville：

University of Melbourne Press, 2016: 65 – 71. (Hobfoll S E, Tirone V, Holmgreen L, et al. Chapter 7-Conservation of Resources Theory Applied to Major Stress)

[2] Hayes A F. Introduction to mediation, moderation, and conditional process analysis: A regression-based approach [M]. Second edition. New York: Guilford Press, 2018: 21.

[3] Hochschild A. The managed heart: Commercialization of human feeling [M]. Berkeley: University of California Press, 1983: 52 – 90.

[4] Katz D, Kahn RL. The social psychology of organizations [M]. New York: Wiley, 1978: 65 – 82.

[5] Levinson H, Price C R, Munden K J, Mandl H J, Solley C M. Men, management and mental health [M]. Harvard University Press. Cambridge, 1962: 230 – 235.

[6] Rousseau D M. Psychological contracts in organizations: Understanding written and unwritten agreements [M]. Thousand Oaks: SAGE Publications, 1995: 330 – 334.

(二) 网络文献

[1] Brush G J. Similarities and differences in Asian and Western travelers' service performance measurement, evaluation and outcomes [EB/OL]. Journal of Retailing and Consumer Services, https://www.sciencedirect.com/science/article/pii/S0969698918305563? via%3Dihub, 2018 – 07 – 25

[2] Buil I, Martínez E, Matute J. Transformational leadership and employee performance: The role of identification, engagement and proactive personality [EB/OL]. International Journal of Hospitality Management, https://doi.org/10.1016/j.ijhm, 2018 – 06 – 14.

(三) 期刊论文

[1] Accomazzo S, Israel N, Romney S. Resources, Exposure to Trauma, and the Behavioral Health of Youth Receiving Public System Services [J]. Journal of Child and Family Studies, 2015, 24 (11): 3180 – 3191.

[2] Agarwal U A, Bhargava S. Effects of Psychological Contract Breach on Organi-

zational Outcomes: Moderating Role of Tenure and Educational Levels [J]. VIKALPA, 2013, 38 (1): 13 –25.

[3] AL-Abrrow H, Alnoor A, Ismail E, Eneizan B, Makhamreh H Z. Psychological contract and organizational misbehavior: Exploring the moderating and mediating effects of organizational health and psychological contract breach in Iraqi oil tanks company [J]. Cogent Business & Management, 2019, 6 (1): 1 –27.

[4] Alcover C M, Martínez-Inigo D, Chambel M J. Perceptions of Employment Relations and Permanence in the Organization: Mediating Effects of Affective Commitment in Relations of Psychological Contract and Intention to Quit [J]. Psychological Reports, 2012, 110 (3): 839 –853.

[5] Alhelalat J A, Habiballah M M A, Twaissi N M. The impact of personal and functional aspects of restaurant employee service behaviour on customer satisfaction [J]. International Journal of Hospitality Management, 2017, 66 (7): 46 –53.

[6] Allen N J, Meyer J P. The measurement and antecedents of affective, continuance and normative commitment to the organization [J]. Journal of Occupational Psychology, 1990, 63 (1): 1 –18.

[7] Allen R S, White C S. Equity sensitivity theory: A test of responses to two types of under-reward situations [J]. Journal of Managerial Issues, 2002, 14 (4): 435 –451.

[8] Anđelković Ž, Dragin A, Božić S, Košić K. Emotional exhaustion and job satisfaction of tour guides in rural areas [J]. Economics of Agriculture, 2017, 64 (1): 11 –26.

[9] Ap J, Wong K K F. Case study on tour guiding: Professionalism, issues and problems [J]. Tourism Management, 2001, 22 (5): 551 –563.

[10] Arshadi N. The relationships of perceived organizational support (POS) with organizational commitment, in-role performance, and turnover intention: Mediating role of felt obligation [J]. Procedia-Social and Behavioral Sciences, 2011, 30 (10): 1103 –1108.

[11] Aselage J, Eisenberger R. Perceived organizational support and psychological

contract: A theoretical integration [J]. Journal of Organizational Behavior, 2003, 24 (5): 491 – 509.

[12] Ashforth B E, Humphrey R H. Emotional labor in service roles: The influence of identity [J]. Academy of management review, 1993, 18 (1): 88 – 115.

[13] Avcikurt C, Koroglu O, Koroglu A, Avcikurt A S. HIV/AIDS awareness and attitudes of tour guides in Turkey [J]. Culture, Health & Sexuality, 2011, 13 (2): 233 – 243.

[14] Bakker A B, Demerouti E, Ten Brummelhuis L L. Work engagement, performance, and active learning: The role of conscientiousness [J]. Journal of Vocational Behavior, 2012, 80 (2): 555 – 564.

[15] Bakker A B, Demerouti E, Verbeke W. Using the job demands-resources model to predict burnout and performance [J]. Human Resource Management, 2004, 43 (1): 83 – 104.

[16] Bakker A B, Heuven E. Emotional dissonance, burnout, and in-role performance among nurses and police officers [J]. International Journal of Stress Management, 2006, 13 (4): 423 – 440.

[17] Bal P M, Jansen P G W, van der Velde M E G, et al. The role of future time perspective in psychological contracts: A study among older workers [J]. Journal of Vocational Behavior, 2010, 76 (3): 474 – 486.

[18] Ballantyne R, Hughes K. Interpretation in Ecotourism Settings: Investigating tour guides' perceptions of their role, responsibilities and training needs [J]. Journal of Tourism Studies, 2001, 12 (2): 2 – 9.

[19] Bang H, Reio T G. Examining the role of cynicism in the relationships between burnout and employee behavior [J]. Revista de Psicología del Trabajo y de las Organizaciones, 2017, 33 (3): 217 – 227.

[20] Barksdale K, Werner J M. Managerial ratings of in-role behaviors, organizational citizenship behaviors, and overall performance: Testing different models of their relationship [J]. Journal of Business Research, 2001, 51 (2): 145 – 155.

[21] Bashir S, Nasir M. Breach of psychological contract, organizational cynicism and union commitment: A study of hospitality industry in Pakistan [J].

International Journal of Hospitality Management, 2013, 34 (1): 61 –65.

[22] Benight C C, Ironson G, Klebe K, Carver C S, Wynings C, et al. Conservation of resources and coping self-efficacy predicting distress following a natural disaster: A causal model analysis where the environment meets the mind [J]. Anxiety, Stress and Coping, 1999, 12 (2): 107 –126.

[23] Bettencourt L A, Brown S W. Contact employees: Relationships among workplace fairness, job satisfaction and prosocial service behaviors [J]. Journal of Retailing, 1997, 73 (1): 39 –61.

[24] Biedenbach G, Bengtsson M, Wincent J. Brand equity in the professional service context: Analyzing the impact of employee role behavior and customer-employee rapport [J]. Industrial Marketing Management, 2011, 40 (7): 1093 –1102.

[25] Bing M N, Burroughs S M. The predictive and interactive effects of equity sensitivity in teamwork-oriented organizations [J]. Journal of Organizational Behavior, 2001, 22 (3): 271 –290.

[26] Biswas S, Varma A, Ramaswami A. Linking distributive and procedural justice to employee engagement through social exchange: A field study in India [J]. The International Journal of Human Resource Management, 2013, 24 (8): 1570 –1587.

[27] Blakely G L, Andrews M C, Moorman R H. The Moderating effects of equity sensitivity on the relationship between organizational justice and organizational citizenship behaviors [J]. Journal of Business and Psychology, 2005, 20 (2): 259 –273.

[28] Blommea R J, van Rheedeb A, Trompb D M. The use of the psychological contract to explain turnover intentions in the hospitality industry: A research study on the impact of gender on the turnover intentions of highly educated employees [J]. International Journal of Human Resource Management, 2010, 21 (1): 144 –162.

[29] Bordia P, Restubog S L D, Bordia S, Tang R L. Breach begets breach: Trickle-down effects of psychological contract breach on customer service [J]. Journal of Management, 2010, 36 (6): 1578 –1607.

[30] Borman W C, Motowidlo S J. Task performance and contextual performance: The meaning for personnel selection research [J]. Human Performance, 1997, 10 (2): 99 – 109.

[31] Borucki C C, Burke M J. An examination of service-related antecedents to retail store performance [J]. Journal of Organizational Behavior, 1999, 20 (6): 943 – 962.

[32] Bravo G A, Won D, Chiu W. Psychological contract, job satisfaction, commitment, and turnover intention: Exploring the moderating role of psychological contract breach in National Collegiate Athletic Association coaches [J]. International Journal of Sports Science & Coaching, 2019, 14 (3): 273 – 284.

[33] Britt T W, Adler A B. Stress and health during medical humanitarian assistance missions [J]. Military Medicine, 1999, 164 (4): 275 – 279.

[34] Britt T W, Bliese P D. Testing the stress-buffering effects of self engagement among soldiers on a military operation [J]. Journal of Personality, 2003, 71 (2): 245 – 267.

[35] Brotheridge C L M, Lee R T. Development and validation of the emotional labour scale [J]. Journal of Occupational and Organizational Psychology, 2003, 76 (3): 365 – 379.

[36] Brotheridge C L M, Lee R T. Testing a conservation of resources model of the dynamics of emotional labor [J]. Journal of Occupational Health Psychology, 2002, 7 (1): 57 – 71.

[37] Brotheridge C M, Grandey A A. Emotional labor and burnout: Comparing two perspectives of "people work" [J]. Journal of Vocational Behavior, 2002, 60 (1): 17 – 39.

[38] Brown L A, Roloff M E. Organizational citizenship behavior, organizational communication, and burnout: The buffering role of perceived organizational support and psychological contracts [J]. Communication Quarterly, 2015, 63 (4): 384 – 404.

[39] Browning V. The relationship between HRM practices and service behaviour in South African service organizations [J]. The International Journal of

Human Resource Management, 2006, 17 (7): 1321 – 1338.

[40] Brummelhuis L L T, Bakker A B. A resource perspective on the work-home interface: The work-home resources model [J]. American Psychologist, 2012, 67 (7): 545 – 556.

[41] Burke M J, Rupinski M T, Dunlap W P, Davison H K. Do situational variables act as substantive causes of relationships between individual difference variables? Two large-scale tests of "common cause" models [J]. Personnel Psychology, 1996, 49 (3): 573 – 598.

[42] Cabada M M, Maldonado F, Bauer I, Verdonck K, Seas C, et al. Sexual behavior, knowledge of STI prevention, and prevalence of serum markers for STI among tour guides in Cuzco/Peru [J]. Journal of Travel Medicine, 2007, 14 (3): 151 – 157.

[43] Caber M, Yilmaz G, Kiliçarslan D, Öztürk A. The effects of tour guide performance and food involvement on food neophobia and local food consumption intention [J]. International Journal of Contemporary Hospitality Management, 2018, 30 (2): 1472 – 1491.

[44] Carmody J. Intensive tour guide training in regional Australia: An analysis of the Savannah Guides organisation and professional development schools [J]. Journal of Sustainable Tourism, 2013, 21 (5): 679 – 694.

[45] Cassar V, Briner R B. The relationship between psychological contract breach and organizational commitment: Exchange imbalance as a moderator of the mediating role of violation [J]. Journal of Vocational Behavior, 2011, 78 (2): 283 – 289.

[46] Cavanaugh M A, Noe R A. Antecedents and consequences of relational components of the new psychological contract [J]. Journal of Organizational Behavior, 1999, 20 (3): 323 – 340.

[47] Çetinkaya M Y, Öter Z. Role of tour guides on tourist satisfaction level in guided tours and impact on re-visiting Intention: A research in Istanbul [J]. European Journal of Tourism Hospitality & Recreation, 2016, 7 (1): 40 – 54.

[48] Chang W, Busser J A. Hospitality employees promotional attitude: Findings

from graduates of a twelve-month management training program [J]. International Journal of Hospitality Management, 2017, 60 (1): 48 – 57.

[49] Chen Z, Zhu J, Zhou M. How does a servant leader fuel the service fire? A multilevel model of servant leadership, individual self identity, group competition climate, and customer service performance [J]. Journal of Applied Psychology, 2015, 100 (2): 511 – 521.

[50] Cheng J, Chen C, Teng H, Yen C. Tour leaders' job crafting and job outcomes: The moderating role of perceived organizational support [J]. Tourism Management Perspectives, 2016, 20 (5): 19 – 29.

[51] Chi N, Chen P. Relationship matters: How relational factors moderate the effects of emotional labor on long-term customer outcomes [J]. Journal of Business Research, 2019, 95 (2): 277 – 291.

[52] Chi N, Grandey A A, Diamond J A, Krimmel K R. Want a tip? Service performance as a function of emotion regulation and extraversion [J]. Journal of Applied Psychology, 2011, 96 (6): 1337 – 1346.

[53] Chih Y, Kiazad K, Zhou L, Capezio A, Li M. Investigating Employee Turnover in the Construction Industry: A Psychological Contract Perspective [J]. Journal of Construction Engineering and management, 2016, 25 (1): 12 – 23.

[54] Christian M S, Garza A S, Slaughter J E. Work engagement: A quantitative review and test of its relations with task and contextual performance [J]. Personnel Psychology, 2011, 64 (1): 89 – 136.

[55] Christie M F, Mason P A. Transformative tour guiding: Training tour guides to be critically reflective practitioners [J]. Journal of Ecotourism, 2003, 2 (1): 1 – 16.

[56] Chung Y W. The mediating effects of organizational conflict on the relationships between workplace ostracism with in-role behavior and organizational citizenship behavior [J]. International Journal of Conflict Management, 2015, 26 (4): 366 – 385.

[57] Clemmer J. The three rings of perceived value [J]. The Canadian Manager, 1990, 15 (2): 12 – 15.

[58] Collins M D. The effect of psychological contract fulfillment on manager turn-over intentions and its role as a mediator in a casual, limited-service restaurant environment [J]. International Journal of Hospitality Management, 2010, 29 (4): 736 – 742.

[59] Conway N, Briner R B. Full-time versus part-time employees: Understanding the links between work status, the psychological contract and attitudes [J]. Journal of Vocational Behavior, 2002, 61 (2): 279 – 301.

[60] Costa S P, Neves P. Forgiving is good for health and performance: How forgiveness helps individuals cope with the psychological contract breach [J]. Journal of Vocational Behavior, 2017, 100 (6): 124 – 136.

[61] Coyle-Shapiro J A M. A psychological contract perspective on organizational citizenship behavior [J]. Journal of Organizational Behavior, 2002, 23 (8): 927 – 946.

[62] Coyle-Shapiro J A, Conway N. Exchange relationships: Examining psychological contracts and perceived organizational support [J]. Journal of Applied Psychology, 2005, 90 (4): 774 – 781.

[63] Coyle-Shapiro J, Kessler I. Consequences of the psychological contract for the employment relationship: A large scale survey [J]. Journal of Management Studies, 2000, 7 (7): 903 – 930.

[64] Cui X. In- and extra-role knowledge sharing among information technology professionals: The five-factor model perspective [J]. International Journal of Information Management, 2017, 37 (5): 380 – 389.

[65] Curtin. Managing the wildlife tourism experience: The importance of tour leaders [J]. International Journal of Tourism Research, 2010, 12 (1): 219 – 236.

[66] Dabos G E, Rousseau D M. Mutuality and reciprocity in the psychological contracts of employees and employers [J]. Journal of Applied Psychology, 2004, 89 (1): 52 – 72.

[67] Dahles H. The politics of tour guiding-image management in Indonesia [J]. Annals of Tourism Research, 2002, 29 (3): 783 – 800.

[68] De Meuse K P, Bergmann T J, Lester S W. An investigation of the relational

component of the psychological contract across time, generation, and employment status [J]. Journal of Managerial Issues, 2001, 13 (1): 102 – 118.

[69] Demerouti E, Bakker A B, Gevers J M P. Job crafting and extra-role behavior: The role of work engagement and flourishing [J]. Journal of Vocational Behavior, 2015, 91 (6): 87 – 96.

[70] Demerouti E, Verbeke W J M I, Bakker A B. Exploring the relationship between a multidimensional and multifaceted burnout concept and self-rated performance [J]. Journal of Management, 2005, 31 (2): 186 – 209.

[71] Deng H, Coyle-Shapiro J, Yang Q. Beyond reciprocity: A conservation of resources view on the effects of psychological contract violation on third parties [J]. Journal of Applied Psychology, 2018, 103 (5): 561 – 577.

[72] Diefendorff J M, Croyle M H, Gosserand R H. The Dimensionality and Antecedents of Emotional Labor Strategies [J]. Journal of Vocational Behavior, 2005, 66 (2): 339 – 357.

[73] Diefendorff J M, Gosserand R H. Understanding the emotional labor process: A control theory perspective [J]. Journal of Organizational Behavior, 2003, 24 (8): 945 – 959.

[74] Dunahee M H, Wangler L A. The psychological contract: A conceptual structure for management/employee relations [J]. Personnel Journal, 1974, 53 (7): 518 – 526.

[75] Eby L T, Dobbins G H. Collectivistic orientation in teams: An individual and group-level analysis [J]. Journal of Organizational Behavior, 1997, 18 (3): 275 – 295.

[76] Einarsen S, Skogstad A, Rørvik E, Lande Å B, Nielsen M B. Climate for conflict management, exposure to workplace bullying and work engagement: A moderated mediation analysis [J]. The International Journal of Human Resource Management, 2016, 29 (3): 549 – 570.

[77] Eisenberger R, Armeli S, Rexwinkel B, Lynch P D, Rhoades L. Reciprocation of perceived organizational support [J]. Journal of Applied Psychology, 2001, 86 (1): 42 – 51.

[78] Eisenberger R, Huntington R, Hutchison S, Sowa D. Perceived organization-al support [J]. Journal of Applied Psychology, 1986, 71 (3): 500 – 507.

[79] Escribá-Carda N, Balbastre-Benavent F, Teresa Canet-Giner M. Employees' perceptions of high-performance work systems and innovative behaviour: The role of exploratory learning [J]. European Management Journal, 2017, 35 (2): 273 – 281.

[80] Feldman D B, Davidson O B, Margalit M. Personal resources, hope, and achievement among college students: The conservation of resources perspec-tive [J]. Journal of Happiness Studies, 2015, 16 (3): 543 – 560.

[81] Ferguson M, Walby K, Piché J. Tour Guide Styles and Penal History Muse-ums in Canada [J]. International Journal of Tourism Research, 2016, 18 (5): 477 – 485.

[82] Gelderen B R, Konijn E A, Bakker A B. Emotional labor among police officers: A diary study relating strain, emotional labor, and service per-formance [J]. The International Journal of Human Resource Management, 2017, 28 (6): 852 – 879.

[83] Gillen J, Kirby R, van Riemsdijk M. Tour guides as tourist products in Dalat, Vietnam: Exploring market freedoms in a communist state [J]. Asia Pacific Viewpoint, 2015, 56 (2): 237 – 251.

[84] Goldberg L S, Grandey A A. Display rules versus display autonomy: Emo-tion regulation, emotional exhaustion, and task performance in a call center simulation [J]. Journal of Occupational Health Psychology, 2007, 12 (3): 301 – 318.

[85] Gorenak M, Gorenak I. The issues of preventive health care of tour guides and tour managers [J]. Work, 2017, 56 (2): 327 – 336.

[86] Grandey A A. Emotional regulation in the workplace: A new way to concep-tualize emotional labor [J]. Journal of Occupational Health Psychology, 2000, 5 (1): 95 – 110.

[87] Grandey A A. When "The show must go on": Surface acting and deep acting as determinants of emotional exhaustion and peer-rated service delivery [J]. The Academy of Management Journal, 2003, 46 (1): 86 – 96.

[88] Greenbaum R L, Quade M J, Mawritz M B, Kim J, Crosby D. When the customer is unethical: The explanatory role of employee emotional exhaustion onto work-family conflict, relationship conflict with coworkers, and job neglect [J]. Journal of Applied Psychology, 2014, 99 (6): 1188 – 1203.

[89] Griep Y, Vantilborgh T. Reciprocal effects of psychological contract breach on counterproductive and organizational citizenship behaviors: The role of time [J]. Journal of Vocational Behavior, 2018, 104 (1): 141 – 153.

[90] Groza M D, Locander D A, Howlett C H. Linking thinking styles to sales performance: The importance of creativity and subjective knowledge [J]. Journal of Business Research, 2016, 69 (10): 4185 – 4193.

[91] Gupta V, Agarwal U A, Khatri N. The relationships between perceived organizational support, affective commitment, psychological contract breach, organizational citizenship behaviour and work engagement [J]. Journal of Advanced Nursing, 2016, 72 (11): 2806 – 2817.

[92] Hakanen J J, Peeters M C W, Perhoniemi R. Enrichment processes and gain spirals at work and at home: A 3-year cross-lagged panel study [J]. Journal of Occupational and Organizational Psychology, 2011, 84 (1): 8 – 30.

[93] Hakanen J J, Perhoniemi R, Toppinen-Tanner S. Positive gain spirals at work: From job resources to work engagement, personal initiative and work-unit innovativeness [J]. Journal of Vocational Behavior, 2008, 73 (1): 78 – 91.

[94] Halbesleben J R B, Bowler W M. Emotional exhaustion and job performance: The mediating role of motivation [J]. Journal of Applied Psychology, 2007, 92 (1): 93 – 106.

[95] Halbesleben J R B, Harvey J, Bolino M C. Too engaged? A conservation of resources view of the relationship between work engagement and work interference with family [J]. Journal of Applied Psychology, 2009, 94 (6): 1452 – 1465.

[96] Hamzah M I, Othman A K, Hassan F. Moderating role of customer orientation on the link between market oriented behaviors and proactive service performance among relationship managers in the business banking industry [J].

Procedia-Social and Behavioral Sciences, 2016, 8 (9): 109 – 116.

[97] Han H, Kim W, Hyun S S. Switching intention model development: Role of service performances, customer satisfaction, and switching barriers in the hotel industry [J]. International Journal of Hospitality Management, 2011, 30 (3): 619 – 629.

[98] Han J, Kim Y J, Kim H. An integrative model of information security policy compliance with psychological contract: Examining a bilateral perspective [J]. Computers & Security, 2017, 66 (5): 52 – 65.

[99] Han K, Shin C, Yoon H, Ko Y, Kim Y, et al. Emotional labor and depressive mood in service and sales workers: Interactions with gender and job autonomy [J]. Psychiatry Research, 2018, 267 (9): 490 – 498.

[100] Harris C. Building self and community: The career experiences of a hotel executive housekeeper [J]. Tourist Studies, 2010, 9 (2): 144 – 163.

[101] Hartmann N N, Rutherford B N. Psychological contract breach's antecedents and outcomes in salespeople: The roles of psychological climate, job attitudes, and turnover intention [J]. Industrial Marketing Management, 2015, 51 (11): 158 – 170.

[102] Hayes A F, Matthes J. Computational procedures for probing interactions in OLS and logistic regression: SPSS and SAS implementations [J]. Behavior Research Methods, 2009, 41 (3): 924 – 936.

[103] Hayes A F. Introduction to mediation, moderation, and conditional process analysis: A regression-based approach [J]. Journal of Educational Measurement, 2013, 51 (3): 335 – 337.

[104] Herriot P, Manning E G, Kidd J M. The content of the psychological contract [J]. British Journal of Management, 1997, 8 (2): 151 – 162.

[105] Heung V C S. Effects of tour leader's service quality on agency's reputation and customers' word-of-mouth [J]. Journal of Vacation Marketing, 2008, 14 (4): 305 – 315.

[106] Ho V T, Kong D T, Lee C, Dubreuil P, Forest J. Promoting harmonious work passion among unmotivated employees: A two-nation investigation of the compensatory function of cooperative psychological climate [J]. Journal

of Vocational Behavior, 2018, 106 (3): 112 –125.

[107] Hobfoll S E, Lilly R S. Resource conservation as a strategy for community psychology [J]. Journal of Community Psychology, 1993, 21 (2): 128 – 148.

[108] Hobfoll S E. Conservation of resource caravans and engaged settings [J]. Journal of Occupational and Organizational Psychology, 2011, 84 (1): 116 –122.

[109] Hobfoll S E. Conservation of resources—A new attempt at conceptualizing stress [J]. American Psychologist, 1989, 44 (3): 513 –524.

[110] Hobfoll S E. Social and psychological resources and adaptation [J]. Review of General Psychology, 2002, 6 (4): 307 –324.

[111] Hobfoll S E. The influence of culture, community, and the nested-self in the stress process: Advancing conservation of resources theory [J]. Applied Psychology An International Review, 2001, 50 (3): 337 –421.

[112] Hochschild A R. Emotion work: Feeling rules and social structure [J]. American Journal of Sociology. 1979, 85 (3): 555 –575.

[113] Hochwarter W A, Kacmar C, Perrewé P L, Johnson D. Perceived organizational support as a mediator of the relationship between politics perceptions and work outcomes [J]. Journal of Vocational Behavior, 2003, 63 (3): 438 –456.

[114] Hofmann V, Stokburger-Sauer N E. The impact of emotional labor on employees' work-life balance perception and commitment: A study in the hospitality industry [J]. International Journal of Hospitality Management, 2017, 65 (6): 47 –58.

[115] Hoivik H V W. Professional ethics—A managerial opportunity in emerging organizations [J]. Journal of Business Ethics, 2002, 39 (1): 3 –11.

[116] Holahan C J, Moos R H, Holahan C K, Cronkite R C. Resource loss, resource gain, and depressive symptoms: A 10-year model [J]. Journal of Personality and Social Psychology, 1999, 77 (3): 620 –629.

[117] Homburg C, Müller M, Klarmann M. When should the customer really be king? On the optimum level of salesperson customer orientation in sales en-

counters [J]. Journal of Marketing, 2011, 75 (2): 55 –74.

[118] Hosseini R S, Zainal A, Sumarjan N. The effects of service performance of hotel customers on quality of experience and brand loyalty in Iran [J]. Procedia-Social and Behavioral Sciences, 2015, 201 (2): 156 –164.

[119] Houge M S, Kerr J H. Stress and emotions at work: An adventure tourism guide's experiences [J]. Tourism Management, 2013, 36 (3): 3 –14.

[120] Howard J, Thwaites R, Smith B. Investigating the role of the indigenous tour guide [J]. Journal of Tourism Studies, 2001, 12 (2), 32 –39.

[121] Hsieh A, Wu D. The relationship between timing of tipping and service effort [J]. Service Industries Journal, 2007, 27 (1): 1 –14.

[122] Hsu J S, Shih S, Li Y. The mediating effects of in-role and extra-role behaviors on the relationship between control and software-project performance [J]. International Journal of Project Management, 2017, 35 (8): 1524 –1536.

[123] Huang J, Hsieh H. Supervisors as good coaches: influences of coaching on employees' in-role behaviors and proactive career behaviors [J]. The International Journal of Human Resource Management, 2015, 26 (1): 42 –58.

[124] Huang S S, Hsu C H C, Chan A. Tour guide performance and tourist satisfaction: A study of the package tours in Shanghai [J]. Journal of Hospitality & Tourism Research, 2010, 34 (1): 3 –33.

[125] Huang S S, Weiler B, Assaker G. Effects of interpretive guiding outcomes on tourist satisfaction and behavioral intention [J]. Journal of Travel Research, 2014, 54 (3): 344 –358.

[126] Hughes D E, Richards K A, Calantone R, Baldus B, Spreng R A. Driving in-role and extra-role brand performance among retail frontline salespeople: Antecedents and the moderating role of customer orientation [J]. Journal of Retailing, 2019, 95 (2): 130 –143.

[127] Hui C, Lee C, Rousseau D M. Psychological contract and organizational citizenship behavior in China: Investigating generalizability and instrumentality [J]. Journal of Applied Psychology, 2004, 89 (2): 311 –321.

[128] Hülsheger U R, Lang J W B, Maier G W. Emotional labor, strain, and

performance: Testing reciprocal relationships in a longitudinal panel study [J]. Journal of Occupational Health Psychology, 2010, 15 (4): 505 – 521.

[129] Hülsheger U R, Schewe A F. On the costs and benefits of emotional labor: A meta-analysis of three decades of research [J]. Journal of Occupational Health Psychology, 2011, 16 (3): 361 – 389.

[130] Huo Y, Chen Z, Lam W, Woods S A. Standing in my customer's shoes: Effects of customer-oriented perspective taking on proactive service perform-ance [J]. Journal of Occupational and Organizational Psychology, 2019, 92 (2): 255 – 280.

[131] Huseman R C, Hatfield J D, Miles E W. Test for individual perceptions of job equity: Some preliminary findings [J]. Perceptual and Motor Skills, 1985, 61 (3): 1055 – 1064.

[132] Huseman R C, Hatfield J D, Miles E W. A new perspective on equity the-ory: the equity sensitivity construct [J]. Aeademy of Management Review, 1987, 12 (2): 222 – 234.

[133] Indartono S, Faraz N J. The role of commitment on the effect of public workers' OCBO on in-role performance [J]. Administratie si Management Public, 2019, 13 (8): 108 – 119.

[134] Innstrand S T, Langballe E M, Falkum E. A longitudinal study of the rela-tionship between work engagement and symptoms of anxiety and depression [J]. Stress Health, 2012, 28 (1): 1 – 10.

[135] Ishii K, Markman K M. Online customer service and emotional labor: An exploratory study [J]. Computers in Human Behavior, 2016, 62 (9): 658 – 665.

[136] Jackie C S. Consequences of the psychological contract for the employment relationship: A large scale survey [J]. Journal of Management Studies, 2000, 37 (7): 903 – 930.

[137] Jardat R, Rozario P D. Psychological contracts in organizations understand-ing written and unwritten agreements [J]. Society & Business Review, 1995, 43 (1): 184 – 186.

[138] Jin-young S, See-won K. The effect of tour guide's nonverbal communication and work performance on service quality [J]. Indian Journal of Science and Technology, 2016, 9 (46): 1 –4.

[139] Johnson H M, Spector P E. Service with a smile: Do emotional intelligence, gender, and autonomy moderate the emotional labor process? [J]. Journal of Occupational Health Psychology, 2007, 12 (4): 319 –333.

[140] Johnson S J, Machowski S, Holdsworth L, Kern M, Zapf D. Age, emotion regulation strategies, burnout, and engagement in the service sector: Advantages of older workers [J]. Journal of Work and Organizational Psychology, 2017, 33 (3): 205 –216.

[141] Judge T A, Thoresen C J, Bono J E, Patton G K. The job satisfaction-job performance relationship: A qualitative and quantitative review [J]. Psychological Bulletin, 2001, 127 (3): 376 –407.

[142] Judge T A, Woolf E F, Hurst C. Is emotional labor more difficult for some than for others? A multilevel, experience-sampling study [J]. Personnel Psychology, 2009, 62 (1): 57 –88.

[143] Jung H S, Yoon H H. Improving frontline service employees' innovative behavior using conflict management in the hospitality industry: The mediating role of engagement [J]. Tourism Management, 2018, 69 (6): 498 –507.

[144] Kahn W A. Psychological conditions of personal engagement and disengagement at work [J]. The Academy of Management Journal, 1990, 33 (4): 692 –724.

[145] Kakarika M, González-Gómez H V, Dimitriades Z. That wasn't our deal: A psychological contract perspective on employee responses to bullying [J]. Journal of Vocational Behavior, 2017, 100 (6): 43 –55.

[146] Kammeyer-Mueller J D, Rubenstein A L, Long D M, Odio M A, Buckman B R, et al. A meta-analytic structural model of dispositonal affectivity and emotional labor [J]. Personnel Psychology, 2013, 66 (1): 47 –90.

[147] Karatepe O M. High-performance work practices and hotel employee performance: The mediation of work engagement [J]. International Journal of

Hospitality Management, 2013, 32 (2): 132 –140.

[148] Katz D. The motivational basis of organizational behavior [J]. Systems Research & Behavioral Science, 1964, 9 (2): 131 –146.

[149] Kiazad K, Seibert S E, Kraimer M L. Psychological contract breach and employee innovation: A conservation of resources perspective [J]. Journal of Occupational and Organizational Psychology, 2014, 87 (3): 535 – 556.

[150] Kickul J, Lester S W. Broken promises: equity sensitivity as a moderator between psychological contract breach and employee attitudes and behavior [J]. Journal of Business and Psychology, 2001, 16 (2): 191 –217.

[151] Kickul J. Lester S W, Finkl J. Promise breaking during radical organizational change: Does justice intervention make a difference [J]. Journal of Organizational Behavior, 2002, 23 (4): 469 –488.

[152] Kim H J, Shin K H, Swanger N. Burnout and engagement: A comparative analysis using the Big Five personality dimensions [J]. International Journal of Hospitality Management, 2009, 28 (1): 96 –104.

[153] Kim S D, Hollensbe E C, Schwoerer C E, Halbesleben J R B. Dynamics of a wellness program: A conservation of resources perspective [J]. Journal of Occupational Health Psychology, 2015, 20 (1): 62 –71.

[154] Kim W, Park J. Examining structural relationships between work engagement, organizational procedural justice, knowledge sharing, and innovative work behavior for sustainable organizations [J]. Sustainability, 2017, 9 (2): 1 –16.

[155] King W C, Mile E W, Day D D. A test and refinement of the equity sensitivity construct [J]. Journal of organizational Behavior, 1993, 14 (4): 301 –317.

[156] King W C, Mile E W. The measurement of equity sensitivity [J]. Journal of Occupational and Organizational Psychology, 1994, 64 (2): 133 – 142.

[157] Knippenberg D V, Sleebos E. Organizational identification versus organizational commitment: self-definition, social exchange, and job attitudes

[J]. Journal of Organizational Behavior, 2006, 27 (5): 571 –584.

[158] Koyuncu M, Burke R J, Fiksenbaum L. Work engagement among women managers and professionals in a Turkish bank [J]. Equal Opportunities International, 2006, 25 (4): 299 –310.

[159] Kraak J M, Lunardo R, Herrbach O, Durrieu F. Promises to employees matter, self-identity too: Effects of psychological contract breach and older worker identity on violation and turnover intentions [J]. Journal of Business Research, 2017, 70 (1): 108 –117.

[160] Kumar M S. Linking perceived organizational support to emotional labor [J]. Personnel Review, 2014, 43 (6): 845 –860.

[161] Ladebo O J. Emotional Exhaustion and strain reactions: Perceived organisational support as a moderator [J]. South African Journal of Psychology, 2009, 39 (1): 46 –58.

[162] Lam W, Huo Y, Chen Z. Who is fit to serve? Person-job/organization fit, emotional labor, and customer service performance [J]. Human Resource Management, 2018, 57 (2): 483 –497.

[163] Langelaan S, Bakker A B, van Doornen L J P, Schaufeli W B. Burnout and work engagement: Do individual differences make a difference? [J]. Personality and Individual Differences, 2006, 40 (3): 521 –532.

[164] Lapointe É, Vandenberghe C, Boudrias J. Psychological contract breach, affective commitment to organization and supervisor, and newcomer adjustment: A three-wave moderated mediation model [J]. Journal of Vocational Behavior, 2013, 83 (3): 528 –538.

[165] Lau P Y Y, Tong J L Y T, Lien B Y, Hsu Y, Chong C L. Ethical work climate, employee commitment and proactive customer service performance: Test of the mediating effects of organizational politics [J]. Journal of Retailing and Consumer Services, 2017, 35 (2): 20 –26.

[166] Leclerc D, Martin J N. Tour guide communication competence: French, German and American tourists' perceptions [J]. International Journal of Intercultural Relations, 2004, 28 (3 –4): 181 –200.

[167] Lee E K, Ji E J. The moderating role of leader-member exchange in the

relationships between emotional labor and burnout in clinical nurses [J].
Asian Nursing Research, 2018, 12 (1): 56 – 61.

[168] Lee J J, Michael C. Drivers of work engagement: An examination of core self-evaluations and psychological climate among hotel employees [J]. International Journal of Hospitality Management, 2015, 44 (1): 84 – 98.

[169] Lee K, Allen N J. Organizational citizenship behavior and workplace deviance: The role of affect and cognitions [J]. Journal of Applied Psychology, 2002, 87 (1): 131 – 142.

[170] Leigh B, John B, Erin H, Alicia B. Organizational citizenship behaviors of pharmacy faculty: modeling influences of equity sensitivity, psychological contract breach, and professional identity [J]. Journal of Leadership, Accountability and Ethics, 2012, 9 (5): 99 – 111.

[171] Li A, McCauley K D, Shaffer J A. The influence of leadership behavior on employee work-family outcomes: A review and research agenda [J]. Human Resource Management Review, 2017, 27 (3): 458 – 472.

[172] Li J J, Wong I A, Kim W G. Does mindfulness reduce emotional exhaustion? A multilevel analysis of emotional labor among casino employees [J]. International Journal of Hospitality Management, 2017, 64 (5): 21 – 30.

[173] Li J J, Wong I A, Kim W G. Effects of psychological contract breach on attitudes and performance: The moderating role of competitive climate [J]. International Journal of Hospitality Management, 2016, 55 (5): 1 – 10.

[174] Li X, Sanders K, Frenkel S. How leader-member exchange, work engagement and HRM consistency explain Chinese luxury hotel employees' job performance [J]. International Journal of Hospitality Management, 2012, 31 (4): 1059 – 1066.

[175] Li Y, Chen M, Lyu Y, Qiu C. Sexual harassment and proactive customer service performance: The roles of job engagement and sensitivity to interpersonal mistreatment [J]. International Journal of Hospitality Management, 2016, 54 (3): 116 – 126.

[176] Liao H, Chuang A. A multilevel investigation of factors influencing employee service performance and customer outcomes [J]. Academy of Management Journal, 2004, 47 (1): 41 – 58.

[177] Liao H, Toya K, Lepak D P, Hong Y. Do they see eye to eye? Management and employee perspectives of high-performance work systems and influence processes on service quality [J]. Journal of Applied Psychology, 2009, 94 (2): 371 – 391.

[178] Lin C, Wang K, Chen W. Female tour leaders as advertising endorsers [J]. The Service Industries Journal, 2008, 28 (9): 1265 – 1275.

[179] Linuesa-Langreo J, Ruiz-Palomino P, Elche-Hortelano D. New strategies in the new millennium: Servant leadership as enhancer of service climate and customer service performance [J]. Frontiers in Psychology, 2017, 8 (5): 1 – 14.

[180] Liu G, Ko W W, Chapleo C. Managing employee attention and internal branding [J]. Journal of Business Research, 2017, 79 (10): 1 – 11.

[181] Liu X Y, Wang J, Zhao C. An examination of the congruence and incongruence between employee actual and customer perceived emotional labor [J]. Psychology & Marketing, 2019, 36 (9): 863 – 874.

[182] Liu Y, Prati L M, Perrewé P L, Ferris G R. The relationship between emotional resources and emotional labor: An exploratory study [J]. Journal of Applied Social Psychology, 2008, 38 (10): 2410 – 2439.

[183] Liu Y, Wang M, Chang C, Shi J, Zhou L, et al. Work-family conflict, emotional exhaustion, and displaced aggression toward others: The moderating roles of workplace interpersonal conflict and perceived managerial family support [J]. The Journal of Applied Psychology, 2015, 100 (3): 793 – 808.

[184] Lu V N, Capezio A, Restubog S L D, Garcia P R G M, Wang L. In pursuit of service excellence: Investigating the role of psychological contracts and organizational identification of frontline hotel employees [J]. Tourism Management, 2016, 56 (5): 8 – 19.

[185] Lub X D, Bal P M, Blomme R J, Schalk R. One job, one deal…or not:

Do generations respond differently to psychological contract fulfillment? [J]. The International Journal of Human Resource Management, 2016, 27 (6): 653 –680.

[186] Lugosi P, Bray J. Tour guiding, organisational culture and learning: Lessons from an entrepreneurial company [J]. International Journal of Tourism Research, 2008, 10 (5): 467 –479.

[187] Luoh H F, Tsaur S H. The effects of age stereotypes on tour leader roles [J]. Journal of Travel Research, 2013, 53 (1): 111 –123.

[188] Lussier B, Hartmann N N. How psychological resourcefulness increases salesperson's sales performance and the satisfaction of their customers: Exploring the mediating role of customer-oriented behaviors [J]. Industrial Marketing Management, 2017, 62 (3): 160 –170.

[189] Luthans F, Avolio B J, Avey J B, Norman S M. Positive psychological capital: Measurement and relationship with performance and satisfaction [J]. Personnel Psychology, 2010, 60 (3): 541 –572.

[190] Luu T T, Rowley C, Vo T T. Addressing employee diversity to foster their work engagement [J]. Journal of Business Research, 2019, 95 (2): 303 –315.

[191] Macey W H, Schneider B. The meaning of employee engagement [J]. Industrial and Organizational Psychology, 2008, 1 (1): 3 –30.

[192] MacKinnon D P, Krull J L, Lockwood C M. Equivalence of the mediation, confounding and suppression effect [J]. Prevention Science, 2000, 1 (4): 173 –181.

[193] MacKinnon D P, Lockwood C M, Williams J. Confidence limits for the indirect effect: Distribution of the product and resampling methods [J]. Multivariate Behavioral Research, 2004, 39 (1): 99 –128.

[194] Mäkikangas A. Job crafting profiles and work engagement: A person-centered approach [J]. Journal of Vocational Behavior, 2018, 106 (3): 101 –111.

[195] Maricuţoiu L P, Sulea C, Iancu A. Work engagement or burnout: Which comes first? A meta-analysis of longitudinal evidence [J]. Burnout

Research, 2017, 5 (2): 35 –43.

[196] Martínez-Iñigo D, Totterdell P, Alcover C M, Holman D. Emotional labour and emotional exhaustion: Interpersonal and intrapersonal mechanisms [J]. Work & Stress, 2007, 21 (1): 30 –47.

[197] Maslach C, Schaufeli W B, Leiter M P. Job burnout [J]. Annual Review of Psychology, 2001, 52 (1): 397 –422.

[198] Matthijs B P, Chiaburu D S, Jansen P G W. Psychological contract breach and work performance [J]. Journal of Managerial Psychology, 2010, 25 (3): 252 –273.

[199] McCabe T J, Sambrook S. Psychological contracts and commitment amongst nurses and nurse managers: A discourse analysis [J]. International Journal of Nursing Studies, 2013, 50 (7): 954 –967.

[200] Mesmer-Magnus J R, DeChurch L A, Wax A. Moving emotional labor beyond surface and deep acting: A discordance-congruence perspective [J]. Organizational Psychology Review, 2012, 2 (1): 6 –53.

[201] Meuse K P D, Bergmann T J, Lester S W. An investigation of the relational component of the psychological contract across time, generation and employment status [J]. Journal of Managerial Issues, 2001, 13 (1): 102 –118.

[202] Meyer J, Allen N, Smith C. Commitment to organizations and occupations: Extension and test of a three-component conceptualization [J]. Journal of Applied Psychology, 1993, 78 (4): 538 –551.

[203] Millward L J, Hopkins L J. Psychological contracts, organizational and job commitment [J]. Journal of Applied Social Psychology, 1998, 28 (16): 153 – 155.

[204] Min J C H. A short-form measure for assessment of emotional intelligence for tour guides: Development and evaluation [J] . Tourism Management, 2012, 33 (1): 155 –167.

[205] Min J C H. Guiding the guides developing indicators of tour guides' service quality [J]. Total Quality Management, 2016, 27 (9): 1043 –1062.

[206] Min J, Peng K. Ranking emotional intelligence training needs in tour lead-

ers: An entropy-based TOPSIS approach [J]. Current Issues in Tourism, 2012, 15 (6): 563 –576.

[207] Min J. The relationships between emotional intelligence, job stress, and quality of life among tour guides [J]. Asia Pacific Journal of Tourism Research, 2014, 19 (10): 1170 –1190.

[208] Modlin E A, Alderman D H, Gentry G W. Tour guides as creators of empathy: The role of affective inequality in marginalizing the enslaved at plantation house museums [J]. Tourist Studies, 2011, 11 (1): 3 –19.

[209] Moideenkutty U, Blau G, Kumar R, Nalakath A. Comparing correlates of organizational citizenship versus in-role behavior of sales representatives in India [J]. International Journal of Commerce and Management, 2006, 16 (1): 15 –28.

[210] Moquin R, Riemenschneider C K, Wakefield R L. Psychological contract and turnover intention in the information technology profession [J]. Information Systems Management, 2019, 36 (2): 111 –125.

[211] Morris J A, Feldman D C. The dimensions, antecedents, and consequences of emotional labor [J]. Academy of Management Review, 1996, 21 (4): 986 –1010.

[212] Morrison E W, Robinson S L. When employees feel betrayed: A model of how psychological contract violation develops [J]. Academy of Management Review, 1997, 22 (1): 226 –256.

[213] Morrison E W. Role definitions and organizational citizenship behavior: The importance of the employee's perspective [J]. The Academy of Management Journal, 1994, 37 (6): 1543 –1567.

[214] Mossberg L L. Tour leaders and their importance in charter tours [J]. Tourism Management, 1995, 16 (6): 437 –445.

[215] Motowidlo S J, Van Scotter J R. Evidence that task performance should be distinguished from contextual performance [J]. Journal of Applied Psychology, 1994, 79 (4): 475 –480.

[216] Motowildo S J, Borman W C, Schmit M J. A theory of individual differences in task and contextual performance [J]. Human Performance, 1997,

10 (2): 71 – 83.

[217] Netemeyer R G, Maxham J G. Employee versus supervisor ratings of performance in the retail customer service sector: Differences in predictive validity for customer outcomes [J]. Journal of Retailing, 2007, 83 (1): 131 – 145.

[218] Ng T W H, Feldman D C. Employee voice behavior: A meta-analytic test of the conservation of resources framework [J]. Journal of Organizational Behavior, 2012, 33 (2): 216 – 234.

[219] Nyahunzvi D K, Njerekai C. Tour guiding in Zimbabwe: Key issues and challenges [J]. Tourism Management Perspectives, 2013, 6 (1): 3 – 7.

[220] Oliver R L. Measurement and evaluation of satisfaction processes in retail settings [J]. Journal of Retailing, 1981, 57, 25 – 48.

[221] Ong C, Ryan C, McIntosh A. Power-knowledge and tour-guide training: Capitalistic domination, utopian visions and the creation and negotiation of UNESCO's Homo Turismos in Macao [J]. Annals of Tourism Research, 2014, 48 (5): 221 – 234.

[222] Ongore O. A study of relationship between personality traits and job engagement [J]. Procedia-Social and Behavioral Sciences, 2014, 141 (33): 1315 – 1319.

[223] O'Reilly C, Chatman J. Organizational commitment and psychological attachment: The effects of compliance, identification, and internalization on prosocial behavior [J]. Journal of Applied Psychology, 1986, 71 (3): 492 – 499.

[224] Oren L, Littman-Ovadia H. Does equity sensitivity moderate the relationship between effort reward imbalance and burnout [J]. Anxiety, Stress, & Coping, 2013, 26 (6): 643 – 658.

[225] Organ D W, Konovsky M. Cognitive versus affective determinants of organizational citizenship behavior [J]. Journal of Applied Psychology, 1989, 74 (1): 157 – 164.

[226] Özduran A, Tanova C. Coaching and employee organizational citizenship behaviours: The role of procedural justice climate [J]. International Jour-

nal of Hospitality Management, 2017, 60 (1): 58 – 66.

[227] Pabel A, Pearce P L. Selecting humour in tourism settings—A guide for tourism operators [J]. Tourism Management Perspectives, 2018, 25 (1): 64 – 70.

[228] Paillé P, Mejía-Morelos J H. Antecedents of pro-environmental behaviours at work: The moderating influence of psychological contract breach [J]. Journal of Environmental Psychology, 2014, 38 (2): 124 – 131.

[229] Panagopoulos N G, Ogilvie J. Can salespeople lead themselves? Thought self-leadership strategies and their influence on sales performance [J]. Industrial Marketing Management, 2015, 47 (4): 190 – 203.

[230] Park Y K, Song J H, Yoon S W, Kim J. Learning organization and innovative behavior: The mediating effect of work engagement [J]. European Journal of Training and Development, 2014, 38 (2): 75 – 94.

[231] Parzefall M R, Hakanen J. Psychological contract and its motivational and health-enhancing properties [J]. Journal of Managerial Psychology, 2010, 25 (1): 4 – 21.

[232] Peng J C, Jien J, Lin J. Antecedents and consequences of psychological contract breach [J]. Journal of Managerial Psychology, 2016, 31 (8): 1312 – 1326.

[233] Peng K Z, Wong C, Song J L. How do Chinese employees react to psychological contract violation? [J]. Journal of World Business, 2016, 51 (5): 815 – 825.

[234] Persson S, Wasieleski D. The seasons of the psychological contract: Overcoming the silent transformations of the employer-employee relationship [J]. Human Resource Management Review, 2015, 25 (4): 368 – 383.

[235] Philipp A, Schüpbach H. Longitudinal effects of emotional labour on emotional exhaustion and dedication of teachers [J]. Journal of Occupational Health Psychology, 2010, 15 (4): 494 – 504.

[236] Piccoli G, Lui T, Grün B. The impact of IT-enabled customer service systems on service personalization, customer service perceptions, and hotel performance [J]. Tourism Management, 2017, 59 (2): 349 – 362.

[237] Piercy N F, Cravens D W, Lane N, Vorhies D W. Driving organizational citizenship behaviors and salesperson in-role behavior performance: The role of management control and perceived organizational support [J]. Journal of the Academy of Marketing Science, 2006, 34 (2): 244 – 262.

[238] Podsakoff P M, Mackenzie S B, Lee J Y, Podsakoff N P. Common method biases in behavioral research: A critical review of the literature and recommended remedies [J]. Journal of Applied Psychology, 2003, 88 (5): 879 – 903.

[239] Prakash M, Chowdhary N, Sunayana. Tour guiding: Interpreting the challenges [J]. Tourismos: An International Multidisciplinary Journal of Tourism, 2011, 6 (2): 65 – 81.

[240] Prentice C, King B E M. Impacts of personality, emotional intelligence and adaptiveness on service performance of casino hosts: A hierarchical approach [J]. Journal of Business Research, 2013, 66 (9): 1637 – 1643.

[241] Raja U, Johns G, Ntalianis F. The Impact of Personality on Psychological Contracts [J]. The Academy of Management Journal, 2004, 47 (3): 350 – 367.

[242] Randall C, Rollins R B. Visitor perceptions of the role of tour guides in natural areas [J]. Journal of Sustainable Tourism, 2009, 17 (3): 357 – 374.

[243] Rank J, Carsten J M, Unger J M, Spector P E. Proactive customer service performance: Relationships with individual, task, and leadership variables [J]. Human Performance, 2007, 20 (4): 363 – 390.

[244] Raub S, Liao H. Doing the right thing without being told: Joint effects of initiative climate and general self-efficacy on employee proactive customer service performance [J]. Journal of Applied Psychology, 2012, 97 (3), 651 – 667.

[245] Raub S, Robert C. Differential effects of empowering leadership on in-role and extra-role employee behaviors: Exploring the role of psychological empowerment and power values [J]. Human Relations, 2010, 63 (11):

1743 – 1770.

[246] Rhoades L, Eisenberger R, Armeli S. Affective commitment to the organization: The contribution of perceived organizational support [J]. Journal of Applied Psychology, 2001, 86 (5): 825 – 836.

[247] Rich B L, Lepine J A, Crawford E R. Job engagement: Antecedents and effects on job performance [J]. The Academy of Management Journal, 2010, 53 (3): 617 – 635.

[248] Robinson S L, O'Leary-Kelly A M. Monkey see, Monkey do: The influence of work groups on the antisocial behavior of employees [J]. The Academy of Management Journal, 1998, 41 (6): 658 – 672.

[249] Robinson S L, Rousseau K D M. Changing obligations and the psychological contract: A longitudinal study [J]. The Academy of Management Journal, 1994, 37 (1): 137 – 152.

[250] Robinson S L, Kraatz M S, Rousseau D M. Changing obligations and the psychological contract: A longitudinal study [J]. Academy of Management Journal, 1994, 37 (1): 137 – 152.

[251] Robinson S L, Morrison E W. Psychological contracts and OCB: The effect of unfulfilled obligations on civic virtue behavior [J]. Journal of Organizational Behavior, 1995, 16 (3): 289 – 298.

[252] Robinson S L, Morrison E W. The development of psychological contract breach and violation: A longitudinal study [J]. Journal of Organizational Behavior, 2000, 21 (5): 525 – 546.

[253] Robinson S L, Rousseau D M. Changing obligations and the psychological contract: A longitudinal study [J]. Academy of Management Journal, 1994, 37 (1): 137 – 152.

[254] Robinson S L, Rousseau D M. Violating the psychological contract: Not the exception but the norm [J]. Journal of Organizational Behavior, 1994, 15 (3): 245 – 259.

[255] Roehling M V, Boswell W R. "Good cause beliefs" in an "At-will world" a focused investigation of psychological versus legal contracts [J]. Employee Responsibilities and Rights Journal, 2004, 14 (4): 211 – 231.

[256] Rosen C C, Chang C, Johnson R E, et al. Perceptions of the organizational context and psychological contract breach: Assessing competing perspectives [J]. Organizational Behavior and Human Decision Processes, 2009, 108 (2): 202 – 217.

[257] Rotem M, Epstein L, Ehrenfeld M. Does the conservation of resources motivate middle-aged women to perform physical activity? [J]. Western Journal of Nursing Research, 2009, 31 (8): 999 – 1013.

[258] Rousseau D M. New hire perceptions of their own and their employer's obligations: A study of psychological contracts [J]. Journal of Organizational Behavior, 1990, 11 (5): 389 – 400.

[259] Rousseau D M. Psychological and implied contracts in organizations [J]. Employee Responsibilities and Rights Journal, 1989, 2 (2): 121 – 139.

[260] Rousseau D M. Psychological contracts in the workplace: Understanding the ties that motivate [J]. Academy of Management Executive, 2004, 18 (1): 120 – 127.

[261] Rousseau D M. Schema, promise and mutuality: The building blocks of the psychological contract [J]. Journal of Occupational & Organizational Psychology, 2001, 74 (4): 511 – 541.

[262] Rubel M R B, Rimi N N, Yusoff Y M, Kee D M H. High commitment human resource management practices and employee service behavior: Trust in management as mediator [J]. Iimb Management Review, 2018, 30 (4): 1 – 32.

[263] Saks A M. Antecedents and consequences of employee engagement [J]. Journal of Managerial Psychology, 2006, 21 (7): 600 – 619.

[264] Salanova M, Agut S, Peiró J M. Linking organizational resources and work engagement to employee performance and customer loyalty: The mediation of service climate [J]. Journal of Applied Psychology, 2005, 90 (6): 1217 – 1227.

[265] Salazar N B. Tourism and glocalization— "local" tour guiding [J]. Annals of Tourism Research, 2005, 32 (3): 628 – 646.

[266] Santos-Vijande M L, López-Sánchez J Á, Rudd J. Frontline employees'

collaboration in industrial service innovation: Routes of co-creation's effects on new service performance [J]. Journal of the Academy of Marketing Science, 2016, 44 (3): 350 –375.

[267] Sauley K S, Bedeian A G. Equity sensitivity: Construction of a measure and examination of its psy-chometric properties [J]. Journal of management, 2000, 26 (5): 885 –910.

[268] Schaufeli W B, Bakker A B, Salanova M. The measurement of work engagement with a short questionnaire [J]. Educational and Psychological Measurement, 2006, 66 (4): 701 –716.

[269] Schaufeli W B, Bakker A B. Job demands, job resources, and their relationship with burnout and engagement: A multi-sample study [J]. Journal of Organizational Behavior, 2004, 25 (3): 293 –315.

[270] Schaufeli W B, Martínez I M, Pinto A M, Salanova M, Bakker A B. Burnout and engagement in university students: A cross-national study [J]. Journal of Cross-Cultural Psychology, 2002, 33 (5): 464 –481.

[271] Schaufeli W B, Salanova M, González-romá V, Bakker A B. The measurement of engagement and burnout: A two sample confirmatory factor analytic approach [J]. Journal of Happiness Studies, 2002, 3 (1): 71 –92.

[272] Shapoval V. Organizational injustice and emotional labor of hotel front-line employees [J]. International Journal of Hospitality Management, 2019, 78 (3): 112 –121.

[273] Sharpe E K. " Going above and beyond": The emotional labor of adventure guides [J]. Journal of Leisure Research, 2005, 37 (1): 29 –50.

[274] Shore L M, Barksdale K. Examining degree of balance and level of obligation in the employment relationship: A social exchange approach [J]. Journal of Organizational Behavior, 1998, 19 (1): 731 –744.

[275] Shore T H. Equity sensitivity theory: We all want more than we deserve? [J]. Journal of Managerial Psychology, 2004, 19 (7): 722 –728.

[276] Shu C, Lazatkhan J. Effect of leader-member exchange on employee envy and work behavior moderated by self-esteem and neuroticism [J]. Journal of Work and Organizational Psychology, 2017, 33 (1): 69 –81.

[277] Si S X, Wei F, Li Y. The effect of organizational psychological contract violation on managers' exit, voice, loyalty and neglect in the Chinese context [J]. The International Journal of Human Resource Management, 2008, 19 (5): 932 – 944.

[278] Soares M E, Mosquera P. Fostering work engagement: The role of the psychological contract [J]. Journal of Business Research, 2019, 101 (8): 469 – 476.

[279] Soka J, Blomme R, Tromp D. The use of the psychological contract to explain self-perceived employability [J]. International Journal of Hospitality Management, 2013, 34 (9): 274 – 284.

[280] Steven A B, Dong Y, Dresner M. Linkages between customer service, customer satisfaction and performance in the airline industry: Investigation of non-linearities and moderating effects [J]. Transportation Research Part E, 2012, 48 (4): 743 – 754.

[281] Stormbroek R V, Blomme R. Psychological contract as precursor for turnover and self-employment [J]. Management Research Review, 2017, 40 (2): 235 – 250.

[282] Suazo M M, Turnley W H. Perceived organizational support as a mediator of the relations between individual differences and psychological contract breach [J]. Journal of Managerial Psychology, 2010, 25 (6): 620 – 648.

[283] Suazo M M. The mediating role of psychological contract violation on the relations between psychological contract breach and work-related attitudes and behaviors [J]. Journal of Managerial Psychology, 2009, 24 (2): 136 – 160.

[284] Suhartanto D, Dean D, Nansuri R, Triyuni N N. The link between tourism involvement and service performance: Evidence from frontline retail employees [J]. Journal of Business Research, 2018, 83 (2): 130 – 137.

[285] Tajeddini K. Effect of customer orientation and entrepreneurial orientation on innovativeness: Evidence from the hotel industry in Switzerland [J].

Tourism Management, 2010, 31 (2): 221 – 231.

[286] Tate W L, Valk W. Managing the performance of outsourced customer contact centers [J]. Journal of Purchasing and Supply Management, 2008, 14 (3): 160 – 169.

[287] Teare R. Linking core self-evaluations and work engagement to work-family facilitation—A study in the hotel industry [J]. International Journal of Contemporary Hospitality Management, 1990, 8 (5): 12 – 14.

[288] Tem Zkan R, Korkmaz S, Tem Zkan S P N. The effects of in-service training seminars on the tourism marketing-role of professional tour guides [J]. İşletme Araştrmalarl Dergisi, 2011, 3 (2): 17 – 36.

[289] Terglav K, Kone čnik Ruzzier M, Kaše R. Internal branding process: Exploring the role of mediators in top management's leadership-commitment relationship [J]. International Journal of Hospitality Management, 2016, 54 (3): 1 – 11.

[290] Terho H, Eggert A, Haas A, Ulaga W. How sales strategy translates into performance: The role of salesperson customer orientation and value-based selling [J]. Industrial Marketing Management, 2015, 45 (2): 12 – 21.

[291] Thomas H D, Anderson N. Changes in newcomer's psychological contracts during organizational socializtion: A study of recruits entering the British Army [J]. Journal of Organizational Behaviour, 1998, 19 (1): 745 – 767.

[292] Thompson J A. Proactive personality and job performance: A social capital perspective [J]. Journal of Applied Psychology, 2005, 90 (5): 1011 – 1017.

[293] Tian Q, Song Y, Kwan H K, Li X. Workplace gossip and frontline employees' proactive service performance [J]. The Service Industries Journal, 2019, 39 (1): 25 – 42.

[294] Totterdell P, Holman D. Emotion regulation in customer service roles: Testing a model of emotional labor [J]. Journal of Occupational Health Psychology, 2003, 8 (1): 55 – 73.

[295] Tsaur S H, Chang H M, Wu C S. Promoting service quality with employee

empowerment in tourist hotels: The role of service behavior [J]. Asia Pacific Management Review, 2004, 9 (3): 435 – 461.

[296] Tsaur S H, Wu D H, Yen C H, Wu M H. Promoting relationship marketing of tour leaders' blog: The role of charisma [J]. International Journal of Tourism Research, 2014, 16 (1): 417 – 428.

[297] Tsaur S, Ku P. The Effect of Tour Leaders' Emotional Intelligence on Tourists' Consequences [J]. Journal of Travel Research, 2017, 57 (6): 1 – 14.

[298] Tsaur S, Lin W. Hassles of tour leaders [J]. Tourism Management, 2014, 45 (1): 28 – 38.

[299] Tsaur S, Lin Y. Promoting service quality in tourist hotels: The role of HRM practices and service behavior [J]. Tourism Management, 2004, 25 (4): 471 – 481.

[300] Tsaur S, Teng H. Exploring tour guiding styles: The perspective of tour leader roles [J]. Tourism Management, 2017, 59 (2): 438 – 448.

[301] Tsui A S, Pearce J L, Porter L W et al. Alternative approaches to the employee-organization relationship: Does investment in employees pay off? [J]. Academy of Management Journal, 1997, 40 (5): 1089 – 1121.

[302] Turnley W H, Bolino M C, Lester S W, Bloodgood J M. The impact of psychological contract fulfillment on the performance of in-role and organizational citizenship behaviors [J]. Journal of Management, 2003, 29 (2): 187 – 206.

[303] Turnley W H, Feldman D C. A Discrepancy model of psychological contract violations [J]. Human Resource Management Review, 1999, 9 (3): 367 – 386.

[304] Turnley W H, Feldman D C. Re-examining the effects of psychological contract violations: unmet expectations and job dissatisfaction as mediators [J]. Journal of Organizational Behavior, 2000, 21 (1): 25 – 42.

[305] Turnley W H, Feldman D C. The impact of psychological contract violations on exit, voice, loyalty, and neglect [J]. Human Relations, 1999, 52 (7): 895 – 922.

[306] Upadyaya K, Vartiainen M, Salmela-Aro K. From job demands and resources to work engagement, burnout, life satisfaction, depressive symptoms, and occupational health [J]. Burnout Research, 2016, 3 (4): 101 – 108.

[307] Van Dyne L, Graham J W, Richard M D. Organizational citizenship behavior: Construct redefinition, measurement, and validation [J]. The Academy of Management Journal, 1994, 37 (4): 765 – 802.

[308] Van Scotter J R, Motowidlo S J. Interpersonal facilitation and job dedication as separate facets of contextual performance [J]. Journal of Applied Psychology, 1996, 81 (5): 525 – 531.

[309] Vantilborgh T, Bidee J, Pepermans R, Griep Y, Hofmans J. Antecedents of psychological contract breach: The role of job demands, job resources, and affect [J]. PLOS ONE, 2016, 11 (5): 1 – 22.

[310] Vatankhah S, Darvishi M. An empirical investigation of antecedent and consequences of internal brand equity: Evidence from the airline industry [J]. Journal of Air Transport Management, 2018, 69 (4): 49 – 58.

[311] Vickery S K, Jayaram J, Droge C, Calantone R. The effects of an integrative supply chain strategy on customer service and financial performance: An analysis of direct versus indirect relationships [J]. Journal of Operations Management, 2003, 21 (5): 523 – 539.

[312] Walker A, Accadia R, Costa B M. Volunteer retention: The importance of organisational support and psychological contract breach [J]. Journal of Community Psychology, 2016, 44 (8): 1059 – 1069.

[313] Walker A. Outcomes associated with breach and fulfillment of the psychological contract of safety [J]. Journal of Safety Research, 2013, 47 (12): 31 – 37.

[314] Wang G, Li S, Wang X, Wang X. Do salespeople's in-role and extrarole brand-building behaviors contribute to customer loyalty transfer? [J]. Social Behavior and Personality, 2015, 43 (1): 153 – 166.

[315] Wang K C, Hsiehb A T, Chen W Y. Is the tour leader an effective endorser for group package tour brochures? [J]. Tourism Management, 2002,

23 （1）：489 –498.

[316] Wang K, Jao P, Chan H, Chan H C, Chung C H. Group package tour leader's intrinsic risks [J]. Annals of Tourism Research, 2010, 37 （1）: 154 –179.

[317] Wang Y, Hsieh H. Employees' reactions to psychological contract breach: A moderated mediation analysis [J]. Journal of Vocational Behavior, 2014, 85 （1）: 57 –66.

[318] Wang Z, Xu H, Liu Y. Servant leadership as a driver of employee service performance: Test of a trickle-down model and its boundary conditions [J]. Human Relations, 2018, 71 （9）: 1179 –1203.

[319] Wang Z, Zhang J, Thomas C L, Yu J, Spitzmueller C. Explaining bene-fits of employee proactive personality: The role of engagement, team proac-tivity composition and perceived organizational support [J]. Journal of Vocational Behavior, 2017, 47 （4）: 90 –103.

[320] Wangithi W E, Muceke N J. Effect of human resource management prac-tices on psychological contract in organizations [J]. International Journal of Business and Social Science, 2012, 3 （10）: 117 –122.

[321] Wefald A J, Mills M J, Smith M R, Downey R G. A comparison of three job engagement measures: Examining their factorial and criterion-related validity [J]. Applied Psychology: Health and Well-Being, 2012, 4 （1）: 67 –90.

[322] Weiler B, Walker K. Enhancing the visitor experience: Reconceptualising the tour guide's communicative role [J]. Journal of Hospitality and Tourism Management, 2014, 21 （1）: 90 –99.

[323] Wheeler A R, Harris K J, Sablynski C J. How do employees invest abun-dant resources? The mediating role of work effort in the job-embeddedness/ job-performance relationship [J]. Journal of Applied Social Psychology, 2012, 42 （S1）: E244 –E266.

[324] Williams L J, Hartman N, Cavazotte F. Method variance and marker varia-bles: A review and comprehensive CFA marker technique [J]. Organiza-tional Research Methods, 2010, 13 （3）: 477 –514.

[325] Williams L J, Anderson E S. Job satisfaction and organizational commitment as predictors of organizational citizenship and in-role Behaviors [J]. Journal of Management, 1991, 17 (3): 601 –617.

[326] Wllarton A S, Eriekson R J. Managing emotions on the job and at home: Understanding the consequences of multiple emotional roles [J]. The Academy of Management Review, 1993, 18 (3): 457 –486.

[327] Wong A, Liu Y, Tjosvold D. Service leadership for adaptive selling and effective customer service teams [J]. Industrial Marketing Management, 2015, 46 (3): 122 –131.

[328] Wong C W Y, Lai K, Cheng T C E, Lun Y H V. The role of IT-enabled collaborative decision making in inter-organizational information integration to improve customer service performance [J]. International Journal of Production Economics, 2015, 159 (1): 56 –65.

[329] Wong J Y, Lee W H. Leadership through service: An exploratory study of the leadership styles of tour leaders [J]. Tourism Management, 2012, 33 (1): 1112 –1121.

[330] Wong J, Wang C. Emotional labor of the tour leaders: An exploratory study [J]. Tourism Management, 2009, 30 (2): 249 –259.

[331] Wu C, Chen T. Psychological contract fulfillment in the hotel workplace: Empowering leadership, knowledge exchange, and service performance [J]. International Journal of Hospitality Management, 2015, 48 (5): 27 – 38.

[332] Wu W, Liu J, Shang X. Gain without pay causes lazybones' loss: The influence of formal and informal leader-member relationships on customer service performance [J]. Chinese Management Studies, 2018, 12 (3): 634 –657.

[333] Wu X, Kwan H K, Wu L, Ma J. The effect of workplace negative gossip on employee proactive behavior in China: The moderating role of traditionality [J]. Journal of Business Ethics, 2018, 148 (4): 801 –815.

[334] Xue L, Ray G, Sambamurthy V. The impact of supply-side electronic integration on customer service performance [J]. Journal of Operations Manage-

ment, 2013, 31 (6): 363 – 375.

[335] Yamada N. Why tour guiding is important for ecotourism: Enhancing guiding quality with the ecotourism promotion policy in Japan [J]. Asia Pacific Journal of Tourism Research, 2011, 16 (2): 139 – 152.

[336] Ye J, Cardon M S, Rivera E. A mutuality perspective of psychological contracts regarding career development and job security [J]. Journal of Business Research, 2012, 65 (3): 294 – 301.

[337] Yeboah B A, Boso N, Hultman M, Souchon A L, Hughes P, et al. Salesperson improvisation: Antecedents, performance outcomes, and boundary conditions [J]. Industrial Marketing Management, 2016, 59 (8): 120 – 130.

[338] Yeh C M. Tourism involvement, work engagement and job satisfaction among frontline hotel employees [J]. Annals of Tourism Research, 2013, 42 (4): 214 – 239.

[339] Yeh C. Relationships among service climate, psychological contract, work engagement and service performance [J]. Journal of Air Transport Management, 2012, 25 (8): 67 – 70.

[340] Yen C, Chen C, Cheng J, Teng H. Brand attachment, tour leader attachment, and behavioral intentions of tourists [J]. Journal of Hospitality & Tourism Research, 2015, 42 (3): 365 – 391.

[341] Yen C, Tsaur S, Tsai C. Tour leaders' job crafting: Scale development [J]. Tourism Management, 2018, 69 (6): 52 – 61.

[342] Yu X, Weiler B, Ham S H. Intercultural communication and mediation: A framework for analysing the intercultural competence of Chinese tour guides [J]. Journal of Vacation Marketing, 2002, 8 (1): 75 – 87.

[343] Zagenczyk T J, Gibney R, Few W T, Scott K L. Psychological contracts and organizational identification: The mediating effect of perceived organizational support [J]. Journal of Labor Research, 2011, 32 (3): 254 – 281.

[344] Zapf D, Holz M. On the positive and negative effects of emotion work in organizations [J]. European Journal of Work and Organizational Psychol-

ogy, 2006, 15 (1): 1 – 28.

[345] Zapf D, Vogt C, Seifert C, Mertini H, Isic A. Emotion work as a source of stress: The concept and development of an instrument [J]. European Journal of Work and Organizational Psychology, 1999, 8 (3): 371 – 400.

[346] Zapf D. Emotion work and psychological well-being: A review of the literature and some conceptual considerations [J]. Human Resource Management Review, 2002, 12 (2): 237 – 268.

[347] Zeidner M, Ben-Zur H, Reshef-Weil S. Vicarious life threat: An experimental test of Conservation of Resources (COR) theory [J]. Personality and Individual Differences, 2011, 50 (5): 641 – 645.

[348] Zhang H Q, Chow I. Application of importance-performance model in tour guides' performance: Evidence from mainland chinese outbound visitors in Hong Kong [J]. Tourism Management, 2004, 25 (1): 81 – 91.

[349] Zhang Y, Ren T, Li X. Psychological contract and employee attitudes: The impact of firm ownership and employment type [J]. Chinese Management Studies, 2019, 13 (1): 26 – 50.

[350] Zhao H, Wayne S J, Glibkowski B C, Bravo J. The impact of psychological contract breach on work-related outcomes: A meta-analysis [J]. Personnel Psychology, 2007, 60 (3): 647 – 680.

[351] Zheng Y, Graham L, Epitropaki O, Snape E. Service leadership, work engagement, and service performance: The moderating role of leader skills [J]. Group & Organization Management, 2020, 45 (1): 43 – 74.

[352] Zhu H, Lyu Y, Darvishi M, Ye Y. Workplace ostracism and proactive customer service performance: A conservation of resources perspective [J]. International Journal of Hospitality Management, 2017, 64 (5): 62 – 72.

（四）会议论文

[1] Shore L M, Tetrick L E. The Psychological contract as an explanatory framework in the employment relationship [C]. Trendes in organizational behavior, In Cooper C, Rousseau D (Eds.). New York: Wiley, 1994.

后　记

本书是在我的博士论文基础上完善而成的。

2020 年是一个特别的年份，真心祈祷，天耀中华。祝福祖国平安昌盛、生生不息。

毕业在即，我欣喜，因为我与复旦相交相识相融！我也伤感，离开邯郸路文科图书馆、离开北区乒乓球馆、离开复旦校园，理想又回到现实。

在复旦，我感谢有你们相伴。

我由衷感谢导师郭英之老师，您能收留我，我才有机会在复旦学习深造。您的严格、严厉，督促我在学习上坚持不懈、迎难而上；您向来重视德育，常常给我讲解生活与生命的意义，一天八杯水、11 点准时休息的教诲，保障我健康生活与学习；您多次资助我参加学术会议，召集同门在您办公室一起讨论问卷、研讨期刊论文等，这些经历都是宝贵的学术财富。毕业论文也是在您不厌其烦地指导下完成的，且得到了您主持的国家自然科学基金（71373054）的支持。只有走过那些艰难时刻，站在对岸回望，才知道您的用心良苦，才深知您的再造之恩。

感谢复旦旅游学系的所有老师们，顾晓鸣老师、巴兆祥老师、沈涵老师、后智刚老师、沈祖祥老师、吴本老师、翁瑾老师、孙云龙老师、郭旸老师、张歆梅老师、王莎老师、施媛媛老师在学术研讨、论文开题报告、论文修改与完善、毕业答辩等方面给予的帮助与指导；感谢陈真伟老师、辅导员李懿和李论老师在教务、学工管理方面的帮助。

特别感谢同济大学的石忆邵教授、吴承照教授、王云才教授在论文答辩中给出的建设性意见。

感谢我的师兄郭安禧，与您进行学术学习交流使我获益匪浅，您是我学习的榜样。感谢同门，胡田、陈芸、李小民、黄剑峰、柳红波、董坤、金贞熙、王莹、张秦、熊敬诺、张玲玲、林立军、徐宁宁、李娟、孙晓川、董秋琴，我们一起努力、并肩战斗、相互扶持、共同进步。我的舍友郁汀、周楠、高存玲都很友善，感谢你们。

我还要特别感谢河西学院刘仁义校长，是您促成复旦对口支援项目，我才有可能报考并在复旦读书，您是一位将理想与实干融合的好校长，我敬重您！

博士五年，我对家庭和父母都是有愧疚感的，很多时候不能照顾周全，妻子刘雨娟承担起照顾宝贝女儿李婧萱的重担，每逢佳节回家探望父母、岳父岳母的时间有限，而多数时间我还在学习、工作，谢谢你们、祝福你们！

有朝一日，我会邀请老师们去祖国西部的学校讲学，你们一定要来呀！

2020 年 6 月